认识FATCA和CRS

涉税信息交换与全球资产透明全指引

燕 彬◎著

法律出版社 LAW PRESS·CHINA

图书在版编目(CIP)数据

认识FATCA和CRS：涉税信息交换与全球资产透明全指引/燕彬著. --北京：法律出版社，2018(2020.5重印)
ISBN 978-7-5197-1999-9

Ⅰ.①认… Ⅱ.①燕… Ⅲ.①税收管理-国际合作-法规-研究 Ⅳ.①D996.3

中国版本图书馆CIP数据核字(2018)第029586号

认识FATCA和CRS
——涉税信息交换与全球资产透明全指引
RENSHI FATCA HE CRS
——SHESHUI XINXI JIAOHUAN YU QUANQIU ZICHAN TOUMING QUANZHIYIN

燕 彬 著

策划编辑 冯雨春
责任编辑 李沂蔚
装帧设计 马 帅

编辑统筹 法律应用·大众读物出版第二分社
出版 法律出版社
总发行 中国法律图书有限公司
经销 新华书店
印刷 中煤(北京)印务有限公司
责任印制 吕亚莉
开本 710毫米×1000毫米 1/16
印张 26
字数 420千
版本 2018年3月第1版
印次 2020年5月第4次印刷

法律出版社/北京市丰台区莲花池西里7号(100073)
网址/www.lawpress.com.cn
投稿邮箱/info@lawpress.com.cn
举报维权邮箱/jbwq@lawpress.com.cn
销售热线/400-660-8393
咨询电话/010-63939796

中国法律图书有限公司/北京市丰台区莲花池西里7号(100073)
全国各地中法图分、子公司销售电话：
统一销售客服/400-660-8393/6393
第一法律书店/010-83938432/8433　西安分公司/029-85330678　重庆分公司/023-67453036
上海分公司/021-62071639/1636　深圳分公司/0755-83072995

书号:ISBN 978-7-5197-1999-9　**定价**:107.00元
(如有缺页或倒装,中国法律图书有限公司负责退换)

燕彬 先生

经济合作与发展组织（OECD）税收政策与管理中心政策顾问。参与起草和制定全球税务透明国际评审规则，并对全球160多个国家和地区的税务透明法律制度进行评估和审议，特别是统一报告标准(CRS)、专项情报交换（EOIR）以及国际税收情报保密和数据安全等税务透明制度在各国的立法实践和有效执行。同时，燕彬先生还为亚洲、中东欧和非洲的发展中国家就执行全球税务透明标准提供技术援助和能力建设支持，并多次代表OECD全球税务透明论坛秘书处为成员国政府代表提供法律培训。

在去OECD之前，燕彬先生供职于英国某国际事务所伦敦办公室，任全球税务信息交换部门的法律政策技术负责人，从事FATCA，CRS，美国税法第三章，欧盟预提所得税以及企业协助逃税刑事法案等国际税务业务的咨询工作。曾参与瑞银集团、汇丰银行等国际金融机构全球整体税务透明合规架构的设计和咨询。

2016年至2017年间，燕彬先生为国家税务总局国际税务司提供立法技术支持，从国际视角为中国CRS法规的起草和实施提供了大量的专业建议。

燕彬先生还是少有的具有离岸税收业务实地工作经验的华人专业人士，曾获英属根西岛五年工作签证，为数百个离岸家族信托提供过税务透明合规咨询服务。同时还为瑞信银行、罗斯柴尔德银行、巴克莱银行等跨国银行离岸信托业务部，以及独立海外信托公司（TMF）和美国北方信托公司（Northern Trust）等国际信托公司提供国际税务透明合规咨询服务。

燕彬先生拥有瑞士弗里堡大学国际商法硕士学位和中国政法大学国际法（国际私法方向）硕士学位，于2008年通过中国国家司法考试。

致　谢

任何一本书的出版都是集体努力的结果,当然我的这本书也不例外。我要感谢那些在本书撰写过程中给我提供指导、支持和鼓励的同行和朋友。

感谢国家税务总局国际税务司的周佳副处长。周佳老师是我在 FATCA 和 CRS 领域难得的知音和益友。她从学术理论角度为整本书稿提供了大量的修改建议。没有她的无私指导和帮助,还有与她在法律技术细则上的无数次争论和探讨,这本书不可能得以顺利出版。

感谢富厚学苑创始人、《大额保单操作实务》一书的作者刘长坤先生。要感谢刘先生对于本书涉及保险部分内容的指导和校正。作为我的湖南同乡,刘先生在我写书过程中提供了大量的帮助。没有他一直以来的鼓励和支持,我这本书不会这么快与大家见面,甚至连写书的计划可能也早已“流产”。

感谢德勤中国华北区金融服务行业税务领导合伙人俞娜女士对本书涉及基金部分内容的指导。俞女士是国内最早研究金融行业 FATCA 和 CRS 合规的顶级专业人士,也是我职场上的贵人,没有她在六年前带我进入 FATCA 和 CRS 的奇妙世界,我想也就不会有这本书的问世。

感谢安永(中国)企业咨询有限公司税务合伙人刘宇女士对本书国际税法理论部分内容的指导。刘女士是我步入职场的第一位老师,在她的指导下,我参与了商务部、财政部和国际税收研究会等国家部委和专业机构的多个全国性税收政策课题研究项目,从她身上所学到的税收政策写作方法和技巧,对我写这本专著有很大帮助。

感谢南开大学法学院教授、民商法博士生导师、京都家族信托法律事务中心主任韩良教授对本书涉及信托部分内容的指导和校正。韩良教授是在法学理论研究与实践上均有建树的学者,亦是我在法大的校友,其在家族信托与基金会领域的研究非常深入，为人却很低调，是我非常信赖的兄长。

感谢英属根西岛全球税务透明立法工作组核心成员马丁·波普维尔先生对我在 FATCA 和 CRS 上的整体技术指导；感谢国际离岸税收专家艾利克斯·威尔逊先生对我在国际离岸税收专业知识上的指导。同时也要感谢二位对我在根西岛和泽西岛工作和生活期间给与的帮助。

感谢我的研究生导师，中国政法大学国际私法研究所所长刘力教授。成为刘老师的门下弟子，是我一辈子的福气。老师不仅教会我法律知识，还教我如何做人。老师高调做事、低调做人的处事风格深深影响着学生，让我受益终生。从北京到弗里堡，从弗里堡到根西岛，再从根西岛到伦敦，没有与老师的这份师生情谊，这条对我意义非凡的职场之路也就无从开始，更不可能有这本书的出版。

感谢爸爸和妈妈，感谢他们一直以来给予我的无条件支持和关爱。我还要感谢英国驻华大使馆经济和贸易政策处的苏红女士、法国财经杂志 CFNEWS 副主编张超先生以及 Altus Group（英国）房地产基金研究和咨询顾问马晓天会计师，感谢他们在本书写作过程中给与我的帮助。感谢法律出版社的冯雨春主任和责任编辑李沂蔚为本书顺利出版所做的大量的辛苦工作。

燕彬（科林）

2018 年 1 月 3 日

英国爱丁堡

归来仍少年

燕彬写了一本从题目到内容，让我一点没概念的书，还让我写序。

我乐得写些什么，但肯定写不出他书中的专业，我仅仅抓住了他写的是国际税法方面的东西，写的是全球资产透明以及与之必然捆绑的税收信息交换与披露。他的书稿，我陆续看了两遍，不懂的地方依旧很多，我大概搞明白了美国的 FATCA（Foreign Account Tax Compliance Act）影响了经合组织出台的 CRS（Common Reporting Standard）。看来，无论何处，美国发挥其影响作用都是不容小觑。那么，在税收透明、信息交换乃至配套的信息手段方面，美国的单边主义似乎也是存在可能的，就是说他在谋求外国配合方面，好像占有主动权。燕彬提及了两套政府间协议模式，虽然这些模式无论对英国还是欧盟、抑或经合组织都有一定参考，我所关注的谁更具有进攻性也是不言而喻的，比如燕彬书里说，2017 年 1 月 1 日后，美国金融机构会将中国居民个人在美账户的利息信息申报给联邦税务局，但这些信息要等中美间的 FATCA 政府间协议生效实施，并且中国政府在信息保密和数据安全保障上达到标准之后，才可能会交换给中国政府。此外，中国虽承诺 2018 年首次自动交换信息，但 CRS 需要转化为国内法，以及同样涉及提升 IT 系统水平问题和信息数据安全与隐私问题，当然还有燕彬说的其他专业问题。由此也可见中国在反国际逃税、反国际避税方面的决心和行动，我也很欣慰看到国内一些业内机构联络燕彬进行相关问题的沟通，更乐见燕彬成为了这块处女地的开拓者。

燕彬书中各种表各种例证，于他是信手拈来，于我是一头雾水，但我非常认同他的这种写作风格，做到了深入浅出的研究。我教他国际私法，现在他教我国际税法。确实，他当学生时学习的专业和现在从事的职业差别太大了。但我分明看到他对职业的热爱、热情和专长。他有个微信公众号“科林的税言碎语”，因与税有关，所以我都是偶尔看，但看到他在 2017 年岁末最后一天发表的感言，他自己统计说仅

2017 年就在这个公众号上推送了 60 篇文章。心里深深触动。就像他自己说,他一边工作一边写公众号一边写这本书,充满了激情和自信,但当年一边读书一边写 3 万字毕业论文还头疼。所以,哪种专业更爱,就不用回答了。其实,还是燕彬成长了,他摆脱了书本的束缚,他开始写书了。而他涉猎的书本内容,对中国相关领域的研究和实践而言是有贡献的,从他去年回京看我的那两个小时的谈话和他前后的活动安排,我能看出他的炙手可热,很多业内人士或者机构纷纷邀请他研讨,他知道我搞不清其中的各路人马,但非常认真地跟我分享了这本书的写作和出版计划,以及他在公众号上的坚持。所以,在当时,我就提到了我俩之间的一个过去。

这个过往,就是很多年前,他被我逼着交硕士毕业论文的事情。那时,他羞怯不安,我强压怒气。因为他是最后一个还没交论文初稿的,而且当时距离定稿也没有几天了。论文第一次交接是在法大研究生院女生宿舍楼一层。那个时候,法大教师们别说有办公室,教研室办公的场所都没有,几大学院的行政办公室几乎都安插在女生宿舍楼里。为了安抚,我认为这是唯一理由,一层大厅摆放了很多劣质的黑色的双人沙发,对排,还有更劣质的长条茶几。不怕吵,不怕热或冷,简短谈个事儿签个字也是唯一不错的地儿。我们师徒二人就是在这么一个空间见面、看论文、提出修改意见,然后给他一个最后期限修改,我当时是充满了无奈和担忧的。至于此后他答辩什么的,我全然不记得了。但就是忘不掉这次毕业论文的"初见"场景。燕彬也没忘,他说当学生的那个时候发愁写不出 3 万字,但他这本 20 多万字的书却很轻松写出来了。所以,这次我要写序与当年他写论文,好像喜剧一般互换了角色。燕彬逆袭了。

未来很多年,我同样也不会忘记这一幕:研究生院科研楼的五层国际私法会议室,我们师徒二人谈他在瑞士的学习,英属根西岛的工作和即将开始的伦敦工作,谈他的这本书。窗外,法大研究生院的新图书馆已经竣工,但距离交付使用遥遥无期。

归来的燕彬依旧少年,谦和礼貌的抿嘴一笑,好像尽在不言中。燕彬选择了一个他热爱并适合的行业,即便写出来的书和文章让我看不懂,却被国际税法领域的众多人士赞不绝口,这就足够让我引以为豪了。也许他在继续远行的路上还会有沟沟坎坎,即便他也从未抱怨过曾经的困难,我知道并相信他始终在理性选择,不躁不骄,直抵初心。

中国政法大学国际法学院副院长　刘力教授

2018 年 1 月 19 日

中国北京

自　序

我在英属根西岛首府圣彼得港的海边小公寓里开始本书的写作，而完成它的时候是在从巴黎回伦敦的"欧洲之星"列车上。在工作之余写一本专著，实非易事。英国作家乔治·奥威尔在《我为什么写作》一书中曾说，"写作是一场可怕的劳心伤神的斗争，犹如一场恶病长时间发作"，我想这应该是对写一本书作者所要经历艰辛的最好诠释吧！

但是我仍要说，在写书的整十一个月里的，我是兴奋的。乔治·奥威尔将这种兴奋一针见血地认为是作者自我表现欲望的体现。他说，每一个人写作，就是希望人们觉得你聪明，希望成为人们谈论的焦点，希望死后人们依然记得你，希望向那些童年时候轻视过你的大人出口气等。对此，我不会自欺欺人地予以否认。

但是如果将这种兴奋完全归因于自我表现的欲望，我觉得是不准确的，因为它并不能让一个人长时间地保持兴奋状态。这就像我上大学时候写博客一样，刚开通博客的时候，热情高涨，几乎每天都要发文更新，希望大家来阅读，但是一旦这种所谓的自我表现欲望开始消退，可能一个月甚至半年也懒得再去更新一次。我写这本书，从动笔到完稿，整个人一直是兴奋的，兴奋得仿佛要患上失眠症。我想，这里面除了乔治·奥威尔说的自我表现欲望以外，应该还有一个更加凌驾于自我表现欲望之上的，且支撑我写完整本书的兴奋点，那就是这本书的主题：全球金融账户涉税信息自动交换——FATCA 和 CRS，这一主题在中国几乎还是一片未被学术界触及的"处女地"。在如此领域做第一个吃螃蟹的人，怎叫人不兴奋呢？

似乎我总是与"高冷范"的学科有着某种说不清的缘分。八年前，我在中国政法大学国际法学院攻读硕士研究生，研究方向是法律学科中以神秘著称的国际私法（又名冲突法）。美国法学家威廉·普罗赛对冲突法曾有一段经典论述，他说："冲突法是一片暗淡的沼泽地，到处充满着摇颤的泥潭。一些博学而又怪诞的教授流连其间，为神秘之物创设理论，用的是晦涩的、令人费解的专业术语。而普通的法官或律师卷入这个领域都会迷失。”如今，我虽已不在冲突法的沼泽地迷茫和困惑，但似乎又有些宿命般地转入了另一个国际税法领域，与冲突法一样神秘和高冷的沼泽地——FATCA 和 CRS。在这个领域，也有一群怪诞的学者和专家，他们每天在讨论一些似乎跟税收专业知识相关，但似乎又毫无关联的、晦涩难懂的词句。甚至一些在税务领域有着丰富实践经验人在这中间有时也会迷失方向，找不到东南西北。鉴于此，如何将 FATCA 和 CRS 这门飘在半空中的“神秘之物”用平实易懂的语言解释出来，是我在本书写作过程中所极力追求的。

人们常说，世界上唯有死亡和税收不可避免。就像人们数千年来不断寻找长生不老“仙丹”一样，一些人，尤其是富人也在为了少缴税甚至不缴税而四处求索“良方”。在全球一体化的大背景下，国与国之间的经济融合日益密切，在科学技术尤其是信息技术的推动下，富人可以更加容易和便利地持有海外资产，并以此来实现规避其所在国家税收的目的。然而，基于税收属于一个国家的经济主权，一国税务机关很难对于其纳税人在他国持有的资产行使税收征管权。为解决这种跨国间税收征管的困境，提高国际税务透明度和打击跨国逃避税，国与国之间的税收征管协助就显得尤为重要。

FATCA 和 CRS 是跨国之间进行税收情报交换的制度，本质上属于国际税收征管协助的范畴。但是相对其他的国际税收情报交换制度，如专项情报交换制度来说，FATCA 和 CRS 能够短时间内在全球掀起一场反避税的暴风骤雨，引发众多关注，我以为有两个主要原因：首先，FATCA 和 CRS 下跨国交换的纳税人账户信息空前宽泛，其金融账户的含义已经大大突破了银行存款账户等传统金融账户的概念，还涉及托管、保险或年金以及股权权益和债权权益等多个方面，涵盖银行、保险、基金和信托等各个行业。如此大规模的批量跨国税收情报交换在人类国际税收征管协助历史上是前所未有的；其次，FATCA 和 CRS 是有关纳税人账户信息的跨国自动交换制度，一国税务机关并不需要额外履行其他烦琐的行政协助程序，即可按年自动获得其纳税人在海外所持有的全部金融账户信息。

尽管早在十多年前，欧洲就已经实施了有关存款账户涉税信息的跨国自动交换，但是这一制度在中国市场开始受到关注，尤其是在私人财富管理市场火热起来，只是最近一两年的事情 。2016 年 10 月中国国家税务总局公布了中国版的 CRS 法规意见稿，即《非居民金融账户涉税信息尽职调查管理办法》(征求意见稿)，随即中国掀起了一场有关全球税务透明的大热潮。“全球征税”、“资产裸奔”和“富豪焦虑”等亮眼的标题充斥各大媒体。但热闹归热闹,如果仔细找寻,市面上以中国纳税人为出发点,且从法律技术角度系统阐述 FATCA 和 CRS 下具体规则的著作却十分鲜见。在此背景之下,我基于自己在根西岛、泽西岛和英国等地具体进行 FATCA 和 CRS 下反避税合规与咨询工作的经验,以及数年来对于 FATCA 和 CRS 制度的系统研究,编写了本书。本书中,我以相关国际法律准则为依托,结合目前已经开始实施 FATCA 和 CRS 国家的实操经验,分别从信托、离岸公司与合伙、基金、保险等角度介绍和讨论不同行业金融账户的涉税信息披露问题,并希望这本书的出版能够从某种程度上填补目前中国国内对于 FATCA 和 CRS 法律规则研究的空白,同时也给正在进行 FATCA 和 CRS 合规工作的金融机构,以及私人财富管理领域的专业人士提供一些参考。

本书一共包括九章内容,其中前三章属于纯理论章节,分别从 FATCA 和 CRS 的发展历史、合规程序要求以及信息申报要求的角度对相关技术知识点进行介绍和讨论。第四章至第八章,分信托、基金和保险等不同行业,具体讨论中国居民海外资产持有架构的 FATCA 和 CRS 信息披露问题。第九章,简要分析了 FATCA 和 CRS 法规制度本身存在的漏洞以及国际社会的“补漏”和反规避措施最新进展等。

水平和时间有限,诚惶诚恐,但是我真诚地希望这本书能给还在因为 FATCA 和 CRS 国际反避税问题而懵懂、困扰甚至焦虑的朋友带来启发,哪怕是一点点,也足够了。

燕彬(科林)

2018 年 1 月 1 日

英国伦敦

目　录

CONTENTS

第一章

金融账户涉税信息自动交换制度概述

涉税信息交换也称作税收情报交换，顾名思义，就是指两个或者多个国家或地区①政府之间为税收征管之目的所进行的有关纳税人涉税信息的相互交换。根据中国国家税务总局2016年2月3日在《关于〈多边税收征管互助公约〉生效执行公告的解读》中的官方定义，税收情报交换是当前国际税收征管协助的主要形式，指缔约方税务机关之间交换涉税信息或开展税务检查合作，包括专项情报交换、自动情报交换、自发情报交换、同期税务检查和境外税务检查。② 跨国之间的税收情报交换并不是最近几年才出现的新鲜词，早在19世纪的欧洲，一些国家之间签订的税收协定中就包含有关税收情报交换的条款。第二次世界大战之后，随着全球经济一体化的不断推进，国际间的企业和人员流动日益频繁，跨国税收情报交换制度也不断更新和发展，逐步形成了两类主要的政府间交换涉税信息的国际协议，即《避免双重征税协定》（Double Taxation Agreements, DTA）（以下简称《税收协定》）和《税收情报交换协定》（Tax Information Exchange Agreements, TIEA）（以下简称《情报协定》）。

《税收协定》属于两个国家或地区之间为了防止企业或者个人在国际经济活动中取得的收入或者利润被双重征税而签订的全面性双边税收协议，其核心目的是为了促进国与国之间贸易和投资的发展。但同时为了加强双边税收征管协作，全球几乎所有国家之间签订的税收协定中均包含有关国际税收情报交换的条款。截止到2016年11月，中国已经与全球102个国家和地区签订了避免双重征税协定，其中98个协定已经生效，和中国香港、中国澳门两个特别行政区签订了税收安排，与台湾地区也签署了税收协议③。所有的这些税收协定中也都包含有税收情报交换的内容。而《情报协定》属于专门针对跨国之间税收情报交换事宜的双边协议，一方面《情报协定》可以对两国之间已经签署的《税收协定》中有关税收情报交换的条款进行具体化；另一方面由于有一些国家本身对于收入或者利润不征税或者采用低税率，因此并未与其他国家签订《税收协定》，但是为了税收情报交换目的，可能就会签署《情报协定》。截止到2016年11月，中国大陆已经与包括巴哈马、英属维尔京群岛、马恩岛、根西岛、泽西岛、百慕大群岛、阿根廷、开曼群岛、圣马力诺和列

① 为表述方便，如无特殊说明，本书所称国家指独立税收管辖区域。

② 载国家税务总局网站：http://www.chinatax.gov.cn/n810341/n810760/c2004643/content.html，最后访问日期：2017年7月15日。

③ 中国大陆与台湾地区于2015年8月25日签署了税收协议，但至今仍未正式生效。参见国家税收总局官方网站公告：http://www.chinatax.gov.cn/n810341/n810770/，最后访问日期：2017年6月28日。

支敦士顿在内的 10 个国家和地区签署了双边《情报协定》,而其中除阿根廷以外,其他均为离岸金融中心①。

不管是《税收协定》中的情报交换条款还是《情报协定》,尽管其为国际间进行涉税信息交换提供了重要的法律依据,但从全球反避税的效果来说,其本身却存在一些天然的缺陷:

首先,这两类税收协议都只是双边信息交换模式,而非多边模式。双边模式就意味着同一个国家与不同的国家之间由于谈判结果的不同,可能会签订不同的双边情报交换协议。这就有可能导致,发达国家由于政治和经济实力更强,在与离岸避税地政府的税收情报交换协议谈判中处于较发展中国家更为有利的地位。在全球经济一体化的大背景下,世界各国都依据统一的标准来进行税收情报交换显然要比双边"一对一"的单独谈判模式更具执行力度,且更有利于维护全球范围的税收公平。

其次,在前述的各类跨国情报交换模式中,受到全球大多数国家认可且运用范围最广的应属专项情报交换,即应请求的情报交换模式(Exchange of Information upon Request)。但是专项情报交换从本质上属于国际行政协助,耗时长且效率低下,尤其是在打击个人通过在海外藏匿资产逃避税收的问题上难见突破性成效。同时,被请求国(尤其是离岸金融中心)可能会出于保护本国金融业利益之目的,而不愿或者无法获得请求国所要求的涉税信息。例如,某发展中国家 A 国政府正在调查其本国税务居民的跨境逃避税问题,希望从某加勒比离岸金融中心 B 国的银行获得其税务居民在该银行的金融账户信息。这样一种跨国税收情报交换的前提必然是 AB 两国有签署包含情报交换条款的《税收协定》或者《情报协定》,因为没有双边条约为法律基础,情报交换无从谈起。但即便是有了双边协议,也并不意味着 A 国就一定会获得其所想要的信息,因为作为离岸金融中心的 B 国对于银行保密制度通常有十分严格的规定,可能由于国内法律障碍,其并不能从本国金融机构获得该部分信息,最终导致税收情报交换的失败。所以这种基于请求的跨国间情报交换并不能从根本上解决个人的跨国逃避税问题,因为像瑞士、英属维京群岛、开曼群岛等离岸金融中心都对个人持有的金融账户有非常严格的保密规定。这也是尽管国际间税收情报交换一直都有进行,但是在打击个人跨国藏匿资产逃避税

---

① 国际社会对于离岸金融中心(Offshore Financial Centre,OFC)并没有统一的定义,本书所称离岸金融中心即指社会普遍所称的离岸避税地或者"避税天堂",例如英属维尔京群岛,开曼群岛或者泽西岛等。

的问题上却一直难见成效的主要原因。

最后,尽管现有情报交换模式中已经包含了自动情报交换①,如有关利息、股息等收入的情报交换在实践中也有进行,但是实施成效并不理想。一些离岸金融中心,出于其利益或者金融业保密制度的考虑,并不接受自动情报交换模式。例如在香港地区,就只有采用专项情报交换模式,自动情报交换并不存在。② 中国与百慕大群岛、根西岛和泽西岛等签署的《情报协定》也基本都是围绕基于请求的情报交换模式,并没有包含自动情报交换的内容。

全球金融危机爆发以来,一些国家尤其是发达国家的财政状况持续恶化,甚至有些国家政府面临"破产"的危机,社会对于加强国家间税收征管以打击跨国逃避税收行为的呼声日益高涨。而陆续出现的一系列银行"告密"事件和离岸避税地公司的"信息泄密"事件也暴露出各国富豪通过在海外(主要是离岸金融中心)藏匿资产逃避税收的现象已极其严重。这也进一步使各国政府认识到加强跨国间税收情报交换,增加税收透明的重要性和紧迫性。而鉴于上述基于请求的情报交换制度无法从根本上保证个人资产的全球税务透明,为打击跨国逃税和维护税收公平,各国开始探索一种力图打破传统"银行保密规则",通过金融机构这一重要端口,来实施跨国税收情报自动交换的全球性统一规范。

第一节　欧盟《储蓄指令》(EUSD)

欧盟《储蓄指令》(欧洲理事会第 2003/48/EC 号指令)(EU Savings Directive)也就是常说的 EUSD,这是世界上第一套真正意义上的跨境金融账户涉税信息自动交换制度,由欧盟在 2003 年发布,并于 2005 年 7 月 1 日开始实施。参与 EUSD 规则的国家不仅包括所有的欧盟成员国,同时还包括欧盟成员国的相关海外属地或领地,包括安圭拉、阿鲁巴、英属维尔京群岛、开曼群岛、直布罗陀、根西岛、泽西岛、

---

① 根据国家税务总局《国际税收情报交换规程》(国税发〔2006〕70 号)第七条规定,自动情报交换,是指缔约国双方主管当局之间根据约定,以批量形式自动提供有关纳税人取得专项收入的税收情报的行为。专项收入主要包括:利息、股息、特许权使用费收入;工资薪金,各类津贴、奖金,退休金收入;佣金、劳务报酬收入;财产收益和经营收入等。

② 参见香港特别行政区 2015 年 4 月 14 日发布的《香港就税务事宜自动交换金融账户资料咨询文件》:http://www.fstb.gov.hk/tb/sc/docs/AEOI-ConsultationPaper-sc.pdf,最后访问日期:2017 年 2 月 27 日。

马恩岛、蒙特塞拉特、荷属安的列斯、特克斯和凯科斯群岛,以及其他非欧盟的欧洲国家,包括安道尔、列支敦士登、摩纳哥、圣马力诺和瑞士。中国香港地区和新加坡等也曾被邀请参加 EUSD,但其并未接受①。

EUSD 制度瞄准的主要是存款利息信息的跨国自动交换,其运作机制就是各 EUSD 参与国的存款利息支付方(Paying agent)识别和收集有关该存款利息受益个人的身份和账户信息,将其按年自动申报给其所在国税务机关,然后自动交换给其他欧盟国家和相关参与国。通过对纳税人跨国存款利息信息的透明化来保证各国对于受益个人税收的有效监管,以此打击可能存在的个人跨国逃避税收问题。

值得一提的是,EUSD 在欧洲的实施也并非一帆风顺,遭到一些银行保密成员国的反对,所以最后谈判妥协的结果就是允许奥地利、卢森堡和比利时三个欧盟国家有一个实施 EUSD 制度的七年过渡时期,这段时期内这三个国家可先不实行有关 EUSD 参与国居民存款利息信息的跨国自动交换制度,而是采用对相关存款利息进行代扣预提所得税的形式以期达到同样的效果。预提所得税税率的设定主要分三个阶段:(1)自 2005 年 7 月 1 日至 2008 年 6 月 30 日期间,预提所得税税率为 15%;(2)2008 年 7 月 1 日至 2011 年 6 月 30 日期间,预提所得税税率为 20%;(3)2011 年 1 月 1 日以后,预提所得税税率为 35%②。

随着 2016 年 1 月 1 日,经济合作与发展组织(OECD)(以下简称经合组织)倡导实施的全新金融账户涉税信息自动交换制度《统一报告标准》(Common Reporting Standard,CRS)(以下简称标准或 CRS)在欧盟的实施,实施了近十年的 EUSD 也正式被 CRS 所取代③。

第二节 美国《海外账户税收合规法案》(FATCA)

一、FATCA 的历史背景

如果说欧盟《储蓄指令》下有关存款利息信息的跨国自动交换是给离岸金融中

---

① 参见英国下议院商务和交通委员会(Business and Transport Section)2012 年 10 月 17 日提交的研究议案《欧盟储蓄指令的最近发展》(EU Savings Directive: recent developments),载英国下议院网络图书馆:researchbriefings. files. parliament. uk/documents/SN03273/SN03273. pdf,最后访问日期:2017 年 7 月 21 日。

② 参见欧盟《储蓄指令》第 11 条第 1 款规定。

③ 根据欧盟实施 CRS 的法规,即《欧盟理事会第 2014/107/EU 号指令》规定,奥地利延迟一年到 2017 年开始实施 CRS。

心的严格银行保密制度撕开了一个口子,那么美国的《海外账户税收合规法案》(Foreign Account Tax Compliance Act),即 FATCA,则是意图将存在上百年的银行保密制度彻底摧毁。

FATCA 本身并不是一个独立的法案,而是美国国会 2010 年颁布的《雇佣激励以恢复就业法案》(Hiring Incentives to Restore Employment,"HIRE" Act)中的部分条款,涵盖了《美国联邦税法典》第四章从第 1471 ~ 1474 条的全部内容。因此实践中所谓的"FATCA 身份"(FATCA Status)也经常被说成是"第四章身份"(Chapter 4 Status)。美国 FATCA 的目的旨在打击美国税务居民的跨国逃避税问题,要求位于美国国外的金融机构(Financial Institutions,FI)将其管理的美国税务居民持有的金融账户信息申报给美国国税局(Internal Revenue Service,IRS)。为保证 FATCA 的落地实施,美国财政部和联邦税务局于 2013 年发布了最终版 FATCA 实施条例(FATCA Regulations),就有关金融机构的尽职调查程序、纳税申报以及代扣代缴预提所得税等问题进行了细化规定,其所要求外国金融机构申报的信息内容本质上与美国税法典中所要求美国税务居民申报的信息一致。

FATCA 让外国金融机构"闻风丧胆"的"撒手锏"当属对于不合规金融机构的惩罚措施。美国政府对于不遵守 FATCA 合规要求的外国金融机构,对其来源于美国的某些特定收入征收 30% 的预提所得税。该特定收入主要包括两部分[①]:

(一)可预提付款(Withholdable Payment)

可预提付款是指来源于美国的固定或可确定的年度或定期收入(Fixed or Determinable Annual or Periodical,FDAP),包括几乎除在美国从事商业活动的收入和资产处置收入以外的其他所有来源于美国的收入以及转让或处置可以产生来源于美国利息或者股息的资产的总收益。对于可预提款项的 FATCA 预提所得税自 2014 年 7 月 1 日起执行。

(二)外国转手付款(Foreign Passthru Payment)

外国转手付款是指参与合规外国金融机构的任何能够追溯到可预提付款的其他付款,如银行利息和股东股息等。对于外国转手付款的 FATCA 预提所得税自 2017 年 1 月 1 日起执行。

---

① 参见美国国税局第 2015 - 66 号公告第二部分 A 款内容。载 https://www.irs.gov/pub/irs-drop/n-15-66.pdf,最后访问日期:2017 年 7 月 16 日。

这类预提所得税实质上是对不合规金融机构的处罚，其目的是敦促外国金融机构都来遵守 FATCA 的“游戏规则”。

二、FATCA 政府间协议模式一和模式二

FATCA 属于美国国内法律，并不能对国外的金融机构产生直接的法律约束力。为了解决 FATCA 跨国运行的法律障碍，美国财政部制定了两套有关实施 FATCA 的政府间协议（Inter－governmental Agreement，IGA），即模式一和模式二。各 FATCA 伙伴国与美国签订政府间协议，并以此作为双边国际条约，而后伙伴国再将政府间协议的内容通过立法的形式转化为国内法，从而对伙伴国金融机构产生法律约束力。

（一）政府间协议模式一

在政府间协议模式一下，外国金融机构依据其本国 FATCA 实施法规将其管理的美国居民持有的金融账户信息申报给该金融机构所在国政府机构，然后由其将信息交换给美国国税局。同样，美国的金融机构和美国国税局也会将该伙伴国税务居民的金融账户信息申报和交换给伙伴国的政府机构。（见图 1－2－1）

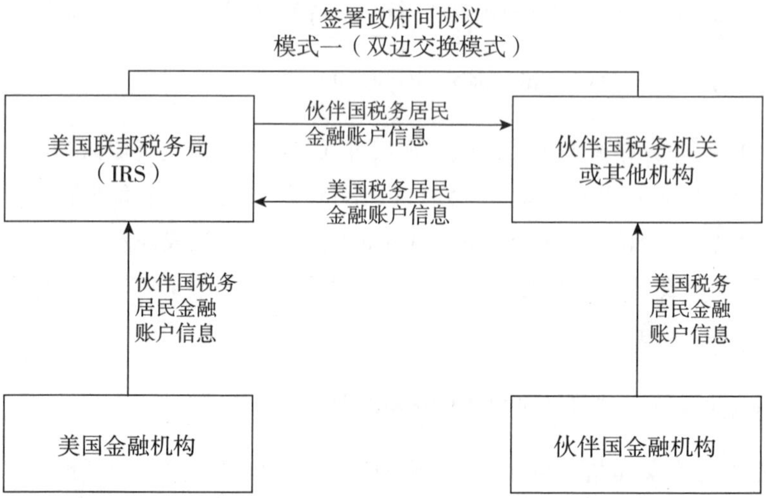

图 1－2－1

值得注意的是，有些 FATCA 伙伴国（多为离岸金融中心）与美国签署的是政府间协议模式一中的单边交换模式（见图 1－2－2），也就是说伙伴国的金融机构将信息申报给伙伴国政府，然后由其传递给美国政府，但是这种模式下美国金融机构和

美国政府并没有对等的信息申报和交换义务。

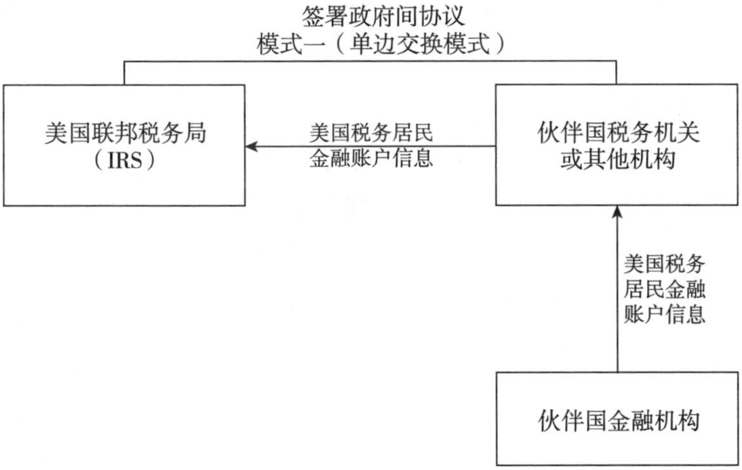

图 1－2－2

（二）政府间协议模式二

在模式二下，外国金融机构直接与美国国税局签订《外国金融机构协议》（Foreign Financial Institution Agreement），将其管理的美国居民持有的金融账户信息申报给美国国税局，而不需经过其本国政府机构“中转”（见图 1－2－3）。模式二下伙伴国政府通常无需制定详细的本地 FATCA 实施法规，而是由金融机构直接依据其与美国国税局签订的《外国金融机构协议》进行 FATCA 下的金融账户涉税信息尽职调查，并将信息申报给美国国税局。对于实施 FATCA 并不存在较大国内法律障碍的国家，如果其本国金融机构自身合规意识和能力较强，一般会考虑签订政府间协议模式二，以降低通过政府中转带来的额外合规成本。如中国香港地区、瑞士和百慕大等，即属于此类。

由于模式二并非双边交换模式，因此美国政府在与伙伴国政府签订政府间协议模式二时也有表示，允许将来双方根据情况变化，尤其是考虑到 CRS 下各国之间更广范围的多边信息互换的全球推行，美国与伙伴国政府可以再做商议，将模式二转为模式一。例如瑞士，其与美国政府于 2013 年 2 月 14 日签署了 FATCA 政府间协议模式二，但在 2014 年 10 月 8 日，出于政府间协议模式一下双边交换模式的优势，以及对接经合组织 CRS 这一更广范围的信息交换制度，瑞士联邦政府正式启动与美国的政府间协议模式一的谈判。

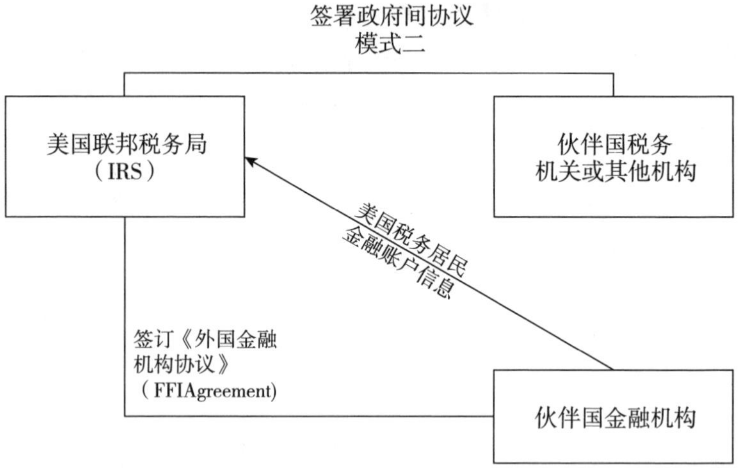

图 1－2－3

三、FATCA 的签署和执行情况

截至 2020 年 5 月 8 日，美国政府已经先后与全球 113 个国家和地区达成有关实施 FATCA 的政府间协议，[①]其中 95 个国家和地区已经开始执行 FATCA，9 个国家和地区已经签署政府间协议（还未生效实施），另外包括中国在内的 9 个国家和地区已经与美国政府就 FATCA 政府间协议达成实质一致，但还没有正式签署。在所有签署（包括达成实质一致）的国家中，有 99 个国家和地区签署的是政府间协议模式一，14 个国家和地区选择签署的是政府间协议模式二。

（一）已经签署政府间模式一并已经开始实施的国家和地区

阿尔及利亚、安哥拉、安圭拉、安提瓜和巴布达、澳大利亚、阿塞拜疆、巴哈马、巴林、巴巴多斯、白俄罗斯、比利 时、巴西、英属维尔京群岛、保加利亚、多米尼加共和国、多米尼克、柬埔寨、加拿大、开曼群岛、哥伦比亚、克罗地 亚、库拉索、塞浦路斯、捷克共和国、丹麦、爱沙尼亚、芬兰、法国、格鲁吉亚、德国、直 布罗陀、希腊、格林兰岛、格林纳达、根西岛、圭亚那、梵蒂冈、洪都拉斯、匈牙利、冰岛、印度、爱尔兰、马恩岛、以色列、意 大利、牙买加、泽西岛、科索沃、科威特、拉脱维亚、列支敦士登、立陶宛、卢森堡、马耳 他、毛里求斯、墨西哥、黑山、蒙特塞拉特、荷兰、新西兰、挪威、巴拿

① 参见美国财政部网站 https://home. treasury. gov/about/offices/tax－policy/foreign－account－tax－compliance－act，最后访问时间：2020 年 5 月 8 日。

马、波兰、葡萄牙、卡塔尔、罗马尼亚、沙特阿拉伯、塞尔维亚、特立尼达和多巴哥、新加坡、斯洛伐克共和国、斯洛文尼 亚、南非、韩国、西班牙、圣基茨和尼维斯、圣卢西亚、圣文森特和格林纳丁斯、瑞典、突尼斯、乌克兰、特克斯和凯科斯群岛、阿拉伯联合酋长国、英国、土库曼斯坦、乌兹别克斯坦、越南。(共87个)

(二)已经签署政府间协议模式一但还没有开始实施的国家和地区

哥斯达黎加、哈萨克斯坦、塞舌尔、菲律宾、泰国、土耳其。(共6个)

(三)已经就政府间协议模式一达成实质一致但还未正式签署的国家和地区

佛得角、中国、海地、印度尼西亚、马来西亚、秘鲁。(共6个)

(四)已经签署政府间协议模式二并已经开始实施的国家和地区

亚美尼亚、奥地利、百慕大、中国香港地区、日本、摩尔多瓦、圣马力诺、瑞士。(共8个)

(五)已经签署政府间模式二但还没有开始实施的国家和地区

智利、中国澳门地区、中国台湾地区(共3个)。

(六)已经就政府间协议模式二达成实质一致但未正式签署的国家和地区

伊拉克、尼加拉瓜、巴拉圭。(共3个)

四、FATCA下的双边交换和单边交换

有不少人对美国的FATCA制度存在误解,认为美国的FATCA制度就是为美国政府打击本国居民海外逃避税收所立,利用所谓的美国"经济霸权"来"变相"强迫海外的金融机构和政府将美国居民的账户信息交换给美国政府,协助其来进行本国的反避税工作,但是并不会将外国居民在美国的账户信息对等地进行交换。这种观点实际上只是部分正确。

不可否认,在FATCA政府间协议模式二下,外国金融机构直接与美国国税局建立涉税信息分享关系,外国政府并不具体参与信息交换的过程,因此对于那些采取模式二的国家来说,FATCA下的信息交换的确是单向的,只是从国外金融机构流向美国政府。另外,在那些与美国签订政府间协议模式一的国家或地区中,有一些

国家或地区并不对其税务居民征收所得税，因此没有必要从美国对等地获得其税务居民在美国的账户信息，因此这些国家会选择签署单边交换的政府间协议模式一，例如开曼群岛政府与美国政府在 2013 年 11 月签署的政府间协议即属于此类，账户信息只是被开曼群岛金融机构申报给开曼政府，而后被交换给美国政府，并没有对等的信息从美国流向开曼群岛。

但是大多数与美国签订 FATCA 政府间协议模式一的国家都属于双边对等交换协议，也就是说美国政府也会对等地将外国居民在美国金融机构的信息交换给该外国政府。例如美国与英国在 2012 年签订的政府间协议模式一就在第二条第二款 B 项和第三条第三款 B 项明确规定，美国政府应当收集和交换自 2013 年以后每一年度英国税务居民在美国金融机构持有的账户信息。但需要注意的是，这类账户信息是限于存款账户的利息相关信息，对于其他托管账户、具有现金价值的保险合同和年金合同以及投资实体中的股权权益和债权权益等信息，由于缺乏国内法律依据，美国目前仍无法实现 FATCA 下完全对等的账户信息交换。

为确保 FATCA 政府间协议签订以后，美国政府可以至少部分对等地向伙伴国交换账户信息，2012 年 10 月，美国财政部与联邦税务局发布了有关美国金融机构申报有关外国人存款利息信息的最终法规（Guidance on Reporting Interest Paid to Nonresident Aliens），即所谓的 TD9584 号文件，并将其并入美国所得税条例。根据 TD9584 号文件，从 2013 年 1 月 1 日开始，美国金融机构必须将其管理的部分外国居民个人持有存款账户的利息信息，定期申报给联邦税务局。对于具体的信息申报程序，联邦税务局随后发布了《税收程序规定（2012 - 24 号）》（Revenue Procedure 2012 - 24），列出了第一批需要申报其税收居民利息信息的国家名单，并要求美国金融机构依据外国居民提供的 W - 8BEN 税务表格里的住址信息来判定其是否属于所列国家的居民，是否需要申报。同时，美国金融机构也可以选择采用不区分的方式将所有外国居民持有账户的利息信息都申报给美国国税局，以降低居民身份识别上的合规成本。

美国国税局此后还根据 FATCA 政府间协议的签订情形，对于需申报国家名单进行了多次后续更新，目前最新的一版是 2016 年 12 月发布的《税收程序规定（2016 - 56 号）》（Revenue Procedure 2016 - 65），将包括中国在内的所有已经与美国签署 FATCA 协议（包括就 FATCA 协议达成实质一致）的国家纳入需申报国家和地区名单①。但需要注意的是,联邦税务局要求美国金融机构收集和申报这些国家和地区居民的信息,并不代表这些信息必然就会被交换到相应的国家和地区,还有两个重要的条件需要满足,即伙伴国与美国的 FATCA 政府间协议已经生效施行;在信息保密和数据安全上符合国际要求,并通过美国政府的评估。② 目前中国还未与美国正式签署 FATCA 政府间协议,因此尽管 2017 年 1 月 1 日之后,美国金融机构会将中国居民个人在美账户的利息信息申报给联邦税务局,但是这些信息要等中美之间的 FATCA 政府间协议实施生效,并且中国政府在信息保密和数据安全保障上达到标准之后才可能会交换给中国政府。根据美国国税局 2015 年 10 月在其网站发布的消息,美国政府已经在 2015 年 9 月之前完成与 FATCA 伙伴国的第一次账户信息互换,但具体伙伴国名称并未透露。③

尽管美国已经开始向其 FATCA 伙伴国自动交换账户信息,但是这只是在 FATCA 下所有需申报账户信息中最为简单和直接的一类存款账户信息,并不包括托管账户、保险账户、投资机构的股权权益和债权权益等其他更为复杂和重要的账户信息,要实现这些除存款账户以外其他账户信息的收集和交换,目前仍没有任何美国国内法律依据。值得关注的是,有关建立 FATCA 下更大范围账户信息对等交

---

① 根据美国国税局《《税收程序规定(2016 – 56 号)(Revenue Procedure 2016 – 65)》,被纳入利息信息需申报国家和地区名单的包括:安提瓜和巴布达、阿鲁巴、澳大利亚、奥地利、阿塞拜疆、孟加拉国、巴巴多斯、比利时、百慕大、巴西、英属维尔京群岛、保加利亚、加拿大、开曼群岛、中国、哥伦比亚、哥斯达黎加、克罗地亚、库拉索、塞浦路斯、捷克共和国、丹麦、多米尼加、多明尼加共和国、埃及、爱沙尼亚、芬兰、法国、德国、直布罗陀、希腊、格林纳达、根西岛、圭亚那、洪都拉斯、中国香港地区、匈牙利、冰岛、印度、印度尼西亚、爱尔兰、马恩岛、以色列、意大利、牙买加、日本、泽西岛、哈萨克斯坦、韩国、拉脱维亚、列支敦士登、立陶宛、卢森堡、马耳他、马绍尔群岛、毛里求斯、墨西哥、摩纳哥、摩洛哥、荷兰、荷兰岛屿:博内尔岛,萨巴岛和圣尤斯图斯、新西兰、挪威、巴基斯坦、巴拿马、秘鲁、菲律宾、波兰、葡萄牙、罗马尼亚、俄罗斯联邦、圣卢西亚、斯洛伐克共和国、斯洛文尼亚、南非、西班牙、斯里兰卡、圣马丁(荷兰)、瑞典、瑞士、泰国、特立尼达和多巴哥、突尼斯、土耳其、乌克兰、英国、委内瑞拉。参见美国国税局网站公布的法规全文 https://www. irs. gov/pub/irs – drop/rp – 16 – 56. pdf。

② 根据美国国税局《《税收程序规定(2016 – 56 号)(Revenue Procedure 2016 – 65)》,被纳入利息信息对等交换的国家和地区包括:澳大利亚、阿塞拜疆、巴西、加拿大、捷克共和国、丹麦、爱沙尼亚、芬兰、法国、德国、直布罗陀、根西岛、匈牙利、冰岛、印度、爱尔兰、马恩岛、以色列、意大利、牙买加、泽西岛、韩国、拉脱维亚、列支敦士登、立陶宛、卢森堡、马耳他、毛里求斯、墨西哥、荷兰、新西兰、挪威、波兰、圣卢西亚、斯洛伐克共和国、斯洛文尼亚、南非、西班牙、瑞典、英国。参见美国国税局网站公布的法规全文 https://www. irs. gov/pub/irs – drop/rp – 16 – 56. pdf。

③ 参见美国国税局 2015 年 10 月发布的公告《IRS Announces Key Milestone in FATCA Implementation; U. S. Begins Reciprocal Automatic Exchange of Tax Information under Intergovernmental Agreements》,https://www. irs. gov/uac/newsroom/irs – announces – key – milestone – in – fatca – implementation – u – s – begins – reciprocal – automatic – exchange – of – tax – information – under – intergovernmental – agreements,最后访问日期:2017 年 7 月 8 日。

换机制的问题,美国政府在自 2014 年 FATCA 正式实施以来的每年政府财政预算法案之税改意见绿皮书中都有向美国国会提出建议①,但是目前美国国内有关于此的立法仍未取得实质性进展。

第三节　英国《皇冠属地和海外领地金融账户涉税信息自动交换协议》(CDOT)

仿效美国 FATCA 的运作模式,英国政府在 2013 年先后与其 3 个皇冠属地(Crown Dependencies,CD),即马恩岛、根西岛和泽西岛,以及 7 个海外领地(Overseas Territories,OT),即开曼群岛、直布罗陀、百慕大、蒙塞拉特,特克斯和凯科斯群岛,英属维京群岛和安奎拉,分别签署了有关金融账户涉税信息自动交换的双边政府协议,即 CDOT 制度或者英国版 FATCA。其中与马恩岛、根西岛、泽西岛和直布罗陀签署的为双边对等信息交换协议,与其他海外领地签署的为单边信息交换协议。这些协议基本是以各属地和领地与美国签署的 FATCA 政府间协议为模板,根据英国本国税收制度作了微调,去掉了美国 FATCA 政府间协议具有美国税法特色的内容,但是有关金融账户尽职调查和申报合规要求与 FATCA 基本一致。

2016 年英国政府在 CDOT 机制下从各属地和领地政府获得了英国税务居民在这些地区金融机构持有的金融账户涉税信息,涵盖了 2014 年和 2015 年两个申报年度。但是由于与英国政府签订 CDOT 协议的 3 个皇冠属地和 7 个海外领地都属于第一批承诺于 2016 年 1 月 1 日起实施 CRS 的地区,这就意味着英国与这些属地和领地会在 2017 年 9 月开始在 CRS 的机制下进行金融账户信息的自动交换,因此 CDOT 已无存在必要,自 2016 年 1 月 1 日之后,CDOT 即被 CRS 取代。

---

①　参见美国财政部历年发布的《政府财政年度收入提案的一般解读》(《绿皮书》),https://www.treasury.gov/resource-center/tax-policy/Pages/general_explanation.aspx,最后访问日期:2017 年 7 月 8 日。

第四节　经合组织《统一报告标准》(CRS)

一、CRS 的历史发展

2012 年，包括英国、法国、德国、意大利和西班牙在内的欧洲五国分别与美国签订了实施 FATCA 的政府间协议。在 FATCA 这一全新涉税信息跨国自动交换制度的启发下，欧洲五国在 2013 年 4 月宣布将发展和试行一项基于美国 FATCA 政府间协议模式一的多边涉税信息自动交换机制，这一举动立刻得到了欧盟理事会的一致支持和同意，并意图将自动交换制度扩展到整个欧盟国家甚至全球范围。在欧盟和八国集团(G8)积极推动下，二十国集团(G20)成员国也开始对全球版的金融账户涉税信息自动交换产生浓厚兴趣，并在 2013 年 9 月圣彼得堡峰会上，正式请求经合组织制定一套类似于美国 FATCA 制度的全球版金融账户涉税信息自动交换的统一报告标准。①

2014 年的 2 月，经合组织基于美国 FATCA 政府间协议模式一的范本内容，向二十国集团提交了《统一报告标准》(Common Reporting Standard, CRS)(以下简称《CRS 文本》)，并得到二十国集团批准，成为金融账户涉税信息自动交换的全球标准。在 2014 年 6 月，经合组织正式发布《CRS 文本》《统一报告标准释义》(CRS Commentary)(以下简称《CRS 文本释义》)，以及有关电子信息交换的 XML 文档格式要求(XML Schema)。随后，经合组织还发布了指导各国政府制定本地 CRS 落地实施法规的《统一报告 CRS 实施手册》(CRS Implementation Handbook)(以下简称《CRS 实施手册》)。这一系列重要文件，为各国结合本国实际落实金融账户涉税信息自动交换全球统一标准提供了参考和指导。

2014 年 10 月，包括已经与英国正在实施英国版 FATCA 的所有属地和领地在内的 50 个国家发布共同声明，承诺将在 2016 年 1 月 1 日实施 CRS，并在 2017 年 9 月开展 CRS 下的第一次金融账户涉税信息自动交换。这 50 个国家也被称为是“早期实施国”(Early Adopters)。② 此后陆续又有多个国家和地区承诺在 2017 年 1 月 1

---

① 参见《二十国集团领导人圣彼得堡宣言》，载经合组织官网：https://www.oecd.org/g20/summits/saint - petersburg/Saint - Petersburg - Declaration.pdf，最后访问日期：2017 年 7 月 18 日。

② 参加《CRS 早期实施国共同宣言》，载经合组织官网：https://www.oecd.org/ctp/exchange - of - tax - information/AEOI - early - adopters - statement.pdf，最后访问日期：2017 年 7 月 18 日。

日实施 CRS,并在 2018 年 9 月开展 CRS 下金融账户涉税信息自动交换。截至 2020 年 5 月,全球已有 112 个国家和地区承诺实施 CRS①:

(一)承诺 2017 年首次自动交换信息的国家和地区(共 49 个)

安圭拉、阿根廷、比利时、百慕大、英属维尔京群岛、保加利亚、开曼群岛、哥伦比亚、克罗地亚、塞浦路斯、捷克、丹麦、爱沙尼亚、法罗群岛、芬兰、法国、德国、直布罗陀、希腊、根西岛、匈牙利、冰岛、印度、爱尔兰、马恩岛、意大利、泽西岛、韩国、拉脱维亚、列支敦士登、立陶宛、卢森堡、马耳他、墨西哥、蒙特塞拉特、荷兰、挪威、波兰、葡萄牙、罗马尼亚、圣马力诺、塞舌尔、斯洛伐克、斯洛文尼亚、南非、西班牙、瑞典、特克斯和凯科斯群岛、英国。

(二)承诺 2018 年首次自动交换信息的国家和地区(共 51 个)

安道尔、安提瓜和巴布达、阿鲁巴、澳大利亚、奥地利、阿塞拜疆、巴哈马、巴林、巴巴多斯、伯利兹、巴西、巴基斯坦、文莱达鲁萨兰国、加拿大、智利、中国、库克群岛、哥斯达黎加、库拉索岛、多米尼克、格林纳达、中国香港地区、印度尼西亚、以色列、日本、黎巴嫩、马绍尔群岛、中国澳门地区、马来西亚、毛里求斯、摩纳哥、瑙鲁、新西兰、纽埃、巴基斯坦、巴拿马、卡塔尔、俄罗斯、圣基茨和尼维斯、萨摩亚、圣卢西亚、圣文森特和格林纳丁斯、沙特阿拉伯、新加坡、圣马丁、瑞士、特立尼达和多巴哥、土耳其、阿拉伯联合酋长国、乌拉圭、瓦努阿图。

(三)承诺在 2018 年之后首次自动交换信息的国家和地区(共 12 个)

2019 年:加纳、科威特
2020 年:哈萨克斯坦、厄瓜多尔、尼日利亚、阿曼、秘鲁
2021 年:阿尔巴尼亚、马尔代夫
2023 年:约旦、黑山、泰国

(四)目前仍未确定首次自动交换信息日期的发展中国家(共 45 个)

亚美尼亚、贝宁、波斯尼亚和黑塞哥维那、博茨瓦纳、布基纳法索、佛得角、柬埔寨、喀麦隆、乍得、科特迪瓦、吉布提、多米尼加共和国、埃及、萨尔瓦多、斯瓦泽兰、加

① 参见经合组织官网发布的承诺国家名单:http://www.oecd.org/tax/automatic-exchange/commitment-and-monitoring-process/AEOI-commitments.pdf,最后访问日期:2020 年 5 月 8 日。

蓬、格鲁吉亚、危地马拉、几内亚、圭亚那、海地、洪都拉斯、牙买加、肯尼亚、莱索托、利比里亚、马达加斯加、毛里塔尼亚、摩尔多瓦、蒙古、摩洛哥、纳米比亚、尼日尔、北马其顿、巴布亚新几内亚、巴拉圭、菲律宾、卢旺达、塞内加尔、塞尔维亚、坦桑尼亚、多哥、突尼斯、乌干达、乌克兰。

值得一提的是,上面所谓的承诺实施 CRS 的国家和地区,其关键词在于"承诺"二字,也即政治承诺,其本身并没有任何国际法律约束力。截至目前,全球已有两个国家对曾经做出的承诺做出调整或者撤回,即毛里求斯和阿尔巴尼亚。在 2014 年 10 月,50 个国家公布的《CRS 早期实施国共同声明》中,承诺 2017 年开始实施 CRS 信息自动交换的国家包括毛里求斯。但是在 2016 年 1 月,毛里求斯国家税务局突然发布公告①,将此前的承诺实施日期推迟一年,到 2018 年。此外还有阿尔巴尼亚,其在 2017 年 3 月之前一直都在"承诺 2018 年首次自动交换信息的国家和地区"名单之中,一些国家发布的"CRS 参与国"名单中也有包括阿尔巴尼亚,但是在 2017 年 3 月之后,阿尔巴尼亚的名字却不见了,而且也没有任何官方的有关阿尔巴尼亚撤回 CRS 实施承诺的背景和原因解释。但是这至少说明,一个国家想撤回 CRS 承诺是完全可能的。

二、CRS 的基本法律构成

CRS 属于跨国间涉及各国税收主权和税收利益的国际准则,为促成 CRS 能够在各参与国落地实施,经合组织设计出了全新的为 CRS 量身打造的基本法律构成要件。根据经合组织在《CRS 实施手册》中的规定②,金融账户涉税信息自动交换标准主要由以下几个因素构成:

首先,《CRS 文本》具体规定了有关金融机构对其管理的金融账户开展尽职调查的程序,以及账户识别和账户信息申报的内容。这是各 CRS 参与国实施金融账户涉税信息自动交换的全球统一标准,属于整个 CRS 制度的核心构成。

其次,《主管当局协定范本》(Model Competent Authority Agreement, CAA)(以下简称《范本》),此处的主管当局一般是指各国的税务机关或者其他相关政府机构。CAA 属于主管当局之间进行金融账户涉税信息自动交换协议的范本,构成了

---

① 参见毛里求斯国家税务局 2016 年 1 月 15 日公告。Mauritius Revenue Authority ,Communique Implementation of CRS. http://www. mra. mu/download/ImplementationCRS150116. pdf,最后访问日期:2017 年 7 月 20 日。

② 参见经合组织《CRS 实施手册》。

CRS 下信息自动交换的国际法律基础,并具体规定了需要自动交换信息的范围。

再次,《范本释义》和《CRS 文本释义》,对《范本》和《CRS 文本》的规定进行了更具体详细的解释和说明,确保自动交换机制在全球各 CRS 参与国的统一运用和落实。

最后,CRS 信息申报的技术解决方案指引,规定有关账户信息自动交换的模式以及传送和加密的指导,确保所传递信息的保密和安全。

基于上面四项基本法律构成要素,CRS 下两个国家之间的金融账户涉税信息自动对等交换框架可以用图 1-4-1① 来表示:

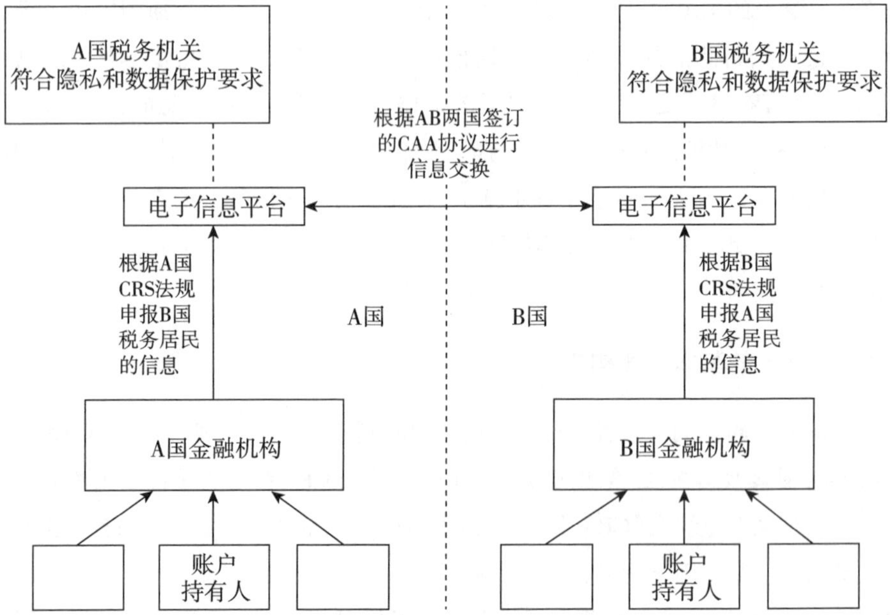

图 1-4-1

三、CRS 的跨国运作模式

经合组织主导下的 CRS 属于全球范围的涉税信息自动交换,一个国家想要加入到了这个全球信息透明网络中来,光是承诺显然不够,还需要从行动上满足《CRS 实施手册》第一部分中所规定的以下四方面的需求:

---

① 参见经合组织《CRS 实施手册》。

（一）将 CRS 转化为国内法

CRS 参与国需要将《CRS 文本》中的金融账户尽职调查以及信息申报规则，以及确保 CRS 有效实施的政策和准则等转化为 CRS 参与国的本国国内法。例如，中国政府于 2017 年 5 月 19 日发布的中国版 CRS 法规《非居民金融账户涉税信息尽职调查管理办法》（以下简称《管理办法》），就是将《CRS 文本》中有关金融账户尽职调查程序的相关规定转化为中国的国内法规。当然也有的国家是先进行议会层面的立法，而后再由政府层面出台实施规定，最后由税务机关或者其他金融监管机构进一步发布有关 CRS 执行的全面实施指引，例如中国香港地区、泽西岛、英国、新加坡等即属如此。

（二）具备信息自动交换的国际法律依据

CRS 参与国需要选择一项进行跨国间金融账户涉税信息自动交换的国际法律基础。CRS 下各国政府之间的信息交换必须要在国际法律基础之上进行，具体可供选择的法律基础包括双边《税收协定》之第二十六条中有关税收情报交换的条款；《多边征管互助公约》（以下简称《公约》）之第六条内容；双边《情报协议》等。由于《公约》是建立在多边机制基础之上，因此通过加入公约来实施 CRS 也是确保一个国家能与全球其他最广泛的国家开展信息自动交换最为便捷的途径。① 截至 2020 年 2 月，签署《公约》的国家和地区已达 136 个。

各国之间有了进行涉税信息自动交换的法律基础以后，会再就具体有关 CRS 下金融账户涉税信息自动交换的一系列内容达成政府间的单独协议，即前面所提到的《主管当局间协议》（即 CAA）。为满足不同国家国情的具体需求，经合组织起草了三类模式的《主管当局间协议》供各国参考使用，包括：

1. 双边互换模式

主要是针对那些没有加入《公约》，而依据《税收协定》和《情报协定》作为法律基础来进行交换的国家和地区使用，例如中国香港和中国澳门等。其信息交换方式上类似于 FATCA 政府间协议模式一下的双边对等交换。

2. 双边非互换模式

与双边互换模式相对应，都属于双边模式的《主管当局间协议》，但是信息的交

① 参见经合组织《CRS 实施手册》。

换是单边的，而非双边互换。这种模式主要是考虑到有些国家本身并没有所得税，例如开曼群岛和阿联酋等，他们不需要从国外获得其本国居民在海外的账户信息。其信息交换方式上类似于 FATCA 政府间协议模式一下的双边非对等交换。

3. 多边互换模式

也就是所谓的《多边主管当局间协议》（Multilateral CAA，即 MCAA）。MCAA 模式主要是针对已经加入了《公约》的国家，通过签署多边模式的 MCAA，即可免去分别与每一个国家单独签署《主管当局间协议》的烦琐程序。中国、日本、新加坡和英国即属于此类。为了让 CRS 下的全球税务透明网络能够更大范围地建立，OECD 一直在倡导各国通过 MCAA 的模式来进行涉税信息的自动交换。截至 2019 年 12 月，全球已有 108 个国家和地区签署了 CRS《多边主管当局间协议》。

需要注意的是，即便是在 MCAA 的模式下，两个国家都签署了 MCAA，但是这并不必然导致两个国家之间金融账户涉税信息自动交换关系的建立。只有在同时满足以下能够使其“配对成功”的三个条件后，CRS 下的双边信息自动交换机制才算完全建立：

条件一，两国均已加入《公约》；

条件二，两国已经签署 CRS《多边主管当局间协议》；

条件三，两国政府依据 CRS《多边主管当局间协议》第七章之规定向经合组织提交“正式通知”（Notification），且该“正式通知”必须包括以下内容：

①确认本国的 CRS 立法已经完成，并告知经合组织其选择采取双边信息交换模式还是单边信息交换模式；

②有关涉税信息传输和信息加密方式的说明；

③有关信息交换中符合数据保密要求的说明；

④确认本国已经有符合要求的信息保密和数据安全保障；

⑤列出在 CRS MCAA 模式下愿意与其进行信息自动交换国家的名单。

由此可见，在 CRS MCAA 模式下，两个国家要想达成最终的 CRS 信息自动交换伙伴关系，必须双方都加入了《公约》并签署了 MCAA，同时在提交给 OECD 的通知名单中，分别将对方列为有意向与其交换信息的伙伴国。[①]

---

① 参见经合组织《有关 CRS 信息交换关系的问与答》，发布于经合组织官方网站，http://www.oecd.org/tax/automatic - exchange/international - framework - for - the - crs/exchange - relationships/Questions - and - answers - international - exchange - relationships - crs - information.pdf，最后访问日期：2017 年 7 月 4 日。

（三）具备信息交换的系统支撑

参与国必须就有关信息交换方面的 IT 系统以及管理机构和资源准备就绪。CRS 下的信息自动交换，除了要具备上面所讲的法律基础以外，另一个非常重要的部分即是一个国家自身对于信息的合理管理能力。涉税信息的收集和传递需要强大功能的 IT 信息系统来支撑，交换信息的政府必须要有这些技术设施以及对应的技术基础，才可能有资格加入到 CRS 下全球税务信息透明的电子网络中来。

（四）有相应的信息隐私和数据安全的保护措施

参与国必须能够充分保障所交换信息的隐私和数据安全。CRS 下所谓的全球税收透明，并非指 CRS 实施以后，纳税人的海外账户信息就会像此前发生的某些离岸金融中心账户信息泄密一样，向全社会公布，而仅仅是指账户信息与政府之间的透明。因此，保护 CRS 下账户信息数据的安全和隐私，对于维护各国纳税人的合法权益以及整个全球 CRS 信息交换机制的良好运行至关重要。实施 CRS 的国家必须能有足够的法律保障和执行力来确保所交换信息的隐私和安全。

四、CRS 需申报国和参与国

如前所述，FATCA 下的账户信息交换机制是一国（美国）对多国（其他伙伴国）的模式，对于 FATCA 伙伴国来说，并不存在需要识别“需申报国”的问题，因为伙伴国的金融机构所需要识别和申报的只有美国税务居民持有账户的情形。与 FATCA 不同的是，CRS 是各参与国之间基于经合组织一系列统一报告标准下所进行的多国对多国的多边账户信息自动交换。由于世界上并不是每一个国家都有加入 CRS 的游戏规则，并且即使是 CRS 参与国之间也存在前面所讨论的是否会“配对成功”的问题，因此这里就会出现 CRS 规则中很重要的两个概念，即 CRS 需申报国（CRS Reportable Jurisdiction）和 CRS 参与国（CRS Participating Jurisdiction）。

经合组织《标准》第八节第 D 段第四条和第五条对 CRS 需申报国和 CRS 参与国做了明确定义，其中：

需申报国是指已经签订 CRS 信息申报协议并且根据协议其他伙伴国有义务向其提供其税务居民账户信息的国家和地区。

参与国是指已经签订了 CRS 信息申报协议并且根据协议有义务向其他伙伴国提供信息的国家和地区。根据经合组织《CRS 实施手册》第 31 段的规定，各国可以考虑将所有已经承诺实施 CRS 的国家全部列为其认可的 CRS 参与国名单。

简单来理解，其实需申报国就是接受信息的国家，参与国就是提供信息的国家。根据经合组织的要求，各 CRS 参与国政府每年都需要根据本国与其他国家签订信息自动交换协议的实际情况，发布 CRS 需申报国和 CRS 参与国名单，以作为金融机构在进行当年金融账户信息尽职调查和账户信息申报时的参考依据。这个名单对于 CRS 参与国的合规金融机构来说至关重要，因为 CRS 参与国的概念不仅仅是关系到位于该参与国的金融机构在 CRS 下的账户尽职调查和信息申报的义务，对于那些设立在非 CRS 参与国的投资实体（金融机构中的一类），尽管其自身没有账户尽职调查和信息申报的义务，但是如果这类投资实体在 CRS 参与国的金融机构持有金融账户，那么这类投资会被“穿透”，其实际控制人会被 CRS 参与国金融机构识别和申报。有关于此的具体讨论请参见第二章第一节的内容。

需要注意的是，一个国家如果属于 CRS 参与国，并不一定就属于 CRS 需申报国。如前面所讲，有一些国家因为本国没有所得税，因此往往他们并不需要成为 CRS 需申报国，例如开曼群岛，其属于 CRS 参与国，会将信息传递给其 CRS 伙伴国，但是本身并不从伙伴国接收信息。总结起来就是，一个国家如果是 CRS 需申报国，同时又是 CRS 参与国，那么该国与其他国家的信息交换将会是双边的对等交换。

例 1-4-1①

开曼群岛政府与马恩岛政府 2014 月 9 月签订 CRS《主管当局间协议》，作为两地政府实施 CRS 的国际法律基础。由于开曼群岛采用的是单边信息交换机制，因此从马恩岛的角度，开曼群岛属于 CRS 参与国，开曼群岛金融机构需要将其管理的马恩岛居民持有的金融账户信息申报给开曼群岛政府，然后由开曼群岛政府交换给马恩岛政府。开曼群岛并不属于 CRS 需申报国，对于开曼群岛居民在马恩岛金融机构持有的账户并不需要识别和申报。但是从开曼群岛的角度，马恩岛不仅属于 CRS 参与国，同时也属于 CRS 需申报国。

马恩岛政府与泽西岛政府 2015 年 2 月签订了 CRS《主管当局间协议》，作为两地政府实施 CRS 的国际法律基础。由于马恩岛和泽西岛都采用的是双边信息交换

---

① 参见马恩岛税务局 2016 年 3 月 1 日发布的《CRS 实施指引》第 2.2.1 节和第 2.2.2 节规定。” The Common Reporting Standard Isle of Man Regulations, Application of the CRS for Isle of Man Financial Institutions, Guidance Notes, GN53”, published on 1 March 2016.

机制，因此从各自的角度，对方既是 CRS 参与国也是 CRS 需申报国。

此外，也有的国家并没有引用 CRS 需申报国的概念，例如中国，而是用“非居民”来替代“需申报国居民”，那么也就是说，对于中国的金融机构，他们需要识别和申报的对象包括所有除中国与美国①以外的其他国家税收居民所持有的金融账户，所有除中国和美国外的其他国家都属于 CRS 需申报国。

五、中国的 CRS 立法现状

（一）CRS 落地中国的概况

作为世界第二大经济体和二十国集团的重要成员国，中国在全球反避税舞台上的一举一动备受关注。2013 年 8 月，中国国家税务总局局长王军代表中国政府在法国巴黎签署《多边征管互助公约》，成为该公约第 56 个签约国，标志着中国开始全面融入全球反避税和拓展国际税收征管合作的大网。2014 年 9 月，在澳大利亚凯恩斯举行的二十国集团财政部长和央行行长会议上，中国正式承诺将实施 CRS，其首次对外交换金融账户涉税信息的时间为 2018 年 9 月。② 2015 年 7 月，第十二届全国人大常委会第十五次会议表决通过了中国实施 CRS 的多边国际法律基础，即《多边税收征管公约》，并于 2016 年 2 月正式生效。2015 年 12 月，中国政府成为《多边主管当局间协议》的第 77 个签约国，为中国与其他国家进行 CRS 下的金融账户涉税信息自动交换提供了具体的国际法律依据。

按照经合组织在《CRS 实施手册》中的建议，CRS 参与国落实经合组织层面统一报告标准可以采取“三步走”的做法，即“第一步立法”（Primary Legislation）。即议会层面的立法，规定有关 CRS 下金融账户涉税信息自动交换的总体要求；“第二步立法”（Secondary Legislation），通常为政府机构依据经合组织发布的《CRS 文本》和《CRS 文本释义》，制定更为详细的金融账户涉税信息自动交换的规定；“第三步

---

① 根据《非居民金融账户涉税信息尽职调查管理办法》（国家税务总局、财政部、中国人民银行、中国银行业监督管理委员会、中国证券监督管理委员会、中国保险监督管理委员会公告 2017 年第 14 号）第四十一条规定，“本办法施行前我国与相关国家（地区）已经就非居民金融账户涉税信息尽职调查事项商签双边协定的，有关要求另行规定”。中国在 2014 年 6 月已与美国达成 FATCA 协议实质一致，而且对于美国居民的识别范畴与 CRS 下需申报国居民的识别范围有区别，因此美国税务居民持有账户的尽职调查应不适用该管理办法。

② 参加 2014 年二十国集团财政部长和央行行长会议公报之《二十国集团统一报告标准实施计划》，载于澳大利亚二十国集团峰会官网：http://www.g20australia.org/official_resources/g20_common_reporting_standard_implementation_plan.html，最后访问日期：2017 年 7 月 22 日。

实施指引"(Guidance),即对金融机构开展账户信息尽职调查和信息申报提供具体的实施引导和指南。

中国政府并未专门针对 CRS 进行所谓的"第一步立法",但是在经合组织官网公布的信息中,中国政府将《税收征管法》列为中国实施 CRS 的国内最高法律依据,即"第一步立法",但是并未明确表示是依据《税收征管法》的哪一条。不过依作者看,能与 CRS 规则挂上钩的应属第九十一条,即"中华人民共和国同外国缔结的有关税收的条约、协定同本法有不同规定的,依照条约、协定的规定办理"。

作为最为核心的"第二步立法",国家税务总局联合中国人民银行、保监会、证监会、银监会和财政部于 2016 年 10 月公布了《非居民金融账户涉税信息尽职调查管理办法(征求意见稿)》(以下简称《管理办法意见稿》),就中国有关落实 CRS 的相关账户识别和信息申报的问题公开向社会征求意见。《管理办法意见稿》的内容主要依据经合组织《标准》,《标准释义》等文件的相关规定,同时结合中国实际国情做了大量简化和本地化处理。根据《管理办法意见稿》的规定,中国金融机构应于 2017 年 1 月 1 日开始对新开立的个人和机构账户开展尽职调查,并以 2016 年 12 月 31 日作为判定存量账户(Pre - existing accounts)和新增账户(New accounts)的时间界点。就第二批实施 CRS 的国家来说,全球通行的做法是金融机构于 2017 年 1 月 1 日起开始实施 CRS 法规,并于 2018 年上半年将 2017 年所识别出来的需申报账户信息申报给其所在国政府机构,然后 2018 年 9 月该政府与其他伙伴国政府进行第一次 CRS 下的信息自动交换。这当然就要求第二批 CRS 实施国政府在 2017 年 1 月 1 日之前完成国内的 CRS 立法工作。然而中国政府的正式 CRS 法规到 2017 年 5 月才正式发布,这也就意味着中国正式实施 CRS 的日期将会顺延,不再是 2017 年 1 月 1 日。

2017 年 5 月 9 日,中国国家税务总局联合其他五个部委正式发布了《非居民金融账户涉税信息尽职调查管理办法》(以下简称《管理办法》),同时就《管理办法》的立法背景和一些社会关心的实操问题以"问和答"的形式发布了《管理办法解读》,并且还开通了"金融账户涉税信息自动交换"门户网站,就金融机构开展尽职调查工作提供了相关参考信息和资料。《管理办法》就位于中国的金融机构开展金融账户尽职调查以及信息申报和交换的时间点要求较《CRS 意见稿》做了调整。根据《管理办法》的规定,金融机构应当从 2017 年 7 月 1 日开始对新开立的个人和机构账户开展尽职调查(较此前《CRS 意见稿》推迟了半年);在 2017 年 12 月 31 日前完成对存量个人高净值账户(截至 2017 年 6 月 30 日金融账户加总余额超过 100 万美元）的尽职调查；并且在2018年12月31日前完成对存量个人低净值账户和全部存量机构账户的尽职调查。2018年5月31日前，金融机构向国家税务局总局或者其他金融主管机构报送账户信息，而后2018年9月国家税务总局与他国家税务主管当局进行第一次CRS下的金融账户涉税信息自动交换。其中对于金融机构的尽职调查要求，《管理办法解读》做了如下具体规定①：

表1－4－1

账户类别			描述	尽职调查程序	时间要求
个人	新开		2017.7.1以后开立	声明文件＋合理性审核	2017.7.1开始
	存量	低净值	截至2017.6.30账户加总余额≤100万美元	检索留存资料（电子）	2018.12.31完成
		高净值	截至2017.6.30账户加总余额>100万美元	检索留存资料（电子＋纸质）＋询问客户经理	2017.12.31完成
机构	新开		2017.7.1以后开立	声明文件＋合理性审核	2017.7.1开始
	存量	小额	截至2017.6.30账户加总余额≤25万美元	无须处理	无
		其他	截至2017.6.30账户加总余额>25万美元	检索留存资料＋部分账户声明文件	2018.12.31完成

至此，中国政府就落实经合组织CRS政策和文件的核心立法工作基本完成。为了给银行业金融机构开展CRS合规工作提供更为详细的指南并提高《管理办法》的实操性，2017年12月8日，中国人民银行、国家税务总局和国家外汇管理局联合发布了《银行业存款类金融机构非居民金融账户涉税信息尽职调查细则》（以下简称《细则》），对于银行类金融机构管理的金融账户进行了概念界定，且分别对个人账户和机构账户的尽职调查程序进行了细化，并对金融机构的年度执行情况报告的特别合规要求进行的明确。

（二）中国版CRS法规的漏洞和实施困境

相比其他CRS实施国家，尤其第一批2016年早期实施CRS国家所制定的本地法规来说，中国国家税务总局联合其他五个部委制定的《管理办法》在具体的概念

① 参见《关于〈国家税务总局、财政部、中国人民银行、中国银行业监督管理委员会、中国证券监督管理委员会、中国保险监督管理委员会关于发布〈非居民金融账户涉税信息尽职调查管理办法〉的公告〉的解读》，载国家税务总局官网：http://www.chinatax.gov.cn/n810341/n810760/c2620533/content.html，最后访问日期：2017年7月22日。

定义和相关尽职调查程序上要简化很多。作者以为,之所以简化的最主要的原因是在于中国与西方发达国家在金融和税收监管法律制度上的差距而造成。经合组织是西方发达国家的经济"智囊",其所发布的 CRS 一系列法规文件都是基于发达经济体较高水平的金融机构反洗钱程序以及相关跨国反避税规则而制定,一些具体合规细节的处理要求上并不符合中国国情,甚至有些金融领域的配套监管制度在中国才刚刚起步或者还处于空白。此外,CRS 所涉及的金融账户信息透明化的规则,对于中国来说是纯粹的"舶来品",因为中国税务机关与本国金融机构之间并不存在所谓的账户信息自动申报和共享的问题,将一个给西方发达国家"量身打造"的反避税规则移植到中国这个金融账户信息自动透明机制还处于空白阶段的国家,必然会面临一系列"水土不服"的问题。因此,中国版 CRS 法规简化,作者以为实属无奈之举。

1."非金融机构"概念不清晰

如果简单来理解 CRS 下的整个尽职调查合规程序,其实就是一个合规主体去识别合规客体的税务居民身份的问题。其中合规主体就是金融机构,合规客体就是账户持有人,包括个人账户持有人和机构账户持有人。所以,与 CRS 整个合规程序相关的,要么是自然人,要么就是机构。什么是机构?其实,机构的概念来源于经合组织 CRS 法规中的"Entity"一词,其在香港地区的 CRS 法规中被翻译成"实体"[①]。根据中国国家税务总局在"全球金融账户涉税信息交换"门户网站上公布的"常见问题"解释[②],"机构账户持有人、投资机构、关联机构等定义中的机构是指除个人(即自然人)以外的任何法人或法律安排,如公司、合伙企业、信托或基金会等"。那么也就是说,除了自然人以外,其他任何法人、非法人(如合伙)或者法律安排(如信托)都属于机构的范畴,这个概念的范围其实可以理解为无穷大,其目的就在于将世界各国法律中除自然人以外的所有法律形式都囊括在 CRS 的规则之内。

CRS 下,所有的机构都可以分为两类,即金融机构和非金融机构,其中金融机构的概念,CRS 法规中做了详细规定,具体讨论请参见本书第二章第一节的内容。而对于非金融机构,其又可再分类成消极非金融机构(Passive Non – Financial Entity)和积极非金融机构(Active Non – Financial Entity)。经合组织的 CRS 法规中对于积

---

① 关于经合组织 CRS 法规中"Entity"一词,作者倾向于翻译成"实体",但是由于中国的 CRS 法规将"Entity"一词翻译成"机构",为了便于读者理解,作者在本书中统一采用"机构"的用语。

② 参见中国国家税务总局官网:http://www.chinatax.gov.cn/n810219/n810744/n2594306/n2594326/index.html,最后访问日期:2017 年 7 月 23 日。

极非金融机构做了明确定义，一共规定了八大类积极非金融机构①，除了这八类积极非金融机构以外的其他任何非金融机构都属于消极非金融机构。也就是说一个机构，如果其不满足金融机构的概念，也不满足八类积极非金融机构的概念，那么其直接就应该被分类成消极非金融机构，因此消极非金融机构也是一个无穷大的概念范畴。但是，中国的 CRS 法规与经合组织 CRS 文本中的规定恰好相反，其中并没有积极非金融机构的概念，而只是对消极非金融机构做了定义。

对于积极非金融机构概念的缺失可能会对中国企业去国外金融机构开户，声明 CRS 身份时造成“尴尬”。例如，一个中国实体企业（按照业务类别属于积极非金融机构）到另外一个 CRS 参与国 A 国去投资，在当地开立金融账户，当地的金融机构会要求中国企业声明自己 CRS 下的身份。如果中国和 A 国的 CRS 法规对于积极非金融机构的认定有差异，那应当依据哪个国家的法规来判断该企业 CRS 下的身份呢？依据经合组织《CRS 文本释义》对 CRS 文本第九节的解释，此时应当按照企业税收居民所在国（中国）的法律来确定企业的 CRS 身份。而中国的《管理办法》中并没有一个积极非金融机构的概念，这可能就会造成中国企业依据中国 CRS 法规没有合规身份的问题。

此外，中国版 CRS 对于不属于消极非金融机构的情形做了列式②，这七类不属于消极非金融机构也就是经合组织 CRS 文件中对于积极非金融机构中所规定的八大类中的七类。经合组织对于八类积极非金融机构的每一类都做了十分详细的限定和说明，但是《管理办法》所规定的情形却非常简略。例如《管理办法》第十二条第二款第五项规定，正处于资产清算或者重组过程中的企业属于积极非金融机构，那也就是说，只要企业处于清算或重组阶段，就不用当成消极非金融机构处理。而在经合组织《标准》中，对于此类企业还要求其过去 5 年不属于 CRS 下的金融机构，而且清算或者重组后从事的不是金融机构类的业务。这说明《管理办法》间接将该积极非金融机构的范围扩大了。这可能会导致本该被分类成消极非金融机构，需

---

① 可参见经合组织《CRS 文本释义》第 195 页和第 196 页内容。

② 《管理办法》第十二条第二款规定，下列非金融机构不属于消极非金融机构：

（一）上市公司及其关联机构；

（二）政府机构或者履行公共服务职能的机构；

（三）仅为了持有非金融机构股权或者向其提供融资和服务而设立的控股公司；

（四）成立时间不足二十四个月且尚未开展业务的企业；

（五）正处于资产清算或者重组过程中的企业；

（六）仅与本集团（该集团内机构均为非金融机构）内关联机构开展融资或者对冲交易的企业；

（七）非营利组织。

要被“穿透”而识别其账户持有人居民身份的机构，被分类成了积极非金融机构，造成了合规上的漏洞。

2. 违规行为的处罚措施并不明确

徒法不足以自行。再先进的反避税法律制度，也需要强有力的督促和监管措施，以保障法律的有效实施。FATCA 下有前面所讨论的“杀手锏”，即对不合规金融机构来源于美国的特定收入征收 30% 预提所得税的惩罚。但是在 CRS 下，需要各国通过国内立法的形式来保证 CRS 的有效实施，即”Effective Implementation”。因此经合组织在《CRS 文本》第九节以及《CRS 文本释义》的相应解释中，对于各 CRS 参与国如何保证 CRS 的有效实施，做了指引性规定，要求参与国在制定本地 CRS 法规时需要规定对于不合规情形的处罚规则。中国政府制定的《管理办法》第六章之“监督管理”部分，对于金融机构的的不合规行为以及账户持有人的违规行为做了总体规定[①]。但是整个监督管理措施中，并没有规定任何税务机关对于不合规行为的处罚的问题。对于金融机构存在所列示的不合规行为的情形，税务总局可以在其纳税信用评价上给予相应反制措施以外，税务机关基本处于无权监管金融机构 CRS 合规尴尬地位。依据《管理办法》，只有相关金融主管部门，例如银监会、保监会、中国人民银行等，才有权对不合规金融机构和账户持有人的违规行为进行处罚，而且规定得十分概括和抽象，其实操性并不强。

在有关对不合规金融机构的罚则上，根据《管理办法》第三十八条规定，“金融机构如果未按照规定开展尽职调查或者实施监控机制，或者帮助账户持有人隐藏

---

① 《管理办法》第六章对于金融机构和账户持有人的不合规行为的处罚措施进行了如下规定：

第三十八条　金融机构有下列情形之一的，由国家税务总局责令其限期改正：

（一）未按照本办法规定开展尽职调查的；

（二）未按照本办法建立实施监控机制的；

（三）故意错报、漏报账户持有人信息的；

（四）帮助账户持有人隐藏真实信息或者伪造信息的；

（五）其他违反本办法规定的。

逾期不改正的，税务机关将记录相关纳税信用信息，并用于纳税信用评价。有关违规情形通报相关金融主管部门。

第三十九条　对于金融机构的严重违规行为，有关金融主管部门可以采取下列措施：

（一）责令金融机构停业整顿或者吊销其经营许可证；

（二）取消金融机构直接负责的董事、高级管理人员和其他直接责任人员的任职资格、禁止其从事有关金融行业的工作；

（三）责令金融机构对直接负责的董事、高级管理人员和其他直接责任人给予纪律处分。

第四十条　对于账户持有人的严重违规行为，有关金融主管部门依据相关法律、法规进行处罚，涉嫌犯罪的，移送司法机关进行处理。

真实信息或者伪造信息，那么税务总局可以责令其限期改正，并通报给相关金融主管机构处理”。这里会存在一个问题，就是如果税务总局认为金融机构的行为已经构成了“不合规”，但是金融主管机构却不这么认为，那最终由哪个部门来做最后的判断和认定，并不明确。此外，第三十九条规定，对于金融机构存在严重违规行为的，金融主管可以采用包括停业整顿或者吊销经营许可在内的行政处罚措施，但是却对于所谓的“严重违规行为”没有做任何规定，这可能就会导致法规在执行上大打折扣。

在有关不合规账户持有人的罚则上亦是如此，《管理办法》第四十条规定，“对于账户持有人的严重违规行为，有关金融主管部门依据相关法律，法规进行处罚，涉嫌犯罪的，已送司法机关进行处理。”对于什么是“严重违规行为”①，是否包括故意隐瞒声明账户持有人居民身份呢？并不明确，导致该处罚措施的可操作性不强。

3. CRS 下居民与非居民账户的处理标准不一致导致税收不公平

根据《中华人民共和国税收征收管理法》（以下简称《税收征管法》）第五十四条之规定，税务机关在经过县以上税务局（分局）局长批准，凭全国统一格式的检查存款账户许可证明，可以查询从事生产、经营的纳税人、扣缴义务人在银行或者其他金融机构的存款账户。税务机关在调查税收违法案件时，经设区的市、自治州以上税务局（分局）局长批准，可以查询案件涉嫌人员的储蓄存款。税务机关查询所获得的资料，不得用于税收以外的用途。这说明，在 CRS 实施之前，中国税务机关并不能从银行等金融机构自动获得纳税人的包括存款账户在内金融账户的信息。对于个人储蓄账户（存款账户），只有在税务机关调查税收违法案件时履行一定的行政手续后才可以进行调查。尽管《管理办法》是依据中国对外签署的《多边税收征管互助公约》和《金融账户涉税信息自动交换多边主管当局间协议》等国际公约和协议而制定，其内容应当优先适用于作为国内法的《税收征管法》②，但是，对于非居民和居民的金融账户分别适用《管理办法》和《税收征管法》第五十四条，显然会造成新的税收不公平，因为按照现有税收法规的逻辑，一个中国税收居民在中国的金融机构持有的账户信息，不管该账户价值或者余额多大，税收机关也无权自动从金融机构获取，但是该中国税收居民在其他 CRS 伙伴国（例如瑞士或者英国）金融

---

① 中国人民银行、国家税务总局和国家外汇管理局发布的 CRS《细则》第四十条对于”严重违规行为“进行了列举，包括账户持有人故意隐瞒、伪造税收居民身份欺骗银行开立账户等，但是由于该《细则》只适用于银行业金融机构，对于其他类金融机构来说，该问题仍缺乏明确的法律依据和实操规范。

② 依据中国《税收征管法》第九十一条规定，中华人民共和国同外国缔结的有关税收的条约、协定同本法有不同规定的，依照条约、协定的规定办理。

机构持有的账户信息，哪怕该账户的余额是零，甚至是负数，也要被自动申报和交换给中国税务机关，这种处理显然有失公平。当中国的税务机关能从国外的金融机构自动获取中国居民的账户信息时，却没有法律依据从国内金融机构获取同样的信息，显然有悖逻辑，这也说明了现行《税收征管法》亟待修订。

值得关注的是，2015 年 1 月国务院法制办公室发布的《中华人民共和国税收征收管理法修订草案（征求意见稿）》（以下简称《征管法意见稿》）在第四章之“信息披露”中对于税务机关与银行等金融机构之间信息互动共享的问题做了新的更为完整的规定。根据《征管法意见稿》第三十二条规定，银行和其他金融机构应当按照规定的内容、格式、时限等要求向税务机关提供本单位掌握的账户持有人的账户、账号、投资收益以及账户的利息总额、期末余额等信息。对账户持有人单笔资金往来达到五万元或者一日内提取现金五万元以上的，银行和其他金融机构应当按照规定向税务机关提交相关信息。税务机关从银行和其他金融机构获取的纳税人信息只能用于税收目的，不得向第三方披露。该征求意见时间已于 2015 年 2 月结束，但时至 2018 年 1 月 13 日，中国政府官方仍未公布任何关于税收征管法修订的实质进展情况。

第二章

FATCA 和 CRS 相关概念的理解

CRS 作为全球统一的金融账户涉税信息申报规范，是由美国 FATCA 政府间协议模式一发展而来，并且在 FATCA 的基础上去掉了很多美国税法中的要求和特征，以使得 CRS 的规则能适用于多边层面的跨国信息自动交换。尽管 FATCA 和 CRS 存在法规层面的差异，但是这两套并行的国际标准在有关定义概念、尽职调查程序以及信息申报要求等方面是基本一致的。经合组织在《CRS 实施手册》中对于 FATCA 和 CRS 的差异进行了比较，并对这两套制度下相关措辞差异以及其他可以调和的差异进行了说明，同时对于无法达成一致的差异进行了对比解释。①

此外，为确保 FATCA 和 CRS 下全球金融账户涉税信息自动交换下国际税务透明以及跨国反避税目标的有效实现，各 FATCA 伙伴国和 CRS 实施国在制定有关本地 FATCA 和 CRS 实施法规时需要依据共同的参照标准和法律渊源，但是各国由于不同的政治经济制度和社会发展水平，导致在具体落地实施 FATCA 和 CRS 时国与国之间也可能存在一些法规上的差异。就 FATCA 和 CRS 的法律渊源来说，具体包括：

FATCA 法律渊源	CRS 法律渊源
FATCA 政府间协议（模式一或模式二） 美国财政部颁布的 FATCA 实施条例② 美国联邦税务局发布的一系列有关 FATCA 合规和信息申报的法规或者解释	经合组织《CRS 文本》 经合组织《CRS 文本释义》 经合组织《CRS 实施手册》 经合组织《CRS 问与答》

FATCA 和 CRS 属于全新的跨国税收情报自动交换制度，为了达到全球金融账户涉税信息的跨国透明，FATCA 和 CRS 法规中出现了一些与此前国际反避税规则或者金融监管规则不同且独特的概念和定义。对于这些概念和定义的准确理解是了解整个 FATCA 和 CRS 跨国反避税制度的前提。本章主要是从前述 FATCA 和 CRS 统一法律渊源的角度探讨 FATCA 和 CRS 下相关概念和定义的理解，同时结合一些著名离岸金融中心（如英属维尔京群岛、开曼群岛、百慕大群岛、泽西岛、中国香港地区和新加坡等）的 FATCA 和 CRS 本地法规，以及中国政府制定的相关规定进行一并分析。

---

① 参见经合组织《CRS 实施手册》第 87 页至第 101 页的内容。

② 美国财政部 FATCA 实施条例属于美国国内立法，但是根据 FATCA 政府间协议模式一第四条第七款规定和模式二第三条第六款规定，FATCA 伙伴国可以允许其本国金融机构适用美国财政部 FATCA 实施条例中的定义条款，只要该适用不会损害 FATCA 下信息交换之目的。

第一节　如何理解金融机构

金融机构[①]是整个全球金融账户涉税信息自动交换的核心,因为金融机构是所有有关金融账户尽职调查和信息申报等合规程序的主体,这也是 FATCA 和 CRS 下跨国税收情报自动交换制度与传统的跨国税收情报交换制度(如由相关政府部门主导的情报交换制度)的主要差异所在。

CRS 起源于 FATCA,因此在有关金融机构的定义上,二者并无实质差别,尤其是在一些同时执行 FATCA 和 CRS 的国家和地区(例如英国、开曼群岛等),政府在制定 FATCA 和 CRS 实施规则时,对于金融机构的定义进行了协调和统一化,而对于存在差异的地方也进行了特殊说明。

FATCA 和 CRS 下包含四大类金融机构,分别是:存款机构、托管机构、特定保险公司和投资机构。对于一个机构来说,在 FATCA 和 CRS 下其首先要做的一项工作就是判定其是否属于这四大类金融机构中的任何一类。如果属于,那么其即属于 FATCA 和 CRS 下进行金融账户尽职调查和信息申报的主体,否则其本身没有账户识别和信息申报的相关合规义务。

一、存款机构

(一)存款机构的定义

在 FATCA 和 CRS 下,存款机构是指在银行类业务活动或者类似活动中吸收存款的机构。从其定义可以看出,存款机构必须有进行相关“银行类业务活动或者类似活动”。如果一个机构并没有从事这些活动,只是从客户方取得存款或者保证金和押金等,那么其不属于存款机构类别。

那么,在什么情况下,一个机构的经营活动会被认定为是从事“银行类业务活动或者类似活动”呢? 按照美国财政部 FATCA 实施条例和经合组织关于 CRS 文件中的解释[②],存款机构需要同时满足两个条件:

---

① 在美国 FATCA 下为外国金融机构(Foreign Financial Institution),在 CRS 下为金融机构(Financial Institution)。为表述简便,本书 FATCA 下外国金融机构和 CRS 下金融机构统一称为“金融机构”。

② 参见美国财政部 FATCA 条例第 1.1471 - 5(e)(2)节和经合组织《CRS 释义》第八节第 13 ~ 14 段解释。

条件一，该机构在与其客户的业务往来中接受存款或者其他类似资金投入；

条件二，该机构定期从事以下一项或者多项经营活动：

1. 进行个人、抵押、工业或者其他贷款，或者提供信贷额度；

2. 收购、销售、贴现或者议付应收账款、分期付款、票据、汇票、支票、承兑汇票，或者其他债务凭证；

3. 开立信用证和议付信用证下票据；

4. 提供信托服务；

5. 从事外汇交易业务；

6. 从事融资租赁业务、购买或处置租赁资产。

如果一个机构只是提供基于资产本身的相关金融服务，例如保理费或者发票贴现业务，或者根据机构与客户之间的财产销售或租赁、财产抵押贷款或者其他类似的融资安排，向客户收取的作为抵押或者担保的存款（或者定金），那么其不属于存款机构的范畴。例如汽车金融公司或者不动产金融公司等。

（二）常见存款机构类型

最为典型的存款机构就是银行和信用合作社。各国在实施 FATCA 或者 CRS 时，通常会直接把受到本国银行业法律监管的储蓄银行、商业银行、信用合作社等统一列举认定为存款机构，因为这类机构基本都在存款机构的定义范围之内。当然一个机构是否属于存款机构的类别，根本上还是要判定其业务活动是否符合上述有关存款账户的定义。

（三）电子货币发行机构和支付服务平台

值得一提的是，对于电子货币发行机构来说，通常如果该机构向其客户发行支付卡，且客户可以对该卡进行充值以供后期消费，一般这类机构可以认定为是存款机构，因为其已经具备了接受存款和提供相关金融服务的属性。例如电子支付钱包等，应属于电子货币业务范畴。但是此类电子货币并不包括商场购物卡、会员卡、公共交通储值卡或者餐卡等，因为这一类电子货币的持有者只能通过约定的方式采购相应的商品或者服务，因此应当被排除在从事“银行类或者类似业务”范围之外。此外，如果一个机构从事的是支付平台类相关业务，其本身并不接受存款或者为交易提供融资服务，那么一般不认为是从事银行类或者类似业务，从而不属于存款机构类别。

当然,不同的国家对于电子货币和支付平台的监管法规和定义不同,也可能存在 FATCA 和 CRS 下的不同处理规则。例如在欧盟国家,对于那些受到《欧盟电子货币指令》(欧盟理事会 2009/110/EC 号指令)或者《欧盟支付服务指令》(欧盟理事会 2007/64/EC 号指令)监管的电子货币发行机构或者支付平台服务机构,是被排除在存款机构范围之外的。例如英国皇家税务和海关总署(HMRC)发布的《金融账户涉税信息自动交换实施指引》第 IEIM400750 节即有类似规定[①]。但是同样是提供预付卡等相关电子货币服务的机构,如果其位于非欧盟国家,可能就不一定能享受此类豁免规定,而应当被认定为存款机构处理,例如泽西岛政府发布的《FATCA 实施指引》即规定这类电子货币服务机构应当作存款机构看待[②]。

二、托管机构

(一)托管机构的定义[③]

在 FATCA 和 CRS 下,托管机构的定义是一致的,是指为客户持有金融资产,且以此作为其大部分收入来源的机构。该定义的核心是"大部分收入"的门槛测试,即该机构在近三个会计年度(成立不满三年的按机构存续期间计算)总收入的 20% 以上来源于为客户持有金融资产和提供相关金融服务。其中为客户持有金融资产和提供相关金融服务的收入包括:

1. 托管费、账户维护费和转账费;
2. 为受托管的金融资产相关证券交易执行和定价所获得的佣金和费用;
3. 就受托管的金融资产(或者客户通过授信融资取得的金融资产)提供给客户的授信融资服务;
4. 与受托管金融资产相关的价差合约所得;
5. 提供与受托管资产相关的金融服务;
6. 提供清算与结算服务的费用。

---

① 参见英国皇家税务和海关总署官网:https://www.gov.uk/hmrc - internal - manuals/international - exchange - of - information/ieim400750,最后访问日期:2017 年 8 月 4 日。

② 参见泽西岛政府 2016 年 6 月 9 日发布的《FATCA 实施指引》即"Taxation (International Tax Compliance) (Jersey) Regulations 2014 Guidance notes",第 12.23 节规定。

③ 参见美国财政部 FATCA 实施规定第 1.1471 - 5(e)(1)(ii)节和经合组织《标准》第八节第 A4 段以及《标准释义》第八节第 9 ~ 11 段规定。

（二）常见托管机构的类型

各个国家由于自身金融监管法律不同，对于托管机构的列举可能会不同，但是通常来说，为客户保管金融资产的机构都属于托管机构，例如托管银行、证券经纪机构、信托公司、清算机构和中央证券托管机构等。但是，如果一家机构并不为客户的利益而持有金融资产，那么其不属于托管机构，例如保险经纪机构，以及仅为客户执行或者接受传递交易指令的证券经纪人等即不属于此类。

三、特定保险公司

（一）特定保险公司的定义

按照 FATCA 和 CRS 下的定义，特定保险公司是指向客户提供具有现金价值的保险合同或者年金合同业务，并且在具有现金价值的保险合同或者年金合同下有付款义务的保险公司和保险公司的控股公司。其中保险公司通常包括三类：

1. 依据公司经营业务活动所在国家的保险业监管法规，该机构属于保险公司。

2. 上一个公历年度内，来源于保险、再保险和年金合同的收入（例如总的保费收入和总的投资收入）占当年总收入的比重超过百分之五十的机构。

3. 上一个公历年度内的任何一个时间点，与保险、再保险和年金合同相关的资产价值超过总资产价值的百分之五十的机构。

尽管保险公司的控股公司也在特定保险公司的定义范围之内，但是各国对于开展具有现金价值保险合同和年金合同业务有特殊的监管要求，一般保险公司的控股公司不太可能自身直接从事此类业务，所以一般来说符合了上述规定的保险公司，即可判定为是 FATCA 和 CRS 下的特定保险公司。

（二）特定保险公司的常见类型

对于符合上述三类情形中任何一类的保险公司，如果其有向客户提供具有现金价值的保险合同或者年金合同，则属于 FATCA 和 CRS 下的特定保险公司。

但如果一家保险公司只是提供一般保险业务（General Insurance）、定期寿险业务（Term Life Insurance），或者再保险（Indemnity Reinsurance）业务，并不提供具有现金价值的保险合同或者年金合同业务，那么其不属于特定保险公司，即不会被当成是金融机构来对待，而应根据其自身的业务活动判定其是否属于积极非金融机构或者消极非金融机构。

此外，对于代表保险公司销售具有现金价值保险合同或者年金合同的保险经纪人，尽管属于整个付款链条中的重要一环，但是他们在此类保险合同或者年金合同下并没有任何支付款项的义务，因此它们也不属于特定保险公司。

四、投资机构

FATCA 和 CRS 下的四类金融机构中，存款机构、托管机构和特定保险机构相对比较好理解，因为这类金融机构的定义大多都是基于现有银行、资产托管和保险等行业金融监管法律规定。而投资机构却是一个全新的、专门为 FATCA 和 CRS 下反避税之目的而设计出来的新概念，与通常意义上理解的"投资公司"等有很大区别。

（一）投资机构的定义

在 FATCA 和 CRS 下，美国 FATCA 政府间协议（包括模式一和模式二）、美国财政部 FATCA 实施条例和经合组织统一报告标准等都对投资机构的概念做了规定。具体包括：

1. FATCA 政府间协议的定义

FATCA 政府间协议之模式一第一条第 1(j) 款和政府间协议之模式二的第一条第 1(k) 规定对投资机构做了定义，规定了两类投资机构①：

（1）基于业务活动的投资机构

基于业务活动的投资机构是指从事以下一项或者多项活动的机构：

①买卖货币市场工具（支票、票据、存单、衍生工具等）；

②外汇交易，汇率、利率和指数工具交易，可转让证券交易，或者商品期货交易；

③单一和集合类投资组合管理；

④代表其他人对金融资产或资金进行投资和管理。

通常来说，只要一个机构从事了上述一项或者多项活动，那么其在 FATCA 下即可被分类成投资机构。

（2）被管理的投资机构

被管理的投资机构是指被上述第一类"基于业务活动的投资机构"管理的机构。对于"被管理"（Managed by）的具体含义，政府间协议并没有明确，因此在实践

---

① 《政府间协议》同时还规定，上述"投资机构"的定义解释应当与反洗钱方面金融工作特别行动工作组（FATF）对"金融机构"的相关《建议》（Recommendations）一致。

中,各 FATCA 伙伴国会根据本国的实际情况做出细化的规定。例如,根据泽西 FATCA 实施指引第 3.9.2 节就规定,判定投资机构时所涉及的“被管理”是指“被专业管理”,而下列行政辅助性的管理行为就不属于 FATCA 下“被管理”的概念,包括:

①提供公司秘书服务;

②提供注册办公地址服务;

③基于公司账目和记录准备财务报告;

④提供税务纳税申报服务;

⑤提供代理记账服务等。

但是如果一个设立在泽西岛的公司,其公司的董事是由泽西岛当地的另外一家金融服务公司或者信托公司(通常为金融机构)委派,那么这一类公司可以直接将其认定为“被管理的投资机构”。在根西岛、马恩岛、英属维尔京群岛和开曼群岛等离岸金融中心的 FATCA 实施指引中都有类似规定。

2. 美国财政部 FATCA 实施条例和经合组织 CRS 的定义

美国财政部 FATCA 实施条例属于美国国内法律,但是根据 FATCA 政府间协议[①],FATCA 伙伴国政府可以允许其本国金融机构运用 FATCA 实施条例中的相关定义来替代政府间协议中的定义,只要该适用不会违背 FATCA 实施的宗旨。

美国财政部 FATCA 实施条例第 1.1471 - 5(e)(4)节对投资机构做了明确定义。而经合组织 CRS 下对于投资机构的定义来源于美国财政部 FATCA 实施条例中的规定,其在《CRS 文本释义》第 8 节第 15 ~ 22 段做了详尽说明。鉴于美国财政部 FATCA 实施条例与经合组织 CRS 下对于投资机构的定义相同,为方便理解,以下将二者做统一的分析。在美国财政部 FATCA 实施条例和经合组织 CRS 下,投资机构主要包括三类:

(1)基于业务活动的投资机构

基于业务活动的投资机构是指“主要”从事或者代客户从事以下一项或者多项活动的机构:

①买卖货币市场工具(支票、票据、存单、衍生工具等);

②外汇交易,汇率、利率和指数工具交易,可转让证券交易,或者商品期货交易;

③单一和集合类投资组合管理;

---

① 参见 FATCA 政府间协议(模板)模式一第四条第七款和模式二第三条第六款规定。

④代表其他人对金融资产或资金进行投资和管理。

相比政府间协议下投资机构的定义，FATCA 实施条例和 CRS 下对于投资机构的定义增加了一项“主要从事”的额外要求。按照美国财政部以及经合组织的解释，“主要从事”是指近三个会计年度（成立不满三年的按机构存续期间计算）总收入的 50% 以上来源于从事上述一项或者多项活动。

例 2－1－1

ABC 投资管理公司的主要业务是为客户提供有关证券资产（属于金融资产）投资的专业咨询服务，以及对证券资产的投资管理服务（且具有客户的任意授权），并且过去三年 ABC 公司 100% 的业务收入都来源于为客户提供这两项服务。那么 ABC 公司主要代客户从事金融资产的投资和管理，因此属于“基于业务活动的投资机构”。

（2）被管理的投资机构

被管理的投资机构是指满足以下两个“测试”的机构：

测试一：“收入测试”（Income Test）

近三个会计年度总收入的 50% 以上来源于投资、再投资或者买卖金融资产。

测试二：“被管理测试”（Managed by Test）

该机构被另外一家金融机构（包括存款机构、托管机构、特定保险公司或者上述“基于业务活动的投资机构”）所管理。其中“管理”是指其他金融机构（或者管理机构，“Managing Entity”）直接代表或者通过第三方间接代表被管理机构进行上述第一类“基于业务活动的投资机构”中所规定的相关业务活动。

对于“被管理测试”的适用，经合组织《CRS 文本释义》还额外规定①，如果一个机构对于另外一个机构的资产管理没有全部或者部分的任意授权，那么该“被管理测试”则无法满足。如果一个机构同时被金融机构、非金融机构或者个人管理，那么只要管理机构中有一个机构是存款机构、托管机构、特定保险公司或者“基于业务活动的投资机构”，那么该“被管理测试”即被视为已经满足。

例 2－1－2

王总、董总和李总共同出资在 A 国设立一个有限合伙（LLP）基金，专门从事美国证券市场的股权投资活动，除王总、董总和李总外该基金没有其他的投资人或者投资客户。该合伙基金过去三年 90% 以上的收入都来源于股权投资收入，且受到

① 参见经合组织《CRS 文本释义》第 8 节第 17 段规定。

A国金融机构的专业管理。那么该基金同时满足了“收入测试”和“被管理测试”，属于“被管理的投资机构”。

(3)为投资目的而设立的机构

对于集合投资工具、共同基金、上市基金、股权私募基金、对冲基金、风险投资基金、杠杆收购基金或者任何其他类似投资工具，其设立的目的通常都是为了进行金融资产投资、再投资或者买卖，这一类机构可以直接认定为投资机构，因为它们通常都可以满足上面两类投资机构中的一类的条件。

(二)投资机构定义的比较和运用

FATCA政府间协议、美国财政部FATCA实施条例和经合组织CRS都对投资机构做了定义，但由于CRS下的规定是基于FATCA而设立，其中投资机构的定义与美国财政部FATCA实施条例中的定义一致，因此总体上投资机构的定义可区分为三大类，其具体比较如表2-1-1所示：

表2-1-1

投资机构类别	FATCA政府间协议	美国财政部FATCA实施条例	经合组织CRS
基于业务活动的投资机构	无门槛测试	需满足50%的门槛测试	
被管理的投资机构	“被管理”测试满足即可	同时满足“被管理”测试和“收入”测试	
为投资目的而设立的机构	无明确规定①	可直接认定为第一类或者第二类投资机构	

由于FATCA下的第一次账户信息交换是在2015年9月进行，而此时经合组织已经发布了CRS的相关文件，所以不少已经执行FATCA政府间协议模式一的国家在其本国的FATCA实施法规和指引中，同时列式了有关投资机构的三种定义，允许金融机构根据自身情况任意选择使用三种定义中的一种。例如泽西岛、根西岛、马恩岛、英属维尔京群岛和开曼群岛都有类似规定。

在CRS下，由于全球都适用统一的标准，因此不存在选择其他法律制度下定义的问题。但是值得一提的是，CRS于2016年1月1日在第一批国家和地区(如泽西岛和开曼群岛等)开始实施时，有关FATCA下的法规和指引已经成型，并且当地的

① 但是FATCA政府间协议在有关积极非金融机构的定义中有规定为投资目的设立的基金不属于积极非金融机构。参见FATCA政府间协议模式一(模板)附件一第6节第B(4)(e)段规定。

金融机构已经按照FATCA(模式一)下的相关规定进行了机构身份的认定。那么在CRS下,为了减轻金融机构重新进行机构身份认定带来的重复工作,有的国家和地区就规定,在CRS下允许金融机构继续适用FATCA政府间协议下有关“投资机构”认定标准,只要该适用不会违背CRS下实施账户信息自动交换的宗旨。例如泽西岛政府2016年10月发布的CRS实施指引中就有此类规定。但是在2017年4月经合组织发布的《CRS问与答》表达了对这种做法的反对意见,并明确FATCA政府间协议下的“投资机构”定义不可以适用于CRS下对于机构身份的认定,因为FATCA政府间协议对于投资机构的规定并不如美国财政部FATCA实施条例以及CRS下的定义规范,同时考虑到CRS下的定义与美国财政部FATCA实施条例对于投资机构的定义一致,那么在CRS下,金融机构可以选择适用CRS或者财政部FATCA实施条例的规定,但是不可以适用FATCA政府间协议的规定。

例2-1-3

李总是中国国内一家制药企业的老板,属于中国税收居民。2014年,李总在英属维尔京群岛设立了一家离岸公司A公司,该公司被英属维尔京群岛当地一家金融机构进行专业投资管理。A公司下持有的资产75%为非金融资产(非金融资产收入占每年总收入的75%),25%为金融资产(金融资产收入占每年总收入的25%)。其资产持有架构如下:

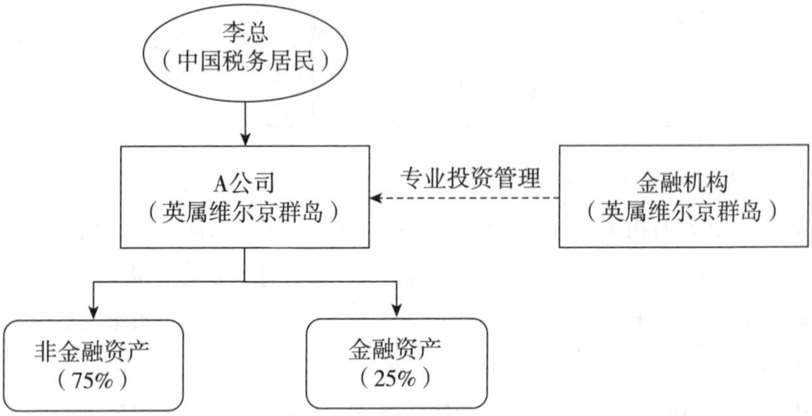

图2-1-1

在FATCA下:

根据英属维尔京群岛政府2015年3月20日发布的FATCA实施指引第2.9.1条规定,A公司受金融机构专业投资管理,已经满足了“被管理测试”。如果A公司选择适用 FATCA 政府间协议的定义,那么其可以被分类成“被管理投资机构”。但是 A 公司如果选择适用美国财政部 FATCA 实施条例或者 CRS 下的定义,由于其持有的资产大部分(超过 50%)都为非金融资产,因此无法满足“收入测试”,则无法被分类成“被管理投资机构”,那么很有可能会被分类成非金融机构。

由此可见,李总的 A 公司在 FATCA 下面临两种选择,可以被分类成金融机构(即投资机构),也可以选择被分类成非金融机构。

在 CRS 下:

根据英属维尔京群岛政府 2016 年 11 月 28 日发布的 CRS 实施指引第 7 条规定,一个机构需要同时满足经合组织《CRS 文本释义》中“收入测试”和“被管理测试”才能被分类成“被管理投资机构”。A 公司无法满足“收入测试”,因此不属于 CRS 下的“被管理投资机构”,很有可能会被分类成非金融机构。

由此可见,李总的 A 公司在 CRS 下只有一种选择,那就是被分类成非金融机构。

值得注意的是,随着 FATCA 与 CRS 两套制度在全球的同时推行,一些 CRS 参与国和 FATCA 伙伴国(通常为模式一)在其本国的 FATCA 和 CRS 实施法规中会对“投资机构”的判定标准进行整合,并按照经合组织《CRS 实施手册》的建议[①],将 CRS 下“投资机构”的定义同时适用于 FATCA 和 CRS,例如英国即属如此。

第二节 如何理解金融资产

一、金融资产的定义

在上一节有关金融机构定义的讨论中,出现了一个频率较高的词,那就是金融资产。在 FATCA 和 CRS 下,金融资产的定义十分重要,因为它涉及托管机构、投资机构等概念的适用。FATCA 政府间协议并未对金融资产做出明确的定义。根据美国财政部 FATCA 实施条例[②]和经合组织《CRS 文本》和《CRS 文本释义》[③]规定,金融资产一般包括:

(1)证券。例如公司股票、上市合伙企业或者信托的合伙权益或者受益所有

① 参见经合组织《CRS 实施手册》第 87 页内容。

② 参见美国财政部 FATCA 实施条例第 1.1471 - 5(e)(4)(ii)节。

③ 参见经合组织《CRS 文本》第 8 节第 A7 段和《CRS 文本释义》第 8 节第 23 ~ 25 段内容。

权、债券或者其他债权凭证；

(2)合伙权益；

(3)大宗商品；

(4)掉期。例如利率掉期、外汇掉期、利息差基准掉期、利率上限、利率下限、大宗商品掉期、股份掉期、股指掉期或者其他类似安排；

(5)保险合同或者年金合同；

(6)证券、合伙权益、大宗商品、掉期以及保险合同和年金合同中的权益，包括期货、远期合约或者期权。

一般来说，现金、房屋不动产、实物商品(例如大麦、汽车、游艇和古董字画等)都不属于金融资产的范畴。相比美国财政部 FATCA 实施条例的规定，经合组织 CRS 下的金融资产定义明确将不动产非债直接权益(Non - debt Direct Interest in Real Estate)排除在外，并且建议 CRS 实施国家将 CRS 下对金融资产的定义同样适用于 FATCA 政府间模式一，以保持金融资产判定标准的统一①。

二、不动产非债直接权益

尽管不动产非债直接权益被 CRS 排除在金融资产的定义范围之内，但对于什么是不动产非债直接权益，尤其其中涉及的“直接权益”，经合组织并没有给出明确的定义，只是在《CRS 实施问与答》②中规定，对于通过中间公司间接持有不动产的情形不属于“直接权益”。

但值得注意的是，英属维尔京群岛、开曼群岛、泽西岛、根西岛和马恩岛等地的 FATCA 实施法规也将不动产非债直接权益排除在金融资产的范围内，并且不动产非债直接权益包括直接持有不动产和通过中间公司间接持有房地产的情形。这就导致了设立在这些英属离岸金融中心的不动产持有公司可能面临在 FATCA 下和 CRS 下不同的身份处理。

例 2－2－1

赵总是中国某私营企业的老板，属中国税收居民。

2009 年，赵总在伦敦购买一套房产，价值约为 180 万英镑。同年，赵总在泽西岛设立一家 B 公司来持有该套伦敦房产。B 公司由泽西岛当地一家秘书公司代为

---

① 参见经合组织《CRS 实施手册》第 90 页内容。

② 参见经合组织《CRS 实施问与答》(2017 年 4 月版)第 13 页第 5 个问题。

日常管理。

2011 年，赵总在开曼群岛设立 C 公司，由 C 公司来持有 B 公司，从而间接持有伦敦的房产。C 公司由开曼群岛当地一家秘书公司代为日常管理。其架构图如下所示：

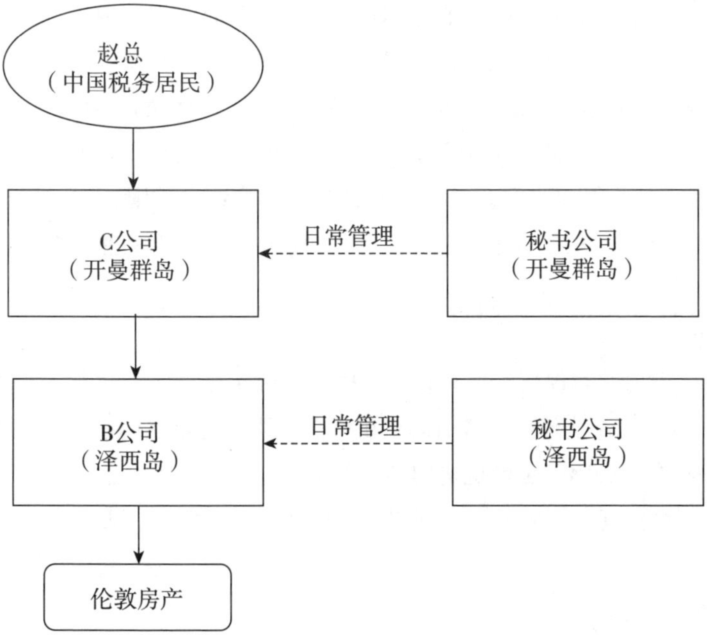

图 2－2－1

那么，如何判定 B 公司和 C 公司持有的是不是金融资产呢？并且 B 和 C 两个公司是否满足投资机构的“收入测试”呢？

在 FATCA 下，由于泽西岛和开曼群岛的 FATCA 法规都直接规定了不动产非债直接权益包括直接和间接持有不动产的情形，因此 B 公司和 C 公司持有的都属于不动产非债直接权益，从而不属于金融资产的范围。

在 CRS 下，B 公司直接持有房产，应属于持有不动产非债直接权益，从而不属于金融资产。C 公司通过 B 公司间接持有不动产，那么 C 公司持有的资产应是 B 公司的股权，股权属于金融资产，因此 C 公司持有的是金融资产。

由此可见，在 FATCA 和 CRS 下，C 公司是否持有金融资产的判断结果是不一样的，这就是在判定其是否属于投资机构时，相关“收入测试”得出的不同结果可能导致同样一个机构在 FATCA 和 CRS 下身份是不同的。

第三节 如何理解豁免金融机构

本书中所谓的豁免金融机构[①],即是无须申报的金融机构(Non - Reporting Financial Institution)。这一类机构本身属于金融机构,但是如果满足了一定条件,其可以豁免进行 FATCA 或者 CRS 下尽职调查或者账户识别等合规义务。CRS 是基于 FATCA 政府间模式一而设计,因此在豁免金融机构的范围限定上与 FATCA 有很多重合之处。但由于 CRS 属全球性的信息交换统一准则,因此 CRS 下的豁免金融机构在 FATCA 的基础上删除了一些美国税法自身独有的豁免金融机构类别。

一、FATCA 下的豁免金融机构

FATCA 政府间协议模板在其附件二中对于豁免金融机构进行了列式,这也是美国与其他 FATCA 伙伴国就政府间协议所需要谈判的重点内容,各国由于政治经济制度不同,在有关豁免金融机构的细节上可能存在差异。[②]

FATCA 政府间协议附件二所规定的豁免金融机构主要包括:

(1)豁免受益所有人(Exempt Beneficial Owner),是指在 FATCA 下豁免申报和预提所得税的机构。

(2)视同合规外国金融机构(Deemed Compliant Foreign Financial Institution),是指在视其为符合 FATCA 合规要求的金融机构。视同合规金融机构又可以再分类成已注册的视同合规外国金融机构(Registered Deemed Compliant Foreign Financial Institution,RDCFFI)和经认证的视同合规外国金融机构(Certified Deemed Com-

① 相关豁免金融机构的具体内容,本节只做简单介绍和总结,详细内容可以参见美国 FATCA 政府间协议模式一和模式二之附件二,美国财政部 FATCA 实施条例第 1.1471 -6(b)节,以及经合组织《CRS 文本》第八节 B 段和《CRS 文本释义》中对应的解释说明。

② 根据政府间协议模式一第四条第七款和模式二第三条第六款规定,FATCA 伙伴国可以允许其本国金融机构适用美国财政部 FATCA 实施法规中的其他豁免金融机构的类别,例如外国金融机构集团中的豁免申报成员(Non - reporting Members of FFI Groups),受限制的基金(Restricted Funds),有期限的债权投资机构(Limited Life Debt Investment Entities)和自我书面记录外国金融机构(Owner - documented FFI)等。有的国家的 FATCA 实施法规直接将美国财政部 FATCA 实施条例中此类豁免金融机构纳入,例如英国、泽西岛等;有的国家则是只列式 FATCA 实施条例中的豁免金融机构类别,而让合规金融机构寻求律师或者税务师的意见来判定其实否可以适用 FATCA 实施条例中的豁免规定。由于不同国家可能存在不同的规定,因此在此不再赘述 FATCA 实施条例中的豁免规定,而只是分析政府间协议中的相对应条款。

pliant Foreign Financial Institution,CDCFFI)。

尽管已注册的视同合规外国金融机构和经认证的视同合规外国金融机构都属于 FATCA 下的豁免申报金融机构,但是与其他的需申报金融机构(或者非豁免金融机构)一样,所有的已注册的视同合规外国金融机构都需要在美国联邦税务局网站注册,并获得全球中介识别号码(Global Intermediary Identification Number,GIIN)。

(一)豁免受益所有人(Exempt Beneficial Owner)[①]

豁免受益所有人通常包括以下几类:

1. 政府机构(Government Entity)

顾名思义,政府机构通常是指独立司法管辖区(Jurisdiction)的中央政府以及省、市、县等地方政府机构,或者其完全拥有或者控制的机构或者组织。具体可享受豁免待遇的政府机构,FATCA 双边协定中通常会根据签约国的具体情况进行明确。

2. 国际组织(International Organization)

此处国际组织包括任何国际组织以及其完全拥有的组织或者机构,包括政府间国际组织或者超国家组织(例如欧盟等)。具体国际组织的范围会在政府间协议中明确。

3. 中央银行(Central Bank)

中央银行是指依据某国法律或者法规规定具有发行货币权利的机构。中央银行的具体范围会在政府间协议中明确。

4. 税收协定中规定的豁免退休基金(Treaty - Qualified Retirement Fund)

税收协定中规定的豁免退休基金是指美国与 FATCA 伙伴国在已有双边税收协定中已经明确符合条件的退休基金。

5. 广泛参与的退休基金(Broad Participation Retirement Fund)

广泛参与的退休基金是指为一名或者多名现任员工或者前员工(或者该员工指定的其他人)的受益人提供退休福利、伤残福利或者死亡抚恤金,以作为其提供服务的对价或者回报,而设立的基金。该基金需要同时满足以下三个条件:

(1)单一受益人享有的该基金资产的权益未超过总资产的 5%;

(2)该基金受到政府的监管,并且定期向税务机关报告其资产和受益人情况;

---

① 参见美国 FATCA 政府间协议模式一和模式二附件二第一条和第二条内容。

(3)符合下列一项或者多项规定:

①享受免税:该基金为退休金或者养老计划,其投资收益依据其被监管国家法律通常可享受免税待遇;

②主要由用人单位来缴费:该退休基金的大部分(50%以上)缴费都来自于用人单位;

③需要满足一定条件才可以分配或提取:只有在退休、伤残或者死亡等相关特定时间发生时,受益人分配或提取基金。或者前述事件发生之前分配或提取将缴纳罚金;

④员工的缴费在限额之内:员工对基金的缴费须参照该员工的工资收入水平而设定,或者每年不超过5万美元。

6. 少数参与的退休基金(Narrow Participation Retirement Fund)

少数参与的退休金与广泛参与的退休金在定义上类似,都是以为员工提供退休福利、伤残福利或者死亡抚恤金为主要目的而设立,但是需要同时满足以下所有条件:

(1)参与该基金的人不超过50人;

(2)发起该基金的用人单位不属于投资机构或者消极非金融机构;

(3)用人单位和员工的缴费金额依据该员工的工资和相关收入而限定;

(4)外国居民无权持有该基金超过20%的资产份额;

(5)该基金受到政府监管,并且需向税务机关报告其资产和收益人情况。

7. 政府机构、国际组织或者中央银行的退休基金(Pension Fund of a Government Entity, International Organization or Central Bank)

政府机构、国际组织或者中央银行为其现任或者前任员工(或者该员工制定的其他人)的受益人提供退休福利、伤残福利或者死亡抚恤金而设立的基金,或者为非现任或者前任员工提供此类福利,以作为他们对该政府机构、国际组织或者中央银行提供个人服务的福利待遇。

8. 由豁免受益所有人完全拥有的投资机构(Investment Entity Wholly Owned by Exempt Beneficial Owners)

如果一个投资机构的股权权益直接持有者是豁免受益所有人,并且其债权权益直接持有者是豁免受益所有人或者存款机构,那么该投资机构也属于豁免受益所有人,即豁免申报金融机构。

（二）符合视同合规外国金融机构资格的小型或者限制性金融机构①

在 FATCA 下，符合一定条件的小型或者限制性金融机构（Small or Limited Scope Financial Institutions）属于豁免申报金融机构，且应被认定为美国国内收入法典第 1471 节中所规定的视同合规外国金融机构。

1. 以本地客户为主的注册金融机构（Financial Institution with a Local Client Base）

符合下列所有规定的金融机构为豁免申报金融机构，并视为 FATCA 下的已注册的视同合规外国金融机构：

（1）依据 FATCA 伙伴国法律取得营业执照，并受相应金融行业监管。

（2）该金融机构在 FATCA 伙伴国之外没有固定营业场所。该固定营业场所不包括该外国金融机构对外公布且仅是提供行政支持功能的地点或场所。

（3）该金融机构未在 FATCA 伙伴国之外的其他国家招揽客户或者账户持有人，但是以下情形不属于在其他国家招揽客户或者账户持有人：

①开设网页，且该网页未特别明确该金融机构为非当地居民提供金融账户或者服务，也没有以美国客户或者账户持有人为客户目标进行招揽；

②主要于 FATCA 伙伴国国内传播的平面媒体、广播或者电视台进行广告，且附带传播至其他国家，但是该广告未特别明确为非 FATCA 伙伴国居民提供金融账户或者服务，亦未以美国客户或者账户持有人为客户目标进行招揽。

（4）该金融机构必须按照 FATCA 伙伴国本地法规识别本国居民账户持有人，以实现对本国居民持有之账户的税务信息申报或扣缴，或者满足 FATCA 伙伴国相关反洗钱尽职调查程序的要求。

（5）该金融机构上一年度管理的金融账户中至少有 98% 的金融账户是由 FATCA 伙伴国本国居民（包括个人或者机构）持有。

（6）在 2014 年 7 月 1 日之前，该金融机构必须已经建立了有关账户尽职调查的制度和流程，以防止该金融机构向任何其他非 FATCA 参与金融机构（Nonparticipating Financial Institution）提供金融账户服务，并且就该金融机构是否为下列两类账户持有人开立或者管理金融账户进行监督和控制：

①不属于 FATC 伙伴国居民的特定美国人（包括开立账户时账户持有人是

① 参见美国 FATCA 政府间协议模式一和模式二附件二第三条内容。

FATCA 伙伴国居民,但后来转换成其他国家居民的情形);

②不具有 FATCA 伙伴国居民身份的美国居民或者公民实际控制的消极非金融机构。

(7)前述(6)项中所谓的制度和流程必须规定,如果该金融机构识别出非 FATCA 伙伴国居民的特定美国人或者不具有 FATCA 伙伴国居民身份的美国居民或者公民实际控制的消极非金融机构持有的金融账户,那么该金融机构必须视为需申报金融机构,并将相关金融账户信息按照要求进行申报(包括完成相关 GIIN 注册),或者关闭该账户。

(8)对不属于 FATCA 伙伴国居民的个人或者机构持有的存量账户,该金融机构必须对该存量账户进行尽职调查,以识别出需申报的账户或者被非参与金融机构持有的账户,并且必须将该信息按照要求进行申报(包括完成相关 GIIIN 注册),或者关闭该账户。

(9)如果该金融机构的关联机构也属于金融机构,那么该关联机构必须是在 FATCA 伙伴国设立,且满足上述有关"以本地客户为主的金融机构"要求,除非该关联机构属于豁免受益所有人之退休基金。

(10)对于特定美国人和 FATCA 伙伴国居民金融账户的开立或者管理,该金融机构不得有歧视政策或者措施。

2. 非注册的本地银行(Local Bank)

非注册的本地银行是指符合下列条件的豁免申报金融机构,且被视为 FATCA 下的经认证的视同合规外国金融机构:

(1)该金融机构是受到 FATCA 伙伴国法律监管的不以盈利为目的的本地小型银行、信用社或者类似信用合作组织。

(2)该金融机构的主要业务是从与其不存在关联关系的零售客户(就银行而言)或者会员(就信用社或者类似信用合作组织而言)吸收存款或者发放贷款,且每个会员对于信用社或者类似信用合作机构所持有的权益不超过 5%。

(3)该金融机构在 FATCA 伙伴国以外的其他国家没有固定的营业场所(未向公众宣传且仅是提供型行政辅助功能的场所除外)。

(4)符合"以本地客户为主的注册金融机构"的第三个条件要求,且除有关网站的限制规定外,该网站亦不接受新账户的开立。

(5)该金融机构财务报表上显示的资产额不超过 175 万美元且该金融机构与其关联机构的合并财务报表上的总资产额不超过 500 万美元。

(6)该金融机构的关联机构亦满足上述非注册本地银行的相关要求。

3. 仅管理低价值账户的金融机构(Financial Institution with Only Low - Value Accounts)

仅管理低价值账户的金融机构属于豁免申报金融机构,且被视为 FATCA 下的经认证的视同合规外国金融机构,但需要满足以下条件:

(1)该金融机构不属于投资机构。

(2)该金融机构或者其关联机构管理的金融账户之余额或者价值都不超过 5 万美元。

(3)在最近的会计年度财务报表中,其资产额不超过 5 千万美元,且该金融机构与其关联机构的合并财务报表中的总资产额不超过 5 千万美元。

4. 注册合格的信用卡发卡机构(Qualified Credit Card Issuer)

注册合格的信用卡发卡机构属于豁免申报金融机构,且被视为 FATCA 下的已注册的视同合规外国金融机构,但需要满足以下条件:

(1)该金融机构之所以为金融机构,仅仅是由于其作为信用卡发卡方以接收客户信用卡溢缴款的形式接受客户存款,且该溢缴款不会立即返还给客户;

(2)在 2014 年 7 月 1 日之前,该金融机构已经建立制度和流程,以防止客户向信用卡存入超过 5 万美元的溢缴款,或者确保将客户存入信用卡的溢缴款超过 5 万美元的部分在 60 日之内返还给客户。如果一个金融机构不满足符合资质的信用卡发行方定义,但是仍以发行信用卡或者电子货币作为其部分经营业务,那么相关的金融账户仍然可以享受豁免申报。具体请参见本章第五节豁免金融账户的内容。

(三)符合视同合规金融机构资格的投资机构①

投资机构属于金融机构的类别,需要识别和申报其管理的金融账户,但是符合一定条件的投资机构可以视为豁免申报金融机构,并属于 FATCA 下的视同合规金融机构。具体包括:

1. 由受托人申报的信托(Trustee Documented Trust)

对于依据 FATCA 伙伴国法律设立的符合投资机构概念的信托,如果其受托人是需申报美国金融机构、需申报模式一金融机构,或者参与外国金融机构,且依据政府间协议要求申报有关该信托管理的所有美国账户的信息,那么该信托为豁免

---

① 参见美国 FATCA 政府间协议模式一和模式二附件二第 4 条内容。

申报金融机构,并视为 FATCA 下的经认证的视同合规外国金融机构。

2. 受保荐的投资机构和受控外国公司(Sponsored Investment Entity and Controlled Foreign Corporation)

受保荐的投资机构和受控外国公司为豁免申报金融机构,且被视为 FATCA 下的已注册的视同合规外国金融机构。

(1)受保荐的投资机构(Sponsored Investment Entity)

如果一个金融机构是设立在 FATCA 伙伴国的投资机构,且不属于美国财政部 FATCA 实施条例中的合格中介机构(Qualified Intermediary)、外国合伙(Foreign Partnership)或者外国信托扣缴义务人(Withholding Foreign Trust)①;且另一需申报金融机构同意担任该金融机构的保荐机构(Sponsoring Entity),那么该金融机构为受保荐的投资机构。

(2)受保荐的受控外国公司(Sponsored Controlled Foreign Entity)

如果一个金融机构是设立在 FATCA 伙伴国的受控外国公司,且不属于美国财政部 FATCA 实施条例中的合规中介机构、外国合伙或者外国信托扣缴义务人;由另外一需申报金融机构直接或者间接全部拥有,且该申报金融机构同意担任,或者要求其附属机构担任该金融机构的保荐机构;以及该保荐机构可以通过该金融机构所共享的电子账户系统识别金融机构所有的账户持有人和款项接收人,并取得该金融机构所保存的所有账户和客户信息(包括但不限于客户身份信息、客户文件、账户余额和所有支付给账户持有人或者款项接收人的付款信息),则该金融机构为受保荐的受控外国公司②。

(3)保荐机构(Sponsoring Entity)

作为保荐机构,需要满足以下条件:

①保荐机构经授权,代表该金融机构(例如基金管理人、受托人、公司董事或者执行合伙人)履行政府间协议中所规定的合规义务。

②保荐机构已经在美国联邦税务局网站注册为保荐机构。

---

① 合格中介机构、外国合伙或者外国信托扣缴义务人为美国税法典有关预提所得税制度的概念。具体信息可参见美国联邦税务局官方网站介绍:https://www. irs. gov/businesses/corporations/qualified - intermediary - system,最后访问日期:2017 年 8 月 14 日。

② 根据 FATCA 政府间协议模式一和模式二附件二中的解释,此处受控外国公司是指任何外国公司于纳税年度中的任意时期,其各类具有表决权的股票的总表决权或者股票总价值超过 50% 为美国股东持有。所谓美国股东,就任何外国公司而言,是指持有或者经认定持有前述公司各类具有表决权股票的总表决权 10% 以上的美国人。

③保荐机构已经在美国联邦税务局网站将受保荐机构注册。

④保荐机构同意代表该金融机构执行其作为金融机构所应履行的所有 FATCA 下的尽职调查和账户识别,以及信息申报等义务。

⑤保荐机构在代表该金融机构进行 FATCA 申报时,应提供该金融机构的 GIIN。

⑥保荐机构作为保荐机构的身份并未被撤销。美国联邦税务局对于有重大过失的保荐机构,可能会撤销其作为保荐机构的身份。

为方便理解,下面举一个有关受保荐投资机构(Sponsored Investment Entity)的例子:

例 2-3-1

王总是中国一家上市公司的老板,属于美国国籍。2009 年,王总在开曼群岛设立一家离岸投资公司 A 公司,并作为唯一的股东。A 公司下持有若干金融资产。A 公司由新加坡 B 银行设立在开曼群岛的分行进行专业投资管理。如果 A 公司满足了投资机构的定义,那么其在 FATCA 下需要对其账户持有人进行尽职调查和账户信息申报。

但是由于 A 公司和 B 银行开曼分行都可以满足上述受保荐投资机构和保荐机构的条件,因此 A 公司可以采用"受保荐投资机构"的方式享受豁免的待遇,并委托 B 银行开曼分行作为"保荐机构",由其来完成 A 公司在 FATCA 下合规义务。那么在这个例子中,A 公司就是"受保荐的投资机构",而 B 银行开曼分行就是"保荐机构"。

在 FATCA 下,由于保荐机构都需要在美国联邦税务局网站注册并受其监管,因此对于保荐机构并没有地域限制,通常来说,只要满足了上述③项中的要求,所有的机构,不论是否与受保荐机构在同一国家,且不论其是否本身是金融机构,都可以作为保荐机构。

3. 受保荐的封闭性投资工具(Sponsored Closely Held Investment Vehicles)

受保荐的封闭性投资工具属于 FATCA 下的豁免申报金融机构,且被视为认证合规的外国金融机构。

此类豁免金融机构与上述受保荐的投资机构都属于保荐机制(Sponsoring Regime)下的豁免情形,对于保荐机构和受保荐机构本身资格要求十分类似,但是由于受保荐的封闭性投资工具属于认证合规的外国金融机构,其无须进行 FATCA 下的注册,对其监管相对宽松,因此所要满足的条件亦比受保荐的投资机构更高,具体包括：

（1）该金融机构必须是投资机构，且不属于美国财政部 FATCA 实施条例中的合格中介机构、外国合伙或者外国信托扣缴义务人。

（2）保荐机构为参与合规金融机构、模式一申报外国金融机构或者美国金融机构，并经授权代表该受保荐金融机构履行其作为申报金融机构所有的尽职调查、税收扣缴及申报以及其他义务。

（3）受保荐机构属于关联方之间的投资工具；且受保荐机构所有的股权权益和债权权益由不超过 20 位的个人持有（由参与合规外国金融机构、视同合规外国金融机构持有的股权权益或者债权权益，以及其他受保荐的封闭性投资工具 100% 持有的股权权益除外）。

（4）保荐机构应在美国联邦税务局网站以保荐机构身份注册（但不需要注册被保荐机构），且履行参与合规外国金融或者模式一申报外国金融机构的相关 FATCA 义务。

4. 投资顾问和投资经理（Investment Advisor and Investment Manager）

通常投资顾问和投资经理都属于投资机构中“基于业务活动的投资机构”，例如，投资顾问过去三个日历年度总收入的 50% 以上都来源于提供金融资产相关的投资服务。

但是如果投资顾问和投资经理仅仅是基于投资、管理或者执行以客户名义存放在其他金融机构（非参与合规金融机构除外）的资金，而为客户提供投资意见和代其执行投资，或者管理投资组合和代替执行投资，而被分类成金融机构，那么其属于豁免申报的金融机构，并视为 FATCA 下的认证视同合规的外国金融机构。

在泽西岛、根西岛、马恩岛、开曼群岛和英属维尔京群岛的 FATCA 实施指引[①]中，对于投资顾问和投资经理的在 FATCA 下的身份问题还增加了一条规定，即如果一个投资机构除了从事上述投资顾问和投资经理的业务以外，还进行附属于提供投资意见或管理投资组合的相关业务，例如作为有限合伙（Limited Partnership）的普通合伙人（General Partner，GP），也并不影响该投资机构之认证视同合规的外国金融机构的身份。

① 请参见泽西岛政府 2016 年 6 月 9 日发布的 FATCA 实施指引第 4.3.5 段的规定。其他英属领地分别在其 FATCA 实施指引中有类似规定。

二、CRS 下的豁免金融机构

相比 FATCA，CRS 下的豁免金融机构没有区分豁免受益所有人和视同合规金融机构，而只是规定了非申报金融机构（Non – Reporting Financial Institution）。在具体类别上主要参考了 FATCA《政府间协议》的规定，但对 FATCA 下的豁免类别进行了删减和调整。

（一）政府机构、国际组织或者中央银行；①

（二）广泛参与的退休基金；

（三）少数参与的退休基金；

（四）政府机构、国际组织或者中央银行的退休基金；

（五）注册合格的信用卡发卡机构；

（六）豁免申报集合投资工具（Exempt Collective Investment Vehicle）；

如果一个集合投资工具的所有受益权被非需申报人（包括个人或者机构，但不包括被需申报国居民实际控制的消极非金融机构）直接或者间接持有，那么该集合投资工具属于 CRS 下的豁免申报集合投资工具，视为非申报金融机构。此外，对于满足以下条件的已发行不记名机构股票的投资机构也属于豁免申报集合投资工具：

1. CRS 参与国实施 CRS 日期之后不再发行不记名机构股票；

2. 投资人解约时偿还所有已经发行的不记名机构股票；

3. 投资机构已经发行的不记名机构股票被要求赎回或者为其他给付时要对其进行 CRS 下的尽职调查和信息申报；

4. 投资机构已经在其所在的 CRS 参与国实施 CRS 之前建立相应的政策和流程，确保已经发行的不记名机构股票被赎回或者不对外流通。

对于豁免申报集合投资工具，从实践的角度，即使其在 CRS 下不被豁免申报，一般来说本身没有 CRS 的申报义务，因为其账户持有人都属于非需申报居民。但是 CRS 下，将这类集合投资公司定义为豁免申报金融机构有一个好处，那就是在规定了零申报的国家，这类投资工具可以免除零申报的义务。

---

① CRS 下豁免金融机构类别中（一）、（二）、（三）、（四）、（五）和（七）项与 FATCA 下所规定条件一致，可参见本节第一部分讨论。

例2-3-2

基金A是一个共同基金(Mutual Fund),属于设立在CRS参与国X国的合伙制基金,且受到当地金融主管部门监管。基金A的投资人是B公司和C公司。如果B和C都属于投资机构,那么通常该基金即可满足豁免申报集合投资工具,无需做任何CRS下的合规工作。但是即便A基金不选择使用该豁免申报金融机构类别,由于其账户持有人都为金融机构,金融机构不属于需申报人,因此A基金没有CRS下的申报义务,但是如果×国的CRS法规要求金融机构进行零申报,那么A基金则有零申报的义务。

(七)由受托人申报的信托;

(八)其他CRS实施国法律规定的可豁免申报的金融机构。

该类豁免金融机构与前述豁免申报金融机构具有类似的特征,被用来进行逃避税的风险较低,且将其豁免申报不会违反CRS实施的宗旨。

三、FATCA和CRS下豁免金融机构比较和总结

FATCA和CRS下中所规定的豁免金融机构大致可以用下表列式:

表2-3-1

FATCA下豁免金融机构		CRS下豁免金融机构
豁免受益所有人 (Exempt Beneficial Owner)	视同合规外国金融机构 (Deemed Compliant FFI)	非申报金融机构 (Non-Reporting FI)
-政府机构 -国际组织 -中央银行 -税收协定中规定的豁免退休基金 -广泛参与的退休基金 -少数参与的退休基金 -政府机构、国际组织或者中央银行的退休基金 -由豁免受益所有人完全拥有的投资机构	-以本地客户为主的注册金融机构 -非注册的本地银行 -仅管理低价值账户的金融机构 -注册合格的信用卡发卡机构 -由受托人申报的信托 -受保荐的投资机构和受控外国公司 -受保荐的封闭性投资工具 -投资顾问和投资经理	-政府机构 -国际组织 -中央银行 -广泛参与的退休基金 -少数参与的退休基金 -政府机构、国际组织或者中央银行的退休基金 -合格信用卡发卡机构 -豁免申报集合投资工具 -由受托人申报的信托 -其他本国法律规定的金融机构

由表2-3-1可见,CRS下的豁免机构范围在FATCA政府间协议附件二的基

础上进行了缩减，按照经合组织在《CRS 实施手册》中的解释①，去掉这些 FATCA 下的豁免类型，或是因为这些类型显然不适合作为全球的统一报告标准，或是因为相应的豁免规则已经包含在了 CRS 下的其他规则中。CRS 下被删减掉的豁免金融机构类型包括：

1. 税收协定中规定的豁免退休基金、非注册的本地银行、以本地客户为主的注册金融机构和仅管理低价值账户的金融机构

此类金融机构在 FATCA 下可以享受的豁免金融机构待遇在 CRS 下则不再存在。

2. 由豁免所有人完全拥有的投资机构

需要注意的是，此类投资机构尽管在 CRS 下没有列为豁免申报金融机构，但是由于该投资机构由豁免所有人完全拥有，因此该投资机构在 CRS 下作为申报金融机构，由于账户持有人都不属于需申报居民，因此该类投资机构也没有申报义务。

3. 受保荐的投资机构和受控外国公司，以及受保荐的封闭性投资工具

尽管 CRS 下去掉了有关“保荐制度”的内容，但是对于此类投资机构的申报，如果本地法规允许，其仍可以通过委托第三方服务提供者的形式，由第三方来完成 CRS 下的尽职调查和信息申报义务②。

4. 投资顾问和投资经理

在 CRS 下，投资顾问和投资经理通常属于金融机构，并非属于法定的豁免金融机构，但是由于投资顾问和投资经理通常并不“管理”金融账户，因此其实际上也并没有任何 CRS 下的申报义务。参见本章第五节关于金融账户的讨论。

第四节　如何理解非金融机构

如果一个机构不属于金融机构，则属于非金融机构（Non - Financial Entity，NFE）③。FATCA 和 CRS 下非金融机构涵盖范围十分广泛，包括公司、合伙、信托、基金会或者任何其他的不属于金融机构的法律机构或者法律安排。

---

① 经合组织《CRS 实施手册》第 89 页第二项。

② 参见经合组织《CRS 实施手册》第 13 页第五项内容。

③ 与 CRS 下的“非金融机构”相对应，在 FATCA 下为“非金融外国机构”（Non - financial Foreign Entity，“NFFE”），但鉴于 FATCA 和 CRS 下对于“非金融机构”（NFE）和“非金融外国机构”的概念一致，如无特别说明，本书中“非金融机构”包括 FATCA 下的“非金融外国机构”和 CRS 下的“非金融机构”。

非金融机构根据其具体业务活动不同,又可以进一步分类成积极非金融机构(Active NFE)和消极非金融机构(Passive NFE)①。积极非金融机构和消极非金融机构本身在FATCA和CRS下没有任何尽职调查和信息申报的义务,当然也不存在管理金融账户和识别账户持有人的问题。但是,非金融机构如果在金融机构持有金融账户,那么该非金融机构需要向金融机构提交相关税务身份声明文件。对于消极非金融机构,还需提交该消极非金融机构实际控制人(Controlling Person)的相关信息。

一、积极非金融机构

FATCA和CRS下的积极非金融机构可以分为八大类②,非金融机构只要满足其中任何一类的条件,即可认定为是积极非金融机构。

(一)基于收入和资产的积极非金融机构(Active NFEs by reason of income and assets)

基于收入和资产的积极非金融机构属于最为常见的一类积极非金融机构,这类积极非金融机构需要同时满足两个条件:

1. 该非金融机构上一个公历年度(或其他申报期)内取得的消极收入(Passive Income)少于50%。

2. 该非金融机构上一个公历年度(或其他申报期)内持有的能够产生消极收入的资产少于总资产的50%。非金融机构资产的价值依据该非金融机构资产负债表中资产的公允价值或者账面价值来确定。

"消极收入"是判定非金融机构属于积极还是消极非金融机构的关键概念。在不同的国家"消极收入"的本地法律解释可能不同,但是总体来说,消极收入包括以下收入:

(1)股息红利;

(2)利息;

---

① 参见FATCA政府间协议模式一(模板)附件二第VI条第B项以及经合组织《CRS文本》第8节第D(6)-D(9)的规定以及《CRS文本释义》第8节第121~131段规定。

② FATCA下还规定了另外一类积极非金融机构,即设立在美属海外领地(US Territories)的,且所有受支付方的都是美属海外领地(US Territories)的真实居民(bona fide residents)的非金融机构。美属海外领地包括美属萨摩亚、北马里亚纳群岛、关岛、波多黎各和美属维尔京群岛。参见FATCA政府间协议第VI条第B(4)(c)项规定。

(3)类似于利息的收入;

(4)租金和特许权使用费(部分或全部由该非金融机构雇员的积极商业活动所取得的除外);

(5)年金;

(6)金融资产销售或置换收益(包括股息红利、利息等);

(7)金融资产类(包括期货、远期合约、股票期权或类似交易)交易收益;

(8)外汇交易收益;

(9)掉期交易收入;

(10)具有现金价值的保险合同下的所得。

值得注意的是,非金融机构如果作为证券自营商(Dealer),在其日常经营活动中经常性进行的金融资产交易所得,不属于消极收入。

例 2-4-1

A 公司是一家注册于中国北京的手机游戏公司,其 90% 的收入来源于开发手机游戏应用程序从苹果 iOS 平台和 Android 平台的分成收入。A 公司持有的能产生被动收入的资产少于 50%。那么 A 公司则属于 FATCA 和 CRS 下的积极非金融机构。

(二)上市交易的非金融机构(Publicly traded NFEs)

上市交易的非金融机构属于积极非金融机构,但是需要满足以下条件:

1. 该非金融机构的股票在认可的证券市场经常性交易或者该非金融机构属于股票在认可的证券市场经常性交易之机构的关联机构①。

2. "认可的证券市场"和"经常性交易"通常需要满足以下要求:

(1)认可的证券市场(Established Security Market)②

对于认可的证券市场,需要满足两个要求:

---

① FATCA 和 CRS 下的关联机构是指一个机构控制另一个机构,或者两个机构受到共同控制,则两个机构互为关联机构。其中所谓"控制"是指直接或者间接拥有机构 50% 以上的股权和表决权。参见美国 FATCA《政府间协议》模式一(模板)第 1 条第 1(jj)项规定和经合组织《CRS 文本》第 8 节第 E(4)项规定。

② 对于"认可的证券市场"以及"经常性交易"的定义,其不仅涉及 FATCA 和 CRS 下有关积极非金融机的认定规定,还涉及 FATCA 下投资机构股权或债权权益豁免的规定,以及 CRS 下需申报人(Reportable Persons)的认定问题。美国与伙伴国签署的 FATCA《政府间协议》、美国财政部 FATCA《实施条例》,以及经合组织在《CRS 文本释义》都对此做了规定。实践中,CRS 下的对于"认可的证券市场"和"经常性交易"通常被同时应用于 FATCA 和 CRS,因此本书仅讨论 CRS 下对于"认可的证券市场"以及"经常性交易"的规定,参见经合组织《CRS 文本释义》第 8 节第 112 ~ 115 段内容。

①经过该证券市场所在国家政府机构正式认可和监管；

②该证券市场年度股票交易价值总量“具规模”(Meaningful Volume of Trading)。此处“具规模”通常是指该证券市场近三个公历年度内每年的股票价值总价值超过10 亿美元。

(2)经常性交易(Regularly Traded)

“经常性交易”是指非金融机构的股票在认可的证券市场持续进行交易,且交易量“具规模”(Meaningful Volume of Trading)。其中“具规模”通常是指在上一公历年度内的至少60 日内,该类别的股票在一个或者多个认可的证券市场交易,且交易的总量超过股票总量的10%。实践中,如果非金融机构的股票在认可的证券市场交易,且由股票交易商在日常营业活动中经常性报价和买卖,那么一般都可以认为“经常性交易”条件已经满足。

例 2-4-2

X 公司是中国一家制药企业,其股票于 2x17 年在上海证券交易所主板上市。Y 公司是 X 公司设立在英属维尔京群岛的一家中间控股公司。那么在 FATCA 和 CRS 下,X 公司和 Y 公司通常都可以直接分类成积极非金融机构。

(三)政府机构、国际组织、中央银行或者这些机构完全持有的其他机构(Governmental Entities, International Organizations, Central Banks, or their wholly owned Entities)

有关政府机构、国际组织、中央银行的定义请参见本章第三节豁免金融机构部分内容。

(四)非金融集团①中的控股非金融机构(Holding NFEs that are members of a nonfinancial group)

非金融集团中的控股非金融机构属于积极非金融机构,但需要满足以下条件:

1. 该非金融机构的“绝大多数”(Substantially all)业务活动②是持有子公司的股

① 关于非金融集团的定义,美国财政部《FATCA 实施条例》第 1.1471-5(e)(5)(i)(B)做了规定,但是 FATCA《政府间协议》和经合组织 CRS 文件都没有涉及。实践中各国金融机构对于非金融集团的定义存在差异,有的国家(例如英国)引用了 FATF 中有关“金融集团”的定义。具体以各国本地的 FATCA 和 CRS 实施法规为准。

② 实践中,通过收入数额来判定不同业务活动的比例。

权或者对其提供融资和服务。根据经合组织《CRS 文本释义》第 8 节第 130 段解释,此处"绝大多数"是指超过 80%。如果非金融机构持有子公司股权或者对其提供融资和服务的业务活动并没有超过其全部业务活动的 80%,但是该非金融机构还取得了其他积极收入(即非消极收入)①,且持有子公司股权或者为其提供融资和服务的业务加上取得其他积极收入的活动综合超过全部业务活动的 80%,则同样视为满足了"绝大多数"的要求。

2. 该控股机构的子公司②从事金融机构业务以外的其他交易或业务活动。

3. 该控股公司的功能并非投资基金(例如私募股权基金、风险投资基金、杠杆收购基金)或者其他以收购或投资方式持有公司股权并作为资本资产持有的投资工具。因为这一类具有投资基金功能的控股公司通常属于本章第一节中讨论的投资机构,即金融机构。

(五)新成立的非金融机构(Start - up NFEs)

新成立的非金融机构如果满足以下条件,属于积极非金融机构:

1. 该非金融机构尚未开展业务且此前未开展过任何经营业务,但是目前正投入资金意图从事金融机构业务以外的其他业务活动。

2. 该非金融机构成立时间不足 24 个月。

(六)正处于清算或者重组过程中的非金融机构(NFEs that are liquidating or emerging from bankruptcy)

正处于清算或者重组过程中的非金融机构,如果满足以下条件则属于积极非金融机构:

1. 该非金融机构过去五年内不属于任何一类金融机构。

2. 该非金融机构目前正处于资产清算或者重组过程(且重组后不从事金融机构类业务活动)。

(七)非金融集团中的财务中心(Treasury centre of a nonfinancial group)

非金融集团中的财务中心如果满足以下条件,则属于积极非金融机构:

1. 该财务中心仅与集团内关联机构之间开展融资或者对冲交易,不与任何其他

---

① 参见第一类"基于收入和资产的积极非金融机构"的规定。

② 控股公司的子公司是指该非金融机构直接或者间接持有的公司。

非关联机构开展类似业务，且其关联机构不属于金融机构；

2. 财务中心及其关联机构所在集团主要从事[1]金融机构业务以外的其他业务活动。

(八) 非营利性非金融机构(Non - profit NFEs)

非营利性非金融机构如果满足以下条件，则属于积极非金融机构：

1. 专门为宗教、公益、科学、艺术、文化、运动或者教育等目的在其所在国家设立和运营；或者在其所在国家设立和运营的专业组织、企业联盟、商会、工会组织、农业或者艺术团体、公民联盟或者其他仅为促进社会福利为目的的组织。

2. 在其所在国家享受免征所得税优惠。

3. 股东或者成员不得对该非金融机构资产或者所得主张所有权或者受益权。

4. 依据机构所在地的法律或者该机构设立文件的规定，除为执行慈善活动、支付合理劳务服务费用或者该机构依据市场公允价值采购物品的支出以外，不得向个人或者非慈善机构分配其所得或资产，或者让其受益。

5. 依据机构所在地的法律或者该机构设立文件的规定，该机构在清算或者解散时其财产应分配给政府机构或其他非营利组织，或者归属于其所在国的各级别政府机构。

二、消极非金融机构

在 FATCA 和 CRS 下，消极非金融机构的概念属于积极非金融机构的除外情形，即对于一个非金融机构，如果不满足任何一类积极非金融机构，则为消极非金融机构。

在 FATCA 下，如果一个非金融机构与美国联邦税务局签署税务扣缴协议成为美国税法下的外国合伙、外国信托或者扣缴义务人，那么该非金融机构也不属于消极非金融机构。

在 CRS 下，还有一类特殊的消极非金融机构，即设立在非 CRS 参与国的投资机构。[2] 也就是说，如果一个投资机构设立在非 CRS 参与国，那么如果该投资机构在 CRS 参与国的金融机构持有金融账户，则该投资机构会被参与国金融机构当成消极非金融机构对待，需要穿透该投资机构识别其实际控制人。这属于 CRS 下特

---

① "主要从事"在实践中通常理解为该业务占全部业务的 50% 以上。

② 参见经合组织《CRS 文本》第 8 节第 D(8)段规定。

有的规定,在 FATCA 下不存在非 FATCA 参与国的概念,因为如果一个金融机构位于某非 FATCA 伙伴国,且该金融机构没有与美国联邦税务局签署有关 FATCA 合规的协议,那么该金融就会被当成是非参与国金融机构,其来源于美国的特定收入将会被征收 30% 预提所得税作为处罚。但是在 CRS 下并没有 FATCA 下"30% 预提所得税的"惩罚措施,为了防止纳税人通过在非 CRS 参与国设立投资机构持有金融资产而规避 CRS 申报,CRS 规定了类似于消极非金融机构的处理规则。

例 2-4-3

董小姐是中国一家民营企业的老板,属于中国税务居民。董小姐分别在美国(非 CRS 参与国)和卢森堡(CRS 参与国)设立了投资机构 A 公司和投资机构 B 公司,从事金融资产的交易业务。董小姐是这两家公司的唯一股东和实际控制人。A 公司和 B 公司分别在中国香港 X 银行开立了存款账户。对于业务性质完全相同的两家公司,由于其设立国家不同,在 CRS 下其合规身份也会不同。

中国香港 X 银行作为管理该存款账户的金融机构,需要对账户持有人,即 A 公司和 B 公司进行尽职调查。对于 A 公司来说,由于其设立在非 CRS 参与国,尽管属于投资机构,但是需要将 A 公司当成被动非金融机构处理,需要识别其实际控制人董小姐。也就是说中国香港银行会将董小姐的信息申报并最终交换给中国税务机关。而对于 B 公司来说,由于其设立在 CRS 参与国且属于投资机构,因此该账户不需要被申报,也无须当成消极非金融机构处理。但是,李小姐作为 B 公司(投资机构)的股权权益持有者,其相关信息会被 B 公司在卢森堡进行申报并最终传递给中国税务机关。

在本例中,中国香港银行对于投资机构 B 公司进行申报的前置假设是因为 B 公司位于 CRS 参与国卢森堡,因此 B 公司会去识别和申报其权益账户持有人董小姐的信息,但是对于设立在非参与国美国的 A 公司来说,尽管 A 公司也是投资机构,如果采取与 B 同样的处理方式,那 B 公司及其权益账户持有人董小姐的信息就没有任何机构去识别和申报了,因为 B 公司在非 CRS 参与国,其本身并没有申报的义务。而将 B 公司参照消极非金融机构来处理,使得其最后的效果是一样的,即董小姐的信息最终都会被传递到中国税务机关。

三、实际控制人

对于消极非金融机构来说,如果其在金融机构持有金融账户,则该消极非金融机构需要被"穿透",并披露其实际控制人的信息,这是消极非金融机构和积极非金融机构在 FATCA 和 CRS 合规上的最大区别。

实际控制人在 FATCA《政府间协议》和经合组织发布的 CRS 系列文件中都有规定,尽管语言描述上略有差异,但是基本原理和判定规则相同,即要求实际控制人的概念与反洗钱金融行动工作小组(FATF)相关建议(Recommendation)中"受益所有人"的概念保持一致。实践中,合规金融机构可以直接适用 FATF 相关建议中"受益所有人"的概念①,即对该机构实施最终控制的自然人个人。具体包括以下情形:

1. 法人(Legal Person)

按照 FATF 的解释,此处的法人是指除自然人以外的,可以与金融机构建立永久性客户关系或者拥有自己财产的机构,包括公司、法人团体、基金会、合伙企业、协会或者其他相关机构。② 法人的实际控制人,是指对该法人实施控制的自然人,其中的"控制"通常依据以下规则依次判定:

(1)所有权控制

该自然人通过所有者权益对法人机构实施最终控制,通常为直接或者间接拥有该法人机构 25% 以上的股权权益或者投票权。

例 2-4-4

董先生持有新加坡公司 A 公司 20% 的股权,此外董先生还委托朋友王小姐代为持有 A 公司 10% 的投票权。那么此时董先生持有 A 公司的股权或者投票已经超过 25% 的门槛,因此董先生为 A 公司的实际控制人。

(2)其他方式控制

如果没有人通过所有者权益对法人机构实施最终控制,那么通过其他方式对该机构实施最终控制的自然人为实际控制人。

例 2-4-5

没有自然人对新加坡 A 公司的股权或者投票权超过 25%,但是董先生对于 A 公司的董事成员任免以及公司的财务管理具有实际的控制权。那么,董先生为 A 公司的实际控制人。

---

① 参见国际金融行动特别工作组 2012 年 2 月发布的《打击洗钱和资助恐怖主义及扩散国际标准:FATF 建议》(2016 年 10 月更新)中"建议十"以及"建议十释义"的内容,www.fatf-gafi.org/recommendations.html。

② 参见《国际金融行动特别工作组建议词汇表》(Glossary of the FATF Recommendations),发布于 FATF 官网:http://www.fatf-gafi.org/glossary/j-m/,最后访问日期:2017 年 8 月 27 日。

(3)高级管理人员控制

如果没有人通过所有者权益或者其他方式对法人机构实施最终控制,那么金融机构应当将该法人机构的高级管理人员认定为实际控制人。

例 2-4-6

新加坡 A 公司的董事为董先生、王小姐和李小姐。没有自然人对 A 公司的股权或者投票权超过 25%,且没有自然人通过其他方式对 A 公司实施最终有效控制。那么,董先生、王小姐和李小姐作为 A 公司的董事都可被认定为 A 公司的实际控制人。

2. 信托

对于一个信托来说,其实际控制人包括信托法律关系中的以下当事方,实践中依据信托契约来判定:

(1)委托人(Settlor);

(2)受托人(Trustee);

(3)保护人或监察人(Protector)(如有);

(4)受益人或受益人群[①](Beneficiaries or class of beneficiaries);

(5)其他对信托实施最终有效控制的自然人(包括通过其他中间控制机构间接控制信托的自然人)。

3. 信托以外的法律安排或者与信托功能类似的法人

该规定属于兜底性条款,由于各国政治经济制度不同,可能会创立类似于信托的其他法律安排或者与信托公司类似的法人(如基金会),为将此类信托以外的其他安排或者法人也包含在 FATCA 和 CRS 下的反规避规则内,此类信托以外的其他法律安排或者与信托功能类似的法人的实际控制人为与信托实际控制个人相对应或者相类似的自然人。

4. 上市公司及其受控子公司的豁免

对于上市公司[②]或者其控制的子公司来说,由于其股票在证券交易所上市交易,且受到信息披露的监管,以保证其实际控制人信息的透明,因此金融机构无须识别上市公司及其受控子公司的实际控制人。

---

① 例如信托协议规定信托的受益人为信托委托人的所有的孙子或者孙女,此时即为受益人群的概念。

② 此处上市公司需符合本章第四节中"上市交易的非金融机构"的有关要求。

第五节 如何理解金融账户

FATCA 和 CRS 下,金融机构的合规义务都是围绕一个核心来进行的,那就是金融账户。金融账户定义范围十分广泛,不仅包括传统金融类法律或者商业实践中所涉及的金融账户概念,同时还包括了除传统金融账户概念以外的其他产品或者经济利益关系。

FATCA 和 CRS 下的金融账户是指由金融机构管理的账户,包括四类[①]:

(1)存款账户(Depository Accounts);

(2)托管账户(Custodial Accounts);

(3)具有现金价值的保险合同或年金合同(Cash Value Insurance Contracts or Annuity Contracts);

(4)投资机构中的股权权益或债权权益(Equity or Debt Interests in Investment Entities)。

这四类由金融机构管理的金融账户中,对于"管理"(Maintain)的定义也有不同,具体包括以下几种情况[②]:

金融机构	金融账户	"管理"关系的认定
存款机构	存款账户	该金融机构有义务支付与该账户有关的款项。但是不包括该金融机构的代理机构。
托管机构	托管账户	该金融机构对该账户下的资产接受托付并进行管理。
特定保险机构	具有现金价值的保险合同或年金合同	该金融机构有义务支付与该合同相关的款项。
投资机构	投资机构中的股权权益或债权权益	该投资机构保有相关股权权益或债权权益。

① FATCA 和 CRS 下对于金融账户的定义基本一致,所以本节将二者融为一体来分析,如无特殊说明,相关的规则讨论同时适用于 FATCA 和 CRS。参见 FATCA《政府间协议》第一条第一款第 s 至 z 项规定,美国财政部《FATCA 实施条例》第 1.1471 - 5(b)(1)规定,和经合组织《CRS 文本》第八节 C 段规定以及《CRS 文本释义》对其的解释。

② 参见经合组织《CRS 文本释义》第八节第六十二段或者美国财政部《FATCA 实施条例》第 1.1471 - 5(b)(5)节的规定。。

一、存款账户

1. 存款账户定义的理解

存款账户就是指金融机构在银行业或者类似业务的日常营业方式中管理的以下账户：

（1）商业账户、支票账户、储蓄账户、定期储蓄账户；

（2）存款凭证、储蓄凭证、投资凭证、债务凭证或者其他类似存入现金的投资工具；

（3）保险公司依据担保投资协议或者其他类似协议所持有的，用以支付或者计入利息的款项。

根据存款账户的定义，一个账户是否构成存款账户，与其是否产生利息没有关系。

信用卡如果是由从事银行业或者类似业务的金融机构（不满足合格信用卡发卡机构豁免条件的金融机构）发行的，那么该信用卡的贷方余额也应属于存款账户，例如信用卡消费后的退款或者信用卡还款多缴的部分即属此类情形。

2. FATCA 下对于 5 万美元以下存款账户的豁免

与 CRS 不同的是，在 FATCA 下，对于申报期末账户余额不超过 5 万美元的存款账户，可以豁免进行尽职调查和信息申报，也就是说，这类账户金融机构在进行 FATCA 合规时可以直接考虑排除。

二、托管账户

1. 托管账户概念的理解

托管账户是指为他人的利益而持有一项或者多项金融资产的账户。该概念中的核心要求是“金融资产”，如果为他人利益持有的不是金融资产（例如房产、游艇、汽车等），则不属于 FATCA 和 CRS 下的托管账户。

2. 托管账户下的保险合同或者年金合同

保险合同或者年金合同不属于托管账户的范畴，也就是说发行该保险合同或者年金合同的机构（通常为保险公司）不需将此类账户当成托管账户，而是作为本节所讨论的另一类金融账户，即“具有现金价值的保险合同或者年金合同”来处理。但是如果保险合同或者年金合同作为金融资产持有在托管账户下，那么申报该保险合同或者年金合同的便不再是保险公司，而是托管机构。

三、具有现金价值的保险合同或年金合同

1. 具有现金价值的保险合同

具有现金价值的保险合同属于一类常见的投资产品,实践中也被称为“大额保单”,尽管其具有保险和投资的双重属性,但是其投资的属性比较显著,具有完整的投资账户的特征。而对于那些完全没有任何投资属性的保险产品,例如财产险、机动车险和定期寿险等,则不属于金融账户的范畴。

FATCA和CRS下的保险合同(不包括保险公司之间的再保险合同)是指保险人在死亡、患病、意外、责任或者财产风险的特定事故发生时,赔偿或者给付保险金的合同(但不包括年金合同)。具有现金价值的保险合同法律属性上仍是保险合同类别,且在该保险合同下,保单持有人(Policy Holder)有权在退保或者保险合同终止时收到相关款项。如果一个保险合同具有了与之相关的现金价值,且可以被保单持有人当做抵押物来获得借款,那么该保险合同也属于具有现金价值的保险合同。

2. 年金合同

年金合同,也叫年金保险(Annuity Policy),是指保险人参照个人预期寿命约定于特定期间内多次给付保险金或者年金的合同。但是各国对于年金合同的法律规范或者商业惯例可能存在差异,因此通常各国在制定本地有关年金合同的FATCA和CRS实施法规时会援引本国保险法的相关规定。

3. 如何理解“现金价值”

保险合同和年金合同被认定为FATCA和CRS下金融账户的前提是具有“现金价值”,因为只有当这类产品具有了现金价值,才有可能存在被纳税人用来隐藏资产以逃避税收,而FATCA和CRS下对于金融账户的所有限定规则都是围绕“反避税”这个主题来设计的。

所谓现金价值,通常就是指在投保人解除或者终止保险合同或者年金合同时有权收取的金额(未扣除退保手续费或者保单借款金额)或者可以该合同作为抵押而获得的借款金额,二者选其高者来认定。但是保险人给付的下列款项不属于现金价值:

(1)依据人寿保险合同在被保险人死亡时支付的保险金或者赔偿金;

(2)在个人伤害、疾病或者为赔偿承保事故发生造成的经济损失而支付的保险金或者赔偿金;

(3)对于不属于投资型人寿保险合同或者年金合同的其他保险合同,因合同解除或者终止、合同有效期间保险风险系数降低或者因为保险费过账错误或其他类似错误而返还已经支付的保费;

(4)支付给投保人的保险分红,且该分红与上面第(2)项所规定承保范围的保险合同相关。但是不包括保险合同终止时的获得的分红;

(5)对于每年定期支付一次以上保费的保险合同,投保人在次年应付保费的限额内预付次年保费,而从保险人获得的保费返还金额。①

4. FATCA 下对于现金价值 5 万美元以下保险合同的豁免

与 CRS 不同的是,在 FATCA 下,现金价值小于 5 万美元的保险合同不属于具有现金价值的保险合同,可以豁免进行 FATCA 下的尽职调查和信息申报义务。

四、投资机构中的股权权益或债权权益

投资机构中的股权权益或债权权益属于四类金融账户中最特殊的一类。投资机构在 FATCA 和 CRS 下属于金融机构,但是这类金融机构与银行或者保险公司等传统意义上的金融机构有较大差异,并不存在为客户开立账户或者维护管理账户的情形。但是为了将投资机构纳入到 FATCA 和 CRS 下反避税的范围之内,投资机构中的股权权益或者债权权益被直接认定为投资机构管理的金融账户。

1. 股权权益

对于投资机构中的股权权益,根据投资机构本身的法律形式不同而有所差异,包括在公司、合伙、信托中的权益。通常包括:

投资机构的法律形式	股权权益的认定
公司	公司股份或者利润分配权益
合伙	合伙的资本份额或者利润分配权益
信托(包括类似于信托的其他法律安排或者基金会)	信托委托人或者受益人对信托享有的全部或者部分权益,其他对信托行使实际控制权的自然人享有的信托权益

① FATCA《政府间协议》中对于"现金价值"的除外情形规定与 CRS 下的规定和美国财政部《FATCA 实施条例》中的规定有差异,但是实践中,各国的普遍做法直接将 CRS 下的规定和美国财政部《FATCA 实施条例》中的规定同时适用于 FATCA 和 CRS。参见经合组织《CRS 实施手册》第 91 页第 2 项内容。

2. 债权权益

对于债权权益的概念，FATCA 政府间协、美国财政部 FATCA 实施条例和经合组织 CRS 文件中并没有明确，而是由各国根据本国的法律规定来实际确认。

下面举例来说明投资机构中的股权权益和债权权益的情形：

例 2－5－1

金总是中国一家上市公司的老板，属中国税务居民。金总在泽西岛设立了一个投资公司 A 公司，专门从事金融资产的投资业务。该公司的唯一股东和实际控制人就是金总本人。A 公司由泽西岛当地一家金融机构专业管理。在 FATCA 和 CRS 下，该 A 公司被判定为投资机构。

金总在开曼群岛设立 B 公司，B 公司持有现金若干，由开曼群岛当地一家秘书公司进行日常维护管理。B 公司向 A 公司贷款 100 万美元，该贷款属于无期限无息贷款。在 FATCA 和 CRS 下，该 B 公司被判定为消极非金融机构。

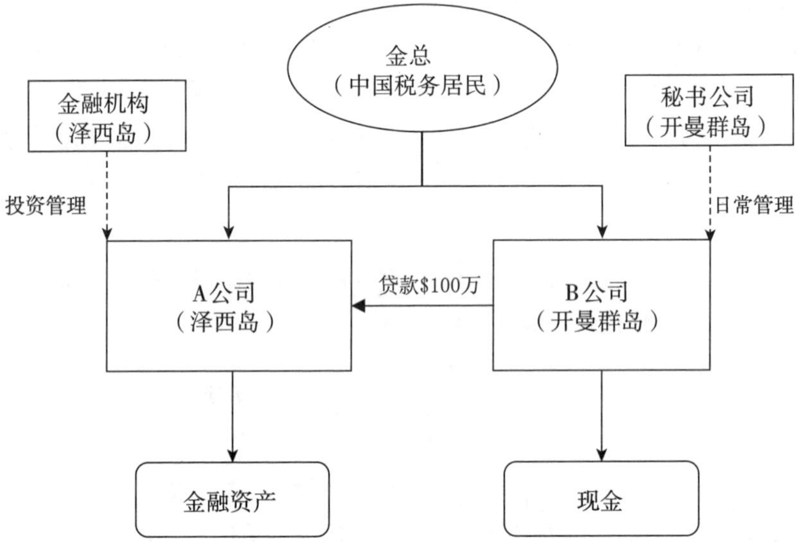

图 2－5－1

那么在 FATCA 和 CRS 下，A 公司作为投资机构，其管理的金融账户应为：

(1) 金融账户之股权权益：金总持有 A 公司的股权权益。

(2) 金融账户之债权权益：B 公司拥有的对 A 公司的 100 万美元的债权。

3. FATCA 下对于上市交易的股权权益或债权权益的豁免

在 FATCA《政府间协议》下，投资机构的股权权益或者债权权益如果在认可的证券市场(Established Security Market)上经常性交易(Regularly Traded),那么其不属于 FATCA 下的金融账户范畴,无须对其进行 FATCA 下的尽职调查和账户信息申报。[①] 该豁免规则不适用于 CRS。

五、豁免金融账户

在 FATCA 和 CRS 下的所有金融账户中,有一些金融账户由于存在较小的避税风险,且通常受到政府的严格监管,因此将其排除在金融账户的定义范畴之内,属于豁免金融账户或者被排除的金融账户。

FATCA 和 CRS 下对于豁免金融账户的类别大体一致[②],但是具体落地到每一个国家与美国的 FATCA《政府间协议》(附件二)和 CRS 的本地实施法规可能会有不同。因为不同的国家的金融账户类别以及其所有政府监管的要求也不同,因此此类豁免账户应当依据各国本地法规来确定。豁免金融账户的类别是美国与其他伙伴国签署 FATCA 协议的重点谈判内容,也是经合组织机制下各国开展 CRS 实施相互评议(Peer Review)中的重点内容。一般来说,FATCA 和 CRS 下的豁免账户包括以下几类:

1. 符合条件的退休金或养老金账户(Retirement and Pension Accounts)

符合条件的退休金或养老金账户属于豁免金融账户,其需要满足以下条件:

(1)该账户受到政府监管;

(2)该账户享受税收优惠;

(3)该账户相关主管税务机关申报有关账户的信息;

(4)仅在退休、残疾后者死亡等事由发生时才可提取退休金或养老金,在此之前提取会受到违约处罚;

(5)每年的缴费额不超过 5 万美元,或者终生缴费额不超过 100 万美元。

2. 符合条件的非退休金账户(Non – retirement Tax Favoured Accounts)

符合条件的非退休金账户属于豁免金融账户,其需要满足以下条件:

(1)该账户受到政府监管,如果是投资工具,则该投资工具在认可的证券交易市场经常性交易;

(2)该账户享受税收优惠;

---

① 参见 FATCA《政府间协议》(模板)模式一第 1 条第 1 款第 s(1)项规定。

② 参见美国 FATCA《政府间协议》(模板)模式一或者模式二之附件二和经合组织《CRS 文本释义》第 8 节第 86 ~ 103 段内容。

(3)从该账户取款应当满足与账户目的设立相关的条件,例如医疗保险账户等;

(4)每年的缴费额不超过 5 万美元。

3. 符合条件的定期人寿保险合同(Term Life Insurance Contracts)

符合条件的定期人寿保险合同属于豁免金融账户,其需要满足以下条件:

(1)该人寿保险合同的保险期间在被保险人满 90 岁之前届满;

(2)在合同存续期间或者被保险人满 90 岁之前(以较短期间为准),每年定期缴纳保费一次,且保费金额不随时间递减;

(3)在不终止合同的情况下,他人不得通过任何方式获得保险价值;

(4)除被保险人死亡时支付的保险金或者赔偿金以外,保险合同解除或者终止时应支付的保险金或者赔偿金额在扣除合同存续期间的相关支付以外,不超过投保人累计缴纳的保费;

(5)该人寿保险合同不得通过有价方式转让。

4. 遗产账户(Estate Accounts)

归属于遗产的账户属于豁免金融账户,但是管理该账户的金融机构必须持有死者的遗嘱或者死亡证明副本等证明文件。

5. 特定事由的第三方托管账户(Escrow Accounts)

为特定事由而开立的第三方托管账户属于豁免金融账户,包括依据以下事由设立的账户:

(1)法院判决或者裁决。

(2)出售、交换后者租赁不动产或者动产。

(3)不动产抵押贷款中,预留部分款项以便日后支付与该不动产相关的税款或者保险费用。

(4)专门为支付税款的目的。

6. 信用卡溢缴款形成的存款账户(Depositary Account Due to Non - returned Overpayments)

如本章第二节中有关"注册合格的信用卡发卡机构"所讨论,如果一家金融机构无法满足注册合格的信用卡发卡机构的豁免条件,但是对于信用卡溢缴款形成的存款账户可以认定为豁免金融账户,无须尽职调查和信息申报,但前提是需满足以下条件:

(1)该存款账户因信用卡超额还款或者其他原因形成,且超额款项不会立即返还给客户；

（2）金融机构禁止客户向信用卡存入超过 5 万美元的溢缴款，或者确保对于超过 5 万美元的部分在 60 日之内返还给客户。

7. 休眠账户（Dormant Accounts）

对于上一公历年度内账户余额不超过 1 千美元的账户属于休眠账户（不包括年金合同），属于豁免金融账户，但需满足以下条件：

（1）过去三个公历年度内，账户持有人未通过该账户进行任何与该账户相关的交易。

（2）过去六个公历年度内，账户持有人未与金融机构就该账户相关事项进行任何沟通。

（3）对具有现金价值的保险合同，在过去六个公历年度内，账户持有人未与金融机构就该账户相关事项进行任何沟通。

8. 其他低风险的豁免账户（Low Risk Excluded Accounts）

各国 FATCA 和 CRS 法规中结合本地实际情况制定的低风险豁免账户类别。例如中国国家税务总局总在中国版 CRS 法规中第五章第三十三条第七款和第八款就规定了本地的其他低风险豁免账户，如居民委员会、村民委员会，以及军人（或者武装警察）持军人（后者武装警察）身份证件开立的账户等。

第六节　如何理解账户持有人

前面一节讨论了什么是金融账户以及哪些账户可以豁免分类成金融账户从而无需进行相关尽职调查和信息申报。金融机构在对其管理的账户或者产品进行分类并确定金融账户的范围以后，下一步核心任务就是确定该金融账户的账户持有人是谁，从而判断该账户是否需要申报。FATCA 和 CRS 下对于账户持有人的概念并无差异，在美国 FATCA《政府间协议》、美国财政部《FATCA 实施条例》以及经合组织《CRS 文本》以及《CRS 文本释义》中均有规定[1]。

---

① 参见美国 FATCA《政府间协议》第 1 条第 dd 段规定，美国财政部《FATCA 实施条例》第 1.1471－1(b)(2)规定和经合组织《CRS 文本》第 8 节第 E(1)段规定。

一、账户持有人的定义

在 FATCA 和 CRS 下，账户持有人是指管理金融账户的金融机构列示或者识别出的持有该账户的人，包括个人账户持有人（Individual Account Holder）和机构账户持有人（Entity Account Holder）两类。FATCA 和 CRS 下“机构”是指除了个人以外的几乎任何其他组织形式，包括公司、合伙、信托、基金会或者其他法律安排。对于其中有些组织形式，例如合伙或者信托等，尽管其属于“透明机构”（Transparent Entity）或者“非独立机构”（Disregarded Entity），但是在判定金融账户持有人时，仍应当将该合伙或者信托等作为账户持有人，而非该合伙的合伙人或者信托的受益人。

例 2－6－1

金总和钱总是中国税务居民，二人作为合伙人通过一个设立在泽西岛的 A 合伙，100% 持有一个设立在开曼群岛的 B 公司。假设 B 公司属于 FATCA 和 CRS 下的投资机构，那么：

由于 B 公司是投资机构，即金融机构，那么需要识别其管理的金融账户持有人，即该投资机构的股权权益或者债权权益持有人。本例中 B 公司的账户持有人应为 A 合伙，而非 A 合伙的合伙人金总和钱总。

二、由非金融机构代持的账户

个人或者机构（不属于金融机构），为了他人的利益以代理人、托管人、授权签字人、投资顾问、中介顾问或者法律监护人等身份持有金融账户，那么该“他人”应属于 FATCA 和 CRS 下的金融账户持有人，而非代理人、托管人、授权签字人、投资顾问或者中介顾问等。金融机构在判定一个账户是否是由他人代理持有时，可以依据其已经获得的有关该账户的信息，例如在反洗钱（AML）和了解你的客户（KYC）等程序中已经获得的信息等。

例 2－6－2

小明（10 岁）的妈妈董女士为小明在中国香港 XYZ 银行开立了一个存款账户，那么小明自己应作为 FATCA 和 CRS 下该账户的账户持有人，而非董女士。

值得注意的是，此处所谓的代理人等替他人持有的账户不包括上一节中有关“为特定目的的持有的账户”（Escrow Accounts）的豁免金融账户情形。

如果一个金融账户是由金融机构（如托管机构）为了他人的利益，以上述代理人、托管人等身份持有，那么该金融机构应为该金融账户的账户持有人，而非该

“他人”。

例 2-6-3

设立在开曼群岛的 A 公司是 FATCA 和 CRS 下的投资机构。A 公司的所有股权资产由开曼群岛一家托管机构(金融机构)B 公司代中国税务居民王小姐持有。那么在 FATCA 和 CRS 下:

从 A 公司角度,由于其属于投资机构(金融机构),那么需要识别其管理的金融账户持有人,即该投资机构的股权权益或债权权益持有人,也就是 B 公司。

从 B 公司角度,由于其属于托管机构(金融机构),那么需要识别其管理的金融账户持有人,即托管账户的持有人,也就是王小姐。

三、联名账户的账户持有人

如果一个金融账户是联名账户,那么每一个联名账户持有人均属于该金融账户的持有人,且只要其中有一个联名账户持有人需要申报,那么该账户就属于需要申报的账户。如果是一个机构和个人联名持有的账户,那么该账户需要分别按照个人账户和机构账户的不同要求进行尽职调查等合规操作。联名账户通常由夫妻、兄弟姐妹或者合伙形式的小型企业主开立。

例 2-6-4

董先生和李小姐均为中国税务居民。2x17 年董先生和李小姐在中国香港某银行开立联名账户,存入现金 100 万美元。那么联名存款账户的持有人就是董先生和李小姐。中国香港银行需要识别董先生和李小姐的身份,并根据其身份确定相关的申报义务。

四、具有现金价值保险合同或年金合同的账户持有人

在 FATCA 和 CRS 下,具有现金价值的保险合同或年金合同的账户持有人为有权使用该合同现金价值(例如,通过保险合同获得银行贷款以及撤回保险或者退保获得现金价值等)或者变更保险受益人的人。如果不存在或者无法确认有权使用该合同现金价值或者变更保险受益人的人,那么账户持有人为该保险或者年金合同中列明的合同持有人(Policy Holder 或者 Policy Owner)以及受益人(享受确定保险受益权的人)。保险合同或者年金合同到期时,即当保险合同或者年金合同的受益人得以确认时,每一个有权从保险合同或者年金合同获得收益分配的人都属于账户持有人。

五、投资机构的账户持有人

对于一个投资机构来说，其所管理的金融账户是该投资机构的股权权益或者债权权益，因此账户持有人就是该投资机构股权权益或者债权权益持有人。

（一）债权权益持有人

对于债权权益持有人的理解，由于各国法律对于债权的定义不同，因此债权权益持有人的定义也可能存在差异。但是通常来说，投资机构债权权益持有人就是指一个债权债务关系中的债权人。个人或者机构对投资机构拥有债权，那么其即属于 FATCA 和 CRS 下该投资机构的账户持有人。

（二）股权权益持有人

对于股权权益来说，不同的投资机构法律存在形式，可能存在不同的认定标准，大致可以分为以下三类（见表 2－6－1）：

表 2－6－1

法律形式	账户持有人
公司	公司股权权益的持有人
合伙	合伙份额或者受益权持有人，例如合伙人等
信托	信托委托人、受托人①、固定受益人、任意受益人或者其他对信托实施最终有效控制的人

第七节　如何理解需申报账户

金融机构在确定其管理的金融账户范围之后，下一步重要的工作即是进一步确定哪些账户属于需申报的账户（Reportable Account）。有关需申报账户的概念，由于 FATCA 属于双边交换机制，而 CRS 属于多边交换机制，因此在具体规定上略有差异，但其目标是一致的，即是识别和申报那些与接收账户信息的国家相关联且在该国具有纳税义务的需申报人。

---

① 信托受托人在 CRS 下属于信托（投资机构类别）的账户持有人，但是在 FATCA 下各国的执行法规存在差异。有关信托 FATC 和 CRS 账户持有人的具体内容可参见本书第五章内容。

一、FATCA 需申报账户

在 FATCA 政府间协议模式一下,由于是双边对等的信息交换,因此 FATCA 下的需申报账户包括美国需申报账户和伙伴国需申报账户两类。

(一)伙伴国需申报账户

伙伴国需申报账户是指由美国金融机构管理的以下账户①:

1. FATCA 伙伴国个人居民持有的,在任何一个公历年度所得利息超过 10 美元的存款账户;

2. FATCA 伙伴国税收居民(包括机构居民)持有的除存款账户以外的其他金融账户,且在该金融账户下有来源于美国的并且依据美国税法规定②应申报的收入。

(二)美国需申报账户

美国需申报账户是指 FATCA 伙伴国金融机构管理的以下两类金融账户:一类是特定美国人(Specified US Person)持有的金融账户;另一类是由非美国机构持有的金融账户,且该非美国机构有一个或者多个实际控制人是特定美国人。

在 FATCA 政府间协议有关账户尽职调查的程序规定中还进一步明确,以下账户持有人持有的账户不属于需申报账户:

1. 特定美国人以外的其他美国人持有的账户;

2. 伙伴国金融机构,或者其他已经与美国签订 FATCA 政府间协议的伙伴国③的金融机构;

3. 参与外国金融机构(Participating FFI)④,视同合规外国金融机构或者豁免受益所有人;

4. 积极外国非金融机构;

5. 实际控制人不是特定美国人的消极外国非金融机构。

---

① 如第一章第二节所讨论,FATCA 下美国目前还无法实现与伙伴国的对等信息交换。

② 参见美国国内收入法典 A 篇第 3 章或第 61 章规定。

③ 包括已经与美国就 FATCA 政府间协议达成实质一致的国家,例如中国等。

④ 参与外国金融机构是是指与美国联邦税务局签署《外国金融机构协议》(FFI Agreement),且根据该协议外国金融机构有义务对美国账户持有人进行尽职调查、预提所得税扣缴和申报,包括 FATCA 政府间协议模式二国家的金融机构等。参见美国财政部实施条例第 1.1471－1 规定。

其中,特定美国人是指美国公民(包括美国护照持有者)、美国居民个人(包括绿卡持有者或者在美国长期逗留的个人)、依据美国法律成立的合伙或者公司、受美国法院管辖且由美国人实际控制的信托等。但是不包括以下个人或者机构:

1. 股票在经认可的证券交易市场经常性交易的公司;

2. 与前一项所规定的公司处在美国税法规定①的"相同关联公司集团"中的其他成员公司(类似于CRS下上市公司的关联公司);

3. 美国政府或者其完全持有的其他部门或者机构;

4. 美国各州、美属海外领地,或者其所属行政区,或者其完全持有的其他部门或者机构;

5. 美国税法规定的享受免税的机构或个人退休金计划②;

6. 美国税法规定的银行③;

7. 美国税法规定的不动产投资信托④;

8. 美国税法规定的受监管的投资公司⑤或美国投资公司法规定的在美国证券交易委员会(SEC)注册的机构⑥;

9. 美国税法规定的共同信托基金⑦;

10. 美国税法规定的享受免税待遇的信托⑧;

11. 依据美国联邦法律或者州法律登记注册的证券、大宗商品或金融衍生品(包括明日本金合约、期货、远期合约或者期权)交易商;

12. 美国税法规定的经纪商⑨;

13. 美国税法规定的相关计划下的免税信托⑩。

二、CRS需申报账户

CRS下的需申报账户包括以下两类:一类是由需申报人持有的账户;另一类是

① 参见美国国内收入法典第1471(e)(2)节定义。
② 依据美国国内收入法典第501(a)节或第7701(a)(37)节规定来确定。
③ 依据美国国内收入法典第581节规定来确定。
④ 依据美国国内收入法典第856节规定来确定。
⑤ 依据美国国内收入法典第851节规定来确定。
⑥ 依据1940年美国投资公司法案(15 U.S.C.80a-64)来确定。
⑦ 依据美国国内收入法典第584(a)节规定来确定。
⑧ 依据美国国内收入法典第664(c)规定或者第4947(a)(1)节规定来确定。
⑨ 依据美国国内收入法典第6045(c)节规定来确定。
⑩ 依据美国国内收入法典第403(b)节或者第457(g)节规定来确定。

消极非金融机构持有的账户,且该消极非金融机构有一名或者多名实际控制人属于需申报人。

与 FATCA 不同的是,CRS 下各国之间的账户信息自动交换遵循的经合组织的统一准则,因此并没有类似于特定美国人的概念,而是将其统一规定为需申报人。其中,需申报人是指属于需申报国①税收居民的个人或者机构,对于不构成税务居民的其他机构(如合伙、有限合伙等),按照其实际管理机构所在地来判定其是否属于需申报国的税收居民。根据经合组织《CRS 释义》第 8 节第 109 段的解释,实际管理机构所在地是指机构实施日常生产经营之相关重要管理和商业决策做出所必须的地点。实际管理机构所在地的确定必须充分考虑所有的实施情况。一个机构可能有多个管理机构所在地,但是只能有一个实际管理机构所在地。各国的 CRS 法规对于此的规定可能存在不同,但是合规金融机构通常可以依据其所在国税法中有关实际管理机构所在地的依据来判定。

以下机构不属于 CRS 下的需申报人:

(1)股票在经认可的证券交易市场经常性交易的公司或其关联机构;

(2)政府机构;

(3)国际组织;

(4)金融机构。

值得特别注意的是,在 FATCA 下,如果账户持有人是美国的消极非金融机构(即属于美国机构),那么该消极非金融机构不需要"穿透",也不需要识别其实际控制人,因为 FATCA 下需要穿透的是"消极外国非金融机构"(Passive Non - financial Foreign Entity,NFFE),也就是说只有位于外国的消极非金融机构才需要穿透,对于属于美国居民的消极非金融机构,并不需要将其穿透,直接将其账户作为特定美国人持有的账户处理即可。但在 CRS 下,不论消极非金融机构位于合规金融机构所在国还是其他 CRS 参与或者非参与国,只要其本身属性是消极非金融机构机构,那么就需要将其"穿透",并且识别其实际控制人是否为需申报人。

例 2 -7 -1

王小姐持有美国护照,但长期居住在中国,构成美国和中国的双重税务居民身份。其在中国香港设立一家资产持有公司 A 公司。A 公司在中国香港 X 银行持有余额为 500 万美元的存款账户。此外,王小姐还在美国内达华州设立一家资产持有

---

① 参见本书第二章中有关需申报国的讨论。

公司 B 公司。B 公司在中国香港 X 银行持有余额为 400 万美元的存款账户。假设 A 公司和 B 公司均属于 FATCA 和 CRS 下的消极非金融机构，且王小姐是 A 公司和 B 公司的实际控制人和唯一的股东。

那么作为管理 A 公司和 B 公司存款账户的中国香港 X 银行来说，尽管 A 公司和 B 公司都属于消极非金融机构，但是在 FATCA 和 CRS 下的处理方式却不一样，具体包括(见表 2－7－1)：

表 2－7－1

<table>
<tr><th></th><th>FATCA 下的处理</th><th>CRS 下的处理</th></tr>
<tr><td>A 公司</td><td>A 公司：
A 公司设立在中国香港，不是特定美国人。
王小姐：
由于 A 公司属于消极外国非金融机构，因此需要被“穿透”，并识别其实际控制人王小姐。由于王小姐是美国国籍，属于特定美国人，因此需要被申报。
A 公司属于特定美国人控制的外国公司，因此其持有的账户信息需要被申报给美国税务机关，且需披露王小姐的信息。</td><td rowspan="2">CRS 下没有消极外国非金融机构的概念，所有的消极非金融机构都需要被“穿透”并识别其实际控制人。
因此 X 银行在对 A 公司和 B 公司持有的账户分别进行尽职调查时，需要将其穿透并识别其实际控制人王小姐。
由于王小姐是中国税务居民，即需申报人，因此 A 公司和 B 公司持有的账户均属于需申报账户，且王小姐作为 A 公司和 B 公司的实际控制人，其身份信息也需要被 X 银行申报，并通过中国香港税务机关交换给中国内地税务机关。</td></tr>
<tr><td>B 公司</td><td>B 公司：
B 公司设立在美国，属于特定美国人。因此 B 公司持有的账户属于需申报的账户。
王小姐：
由于 B 公司不是 FATCA 下的消极外国非金融机构，因此不需要被穿透。王小姐的信息不会被披露。
B 公司持有的账户信息(不包括李小姐的身份信息会被 X 银行申报给美国税务机关。</td></tr>
</table>

第三章

FATCA 和 CRS 尽职调查程序中的常见问题

第一节　如何理解存量账户和新增账户

一、为何要区分存量账户和新增账户

(一)降低金融机构合规成本

FATCA 和 CRS 下金融机构需要对其管理的账户进行尽职调查,以识别需申报账户。但是 FATCA 和 CRS 下的尽职调查规则不仅适用于法规实施之后的新增账户,同时适用于此前金融机构已经管理的存量账户,有些存量账户可能已经存在了几十年甚至上百年。对于新增账户来说,金融机构可以重新制定客户承接流程以符合 FATCA 和 CRS 的新要求,但是对于金融机构管理的大量存量账户来说,回过头去向客户要求提供新的账户信息或者声明,将无疑会极大增加金融机构的合规负担。

正是出于减轻金融机构合规负担的考虑,在 FATCA 和 CRS 下,金融机构对于新增账户和存量账户采用不同的尽职调查程序,同时将存量账户进一步区分为存量低价值账户和存量高价值账户。相比新增账户来说,存量账户的尽职调查程序更多是要求金融机构基于其已持有的账户信息来识别需申报账户。而在存量账户中,存量低价值账户通常量较大,而存量机构账户的尽职调查程序更为复杂,因此完成这两类存量账户的尽职调查截止时间通常要比存量高价值账户的尽职调查截止时间晚一年。

(二)"就高"原则

总体来说,新增账户的合规要求高于存量账户,存量高价值账户的合规要求要高于存量低价值账户。金融机构通常可以根据自身情况,如果不愿区分新增账户和存量账户或者高价值账户和低价值账户,那么可以采用统一"就高"原则,即将新增账户的合规程序适用于存量账户,存量高价值账户的合规程序适用于存量低价值账户,这在经合组织《CRS 实施手册》中的参与国合规选项以及很多国家的 FATCA 和 CRS 法规中都有规定。

由于各国实施 FATCA 和 CRS 的时间不同,因此对于新增账户和存量账户的时间界点也会不同,可能同类型的账户在一个国家属于 FATCA 和 CRS 下的新增账户，但是在另一个国家就属于存量账户。

例 3-1-1

董先生是中国税收居民，其于 2016 年 2 月在 A 银行北京分行和 A 银行伦敦分行分别开立了存款账户。从 CRS 的角度，由于英国已经于 2016 年 1 月 1 日开始实施 CRS，那么董先生于此时间之后在伦敦分行开立的账户即属于新增账户；而由于中国从 2017 年 7 月 1 日才开始实施 CRS，因此董先生于此时间之前在北京分行开立的账户即属于存量账户。

以下是全球各主要离岸金融中心对于 FATCA 和 CRS 下新增账户和存量账户时间界点汇总：

表 3-1-1

国家或地区	FATCA	CRS
开曼群岛	2014 年 7 月 1 日	2016 年 1 月 1 日
英属维尔京群岛	2014 年 7 月 1 日	2016 年 1 月 1 日
百慕大群岛	2014 年 7 月 1 日	2016 年 1 月 1 日
根西岛	2014 年 7 月 1 日	2016 年 1 月 1 日
泽西岛	2014 年 7 月 1 日	2016 年 1 月 1 日
马恩岛	2014 年 7 月 1 日	2016 年 1 月 1 日
中国香港地区	2014 年 7 月 1 日	2017 年 1 月 1 日
巴哈马	2014 年 7 月 1 日	2017 年 1 月 1 日
毛里求斯	2014 年 7 月 1 日	2017 年 1 月 1 日
新加坡	2014 年 7 月 1 日	2017 年 1 月 1 日
瑞士	2014 年 7 月 1 日	2017 年 1 月 1 日

二、存量个人低价值账户的合规要求

在 FATCA 和 CRS 下，存量个人低价值账户的定义是一致的，都是指个人持有的加总账户余额或价值不超过 100 万美元的存量金融账户，但是在具体的有关存量个人低价值账户的尽职调查程序上 FATCA 和 CRS 略有差异。在 CRS 下，对于存量个人低价值账户的尽职调查程序包括两个方面，即“居住地址测试”（Residence address test）和“电子记录检索”（Electronic record search）。按照经合组织的规定①，

① 参见经合组织《CRS 文本释义》第 3 节第 4 ~ 6 段规定。

CRS 实施国可以允许金融机构选择适用居住地址测试或者电子记录检索来识别账户持有人,也可以规定只适用电子记录检索。但是在 FATCA 下,对于存量个人低价值账户,只能适用电子记录检索来识别其账户持有人是否为特定美国人。

（一）居住地址测试（仅适用于 CRS）

居住地址测试的尽职调查规则借鉴于《欧盟储蓄指令》中的做法,属于一类简便化的尽职调查程序,其核心是基于金融机构通过已有的反洗钱（AML）和了解你的客户（KYC）程序或者其他相关合规程序已获取的客户现有居住地址（Current Residence Address）信息和相关证明文件（Documentary Evidence）①,那么金融机构可以直接依据该地址所在国家和地区判定其税收居民身份所在国,但需要满足以下条件:

1. 该金融机构具有账户持有人居住地址的记录。通常来说,邮政信箱（Post Office Box）地址或者留交地址（"in – care – of" address）不属于居住地址,除非该邮政信箱地址或者留交地址包含有明确的街道、公寓或者房屋号码等能够准确识别账户持有人居住地址的信息。

2. 该居住地址是现有居住地址。对于邮寄无法送达的地址不得视为此处的现有居住地址。

3. 该居住地址是基于已有的相关证明文件,包括身份证、驾驶证、投票证、居住证明、税务机关出具的纳税通知或者税务评估报告,以及水、电、气、电话（座机）单据等。

例 3 – 1 – 2

王小姐是中国税收居民。王小姐于 2016 年 11 月在新加坡 A 银行开立存款账户,并根据 A 银行有关 AML 和 KYC 的要求提交了其中国护照信息以及 2016 年 10 月北京住房的水电单据复印件。该账户在 2016 年 12 月 31 日时的余额为 80 万美

---

① 根据经合组织《CRS 文本》第 8 节第 E6 项规定,CRS 下的证明文件包括:

由收款方声称为其为税收居民的司法管辖区授权的政府机构（例如政府、政府部门或市政府）发出的居民身份证明;

就自然人而言,由授权的政府机构发出的任何含有自然人姓名且通常用于身份识别的有效身份证明;

就机构而言,由授权的政府机构发出的任何官方文件,其内容包括机构名称、机构在声称为其居民的国家或地区的主要办公地址,或机构成立国家或者地区;

任何经审核的财务报表、第三方信用报告、破产申请或证券监管机构的报告。

元。新加坡于 2017 年 1 月 1 日开始实施 CRS，因此王小姐的账户属于存量低价值个人账户类别。

A 银行如果选用“居住地址测试”来识别存量低价值个人账户，那么其可以直接依据 AML 和 KYC 要求提供的水电单据判定其为中国税收居民，且不需要向王小姐重新索取税收居民身份声明文件。

(二)电子记录检索(适用于 FATCA 和 CRS)

在 CRS 下，如果合规金融机构无法适用或者选择不适用“居住地址测试”，那么其必须通过电子记录检索来寻找需申报人标识(Indicia)，并进一步识别低价值存量账户持有人的税收居民身份。在 FATCA 下，金融机构应直接适用电子记录检索程序来识别美国标识，并没有“居住地址测试”的规定。

标识本身并不一定就是判定账户持有人是否为某个国家税收居民身份的依据，但对于存量账户进行相关标识的电子检索，本质上是为了减轻金融机构合规负担，使其可以依据已经掌握的信息来判定账户是否需要申报，而不需重新联系存量账户持有人。FATCA 和 CRS 下的账户持有人标识具体包括内容见表 3－1－2。

表 3－1－2

FATCA 美国标识	CRS 需申报国标识
1. 美国公民或者税收居民的身份信息。 2. 明确的出生地为美国。 3. 位于美国的现有邮寄地址或者居住地址(包括美国邮政信箱)，但是不包括账户持有人的服务提供方(例如外部资产管理人、投资顾问或者律师等)的邮寄地址或者居住地址。 4. 现有的美国电话号码。 5. 将资金转账至美国账户的常设指令。 6. 向在美国留有地址的人授予现行有效的委托书或者签字权。 7. 该账户持有人在美国的“代收邮件”(hold mail)指令或者“转交”地址，但前提是金融机构已有信息中没有账户持有人的其他地址。	1. CRS 需申报国税收居民的身份信息。例如金融机构在其系统已经保存了有关账户持有人税收居民身份所在国或地区的信息。 2. 位于 CRS 需申报国的现有邮寄地址或者居住地址(包括邮政信箱)，但是不包括账户持有人的服务提供方(例如外部资产管理人、投资顾问或者律师等)的邮寄地址或者居住地址。 3. 一个或者多个 CRS 需申报国的电话号码，且在金融机构所在国没有电话号码。 4. 将资金转账至 CRS 需申报国账户的常设指令(存款账户的情形除外①)。 5. 向在 CRS 需申报国留有地址的人授予现行有效的委托书或者签字权。 6. 该账户持有人在 CRS 需申报国的“代收邮件”(hold mail)指令或者“转交”地址，但前提是金融机构已有信息中没有账户持有人的其他地址。

① FATCA 下没有此项除外规定。

(1)没有发现标识的处理

如果金融机构通过电子记录检索没有发现任何美国人或需申报人标识,那么金融机构不需要采取进一步措施,除非后续该账户的情况发生变化,出现了一项或者多项标识。

(2)发现标识的处理

如果金融机构通过电子记录检索发现了美国人或者 CRS 需申报人标识,那么该账户就应被当做需申报账户处理,除非该金融机构通过“修复措施”(Curing Procedure)排除了相关标识。如果金融机构发现了多个标识,且标识信息不一致,那么金融机构同样可以通过“修复措施”排除相关标识。

(3)标识的修复

对于不同的标识,FATCA 和 CRS 下相应的“修复”程序要求会有所不同,但是“修复”的结果是一样的,即具有该标识的账户不属于被申报账户。具体的“修复”程序包括:

①如果金融机构发现了以下标识,可以通过从账户持有人获得税收居民身份声明文件和相关证明文件来“修复”已经识别的美国或者 CRS 需申报国标识:

a. 现有邮寄地址在美国或者 CRS 需申报国;

b. 一个或者多个美国或者 CRS 需申报国电话号码;

c. 将资金转账至美国或者 CRS 需申报国账户的常设指令(CRS 下存款账户除外)。

例 3 -1 -3

香港地区金融机构 A 银行在对其管理的个人存量低价值账户进行美国和 CRS 需申报国标识检索时,发现了账户持有人董小姐(中国澳门税收居民)在美国和中国内地的电话号码。那么对于该标识的修复,董小姐可以 a. 提交税收居民身份声明,声明自己为澳门税收居民;b. 提交中国澳门税收居民身份证明或者纳税申报证明等相关证明文件来修复 A 银行发现的标识,从而该账户不需要申报。

②如果金融机构发现了以下标识,金融机构可以通过从账户持有人获得税收居民身份声明文件或相关证明文件来“修复”已经识别的美国或者需申报国标识:

a. 向美国或者 CRS 需申报国留有地址的人授予现行有效的委托书或者签字权。

例 3 -1 -4

香港地区金融机构 A 银行在对其管理的个人存量低价值账户进行美国和 CRS

需申报国标识检索时,发现了账户持有人董小姐(中国澳门税收居民)向美国和中国留有地址的李先生和王先生授予现行有效的委托书和签字权。那么对于该标识的修复,董小姐可以选择 a 提交税收居民身份声明,声明自己为中国澳门税收居民;b 提交中国澳门税收居民身份证明或者纳税申报证明等相关证明文件来修复 A 银行发现的标识,从而该账户不需要申报。

b. 与 CRS 不同的是,在 FATCA 下,美国公民身份信息也属于标识之一,因此对于 FATCA 下有关美国公民身份标识的修复有特殊的规定。如果金融机构发现了明确的美国出生地的标识信息,那么应当将该账户当成需申报账户处理,除非金融机构从账户持有人获得了或者此前已经获得了该账户持有人提供的不属于美国公民身份或者税收居民身份的自我声明文件;其他国家的护照或者身份证明以证明账户持有人不属于美国税收居民;已经丧失美国国籍的相关证明(无法提供该证明的应当提供合理理由)。

③无法获得税收居民身份自我声明文件的处理

对于上述有关"修复"程序中涉及到金融机构联系账户持有人要求其提供税收居民身份自我声明文件的问题,如果金融机构在联系账户持有人(客户)后的 90 天之内仍未得到客户回应,那么金融机构可直接依据已经发现的标识所关联的需申报国家或地区将该账户当成需申报账户处理。

④标识的特殊处理程序

如果金融机构发现了账户持有人有在美国或者 CRS 需申报国的"代收邮件"指令或者"转交"地址的标识信息,但是并没有发现任何其他的相关标识,那么金融机构需要通过纸质记录检索或者从账户持有人获得税收居民身份自我声明或相关证明文件来确定该账户持有人的税收居民身份。

如果通过纸质记录检索仍未发现其他标识并且也未能从账户持有人获得自我声明文件和相关证明文件,那么金融机构的处理方式应为:

a. 在 FATCA 下,无须将该账户当成需申报账户处理,因为对于存量低价值个人账户来说,"代收邮件"指令或者"转交"地址不被当成标识处理。但要注意的是,对于存量高价值个人账户,"代收邮件"指令或者"转交"地址属于美国标识,因此在金融机构无法通过纸质记录检索或者无法通过自我声明和相关证明文件确定账户持有人税收居民身份信息时,需要将该账户当成需申报账户处理。

b. 在 CRS 下,需要将该账户当成未存档账户(Undocumented Account)来申报给金融机构所在国政府。

三、存量个人高价值账户的合规要求

在 FATCA 和 CRS 下，存量个人高价值账户是指个人持有的加总账户余额或价值超过 100 万美元的存量金融账户。“居住地址”测试并不适用于存量个人高价值账户的尽职调查，金融机构应当依次适用“加强版”的合规程序，包括电子记录检索、纸质记录检索（Paper Record Search）和客户经理询问（Relationship Manager Inquiry）。

（一）电子记录检索

存量个人高价值账户的尽职调查程序可以直接参照前述讨论的存量低价值个人账户的处理。如果金融机构通过电子记录获得了所有与美国标识和 CRS 需申报国相关的标识信息，则不再需要进行下一步纸质记录检索。对于没有获得信息的相关标识，金融机构需要通过进一步的纸质记录来进行识别。例如，金融机构通过电子记录检索获得了账户持有人除美国或者 CRS 需申报国电话号码以外的其他所有美国标识或者 CRS 需申报国标识信息，那么该金融机构只需要就电话号码这一项标识进行纸质记录检索。

（二）纸质记录检索

纸质记录检索程序要求金融机构对客户主文档（Master File）进行审核，如果主文档中仍无法获得有关标识的信息，金融机构需要对其在过去 5 年获得的下列与该账户相关的资料进行审核：

1. 该账户的“相关证明文件”；
2. 最新的开户协议或者文件；
3. 最新获得的与“反洗钱/了解你的客户”以及其他监管程序相关的文件；
4. 现行有效的委托书或者签字权文件；
5. 现行有效的有关账户转账的指令文件（存款账户除外）。

（三）客户经理询问

如果通过电子记录检索和纸质记录检索，金融机构仍无法确定账户持有人的居民身份，那么金融机构需要适用客户经理询问的程序，基于客户经理对于账户持有人居民身份情况的了解来判定该账户是否需要申报。

(四)没有发现标识的处理

如果金融机构通过电子记录检索、纸质记录检索和客户经理询问,没有发现任何美国人或需申报人标识,那么金融机构不需要采取进一步措施,除非后续该账户的情况发生变化,出现了一项或者多项标识。

(五)发现标识的处理

如果金融机构通过电子记录检索、纸质记录检索和客户经理询问,发现了美国人或者 CRS 需申报人标识,那么相关账户必须当成需申报账户处理。

但是如果金融机构所发现的账户信息存在冲突,例如通过电子检索发现账户持有人的居住地址在日本,但是根据客户经理的了解和询问,客户实际居住在中国,此时金融机构需要向账户持有人索取税务身份自我声明文件以"修复"该冲突的居住地址信息。

(六)特殊标识的处理

如果金融机构发现了账户持有人有在美国或者 CRS 需申报国的"代收邮件"指令或者"转交"地址的标识信息,但是并没有发现任何其他的相关标识,那么金融机构必须从账户持有人获得税收居民身份自我声明或者相关证明文件来确定该账户持有人的税收居民身份。如果金融机构不能从账户持有人获得自我声明文件和相关证明文件,那么金融机构的处理方式应为:

(1)在 FATCA 下,将该账户当成特定美国人持有的账户处理。

(2)在 CRS 下,需要将该账户当成未存档账户(Undocumented Account)来申报给金融机构所在国政府。

(七)存量个人低价值账户变成高价值账户的处理

对于存量个人低价值账户,如果在 FATCA 和 CRS 正式实施之后的任何一个公历年度末的账户余额或者价值超过 100 万美元,那么金融机构需要在次年 12 月 31 日之前按照存量个人高价值账户的尽职调查程序对该账户进行识别。

四、新增个人账户的合规要求

新增个人账户是指金融机构所在国家正式实施 FATCA 和 CRS 日期之后开立

的个人持有的金融账户。对于存量个人账户,为避免金融机构与客户重新联系带来的合规成本,FATCA 和 CRS 下允许金融机构利用已有的信息来确定账户持有人的税收居民身份,但是对于新增个人账户来说,金融机构应要求账户持有人提供税收居民身份自我声明文件以确定其税收居民国,因此合规程序相对较为直接。

对于新增个人账户来说,税收居民身份自我声明文件不再是一个“修复”已有标识的工具,而是个人账户持有人在金融机构开户必须提交的程序,否则金融机构不得开立账户。

五、存量机构账户的合规要求

对于存量机构账户的尽职调查主要是围绕该机构账户持有人是否为特定美国人或者 CRS 需申报人来进行,具体包括两个方面:一是该机构账户持有人是否为特定美国人或者 CRS 需申报人;二是对于属于消极非金融机构的机构账户持有人,识别其实际控制人是否包含一个或者多个特定美国人或者 CRS 需申报人。

例 3-1-5

ABC 合伙属于消极非金融机构,注册在中国北京,且实际管理机构也在中国北京。ABC 合伙有 3 个实际控制人,分别是中国税收居民董先生,中国税收居民李小姐和日本税收居民王小姐。ABC 合伙在中国 XYZ 银行持有金融账户。日本和中国都是 CRS 下的 MCAA 签署国,假设日本与中国在 CRS 下的账户信息自动交换关系已经建立。

那么在 CRS 下,首先该 ABC 合伙属于中国本地居民(依据实际管理机构所在地来判定),不属于特定美国人或者 CRS 需申报人;其次,由于该机构账户持有人是消极非金融机构,因此需要进一步识别其实际控制人的身份。尽管三个实际控制人中有两个都为中国本地税收居民,但是有一个实际控制人王小姐属于 CRS 需申报人(即“非居民”),那么对于 XYZ 银行来说,该机构账户也应当整体当作需申报账户处理。

(一)判定账户持有人是否需要申报

金融机构需要判定存量机构账户的持有人是否包含有一个或者多个特定美国人或者 CRS 需申报人。如果账户持有人中有一个是特定美国人或者 CRS 需申报人,那么该账户属于需申报账户。

金融机构必须审查其出于监管或者客户关系维护目的而已经持有的信息(包

括根据“反洗钱/了解你的客户”程序所收集的信息或者其他法规要求而获取的信息),并判定该信息是否显示该账户持有人为特定美国人或者 CRS 需申报人。显示该账户持有人为特定美国人或者 CRS 需申报人的信息[①]主要包括:

1. 成立地或者组织地在美国或 CRS 需申报国。

2. 位于美国或者 CRS 需申报国的地址(例如对于合伙等税收上的透明纳税实体,其主要办公地址或者实际管理机构所在地址在美国或者 CRS 需申报国)。

3. 信托之受托人的地址位于美国或者 CRS 需申报国。

如果上述信息显示账户持有人属于特定美国人或者 CRS 需申报人,那么该账户属于需申报账户,除非金融机构通过下列“修复”程序中排除了该账户被申报的可能:

1. 金融机构从账户持有人获得了税务身份自我声明文件,证明其不属于特定美国人或者 CRS 需申报人;

2. 根据金融机构所持有的信息或者公开可获取的信息[②]可以合理推定该账户持有人不属于特定美国人或者 CRS 需申报人。

(二)判定实际控制人是否需要申报

金融机构需要判定存量机构账户持有人是否为消极非金融机构,并且判定该消极非金融机构的实际控制人是否为特定美国人或者 CRS 需申报人,如果消极非金融机构的任一控制人属于特定美国人或者 CRS 需申报人,那么该账户应当做需申报账户处理。具体的识别程序包括:

1. 判定该存量机构账户持有人是否为消极非金融机构

金融机构可以通过以下信息来合理判定相关存量机构账户持有人为积极非金融机构还是金融机构身份:

(1)存量机构账户持有人提供的身份声明文件;

(2)金融机构已经持有的有关账户持有人身份的信息;

---

① 需要注意的是,如果机构账户持有人在美国或者 CRS 需申报国拥有常设机构(Permanent Establishment)或者分支机构等,该信息本身并不属于显示该账户持有人为特定美国人或者 CRS 需申报人的信息。

② 根据经合组织《CRS 文本释义》第 5 节第 12 段的解释,“公开可获取的信息”包括:政府机构发布的信息(例如美国国税局在其官网发布的外国金融机构名单等);政府机构授权的,维护公开注册信息的机构或者组织(例如中国国家企业信用信息公示系统等);经认可的证券市场披露的信息;行业标准编码(例如中国国家统计局发布的国民经济行业分类等)。

(3)可公开获取的信息。

如果金融机构无法通过上述方式判定该机构账户持有人是否为积极非金融机构或者金融机构身份,那么该金融机构应直接将该账户持有人视同为消极非金融机构处理。[①]

例 3－1－6

ABC 公司在 XYZ 银行持有存量机构账户(存款账户),账户余额为 50 万美元。XYZ 银行要求该公司提供 FATCA 和 CRS 下的机构身份证明,但是在半年之内都未得到答复,XYZ 银行通过查询该公司开户时提交的有关“反洗钱/了解你的客户”程序并且通过查询当地政府的有关企业公示信息也未能确定该机构是否为积极非金融机构或者是金融机构,此时,XYZ 银行应直接将 ABC 公司当成消极非金融机构处理。

2. 判定该存量机构账户持有人的实际控制人

如果存量机构账户被认定为消极非金融机构,那么金融机构可依据“反洗钱/了解你的客户”程序获得的相关信息识别该消极非金融机构的实际控制人。

3. 判定存量机构账户持有人的实际控制人是否需申报

(1)存量机构账户余额或者价值不超过 100 万美元的情形

如果存量机构账户余额或者价值不超过 100 万美元,那么管理该账户的金融机构可以依据其通过“反洗钱/了解你的客户”程序获得信息来判定该实际控制人是否属于特定美国人或者 CRS 需申报人。该金融机构也可以选择从持有该存量账户的机构或者其实际控制人获得税收居民身份自我声明文件来进行判定。

(2)存量机构账户余额或者价值超过 100 万美元的情形

如果存量机构账户余额或者价值超过 100 万美元,那么管理该账户的金融机构必须从持有该存量账户的机构或者其实际控制人获得税收居民身份自我声明文件。

如果金融机构无法获得实际控制人的税收居民身份自我声明为文件,那么该金融机构必须依据适用于存量个人账户持有人的“电子记录检索”程序来识别相关美国或者 CRS 需申报国标识,依据标识来确定实际控制人是否需要申报。如果通过该标识信息仍无法确定实际控制人的税收居民身份,那么金融机构无须采取进一步行动,除非此后实际控制人的身份信息发生变动。

---

① 参见经合组织《CRS 文本释义》第 5 节第 20 段内容。

六、新增机构账户的合规要求

就具体的尽职调查程序来说,新增机构账户的合规与存量机构账户的合规基本是一致的。金融机构需要识别:

(1)该新增机构账户是否由一个或者多个特定美国人或者 CRS 需申报人持有;

(2)该新增机构是否属于消极非金融机构,且其实际控制人中是否包括一个或者多个属于特定美国人或者 CRS 需申报人。

(一)判断账户持有人是否需要申报

与存量机构账户的尽职调查程序略有不同的是,金融机构必须从新增机构账户持有人获得税收居民身份自我声明,并将此作为开户程序的一部分。如果新增机构账户持有人没有税收居民身份(例如有些国家不把合伙或者信托等当成税收居民),那么金融机构应当以其主要办公地址来判定其居住地址。

金融机构依据新增机构账户持有人提交的税收居民身份声明,判定其是否属于美国税收居民或者 CRS 需申报国居民。但是并不是所有的美国税收居民或者 CRS 需申报国居民都属于需申报的对象,因为这里面还涉及一个需申报人的概念,例如通常上市公司或者金融机构等都不属于需申报人。[①] 金融机构还应当依据其通过"反洗钱/了解你的客户"等程序获得的账户持有人信息或者可以公开获得的信息判定该账户持有人是否属于特定美国人或者 CRS 需申报人,因为只有特定美国人或者 CRS 需申报人持有的账户才需要申报。

例 3－1－7

A 公司是中国一家在深圳证券交易所主板上市的能源企业。A 公司于 2×19 年在香港地区 XYZ 银行开立存款账户,并提交了银行要求的所有"反洗钱/了解你的客户"等程序要求的文件以及 FATCA 和 CRS 下税收居民身份声明文件。在该税收居民声明文件中,A 公司声明其为中国内地税收居民,以及积极非金融机构。从 CRS 的角度,尽管 A 公司是中国大陆税收居民,即属于需申报国家税收居民,但是银行通过其获取的有关"反洗钱/了解你的客户"信息以及可以公开获取的信息都可以得知 A 公司属于在经认可的市场经常性交易的上市公司,并不属于 CRS 需申报人,A 公司则不属于 CRS 下需申报的对象。

---

① 参见本书第二章第七节的内容。

（二）判断实际控制人是否需要申报

对于新增机构账户，不管该机构本身是否属于特定美国人或者 CRS 需申报人，金融机构都需要判定该机构是否属于消极非金融机构。判定新增机构账户持有人是否属于消极非金融机构的方式与存量机构账户持有人的处理一样，主要包括：

1. 存量机构账户持有人提供的身份声明文件；

2. 金融机构已经持有的有关账户持有人身份的信息；

3. 可公开获取的信息。

对于新增机构账户持有人实际控制人的识别以及实际控制人是否需申报的判定，金融机构可以依据账户持有人或者实际控制人提供的税收居民身份自我声明来进行。

第二节　尽职调查中的豁免规定

在 FATCA 和 CRS 下，金融机构可以选择对账户余额或价值不超过一定“门槛”的金融账户豁免进行尽职调查，从而也不需要申报此类账户。世界上大多数国家都允许金融机构对此作出选择，但是这并非强制，金融机构也可以根据其实际需求不选择适用门槛豁免规定，或者对特定业务条线或者客户群组的账户部分选择适用门槛豁免规定。

一、存量个人账户的豁免

（一）FATCA 下的规定

FATCA 下，下列存量个人账户可以豁免进行尽职调查：

1. 任何账户余额或者价值不超过 5 万美元的存款账户。金融机构在申报期末（即年末）对识别账户年度末的余额或价值时，如果存款账户的余额或价值不超过 5 万美元，那么该账户可以豁免进行尽职调查和申报。但是，金融机构需要对该类账户进行年度确认，一旦账户余额或价值超过 5 万美元且账户持有人属于特定美国人，那么该账户即需要被申报。

例 3-2-1

王小姐是美国税收居民，其在英属维尔京群岛某银行持有一个存款账户。该存款账户 2014 年 6 月 30 日的账户余额是 10 万美元，那么王小姐的账户由于超过了“门槛”，则无法享受豁免规定，其账户信息需要被尽职调查和申报。

但是在 2015 年 12 月 31 日时，该存款账户的余额只有 2 万美元，没有超过“门槛”，那么该账户则可以排除在 2015 年度申报范围之外。

2. 在 FATCA 伙伴国存量账户截止日期（通常为 2014 年 6 月 30 日），账户余额或价值不超过 5 万美元的存量个人账户（包括存款、托管等不同账户类型），但是该账户余额或价值在此后任何年度末超过 100 万美元成为高价值账户的除外。

例 3-2-2

王小姐是美国税收居民，其在英属维尔京群岛某银行持有一个存款账户，该存款账户 2014 年 6 月 30 日的账户余额是 3 万美元，由于该余额数没有超过“门槛”，因此该银行不需要将该账户信息包含在 2014 年度申报范围内。

但是在 2015 年 12 月 31 日时，该账户的余额达到 200 万美元。此时，银行应当将该账户当成存量个人高价值账户处理，并适用本章第一节中所讨论的相关合规程序识别该账户是否需要申报。

3. 在 FATCA 伙伴国存量账户截止日期（通常为 2014 年 6 月 30 日），账户余额或价值不超过 25 万美元的具有现金价值的保险合同或者年金合同的存量个人账户，但是该账户余额或价值在此后任何年度末超过 100 万美元成为高价值账户的除外。

（二）CRS 下的规定

CRS 下对于存量个人账户没有豁免门槛的规定，所有的存量个人账户都需要被尽职调查。

二、新增个人账户的豁免

（一）FATCA 下的规定

FATCA 下只对两类新增个人账户规定了豁免的门槛，即：

1. 价值或余额不超过 5 万美元的新增个人存款账户；

2. 现金价值不超过 5 万美元的新增具有现金价值的保险合同账户。

对于其他类型的新增个人账户，没有豁免门槛的规定，全部都需要进行 FATCA 下的尽职调查。

(二)CRS 下的规定

CRS 下对于新增个人账户没有豁免门槛的规定,所有的新增个人账户都需要被尽职调查。

三、存量机构账户的豁免

FATCA 和 CRS 对于存量机构账户规定了一样的豁免门槛,即存量机构账户在新旧账户的时间界点,其余额或者价值不超过 25 万美元的可以豁免进行尽职调查,但是此后任何年度末该账户余额或者价值超过 100 万美元(FATCA 下)或者 25 万美元(CRS 下)的除外。①

例 3-2-3

董先生是中国税收居民。董先生 2012 年在开曼群岛设立 ABC 公司,且为 ABC 公司的实际控制人。ABC 公司主要用来持有董先生的个人海外存款,在开曼群岛当地一家银行持有存款账户,且该银行选择适用所有 CRS 下的豁免门槛规定。ABC 公司不受到其他任何金融机构的专业管理,在 CRS 下属于消极非金融机构。

2015 年 12 月 31 日 ABC 公司的存款账户余额为 24 万美元。

2016 年 6 月 30 日 ABC 公司的存款账户余额为 200 万美元。

2016 年 12 月 31 日 ABC 公司的存款账户约为 23 万美元。

那么在 CRS 下,作为存量机构账户,由于 ABC 公司的存款账户余额在 2015 年 12 月 31 日没有超过 25 万美元的门槛规定,因此该账户不需要进行尽职调查,可以享受豁免,因此不在 2016 年度开曼银行的 CRS 申报范围内。

尽管在 2016 年年中 ABC 公司的存款账户余额有超过 25 万美元,但是在 2016 年 12 月 31 日 ABC 公司的存款账户余额没有超过 25 万美元,开曼银行仍不需要对该账户进行尽职调查,因此也不在 2017 年度开曼银行的 CRS 申报范围内。

也就是说在 2016 年之后的每一个年度末,该 ABC 存款账户的余额不超过 25 万美元,那么该账户永远都可以不被申报。

---

① 需要注意的是,对于存量机构账户的豁免除外情形在 FATCA 和 CRS 下有不同的规定。但是在一个同时实施 FATCA 和 CRS 的国家,通常 FATCA 下“100 万美元”的持续监控标准已经丧失作用,因为一旦后续该类豁免账户期末余额超过 25 万美元,那么则需要对该账户进行尽职调查,此时通常金融机构会同时识别该账户在 FATCA 和 CRS 下的需申报情形。

四、新增机构账户的豁免

FATCA 和 CRS 下对于新增机构账户没有任何门槛豁免的规定,所有的新增机构账户都需要被尽职调查。

第三节 金融机构的注册要求和 GIIN 的获取

与 CRS 不同的是,FATCA 下对于金融机构有一项额外的合规要求,那就是必须在美国国税局网站进行注册,并获得全球中介识别号码(GIIN)。获得 GIIN 的机构可以将其提供给相应的美国预提所得税的扣缴代理人(Withholding Agents)或者相关国家和地区的税务机关以表明其 FATCA 下的合规身份。对于在 FATCA 下无法向美国预提所得税扣缴代理人或者美国国税局提供 GIIN 的外国金融机构,其来源于美国的特定收入可能面临被征收 30% 预提所得税的处罚。

一、哪些机构需要在美国国税局注册

在 FATCA 下,需要在美国国税局进行注册并获得 GIIN 的机构包括两大类:

(1)具有申报义务的外国金融机构;

(2)已注册的视同合规外国金融机构[①]。

对于外国金融机构来说,即使该金融机构没有管理特定美国人持有的金融账户,但是也会属于具有申报义务的外国金融机构(例如有的国家 FATCA 法规规定了零申报要求),从而也需要在美国国税局注册并获得 GIIN。

对于以本地客户为主的注册金融机构[②],其属于已注册的视同合规外国金融机构,如果该金融机构管理了部分特定美国人持有的账户并具有了申报义务,也需要在美国国税局注册并获得 GIIN。

本书第二章第三节中讨论了两类特殊视同合规金融机构资格的投资机构,即“由受托人申报的信托”以及“受保荐的投资机构和受控外国公司”。对于“由受托人申报的信托”的受托人和“受保荐的投资机构和受控外国公司”的保荐人来说,他们首先作为保荐人的身份应当在美国国税局注册并获得 GIIN,此外,如果他们基于

① 有关已注册的视同合规外国金融机构的讨论,请参见本书第二章第三节第一部分的内容。

② 有关以本地客户为主的注册金融机构的讨论,请参见本书第二章第三节第一部分的内容。

自身的业务活动也属于金融机构，那么还需要额外在美国国税局单独注册并获得 GIIN，也就是说他们需要注册两次，并获得两个 GIIN，即作为保荐人身份的 GIIN 和作为需申报金融机构的 GIIN。

二、哪些机构不需要在美国国税局注册

FATCA 下有一些机构不需要在美国国税局注册和获得 GIIN，包括：

(1)无须申报的金融机构；(参见本书第二章第三节)

(2)视同合规外国金融机构；(但是已注册视同合规外国金融机构除外)

(3)属于豁免受益所有人的机构；(参见本书第二章第三节)

(4)积极非金融机构或者消极非金融机构。[①]

三、美国国税局注册方式和要求

FATCA 下，金融机构可以通过以下两种方式向美国国税局注册并获得 GIIN：

(一)纸质表格注册

金融机构可以通过向美国国税局提交 8957 表格(Form8957)[②]进行注册，并获得 GIIN。但是美国国税局强烈建议金融机构通过在线网络进行注册，因为纸质表格注册程序相对较长且可能会因为信息不完整或者缺失导致注册不成功或者延迟。

(二)在线网络注册

1. 注册要求和目的

在线网络注册是实践中金融机构注册所采取的主要方式。FATCA 下所有的参与合规外国金融机构(包括政府间协议模式二下的需申报外国金融机构，已注册的视同合规外国金融机构和政府间协议模式二下的外国金融机构等)；保荐机构；直接申报的外国消极非金融机构；“由受托人申报的信托”的受托人都可以通过以下

---

① 美国国税局 2013 第 69 号公告规定了一项新的消极非金融机构，即“直接申报的消极外国非金融机构”(Direct Reporting NFFE)(见美国财政部 FATCA 实施条例第 1.1472－1(c)(3))，属于一类特殊的消极外国非金融机构。直接申报的消极外国非金融机构可直接将其美国实际控制人的信息申报给美国国税局，此类消极外国非金融机构需要在美国国税局注册并获得 GIIN。

② 金融机构可通过登录美国国税局网站下载 8597 表格，下载链接为：https://www.irs.gov/pub/irs－pdf/f8957.pdf，最后访问日期：2017 年 9 月 10 日。

网站地址进行注册,并获得 GIIN:

https://sa. www4. irs. gov/fatca-rup/。其登录界面为:

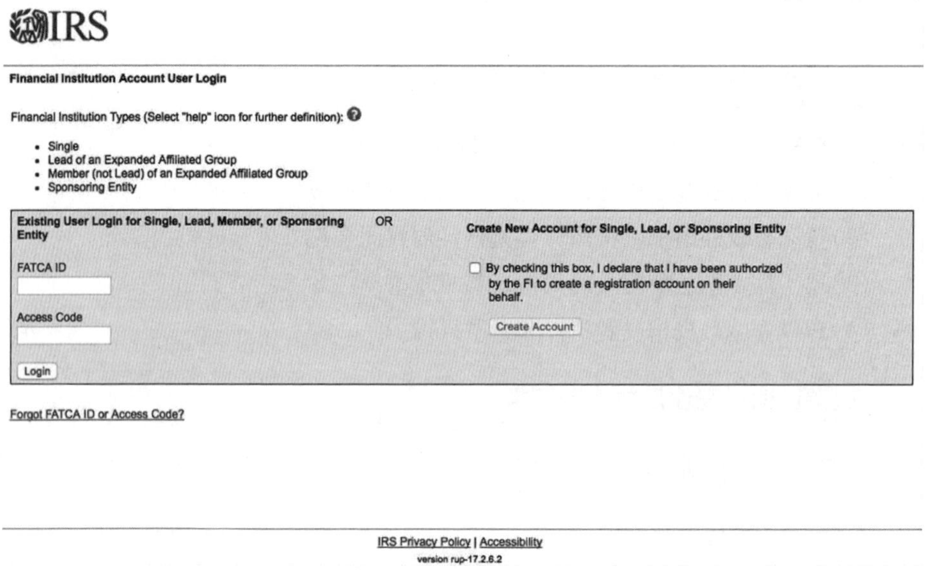

图 3-3-1

具体登记注册要求和目的①见表 3-3-1:

表 3-3-1

机构类型	注册要求和目的
政府间协议模式一下②的需申报金融机构,具体包括: 外国金融机构; 外国金融机构的国外分支机构③; 美国金融机构的国外分支机构。 例如:中国某国有商业银行总行以及其在新加坡(FATCA 模式一)的分行;美国某商业银行在新加坡的分行等。	该金融机构可以授权一个或者多个联系人来代表该金融机构接收有关 FATCA 注册的信息。

① 参见美国国税局 2017 年 7 月发布的《FATCA 在线注册用户指南》第 11 页第 2 段内容。

② 包括已经与美国就政府间协议模式一内容达成实质一致,且经美国财政部认可还在财政部网站公布的国家,例如中国等。

③ 此处外国金融机构中"外国"是相对美国而言,例如位于中国的金融机构就属于外国金融机构(如中国银行总行)。

续表

机构类型	注册要求和目的
政府间协议模式二下的需申报金融机构，具体包括： 外国金融机构； 外国金融机构的国外分支机构； 美国金融机构的国外分支机构且该分支机构属于美国税法下的合格中介机构（QI）①。 例如：中国香港（FATCA 模式二）某商业银行；中国某国有商业银行在香港地区的分行；美国某商业银行在香港地区的分行（且属于 QI）。	该金融机构可以授权一个或者多个联系人来代表该金融机构接收有关 FATCA 注册的信息。 通过注册以确认该金融机构会遵守与美国国税局签署的《外国金融机构协议》（FFI Agreement）。
无政府间协议国家的外国金融机构以及其分支机构。 例如：俄罗斯（目前没有与美国签署政府间协议）的某商业银行。	对于没有与美国签署政府间协议国家的金融机构，其也可以通过直接与美国国税局签署《外国金融机构协议》以获得参与合规外国金融机构的身份，从而避免 30% 预提所得税的处罚。
保荐机构。	保荐机构通过注册以确定将代表一个或者多个被保荐机构完成尽职调查、信息申报或者所得税预提的相关合规义务。 需要注意的是，受保荐的机构是通过其保荐机构注册，如果注册成功且被美国国税局批准，每一个受保荐的机构都会获得一个 GIIN。
为了注册其"成员金融机构"（Member FIs）而注册为"首要金融机构"（Lead FI）的美国金融机构。 例如：美国花旗银行（Citibank NA）（根据美国国税局发布的名单，其 GIIN 为：NX-UTG8.00000.LE.840）。	位于美国的金融机构可以以"首要金融机构"的身份注册，并协助其成员金融机构完成注册。
直接申报的外国消极非金融机构。	通过注册以确定其将履行其作为直接申报外国消极非金融机构身份的尽职调查和信息申报义务。
"由受托人申报的信托"的受托人。	通过注册以确定其将代表一个或者多个"由受托人申报的信托"完成尽职调查、信息申报等合规义务。

① "合格中介机构"的内容可参见本书第二章第三节中有关"受保荐的投资机构"中的讨论。

2. 金融机构注册类型和程序

FATCA 下金融机构在美国国税局注册的金融机构类型包括以下四类①：

表 3－3－2

金融机构的注册类型	适用的机构类型
单独金融机构（Single FI）	没有成员金融机构的金融机构或者直接申报的外国消极非金融机构可为自己或者其分支机构注册成该类型，包括模式一或者模式二国家的需申报金融机构。 美国金融机构为其在模式一国家的分支机构或者选择适用合格中介机构（QI）身份的分支机构可注册成该类型。
首要金融机构（Lead FI）	为简化金融集团的登记注册合规程序，美国金融机构和外国金融机构可以选择为其所在集团内的全部或者部分成员金融机构完成相关注册程序。
成员金融机构（Member FI）	成员金融机构可以从首要金融机构获得首要金融机构的网站用户名并完成注册。 美国金融机构也可以将其位于模式一国家的分支机构或者选择适用合格中介机构身份的分支机构注册成该类型。
保荐机构（Sponsoring Entity）	保荐机构和“由受托人申报的信托”的受托人都应注册成该类型。 根据美国国税局 2015 年第 66 号公告的要求，2016 年 12 月 31 日之前，受保荐机构可以使用保荐机构的 GIIN，但是从 2017 年 1 月 1 日起，所有的受保荐机构都必须注册并获得自己的 GIIN，不能再使用保荐机构的 GIIN。

FATCA 下在线注册程序主要包括基本信息，首要金融机构所在集团的信息等的注册，不同注册类型的金融机构的具体注册程序和信息要求不同，金融机构可以参照美国国税局 2017 年 7 月发布的《FATCA 在线注册用户指南》（FATCA Online Registration User Guide）的具体步骤完成相关注册，注册被美国国税局批准后可以获得 GIIN。

四、如何理解全球中介识别号码（GIIN）

美国国税局每个月会定期发布外国金融机构注册名单（FFI List），公众可以通过登录 https://apps. irs. gov/app/fatcaFfiList/flu. jsf，以查询或下载已经注册的金融机构名单，以及相对应的 GIIN。美国国税局官网界面如图 3－3－2 所示：

① 参见美国国税局 2017 年 7 月发布的《FATCA 在线注册用户指南》第 13 页第 1 段内容。

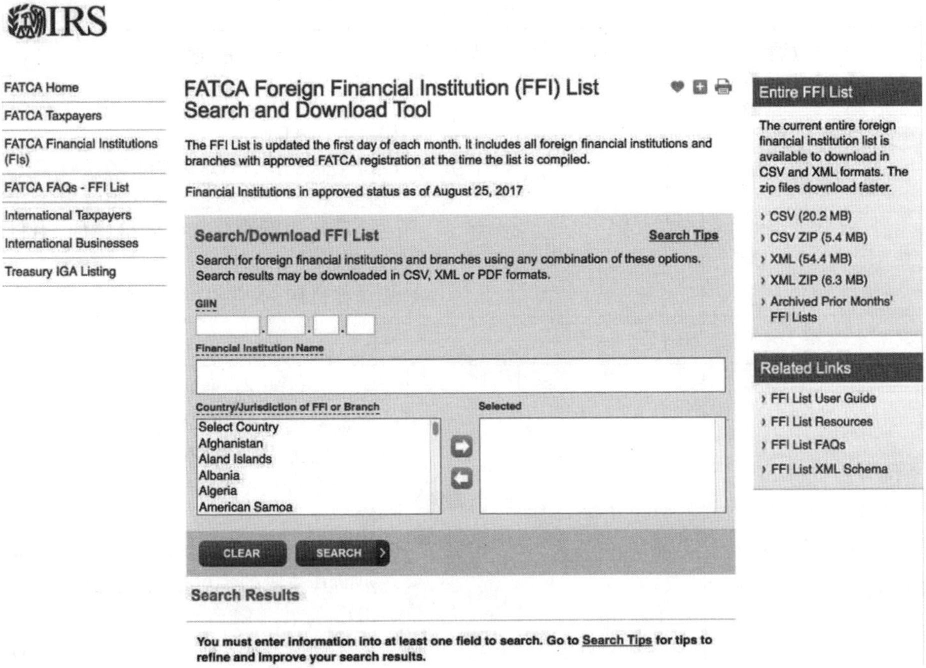

图 3－3－2

如前所述，GIIN 是全球中介识别号码的英文首字母缩写。GIIN 的格式为××××××.×××××.××.×××，一共包括 19 个数字或者字母组（不包括字母“O”），且每一个字段具有不同的含义。美国国税局通过网站发布的金融机构名单只能显示金融机构名称、所在国家或地区以及 GIIN 三类信息，而对于金融机构的具体注册登记类型，申报金融机构可以通过了解不同字段的含义，推测出更具体的注册信息。GIIN 的四组字段分别代表的含义如表 3－3－3[①] 所示：

---

① 参见美国国税局官方网站的规定：https://www.irs.gov/businesses/corporations/fatca－online－registration－system－and－ffi－list－giin－composition－information，最后访问日期：2017 年 9 月 13 日。

表 3－3－3

字符位置	字段代表的含义	字符数量	规则①
第 1～6 个字符 ××××××. ×××××. ××. ×××	金融机构注册 ID (FATCAID)	6 个数字和大写英文字母	首要金融机构，单独金融机构，保荐机构：FATCAID； 成员金融机构：FATCAID 前 6 个字符； 金融机构分支机构：金融机构分支机构之协助其注册的关联金融机构的 FATCAID 的前 6 个字符； 受保荐机构：保荐机构的 FATCAID。
第 7 个字符为中间分隔句号。			
第 8～12 个字符 ××××××. ×××××. ××. ×××	金融机构的注册类别	5 个数字和大写英文字母	首要金融机构—00000； 单独金融机构—99999； 保荐金融机构—00000； 成员金融机构—FATCAID 的最后 5 个字符 金融机构分支机构：金融机构分支机构之协助其注册的关联金融机构的 FATCAID； 受保荐机构：受保荐机构 FATCAID 的最后 5 个字符。
第 13 个字符为中间分隔句号。			
第 14～15 个字符 ××××××. ×××××. ××. ×××	金融机构注册类别的编码	2 个大写英文字母	LE—首要金融机构； SL—单独金融机构； ME—成员金融机构； BR—金融机构分支机构； SP—保荐机构； SF—受保荐机构(基金)； SD—受保荐机构(直接申报的消极外国非金融机构)
第 16 个字符为中间分隔句号。			
第 17～19 个字符 ××××××. ×××××. ××. ×××	金融机构所在国家或地区	3 个数字	ISO3166－1 国家代码 999 代表“其他”

例 3－3－1

某金融机构或者美国预提所得税扣缴代理人收到其账户持有人或者收款方提

① 美国国税局还规定了受保荐的机构的子机构或者分支机构的情形，但是在实践中运用并不多，本书不再赘述。具体请见美国国税局《FATCA 在线注册指南》的对应规定。

供的 GIIN 为：AXE8DQ. 00000. SP. 156，那么该金融机构可以通过最后的三个数字"156"判定该金融机构位于中国，通过"00000"和"SP"字段可以判定该金融机构属于保荐机构，同时该金融机构还可以在美国国税局网站通过输入 GIIN，查询到账户持有人或者收款方的名称。

第四节　税收居民身份自我声明

在 FATCA[①] 和 CRS 下，金融机构对其管理的账户进行尽职调查，以识别账户持有人是否属于特定美国人或者 CRS 需申报人。但是不同类型的金融账户，金融机构可以选择适用不同的尽职调查程序，主要的尽职调查程序都是依据以下三类信息来进行：

（1）金融机构通过反洗钱/了解你的客户等相关程序获得的信息进行标识检索；

（2）金融机构获得的税收居民身份自我声明；

（3）公开的可获得的信息。

而在上述三类判定信息中，最重要也是适用范围最广泛的即属客户提供的税收居民身份自我声明。FATCA 和 CRS 下的自我声明是账户持有人有关其税收居民身份的自我认证，金融机构可以通过账户持有人提供的有效的自我声明来判定该账户是否为需申报账户。

一、需要提交自我声明的情形

金融机构收集税收居民身份自我声明，其目的是为了满足金融机构的一系列尽职调查和信息申报的合规要求。具体来说：

（1）对于个人账户，金融机构可以通过获得个人账户持有人提供的自我声明，以确定新增个人账户或者存量账户持有人是否属于特定美国人或者 CRS 需申报人；收集新增个人账户持有人的纳税识别号等可能被用来申报的账户信息，或者

---

① 需要注意的是，美国 FATCA 政府间协议和美国财政部 FATCA 实施条例均未就自我声明文件的具体要求作出规定。某些 FATCA 伙伴国在其本国的 FATCA 实施法规中有给金融机构提供相关参考样本，但是允许金融机构按照其实际情况制定自我声明文件。实践中金融机构大多直接要求客户填写美国国税局的 W－8 表格来替代自我声明。

"修复"在对存量个人账户的尽职调查过程中发现的美国人标识或者 CRS 需申报人标识。

(2)对于机构账户,金融机构如果无法通过公开获取的信息判定机构账户持有人的身份,那么金融机构也可以通过要求账户持有人提交自我声明来识别其 FATCA 和 CRS 下的机构身份以及机构(消极非金融机构)之实际控制人的身份。

FATCA 和 CRS 下,并非所有的账户在任何情况都需要提交税收居民身份信息,不同的账户类型,对于是否需要提交税收居民身份自我声明也有不同的要求,具体可以包括:

(一)存量个人账户

存量个人账户主要依据金融机构已有的信息来识别其是否需要申报,因此账户持有人不需要提供自我声明。但是如果金融机构在尽职调查过程中发现了有关该账户的特定美国人或者 CRS 需申报人的标识,那么金融机构可以要求账户持有人提供自我声明,以"修复"相关标识。如果相关标识无法得到"修复",那么该账户需要被当成需申报账户处理。

例 3-4-1

王小姐是某非 CRS 参与国(X 国)税收居民。王小姐在中国香港 ABC 银行持有存量账户(账户余额为 300 万美元)。中国香港 ABC 银行通过 CRS 下相关存量个人账户的尽职调查程序,发现了王小姐有中国内地的电话号码,中国内地的居住地址等信息。那么此时中国香港 ABC 银行需要从王小姐获得自我声明,以确定相关中国的标识是否可以被修复。如果王小姐提供了相关自我声明以及其 X 国税务居民的相应证明材料,那么相关中国税务居民的标识即可被修复,王小姐不会被当成中国内地税务居民处理,王小姐的账户也不会被申报。

(二)新增个人账户

对于新增个人账户来说,所有的新增账户持有人都需要提交自我声明,并且作为开户文件的一部分。客户不在要求时间内提交自我声明的,金融机构不得为其开立账户。

(三)存量机构账户

金融机构对于存量机构账户的尽职调查包括两个层面:一方面是识别该机构

账户持有人是否为特定美国人或者 CRS 需申报人，另一方面是识别该机构账户持有人是否为消极非金融机构，对于属于消极非金融机构的，需要进一步识别该消极非金融机构的实际控制人是否为特定美国人或者 CRS 需申报人。

1. 判定机构账户持有人是否为特定美国人或者 CRS 需申报人

与存量个人账户的情形类似，金融机构不需要存量机构账户持有人提供自我声明，因为金融机构可以通过其通过反洗钱/了解你的客户程序收集的信息或者可公开获取的信息来判定该机构账户持有人是否需要申报。

如果金融机构发现该机构账户持有人属于需申报的情形，那么可以要求机构账户持有人提供自我声明以“修复”上述需申报的状态。如果无法提供自我声明，那么该机构账户应当成需申报账户处理。

2. 判定机构账户持有人是否为消极非金融机构

金融机构可以通过其已经收集的信息或者公开可获取的信息判定存量机构账户持有人是否为消极非金融机构，因此不需要账户持有人就此提供自我声明。

如果金融机构无法通过上述方式确定账户持有人是否为消极非金融机构，那么金融机构可要求账户持有人提供自我声明，声明其在 FATCA 和 CRS 的身份类型。

例 3-4-2

位于中国上海的某外资银行在对某存量机构账户的 CRS 尽职调查过程中发现该账户的持有人为 XYZ 公司。通过该银行此前已经收集有关反洗钱/了解你的客户程序相关信息，XYZ 公司属于在上海证券交易所主板上市交易的某公司的关联子公司。由此，该银行可直接认定 XYZ 公司为积极非金融机构，而不需要 XYZ 公司提交有关其是否为消极非金融机构身份的自我声明。

3. 判定机构账户持有人的实际控制人是否为特定美国人或 CRS 需申报人

(1)机构账户余额或者价值低于 100 万美元的情形

金融机构可以通过其已经收集的信息或者公开可获取的信息判定消极非金融机构账户持有人的实际控制人是否为特定美国人或者 CRS 需申报人，而不需要其提交自我声明。

(2)机构账户余额或价值超过 100 万美元的情形

金融机构应当要求账户持有人或者账户持有人的实际控制人提供有关实际控制人税收居民身份的自我声明。

但是如果金融机构无法获得有关实际控制人的税收居民身份自我声明，那么可以依据金融机构中已有记录对需申报标识进行检索，并依据标识的指向来判定实际控制人的需申报身份。如果金融机构没有找到相关需申报标识，那么则不需要再采取进一步行动，除非情形发生变化，出现了新的需申报标识。

（四）新增机构账户

1. 机构账户持有人是否为特定美国人或者 CRS 需申报人

金融机构应当从机构账户持有人获得自我声明，以判定其是否属于特定美国人或者 CRS 需申报人。

2. 判定机构账户持有人是否为消极非金融机构

与存量机构账户的处理方式一样，金融机构可以依据已有的反洗钱/了解你的客户程序收集的信息或者公开可获取的信息判定账户持有人是否为消极非金融机构。

3. 判定机构账户持有人的实际控制人是否为特定美国人或 CRS 需申报人

金融机构需要依据实际控制人提供的自我声明来判定其是否属于特定美国人或者 CRS 需申报人。

二、自我声明的格式要求

在 FATCA 和 CRS 下，并没有法规强制的声明固定格式，尽管有一些国家在落实 FATCA 和 CRS 的本地法规中制定了政府版本的 FATCA 或者 CRS 声明文件，但是基本都只是供金融机构参考，金融机构可以根据自己的实际业务情况制定声明文件，可以 FATCA 和 CRS 分别适用不同的文件格式，也可以将二者合并形成一个声明文件。但是不管通过何种形式，税收居民身份自我声明必须能够让金融机构据此判定账户持有人的税收居民身份。

通常来说，个人自我声明文件必须包含账户持有人的姓名、住址、税收居民所在国、纳税识别号以及出生年月①等信息。当然各国在执行 FATCA 和 CRS 的过程中可能还会要求金融机构提供其他额外的信息，例如性别和出生地点等，应当以其当地的法规为准。机构自我声明文件必须包含账户持有人名称、地址、税收居民所在国和纳税识别号等信息。同时由于机构账户持有人还涉及其 FATCA 和 CRS 下合规身份的问题，因此金融机构可以进一步在自我声明文件中要求账户持有人提

① FATCA 自我声明文件不需要包含出生地点的信息。

供其分别在 FATCA 下和 CRS 下的合规身份。如果机构账户持有人属于消极非金融机构(在 CRS 下还包括设立在非 CRS 参与国的被管理的投资机构),那么金融机构也可以通过实际控制人提供的自我声明来判定其申报身份。且该声明中应当包含实际控制人的姓名、住址、税收居民所在国、纳税识别号和出生年月(FATCA 不需要)等信息。

自我声明可以以任何方式和形式提供,可以是纸质文件,也可以是电子文件(如 PDF 格式文档,电子扫描文档等)。但是如果自我声明是以电子方式提供的,金融机构应当记录客户在线提交、更新或者修改自我声明的全部记录,同时金融机构还应当通过系统设计和操作确保在线提交自我声明的人即为自我声明文件上声明人,且在被要求时能够提供纸质的声明。声明文件必须由声明人或者其授权的代表签字或者肯定地确认(positively affirmed)①。对于机构账户持有人提交的声明文件,可以由授权代表签字,公司的高管、董事,合伙企业合伙人、信托的受托人和任何其他有书面授权的个人签署。机构账户实际控制人的自我声明可以由机构账户持有人或者实际控制人以及其授权的人来签署。所有的自我声明文件都可以用金融机构预先根据已经掌握的信息填写好,然后让账户持有人确认和签署,但是有关税收居民身份的信息必须由账户持有人自己来填写,不得由金融机构代填。

对于新增账户来说,自我声明会被当成开户文件的一部分,必须要求客户提供。但是这并不意味着金融机构只有在获得了自我声明以后才可以给客户开户,而是可以根据其业务情形给账户持有人提供一个合理的有效期间(通常为 90 天)。如果金融机构在合理期间后,仍无法从账户持有人获得自我声明,那么金融机构会将该账户当成需申报账户处理。

三、自我声明的"合理性测试"

金融机构在获得账户持有人提供的自我声明以后,应当对其进行合理性测试,即依据账户开户时金融机构收集的包括反洗钱/了解你的客户程序等在内信息,对自我声明文件中的信息进行审核。但是金融机构并不需要通过单独的法律分析来确定自我声明的合理性。

---

① "肯定地确认"方式,包括录音录像或者电子数码记录等。与 FATCA 不同的是,在 CRS 下,金融机构可以通过开户人的口头确认来完成税务居民身份的自我声明,并且账户持有人通过"肯定地确认"即可。但是在实践中,很多同时执行 FATCA 和 CRS 的金融机构单纯允许客户使用口头声明方式的并不多见。

例 3－4－3

李小姐是中国税务居民，其在中国香港 ABC 银行持有存款账户。中国香港 ABC 银行在对李小姐进行 FATCA 和 CRS 的尽职调查过程中，发现李小姐提供的自我声明文件中所声明的税务居民身份（塞浦路斯税务居民）和居住地址（塞浦路斯的地址）与此前反洗钱/了解你的客户程序中收集的税务居民身份（中国税务居民）和居住地址（中国北京住址）相冲突，那么该声明文件无法通过合理性测试，应属于无效。

如果自我声明文件中的信息与金融机构已经获得的信息存在冲突，那么该声明文件无法通过合理性测试，金融机构必须采取以下措施：

（1）要求账户持有人提供更新的有效自我声明文件；

（2）要求账户持有人提供合理的解释或者证明材料，以支持其提交的证明文件的合理性。

例 3－4－4

王小姐从中国北京某大学本科毕业后到英国某大学继续深造，攻读硕士和博士，持有学生签证。王小姐在英国当地一家银行开立个人存款账户，存入 5 万英镑。王小姐在给银行的自我声明中声明自己为中国税务居民。但是银行在反洗钱/了解你的客户程序中收集的信息显示王小姐的居住地址在英国伦敦。此时，如果王小姐给银行提供了合理的解释，出示了学生签证，并声称自己的习惯居所（包括家庭关系等）都在中国，其在英国没有收入，所有存款来源于国内父母的生活费支持①，那么银行可以以此作为合理解释，通过合理性测试。

如果金融机构“知道”或者“有理由知道”账户持有人提供的自我声明文件不可靠或者不准确，那么金融机构不应当依据该声明文件判定账户持有人的需申报身份。其中对于“有理由知道”，应该包括以下情形②：

（1）账户持有人提供的自我声明不完整，与其所声明的身份相关的信息缺失。例如声明为某国的税务居民，但是没有提供相应的居住地址信息。

（2）账户持有人提供的自我声明中的信息与其所声明的身份相冲突。例如自我声明中声明为中国香港地区税务居民，但是声明文件中显示的居住地址等信息

---

① 根据中国和英国的双边税收协定第 22 条规定，王小姐在英国留学时从中国父母获得的生活费资助在英国没有纳税义务。

② 参见经合组织《CRS 文本释义》第 7 节第 3 段解释。

为中国内地住址。

(3)账户持有人提供的自我声明中的身份信息与该账户持有人其他账户的信息相冲突。例如张三向银行提交的自我声明中声明自己为中国香港地区税务居民,但是张三在该银行开立的另外一个账户中其声明的却为中国台湾地区税务居民。

四、美国国税局的预提税证明文件(W8和W9系列表格)

与CRS不同的是,在FATCA下,金融机构除了可以自己制定相关的自我声明文件以外,还可以直接要求账户持有人提供美国国税局发布的W8和W9系列表格,并以此作为自我声明来识别账户持有人的身份①。

W8系列表格是美国国税局发布的税务表格,根据美国税法典第三章的规定,非美国人应当就其来源于美国的特定收入款,如利息、股息、租金、保险金、年金等以预提税方式缴纳税款。而这些款项的实际受益人(Beneficial Owner)需要填写和提交给预提所得税代理人(Withholding Agent)W－8系列表格,以确认他们的在美国税法第三章身份(预提税下身份,并确定是否可以享受税收协定待遇)以及第四章身份(FATCA身份)。从FATCA合规的角度,最常用到的美国国税局表格包括W－8－BEN(外国个人),W－8BEN－E(外国实体),W－8IMY(外国中介代理人),W－8EXP(外国政府或其他外国组织),W－9(美国个人和实体以及外籍美国居民)②。

五、声明文件造假的处罚

在FATCA下,美国国税局的预提税证明文件中都有有关提供伪造声明的处罚条款。在CRS下,由于涉及多边信息交换,因此一份声明文件的准确性可能涉及不同其他国家信息申报的准确性,尤其是对于新增账户来说,所有的账户识别程序基本都是依托于账户持有人提供的声明文件,因此声明文件的真实有效对于保障整个CRS合规程序顺利进行起着决定性的作用。经合组织《CRS文本释义》第9节第18段就规定,各国应当在CRS实施法规中制定强有力的措施保证金融机构获得的

---

① 实践中,由于美国FATCA政府间协议和美国财政部FATCA实施条例对于FATCA自我声明没有明确规定,因此金融机构大多通过获得W－8或者W－9系列表格的方式确定账户持有人的身份。

② 有关不同表格的填写规范和要求请参见美国国税局官方网站内容:https://www.irs.gov/forms－instructions。

自我声明文件的真实有效。对于提供虚假自我声明的行为应当进行处罚和制裁。例如开曼群岛在本地的 CRS 法规[①]中就明确规定,如果账户持有人故意提供虚假的自我声明,将面临刑事处罚,对于故意接收虚假自我声明的金融机构同样也面临刑事处罚。中国人民银行、国家税务总局和国家外汇管理局发布的 CRS《细则》第四十条规定,对于账户持有人故意隐瞒、伪造税收居民身份欺骗银行开立账户等严重违规行为,中国人民银行依据相关法律、法规进行处罚;涉嫌犯罪的,移送司法机关依法处理。

第五节　税收居民身份的认定

在美国 FATCA 下,由于账户信息交换只涉及美国与其 FATCA 伙伴国,从 FATCA 伙伴国金融机构的角度,其只需要识别账户持有人是否属于特定美国人即可,并不涉及账户持有人是否属于其他国家税收居民的情形。

但是在 CRS 下,由于是多边信息交换机制,金融机构需要识别账户持有人所有的税务居民身份信息,而每个国家对于税收居民身份的认定规则存在差异,因此这给金融机构合规带来了挑战。鉴于这种挑战,经合组织《CRS 文本释义》参照经合组织《税收协定范本释义》中对于个人和机构的税收居民判定规则进行了解释,同时经合组织还在其官方网站公布了世界各国有关税收居民身份认定规则的汇总,供各国金融机构和账户持有人参考使用。当然,一个账户持有人具体属于哪个国家或地区的税务居民,应当结合账户持有人自身的业务活动情形以及其所在国的税收规定来具体判定,世界各国的 CRS 法规都建议客户应当向专业律师或者顾问寻求建议。

一、中国国内法对于税收居民的判定规则

从中国的角度,一个人是否属于中国的税收居民,应当依据中国国内法的规定来确定。具体的判定规则包括:

(一)居民个人

根据《中华人民共和国个人所得税法》及其实施条例的相关规定,我国的个人

---

① 参见开曼群岛政府 2017 年 7 月 31 日发布的《CRS 实施指引》第 7(d)节规定。

居民包括：

1. 在中国境内有住所的个人。在中国境内有住所，是指因户籍、家庭、经济利益关系而在中国境内习惯性居住。

2. 在中国境内无住所，而一个纳税年度内在中国境内居住累计满 183 天的个人。其中纳税年度是指自公历一月一日起至十二月三十一日止。

（二）居民企业

根据《中华人民共和国企业所得税法》及其实施条例的相关规定，我国的居民企业是指依法在中国境内成立，或者依照外国（地区）法律成立但实际管理机构[①]在中国的企业。

二、税收协定中有关税收居民身份的判定规则

对于构成双重或者多重税收居民的情形，则通常依据所涉及国家之间的税收协定中的相关条款来处理。中国国家税务总局在《关于印发〈中华人民共和国政府和新加坡共和国政府关于对所得避免双重征税和防止偷漏税的协定〉及议定书条文解释》的通知》（国税发〔2010〕75 号）（以下简称《75 号文》）第 4 条做了比较详细的解释[②]。与经合组织《CRS 文本释义》一样，《75 号文》中有关税收居民的解释基本也是借鉴了经合组织《税收协定范本释义》的相关说明。

税收居民就是在一个国家负有全面纳税义务（Full tax liability）的人，这是判定居民身份的必要条件。但是这里所谓的纳税义务并非是指事实上的征税。在一个国家负有纳税义务，并不代表就一定属于这个国家的税收居民。例如，某新加坡公民因工作需要，来中国境内工作产生了中国个人所得税纳税义务，但不应仅因其负有纳税义务而判定该个人为中国居民，而应根据协定关于个人居民的判定标准进一步确定其居民身份。此外，在一个国家免予征税并不代表就不会够成该国的税务居民，例如符合一定条件的基金会或者慈善组织可能被一国免予征税，但是他们如果属于该国税法规定的纳税义务范围，受到该国税法的规范，则仍被认定为负有纳税义务，可视为该国的税务居民。[③]

---

① 实际管理机构是指对企业的生产经营、人员、账务、财产等实施实质性全面管理和控制的机构。

② 《75 号文》中有关税收居民的解释同样适用于中国与其他国家和地区签署的税收协定。

③ 参见国家税务总局《关于印发《中华人民共和国政府和新加坡共和国政府关于对所得避免双重征税和防止偷漏税的协定》及议定书条文解释》的通知》（国税发〔2010〕75 号）第 4 条规定。

(一)个人税收居民身份的认定

对于个人来说,可能其经常居住的国家只有一个,也就说只能是一个国家的居民,但是从税收的角度,个人可能同时属于不同国家的居民,因此需要依据相关国家的税法来判定该个人是否应当属于税收意义上的本国居民。从中国的角度,如果按照中国的税法规定,一个人属于中国税收居民,但是根据其他国家的法律规定,其同时也属于该其他国家的税收居民,那么可以通过适用中国与该国之间签订的税收协定来解决最终的税收居民身份归属问题①。为此,《75 号文》结合税收协定内容规定了三条确定的标准,个人应当依次适用三条标准,即只有在前一条标准无法解决居民身份问题时,才适用后一条标准。

1. 永久性住所(Permanent home)

永久性住所包括任何形式的住所,例如由个人租用的住宅或公寓、租用的房间等,但该住所必须具有永久性,即个人已安排长期居住,而不是为了某些原因(如旅游、商务考察、游学或者上学等)临时逗留。

2. 重要利益中心(Centre of vital interest)

重要利益中心要参考个人家庭和社会关系、职业、政治、文化和其他活动、营业地点、管理财产所在地等因素综合评判。其中特别注重的是个人的行为,即个人一直居住、工作并且拥有家庭和财产的国家通常为其重要利益中心之所在。

3. 习惯性居所(Habitual abode)

在出现以下两种情况之一时,应当采用习惯性居处的标准来判定个人居民身份的归属:

(1)个人在税收协定缔约国双方均有永久性住所且无法确定重要经济利益中心所在国;

(2)个人的永久性住所不在税收协定缔约国任何一方,例如一个永久性住所在非税收协定缔约国的个人,因为工作关系可能不断穿梭于缔约国一方和另一方的旅馆之间。

在第一种情况下,对习惯性居处的判定,要注意其在双方永久性住所的停留时间,同时还应考虑其在同一个国家不同地点停留的时间;第二种情况下对习惯性居处的判定,要将此人在一个国家所有的停留时间加总考虑,而不问其停留的

① 需要注意的是,如果中国与其他国家或者地区之间没有签订税收协定,那么没有解决双重居民身份的法律依据,那么该个人或者机构应属于双重或者多重税务居民。

原因。

4. 国籍

如果该个人在缔约国双方都有或都没有习惯性居处，应以该人的国籍作为判定居民身份的标准。

如果通过上述三条标准依次判断仍然无法确定个人的身份，那么应当由税收协定缔约国双方的主管当局（通常为税务机关）通过相互协商解决。

（二）机构税收居民身份的认定

1. 公司

对于机构（除个人以外）来说，通常的判定标准包括住所、实际管理机构所在国或者公司注册或设立国等。根据《75 号文》规定，如果机构同时属于缔约国双方居民，应当认定其是"实际管理机构"所在国居民。如果缔约国双方因判定实际管理机构的标准不同而不能达成一致意见的，应由缔约国双方主管（通常为税务机关）通过相互协商解决。

例 3-5-1

A 公司注册成立于 X 国，但其实际管理机构所在地位于 Y 国。

(1)如果 X 国和 Y 国法律都规定，公司的税收居民身份应当依据其注册或者设立国来判定。那么，A 公司属于 X 国税收居民。

(2)如果 X 国法律规定，公司的税收居民身份依据其注册设立国来判定。Y 国法律规定，公司的税收居民身份依据其实际管理机构所在国来判定。那么 A 公司同时属于 X 国和 Y 国的税收居民。如果 X 国与 Y 国有签订双边税收协定，且规定公司的税收居民所在国应当依据其实际管理机构所在地来确定，那么通过适用税收协定，A 公司只属于 Y 国的税收居民。

(3)如果 X 国和 Y 国法律都规定，公司的税收居民身份应当依据其实际管理机构所在国来判定。那么 A 公司只属于 Y 国税收居民。

(4)如果 X 国法律规定，公司的税收居民身份依据其实际管理机构所在国来判定，而 Y 国法律规定，公司的税收居民身份依据其注册设立国来判定。那么 A 公司既不属于 X 国税务居民也不属于 Y 国税务居民。

2. 合伙

如果机构属于合伙、有限合伙或者其他类似法律安排，通常会被当成税收透明实体来对待，因此没有税收居民身份。但是为了 FATCA 和 CRS 下信息交换的目的，合伙或者有限合伙的税收居民身份依据其实际管理机构所在国来判定。

3. 信托

信托的税收居民身份依据其受托人的税收居民身份来认定。但是如果信托有多个受托人,那么需要根据不同受托人所在国的法律来判定该信托是否属于该国FATCA和CRS下的税收居民。

例3-5-2

李女士是中国大陆税务居民。2×17年,李女士以委托人身份在依据开曼群岛法律设立遗嘱信托,该信托的受托人为位于瑞士日内瓦的ABC信托公司。那么该信托在FATCA和CRS下应当认定为瑞士的居民。

三、相关国家和地区税收居民身份的认定规则汇总

根据经合组织在《CRS文本释义》中的要求,各CRS参与国应当通过网络、电话或者面对面的形式提供有关其本国税收居民判定规则的信息,以帮助纳税人判定其税收居民身份。经合组织在其官网也综合了所有CRS参与国政府提供的有关本国税收居民判定规则,供各国金融机构和账户持有人参考。中国国家税务总局在其官网对相关国家的判定规则进行了官方翻译,笔者基于该翻译总结一些常见国家和地区的规则如下:

(一)美国

1. 个人税收居民身份

一般来说,根据美国国内收入法典(Internal Revenue Code),所有美国公民和美国居民都被视为美国税收居民。

对非美国公民(外籍个人)而言,需依据“绿卡标准”或者“实际停留天数标准”来判定是否为外籍个人税收居民。美国居民标准通常基于公历年度计算。

(1)绿卡标准

根据美国移民法,如果外籍个人在一个公历年度内的任何时间里是美国的合法永久居民(Lawful Permanent Resident LPR),该个人即满足了绿卡标准。上述“合法永久居民”,是指由美国公民与移民服务局(USCIS)(或者该组织前身)特许以移民身份永久居住在美国的个人。一般来说,当个人拿到USCIS发放的外国人注册卡(即“绿卡”)时,便取得了美国的永久居住权。除非存在下文讨论的双重税收居民身份的特殊规定情况,只要个人的合法永久居民身份未被USCIS撤销或依法判

定已经放弃,该个人将一直被视为美国税收居民。绿卡过期并不一定代表美国税收居民身份的终结。

(2)实际停留天数标准

如果外籍个人在美国停留的时间同时满足以下两个条件,则被视为满足本标准:

①本公历年度内在美停留不少于 31 天;

②根据以下计算公式,本公历年度和过去两个公历年度加起来的三年内在美停留不少于 183 天:

a. 本年度在美停留的全部天数,加上

b. 前一年度在美停留天数的三分之一,加上

c. 再前一年度在美停留天数的六分之一。

一般来说,个人在一天中的任何时间出现在美国境内都视为其当天在美停留。但是,在某些特定情况下,个人在美停留时间不计算在实际停留天数内①。

(3)双重税收居民

一些绿卡持有者和外籍居民个人有可能同时是与美国签有税收协定的辖区的税收居民。如果此类"双重税收居民"根据税收协定的"加比规则"(tie – breaker rule)判定为缔约对方税收居民,他们可以选择在整个或部分纳税年度内作为非居民外籍个人计算其在美国的应纳税额,但前提是必须事先就此事通知美国税务当局,否则他们将继续作为美国税收居民计算应纳税额。②

2. 机构(实体)税收居民身份

(1)公司

一般来说,依据美国联邦、各州或者哥伦比亚特区法律建立或组织的公司视为国内公司(domestic corporation)。一家公司不会因为管理机构所在地位于美国境内而被视为国内公司。但是,根据相关法律(如国内收入法典 269B,953(d),1504(d)与 7874 章节)的特定条款(有些是可选的,有些是非自愿的),某些外国公司可视为

---

① 相关信息可以查阅美国国内收入局 519 号刊物——外籍个人税务指南 http://www. irs. gov/pub/irs – pdf/p519. pdf。

② 在美国签署的众多双边税收协定下,美国公民不会自动成为协定居民。双边税收协定针对美国公民在其他国家申请协定待遇还规定了额外要求。美国公民和其他外籍居民个人可以通过提交美国国内收入局 8802 表格,向美国国内收入局申请美国税收居民身份证明。相关信息可参见美国税收居民身份申请与指南 http://www. irs. gov/pub/irs – pdf/i8802. pdf。美国税收居民身份证明在绝大多数情况下只用于美国纳税人向协定缔约方申请享受税收协定待遇,因此,开具税收居民身份证明时应考虑特定协定条款可能对美国税收居民身份产生的影响。

国内公司。国内公司无论是否为其他国家税收居民,都被视作美国税收居民。如果某公司既是美国税收居民,又是协定缔约方税收居民,即所谓"双重税收居民",那么可以根据税收协定中的"加比规则"来判定该公司是哪个辖区的税收居民。协定税收居民身份的认定不会对该公司的美国国内公司身份产生影响。

"打勾规则"(check - the - box regulations)列举了必须被认定为"实质性公司"(parse corporation)的国内商业实体。从美国联邦税收的角度来讲,实质性公司在任何时间都应被视为公司,且不能更改(财政部法规 301.7701 - 2(b)章节)。此类公司包括依据联邦或各州法律成立的实体或公司、保险公司,以及在美国和其他辖区均注册的实体,且其外国注册实体已列入外国实体"实质性公司"列表或国内实体"实质性公司"列表。不在"实质性公司"列表上的国内商业实体(例如有限责任公司等)①,如果有两个或以上的所有者,即视为合伙企业;如果只有一个所有者,则视为"穿透体"(disregarded entity)。合伙企业与穿透体都被视为税收透明体,下文会具体阐述。根据财政部法规 § 301.7701 - 3(c)章节的规定,在特定条件下,这些商业实体可以将其类型由公司变更为税收透明体(反之亦然),这个选择过程称为"勾选"。关于有限责任公司的相关税收信息可参见美国国内收入局刊物 3402 号(http://www.irs.gov/pub/irs - pdf/p3402.pdf)。某一实体无论选择作为税收透明体或是取消已有的税收透明体身份,该实体和/或者其所有者将被视作发生了特定交易,相关内容在财政部法规 § 301.7701 - 3 章节中有详细介绍。

(2)合伙企业

通常来说,依据美国联邦、各州或者哥伦比亚特区法律创立或组织的合伙企业,应视为国内合伙企业。除了在公开市场上交易的合伙企业以外,合伙企业都属于税收透明体。因此,合伙企业的税收居民身份与其取得的所得是否需要在美国缴税无关。税收由合伙人负担,每个合伙人根据分配到的收入及其税收居民身份(如非居民外籍个人、美国公民、外国公司或国内公司等)承担相应的纳税义务。同样,因为穿透体也是税收透明体,穿透体的税收居民身份与其取得的所得是否需要在美国缴税无关,税收由穿透体的所有者负担,在所有者所在州缴纳。

---

① 不在"实质性公司"列表上,但仍被视为公司的实体,包括但不限于:国内收入法典 7704 章节规定的在公开市场交易的合伙企业(有部分例外)、国内收入法典第 501(c)章节规定的(以公司或信托形式成立的)慈善组织或免税组织、国内收入法典第 851 章节规定的受监管的投资公司(Regulated Investment Company)、国内收入法典第 856 章节规定的(以公司、信托或协会形式成立的)不动产投资信托(Real Estate Investment Trust)、国内收入法典第 860(D)章节规定的不动产抵押投资导管公司(Real Estate Mortgage Investment Conduit)。

(3)信托

国内收入法典7701(a)(30)(E)与7701(a)(31)章节规定了信托是否属于国内实体的具体情形,主要取决于美国国内法院是否能够对该信托的管理行使主要监督权,还取决于有关该信托的所有重大决定是否由一个或多个美国人控制。

一家信托既有可能是税收透明体,也可能是应纳税实体,这主要是根据信托文件的条款来确定的。根据国内收入法典第671~679章节的规定,"委托人信托"(Grantor Trust)不是应纳税实体,因此不是税收居民。根据国内收入法典第671~678章节的规定,如果委托人保留了对信托的某种法定权利,或者拥有一项或多项特定权利能够控制全部或部分信托,则该信托将被视为由委托人(一般指向信托贡献财产的人)所有。根据国内收入法典第679章节的规定,对于委托人是美国人的外国信托,如果信托受益人是美国人,则该信托被视为税收透明体。如果"委托人信托"的所有者将信托的全部收入、扣除以及抵扣项目作为其自身发生的项目,那么该所有者的税收居民身份将决定信托是否应作为美国税收居民就其取得的所得缴税。同样,因为穿透体也是税收透明体,穿透体的税收居民身份与其所得是否需要在美国缴税无关,税收由穿透体的所有者负担,在所有者所在州缴纳。

所谓的"简单信托"("simple" trusts)也不是美国税收居民。根据国内收入法典第651~652章节的规定,一般来说,"简单信托"应分配所有当期收入,并且没有应付、计提或用于慈善目的的款项。根据国内收入法典第661~662章节的规定,可以积累收入且信托文件或其他相关文件不要求将当期所有净收益分配给受益人的信托被称为"复杂信托"或"酌处权信托"("complex" or "discretionary" trust)。复杂信托通常被视为应纳税实体,如果该信托为美国国内信托,则视为美国税收居民。复杂信托应就其全球收入进行纳税申报,但可以扣除当年已分配给信托受益人的部分(以可分配净收入 Distributable Net Income,DNI为限)。

根据国内收入法典第61(a)(15)章节的规定,对于简单信托和复杂信托而言,分配给受益人的收入不在信托层面征税,而是依据受益人的税收居民身份和国籍由受益人缴税。

养老金信托(特别是符合国内收入法典第401(a)章节规定条件的美国国内养老金信托)视为美国税收居民,但是符合有关条件的养老金信托一般无须缴税。

(4)遗产

根据国内收入法典第641章节的规定,美国国内遗产(domestic estate)与信托一样,都属于美国税收居民,在其存续期间需要就其全球收入缴税。通常情况下,遗产的存续期是有限的,因为遗产执行人必须在死者去世后的规定期限内提交纳税申报表,也就有效终止了该遗产作为应税实体的存在。关于"国外遗产"(foreign estate),目前国内收入法典并没有一个简单的法律定义,因此在判定该遗产在税收上是否应作为"国外"遗产处理时,需要综合考虑各种因素,例如遗产所在地、遗产管理所在地、遗产代理人的国籍及居民身份等,死者和遗产继承人的国籍并非决定因素。

美国国内收入局 8802 表格用于纳税人向美国国内收入局申请自身的美国税收居民身份证明,如果申请人是税收透明体,则可证明其所有者为美国税收居民。美国税收居民身份证明在绝大多数情况下只用于美国纳税人向协定缔约方申请享受税收协定待遇,因此,开具税收居民身份证明时应考虑特定协定条款可能对美国税收居民身份产生的影响。

(二)英国

1. 个人税收居民身份

自 2013 年 4 月 6 日起,英国的税收居民身份须根据"法定居民身份测试"(Statutory Residence Test)的结果判定,2013 年财政法案第 45 条 1 列明了法定居民身份测试的内容,并判定哪些属于英国税收居民,哪些不属于英国税收居民。测试内容包括个人在英国停留的时间、是否仅在英国有家、是否在英国从事全职工作以及与英国的关联等。一般来说,在英国逗留超过半年的个人很有可能被判定为英国税收居民。英国税务海关总署(HMRC)发布了一份有关法定居民测试指引 2,同时在网上设置了测试工具(Tax Residence Indicator)以供个人查询自己的税收居民身份。如个人的情况较为复杂,应同时参考 HMRC 有关居所(residence)、住所(domicile)和汇款的指引 3,也可以登录 Gov. uk 网站的相关网页或向他们的税务顾问咨询。

2. 机构(实体)税收居民身份

大部分情况下,在英国注册成立或在英国进行管理及控制的实体都被视为英国税收居民。

如果一家实体管理及控制在英国开展,但是在英国以外地区设立(或者相反的情况),则该实体的税收居民身份根据相关双边税收协定判定,或者该实体可能视为"具有双重税收居民身份",即被多于一个管辖区认定为税收居民。

(三)加拿大

1. 个人税收居民身份

个人是否为税收居民应视具体情况而定。加拿大的个人税收居民身份可以分为普通居民(也称为事实居民,factual resident)或视同居民(deemed resident)。判断个人的税收居民身份时须根据其整体情况和所有相关事实,并参考加拿大税法和法庭的判例来认定。

加拿大税收居民包括在加拿大经常、通常或习惯性居住并生活的个人。因此,与加拿大有居住关系,比如家在加拿大、在加拿大有社会与经济利益以及其他与加拿大的关联,皆为重要考量。此外,加拿大税法中"视同认定规定(deeming provision)"对于判定个人是否构成加拿大居民也很重要。(这些"视同认定规定"适用于那些不在加拿大居住但与加拿大有联系的个人,例如一个纳税年度在加拿大境内停留时间超过 183 天或以上,受雇于加拿大政府或加拿大某省。)个人在判定其是否是加拿大居民时,还需要考虑加拿大对外签署的税收协定中有关居民的定义。加拿大税务局列出了相关信息①,帮助个人判定其税收居民身份,并了解判定需要考虑的因素。

2. 机构(实体)的税收居民身份

如果企业主要管理和控制场所(central management and control)位于加拿大,则该企业应被视为加拿大税收居民。

对于企业,主要管理和控制通常位于董事会成员履行职责、会面或举行会议的地方;对于信托,则应考虑主要管理和控制是否由受托人实施。如企业符合以下条件之一②,应被判断为加拿大税收居民:

(1)1965 年 4 月 26 日以后在加拿大注册成立;

(2)1965 年 4 月 27 日前在加拿大注册成立,并在 1965 年 4 月 26 日以后的任何纳税年度,该企业:a. 在普通法原则下已是加拿大税收居民,或 b. 在加拿大境内开展经营活动。

---

① 有关个人税收居民身份的判定规则,请参见加拿大税务局网站:http://www.cra - arc.gc.ca/tx/tchncl/ncmtx/fls/s5/f1/s5 - f1 - c1 - eng.html,以及如何判定税务居民身份的信息请参见加拿大税务局网站:http://www.cra - arc.gc.ca/tx/nnrsdnts/cmmn/rsdncy - eng.html。

② 具体可参见加拿大税务局网站:http://www.cra - arc.gc.ca/tx/nnrsdnts/bsnss/bs - rs - eng.html。

如信托符合下列两个条件[1]，应被视为加拿大税收居民：

(1)信托是非免税的外国信托，参见加拿大所得税法案第 94(1)章节[2]；

(2)该信托的委托人(Contributor)或者受益人(Beneficiary)居住在加拿大。

(四)澳大利亚

1. 个人税收居民[3]

一般情况下，判定个人是否为澳大利亚税收居民依据普通法和成文法并结合该人具体情况确定。例如，一个纳税年度内在澳大利亚居住时间超过一半的个人很可能构成澳大利亚税收居民。

(1)普通法认定

根据澳大利亚税法中"居住"一词的本义，澳大利亚税收居民是指在澳大利亚"居住"的个人。一般而言，居住概念需要考虑个人在相应纳税年度的整体情况，包括：

①停留在澳大利亚境内的意图或目的；

②家庭、经营活动和就业与澳大利亚的关联程度；

③个人资产所在地和维护情况；

④社会和生活安排。

(2)成文法认定

如个人不满足普通法对于居住的认定，但符合澳大利亚税法陈述的以下三条成文法认定中的任一条，仍应被认定为澳大利亚税收居民：

①其住所/永久性居住地位于澳大利亚的个人(永久性居住地不在澳大利亚境内的除外)；

②其在一个纳税年度内在澳大利亚境内实际停留时间超过一半的个人(习惯性住所不在澳大利亚境内的除外)；

③缴纳联邦政府公务员养老金的个人(包括其配偶及 16 岁以下的孩子)。

此外，还有一种个人为澳大利亚临时税收居民的情形(temporary Australian res-

---

① 具体可参见加拿大税务局网站：http://www. cra – arc. gc. ca/tx/tchncl/ncmtx/fls/s6/f1/s6 – f1 – c1 – eng. html。

② 可参见法规原文：http://laws – lois. justice. gc. ca/PDF/I – 3. 3. pdf。

③ 为协助个人(包括已进入或离开澳大利亚的个人)认定其自身是否为澳大利亚税收居民，澳大利亚税务局(ATO)发布了在线指南及计算工具，请参见：https://www. ato. gov. au/Individuals/International – tax – for – individuals/Work – out – your – tax – residency/? anchor = P14_2083#P14_2083。

ident)。这种情况通常为个人持有澳大利亚临时居民签证,可以进入澳大利亚境内并在限定的时间内停留(例如一名跨国公司雇员经过人员调动被派遣到澳大利亚分公司工作三年)。该临时居民签证持有者在此期间负有特定的所得税、资本利得税和养老金的纳税义务。

2. 机构(实体)税收居民身份

不同类别的实体适用不同的税收居民规则。澳大利亚税务局发布了针对公司、有限合伙和信托的居民认定要求。

(1)公司

根据澳大利亚税法,符合下列任一情况的公司应被认定为澳大利亚税收居民:

①在澳大利亚境内注册成立;

②注册地虽不在澳大利亚,但其在澳大利亚经营且主要管理机构在澳大利亚或控制公司投票权的股东是澳大利亚居民。

(2)信托

根据澳大利亚的税法,信托一般被视为税收上的透明体而非独立纳税实体(在某些情况下,就信托取得的收入而言,信托受益人和/或受托人被视作纳税实体)。虽然有上述规定,但根据澳大利亚的税法,信托是一个“实体”,规定了信托是否构成澳大利亚税收居民的判定规则,还明确了信托是否构成 CRS 项下的应报送主体。

对于除单位信托之外的普通信托,澳大利亚税法规定了判定信托是否为澳大利亚税收居民的条件。符合下列条件之一的信托在当年度应被认定为澳大利亚税收居民:

①在一纳税年度内的任何时间,信托的任一受托人是澳大利亚居民;

②在一纳税年度内的任何时间,信托的主要管理及控制在澳大利亚。

对于单位信托,根据澳大利亚税法规定,如在一纳税年度内的任何时间该单位信托符合下列两个条件,则其应在当年度被认定为澳大利亚税收居民:

①该信托有资产位于澳大利亚,或该信托的受托人在澳大利亚经营业务;

②该信托的主要管理及控制位于澳大利亚,或超过 50% 的信托收入或财产受益权由澳大利亚居民持有。

(3)合伙企业

根据澳大利亚税法,合伙企业一般被视为税收上的透明实体。对于一般的合伙企业,澳大利亚并未就其税收居民身份的判定做出类似信托的特定规定。因此,就 CRS 报告目的而言,对于一般合伙,如果其实际管理机构位于澳大利亚,则应被视为澳大利亚税收居民(也是应报送实体)。对于有限合伙公司,如符合下列任一情况,应被视为公司和澳大利亚税收居民(也是应报送实体):

①在澳大利亚设立;

②在澳大利亚经营或其主要管理及控制地在澳大利亚。

(五)中国香港地区

1. 个人税收居民身份

符合以下任一条件的个人视为中国香港税收居民:

(1)通常(ordinarily)居住于中国香港的个人;

(2)在某纳税年度内在中国香港停留超过 180 天或在连续两个纳税年度(其中一个是有关的纳税年度)内在中国香港停留超过 300 天的个人。

如果个人在中国香港有自己或家人所居住的永久性的家,则该个人一般会被视为“通常居住于中国香港”。具体的法律规定为:

(1)“通常居所”是指个人除了偶然或临时离境的情况下,持续地在中国香港居住的居所。

(2)要被视为通常居住在中国香港的个人,该个人除临时性或偶然性离境一定时间外,必须习惯性(habitually)及通常性(normally)居住在中国香港。通常居住的概念是指个人在中国香港居住是出于自愿并以定居为目的,具有一定的持续性,并且不论时间长短,为其当前生活的惯常状态。

在确定个人停留在中国香港的天数时,如在中国香港境内停留不足 1 天的,按 1 天计算。

2. 机构(实体)税收居民身份

符合以下任一条件的实体视为中国香港税收居民:

(1)(当实体为公司时)在中国香港境内注册成立的公司,或者于中国香港境外注册,但其主要管理或控制在中国香港境内进行的公司。

(2)(当实体为非公司时)根据中国香港法律设立的实体,或者在其他国家或地区的法律设立,但其主要管理或控制在中国香港境内进行的实体。

法律意义上所指的“主要管理或控制”,没有要求管理和控制皆必须在中国香港发生。“管理”是指日常的业务和运营管理,或执行最高管理层作出的决策等。“控制”是指最高管理层对整体业务经营的控制权,如制定核心经营策略、制定战略决策、融资决策、业绩评估等。

(六)中国澳门地区

1. 个人税收居民身份

通过受雇或自营在中国澳门获得收入时须承担纳税义务,即属于中国澳门税收居民,也因此会获得一个唯一的纳税人识别号(TIN)。此类收入须缴纳的是"职业税(工薪税)"。

2. 机构(实体)税收居民身份

根据中国澳门的税法,公司根据其注册地确定税收居民身份。因此,在中国澳门境内注册成立的公司均被视为中国澳门税收居民。此外,澳门相关法律对协会和基金会有相应规定。协会指非营利组织,而基金会指具有社会目的的法人组织。除非上述实体从事需要就商业进行登记税注册的工业或商业活动,否则其无须进行税务注册,也因此不具有税收居民身份。

(七)瑞士

1. 个人税收居民身份

个人在瑞士境内拥有税务意义上的住所或者居所,则被视为瑞士的税收居民。

个人在瑞士居住且有意在瑞士永久停留则构成了上述所谓的"税务意义上的住所"。住所是指个人有意永久停留的居住地,即该个人在业余时间维系朋友及家庭纽带等个人关系的常住地,也是个人参与社会活动的所在地(重要利益中心)。但是,仅是工作所在地并不足以构成税务意义上的住所。个人在瑞士境内从事产生收入的活动且在瑞士境内停留满 30 天,或虽未有从事此类活动但却在瑞士境内停留满 90 天的,无论其中间是否有临时离境,都视为瑞士的税收居民。

仅仅因为教育或健康等原因而在瑞士境内停留居住的个人并不视为瑞士税收居民。居住在瑞士境外的瑞士政府官员或服务于公法部门或机构的瑞士个人,如果其部分或全部收入在居住国享受税收减免,则其仍负有在瑞士纳税的义务。

瑞士与其他国家或地区签订的避免双重征税协定仍按相关规定执行。

2. 机构(实体)税收居民身份

实体的法定住所(注册地点)或实际管理机构在瑞士境内的,视为瑞士税收居民实体(是否为瑞士税收居民实体决定了其在瑞士境内承担无限还是有限纳税义务)。税收居民身份由其正式成立地决定,因此,如果某实体的法定住所是瑞士,则其为瑞士的税收居民实体。法定地址是指该实体在商业登记机关登记的地址。

如果一个实体虽然不是在瑞士境内注册成立,但其实际管理机构却位于瑞士境内,则该实体也视为瑞士税收居民实体。就此而言,实体作出重大管理决策的地点将起到决定作用。实体是否应在瑞士境内承担企业所得税或资本税纳税义务根据其实际管理情况确定。因此,如果一个公司在境外成立、其管理人员也居住在那里,但是如果该公司实质上遵循瑞士股东的指令行事,那么在这种情况下瑞士税务机关可认定该公司为瑞士税收居民。

以上判定规则同样适用于公司之外的其他实体。应纳税的实体包括法人实体,即公司(股份公司、有限责任公司、具有无限合伙人的股份有限公司、合作企业、协会、基金会和固定资本投资公司[SICAF])。直接投资房地产的集合投资计划也视为税收居民。根据 CRS 相关资料和信息交换的要求,当受托人为瑞士税收居民时,属于金融机构的信托应视为税收居民。受托人是否为税收居民可依据前述第二部分的标准判断。

瑞士与其他国家或地区签订的避免双重征税协定仍按相关规定执行。

第四章

FATCA 和 CRS 账户信息申报中的常见问题

在 FATCA 和 CRS 下，金融机构通过尽职调查识别出需申报账户之后，应将该账户的相关信息申报给金融机构所在地主管当局，而后信息将被交换给美国国税局或者 CRS 需申报国政府（FATCA 模式二下，由金融机构直接申报给美国国税局）。如果金融机构所管理的金融账户都不在需申报账户的范围之内，该金融机构则没有任何申报义务，但是有的国家可能要求这种没有信息申报的金融机构进行零申报，所以具体应当以金融机构所在国的具体法规为准。

在 FATCA 和 CRS 下，需申报的信息主要包括三个方面，即：

1. 身份识别信息：用以识别账户持有人身份的信息。

2. 账户识别信息：用以识别账户身份以及管理账户的金融机构身份的信息。

3. 账户财务信息：用以识别账户余额或价值以及账户收入经济活动的信息。

通过身份识别信息、账户识别信息和账户财务识别信息的申报和交换，接收信息的国家可以据此来判定和评估其本国的税收居民在海外的金融账户信息是否有在本国依法进行申报，相关的收入和所得是否有依法足额缴纳税款，从而达到跨国反逃避税的目的。

本章讨论主要围绕需申报信息中的身份识别信息、账户识别信息和账户财务信息三个核心申报要素来展开，同时对特殊账户的申报，账户信息的用途限制以及账户持有人对信息申报的知情权等问题做逐一分析和讨论。需要注意的是，本章所讨论的需申报信息只是基于 FATCA 政府间协议以及经合组织 CRS 一系列文件的规定①，各国在具体实施过程中可能会要求金融机构申报其他相关信息，具体应当以各国的本地法规为准。②

第一节 身份识别信息

FATCA 和 CRS 下金融机构需申报的账户持有人的身份识别信息大体类似，但是由于 FATCA 更具美国税法特色，因此在具体的信息要求上存在一些具体的差异。

—FATCA 下需申报的身份信息

① 本章主要参见 FATCA 政府间协议模式一（范本）第 2 条规定和经合组织《CRS 文本》第一部分以及《CRS 文本释义》第一部分的解释规定。

② 例如在印度，金融机构还需要申报个人的性别信息等。

FATCA 伙伴国金融机构应当申报金融账户持有人的身份识别信息，见表 4－1－1：

表 4－1－1

账户持有人类型	需申报身份信息
特定美国人持有的账户 （特定美国人包括个人和机构）	特定美国人的身份信息，包括： 姓名或名称 地址 美国纳税人识别号
非美国机构持有的账户 （该非美国机构属于消极非金融机构，且有一个或者多个实际控制人为特定美国人）	该非美国机构的身份信息及其实际控制人的身份信息，包括： 名称或姓名 地址 美国纳税人识别号（如有）

—CRS 下需申报身份信息

CRS 下各 CRS 参与国金融机构应当申报金融账户持有人的身份识别信息，见表 4－1－2：

表 4－1－2

账户持有人类型	需申报身份信息
个人持有的需申报账户 （该个人为 CRS 需申报人）	该个人的身份信息，包括： 姓名 地址 税收居民所在国 纳税人识别号 出生日期 出生地
机构持有的需申报账户 （该机构为 CRS 需申报人）	该机构的身份信息，包括： 名称 地址 税收居民所在国 纳税人识别号

续表

账户持有人类型	需申报身份信息
消极非金融机构持有的账户① （该消极非金融机构具有一个或者多个属于 CRS 需申报人的实际控制人）	该消极非金融机构的身份信息，包括： 名称 地址 税收居民所在国 纳税人识别号 实际控制人的身份信息，包括： 姓名 地址 税收居民所在国 纳税人识别号 出生日期 出生地

FATCA 和 CRS 对于具体每一项的账户持有人身份信息有如下具体的规定：

一、姓名或名称

姓名适用于个人的身份信息申报，而名称适用于机构的身份信息申报。

二、地址

个人（包括需申报的个人账户持有人和实际控制人）的地址应为其现在的居住地址，如果金融机构没有获得该个人的居住地址，那么应当报送其邮寄地址。通常来说，转交地址（In - care - of address）和邮政信箱（Post box）不属于居住地址，但是如果邮政信箱中的地址包含有街道、房屋号码等可以清晰识别居住地址，那么该邮政信箱也可作为居住地址。

机构的地址为金融机构获得的该机构的地址（通常为其声明的税收居民所在国的地址）。

三、税收居民所在国

（一）FATCA 下的要求

在 FATCA 下，伙伴国金融机构只需要识别特定美国人持有的账户并申报其信息，因此并不涉及税收居民所在国信息申报的问题。

① 设立在 CRS 非参与国的被管理的投资机构的需申报信息参照消极非金融机构。

(二)CRS 下的要求

在 CRS 下,由于是多边信息交换机制,信息提供国政府只有收集了账户持有人的税收居民国身份信息才可以进一步将信息交换到相应的国家。对于同时构成不同国家税收居民身份的情形,其账户信息应当分别交换到不同的国家。

(三)CRS 下的“更广泛方式”(Wider Approach)

在 CRS 下,经合组织在《CRS 文本释义》附件 5 中规定了所谓的“更广泛方式”(Wider Approach)的申报措施,即各 CRS 实施国家可以根据本国实际,要求金融机构在尽职调查过程中如果发现账户持有人是属于境外税收居民(包括同时构成境内和境外居民的情形),不论该税收居民所在国是否已经与其签订有关 CRS 下信息交换的协定并且协议被“激活”(参见本书第三章第二节内容)并被列为“需申报国”,金融机构都可以先收集该国税收居民持有的金融账户信息,待日后该国被列为“需申报国”时便可直接将信息进行报送,而不需要重新对此类账户进行尽职调查,以减轻金融机构的合规负担。

当然有的 CRS 实施国会根据本国的情况将“更广泛方式”进行变通处理,例如中国,根据中国版 CRS 法规要求,中国的金融机构不仅应当按照“更广泛方式”收集“非居民”持有的账户信息,并且还需要将这些信息全部上报给中国政府,而无需等日后中国政府公布所谓的“需申报国名单”。在收到金融机构申报的所有非居民的账户信息之后,中国政府会根据实际情况与外国政府开展信息交换。

四、纳税人识别号

纳税人识别号,也就是通常简称的“税号”,是一国税务机关出于税收征管的目的为纳税人编制的唯一的且终身不变的数字代码标识。但并非每个国家都会为纳税人分配纳税人识别号,在没有纳税人识别号的国家,可能会使用其他类似的身份识别号码,例如对于个人纳税人来说可能会使用社会保险号码、国民保险号码、居民身份证号码以及居住证号码等,对于机构纳税人来说,可以使用其注册登记号码等。

(一)FATCA 下的要求

在 FATCA 下,金融机构申报的纳税人识别号为美国联邦纳税人识别号(US

Federal Taxpayer Identification Number),具体包括:

1. 分配给个人的社会保障号码(Social Security Number,SSN)或者个人纳税人识别号(Individual Taxpayer Identification Number,ITIN)。

2. 分配给个人或者机构的雇主识别号码(Employer Identification Number,EIN)。

(二)CRS 下的要求

不同国家对于纳税人识别号的规定以及格式不同,为方便各国金融机构和账户持有人完成 CRS 下的合规工作,经合组织在其官方网站[①]汇总了所有 CRS 参与国政府提供的纳税人识别号规定和格式要求,金融机构可以据此对账户持有人提供的纳税识别号格式等进行核实和验证。

有的国家可能会给纳税人分配纳税人识别号,但是其本国的纳税申报并不需要提供纳税人识别号,对于这种情况,金融机构则无须收集这些国家税收居民的纳税人识别号。例如澳大利亚即是如此[②]。但是如果金融机构收集到了该不需申报纳税人识别号,从方便合规的角度,也可以统一进行申报。也有的国家本身没有所得税(如开曼群岛等),并没有给纳税人分配纳税识别号,应以各国具体规定为准。

在 CRS 下,对于所有的新增账户,金融机构都必须要收集纳税人识别号信息(除非不需要收集)。但是对于存量账户,如果金融机构没有获得账户持有人的纳税人识别号,则应当通过"合理的努力"(如通过会面、信件、电话、传真或者电子邮件等方式联系账户持有人)在识别出该账户为需申报账户的第二年年底之前获得该纳税人识别号信息。

(三)中国的纳税人识别号规定[③]

1. 个人

中国目前还没有真正意义上的统一的纳税人识别号制度,而是根据纳税人个人的有效身份证明来确定纳税人身份。以中国居民身份证为有效身份证明的个

---

① 参见经合组织官网:http://www.oecd.org/tax/automatic-exchange/crs-implementation-and-assistance/tax-identification-numbers/#d.en.347759,最后访问日期:2017 年 9 月 17 日。

② 参见经合组织《CRS 文本释义》第 1 节第 31 段规定。

③ 具体可参见中国国家税务总局官网公布的规定:http://www.chinatax.gov.cn/download/ssxxjhzt/1.pdf,最后访问日期:2017 年 9 月 17 日。

人,其纳税人识别号为其居民身份证号码。以护照或其他证件为有效身份证明的个人,其纳税人识别号由税务机关根据相关的编码规则发放。个别地区曾用护照号作为外籍个人的纳税人识别号。

2. 机构

2015 年 10 月之前,所有企业办理税务登记时取得唯一的纳税人识别号。2015 年 10 月,国家税务总局修订纳税人识别号代码标准,将统一社会信用代码作为纳税人识别号。2015 年 10 月 1 日以前已经登记注册的法人和其他组织,原纳税人识别号仍可继续使用。待 2018 年过渡期结束后,统一社会信用代码完全替代纳税人识别号。

五、出生日期

在 CRS 下个人账户持有人或者消极非金融机构的实际控制人需要申报其出生日期。与纳税识别号的处理一样,对于存量个人账户,如果金融机构没有获得该出生日期信息,那么应当在该账户被识别为需申报账户后的第二年年底之前通过“合理的努力”获得该信息。

FATCA 下一般无出生日期的申报要求。

六、出生地点

在 CRS 下,出生地点并非必须申报的信息。但是如果金融机构所在国家的法律要求金融机构申报此信息,并且该信息在金融机构的电子检索系统中可以获得,那么金融机构应当申报该信息。

FATCA 下无出生地点的申报要求。

第二节　账户识别信息

FATCA 和 CRS 下,金融机构需要申报所有需申报账户的账户识别信息,包括账户号码,申报金融机构的名称和识别号码。

一、账户号码

FATCA 和 CRS 下需申报金融账户的账户号码(“账号”)属于必须申报的项

目。账户号码就是金融机构分配给账户的唯一标识号或者代码(或者与账户号码功能类似的号码)。例如银行存款账户的账号,保险合同的保险合同号码等。不同的金融账户类别可能存在不同形式的账户号码,但是该账户号码必须使金融机构能够识别出相对应的金融账户。

对于没有任何形式的识别号码或者代码的金融账户,有的国家也规定,金融机构可以有关该账户的描述来代替账户号码,以便准确识别该账户。①

二、金融机构名称和识别号码

金融机构必须申报其自身的名称和识别号码,以使得相关信息交换国家政府可以在有关信息申报存在错误或者有任何疑问时与申报信息的金融机构取得联系。

金融机构的识别号码包括任何政府机构发放给该金融机构的用于识别其身份的号码,包括金融机构所在国政府发放的识别号码或者全球性的识别号码,例如金融机构的纳税人识别号、企业注册登记号码、全球法人机构识别编码(Legal Entity Identifier,LEI)②、美国 FATCA 下的 GIIN 等。各国对于需申报的金融机构识别号码可能不同,具体应以本地法规为准。如果金融机构没有获得类似的识别号码,那么只需要申报该金融机构的名称和地址。

第三节　账户财务信息

在三大类需申报的信息中,身份信息和账户信息都是起身份识别的作用,而最为核心也是与反逃避税最为直接相关的信息是财务信息。金融机构需要申报需申报金融账户的账户余额或价值,以及账户的收入等经济活动信息,而不同的账户类型,其收入等经济活动信息申报要求也不同。

一、账户余额或价值

(一)确定账户余额或价值的日期

金融机构必须申报金融账户在申报期期末(通常为 12 月 31 日)的账户余额或

---

① 可参见英国税务和海关总署(HMRC)发布的《国际信息交换手册》第 IEIM402080 项规定。

② 参见中国全国金融标准化技术委员会法人机构识别编码系统网站:http://www.leichina.org/cei/index.html,最后访问日期:2017 年 9 月 17 日。

者价值。如果金融账户在申报期期末的余额或者价值无法评估或者其年底评估期不在12月31日，那么应该取离12月31日最近日期的余额或者价值。例如，对于具有现金价值的保险合同或年金合同，其年度余额或价值的报告不一定是在每一年的12月31日，此时应该按照其离12月31日最近日期的余额或者价值来确定其账户余额或价值。

（二）确定账户余额或价值的方式

金融账户的余额或价值通常是指金融机构计算出来的报告给账户持有人的账户余额或者价值，但是不同的账户类型，其需申报的账户余额或价值判定方式可能有不同。账户的余额或价值在计算时，不应扣除任何与该账户持有人有关的责任或者义务，也不应扣减任何账户持有人可能因为终止、转移、退保、注销或者从账户取现等行为而承担的费用、罚款或者其他费用。

1. 具有现金价值的保险合同或者年金合同

对于具有现金价值的保险合同或者年金合同，其需申报的账户余额或价值应该为该保险合同的现金价值（Cash Value）或者退保价值（Surrender Value）。

例4-3-1

王小姐是中国内地税收居民，其在中国香港地区某保险公司购买了具有现金价值的保险合同，保险公司每年10月15日给王小姐出具该保险合同的年度账单（Annual Statement）。2×17年保险公司出具的年度账单显示王小姐持有的大额保单的退保价值（Surrender Value）为220万美元。那么2×18年中国香港地区保险公司可将该220万美元作为该具有现金价值的保险合同账户2×17申报年度的账户余额或价值。

2. 投资机构的股权权益账户

对于投资机构的股权权益账户，其需申报的账户余额或价值为该金融机构为频繁确定股权权益价值而确定的账户价值，例如投资人获得的基金份额的价值等。

例4-3-2

假设某合伙制基金设立在开曼群岛，该基金在FATCA和CRS下属于投资机构。该合伙的合伙人（投资人）为中国内地税收居民李小姐和董先生。根据基金管理公司的年度审计报告显示，该基金在2×17年年底总的市场公允价值为600万美元。那么该600万美元应作为判定李小姐和董先生持有的该投资机构（即开曼基金）的股权权益账户余额或者价值的依据，所以二人需申报的股权权益账户余额或价值应分别为 300 万美元。

3. 投资机构的债权权益账户

对于投资机构的债权权益账户，其需申报的账户余额或价值应为该债权的本金额。

例 4－3－3

假设某信托设立在英属维尔京群岛，且该信托在 FATCA 和 CRS 下属于投资机构。王小姐通过其在中国香港地区的银行存款账户向该信托发放长期无息贷款 80 万美元。那么王小姐在 FATCA 和 CRS 下将会被认定为该投资机构的债权权益持有人，该债权权益账户的余额或价值应为 80 万美元①。

(三) 账户余额或价值为 0 或者负数

对于账户余额或价值为 0 或者负数账户的申报，金融机构应当充分考虑本书第三章第二节中有关尽职调查豁免门槛的规定，如果金融机构选择不适用这些豁免门槛，或者相关豁免门槛不适用于这些余额或价值为 0 或负数的金融账户，那么在 FATCA 和 CRS 下，此类账户仍应当被申报，且账户余额或者价值都应申报为 0。

例 4－3－4

李小姐是美国国籍，同时也是中国税收居民。李小姐在某 CRS 参与国银行持有存款账户，该账户 2×17 年 12 月 31 日的余额为 0。由于李小姐是美国国籍，那么属于 FATCA 下的特定美国人，同时其又是中国税收居民，属于 CRS 下的需申报人。

在 FATCA 下，由于该存款账户的余额没有超过 5 万美元，因此该账户可以豁免申报。

在 CRS 下，由于个人账户没有豁免的门槛规定，因此该账户应当被申报，申报的账户余额为 0。

二、账户收入

金融机构需要申报账户的余额或价值，还应申报账户在申报期内获得的收入信息。不同的账户类型，其账户收入信息的申报要求也不同(见表 4－3－1)。

---

① 此处不考虑申报期内偿还贷款的情形，如果相关贷款在申报期内得到了偿还，那么应当以申报期末的债务本金额为债权权益的余额或价值。

表4-3-1

账户类型	需申报的账户收入信息
托管账户	申报年度内账户收到的或者计入该账户的下列款项: 利息总额; 股息总额; 与托管资产相关的其他收入总额(如租金、特许权使用费等。具体应当依据金融机构所在国税法来判定); 因销售或者赎回被托管的金融资产而取得的收入总额(该收入总额不得扣除任何与该金融资产相关的负债或者佣金及其他相关交易费用)。
存款账户	申报年度内账户收到的或者计入该账户的利息总额。
其他账户(除托管账户和存款账户以外的其他账户)	申报年度内账户收到的或者计入该账户的收入总额,包括赎回款(redemption)以及具有现金价值保险合同或者年金合同账户下支付给账户持有人的部分退保费用或者其他款项。

第四节　账户信息申报中的特殊情形

在FATCA和CRS下,有一些特殊的金融账户,其在具体的信息申报上可能存在特殊的要求,此外在账户被关闭或者纳税人身份发生变更时,也会涉及相对应账户信息申报要求的变化。本节对相关账户信息申报中的特殊情形做简要讨论。

一、联名账户

对于联名账户来说,如果联名账户持有人都为需申报人,那么每一个账户持有人需要申报的财务信息包括该金融账户的全部余额或价值,以及该账户收到的或者计入该账户的全部收入总额,而不应在联名账户持有人之间进行比例划分。

例4-4-1

董先生和他的未婚妻李小姐都是中国税收居民。董李二人在泽西岛某银行持有一个联名离岸银行账户,该账户2×17年12月31日的账户余额为120万美元,计入2×17年的利息收入为4万美元。

在CRS下,董先生作为需申报账户持有人的账户余额为120万美元,需申报的账户收入为4万美元;李小姐作为需申报账户持有人的账户余额为120万美元,需申报的账户收入为4万美元。

联名账户的处理方式同样适用于消极非金融机构和实际控制人的财务信息申

报,以及同时具有多个税收居民身份账户持有人的财务信息申报。

例 4-4-2

A 公司是一家中国香港地区公司,该公司的实际控制人是王小姐(中国税收居民)。A 公司在新加坡某银行持有银行存款账户,该账户 2×17 年 12 月 31 日的账户余额为 140 万美元,计入 2×17 年的利息收入为 5 万美元。假设 A 公司在 CRS 下属于消极非金融机构。

在 CRS 下,该账户有两个需申报的对象,分别是 A 公司(账户持有人)和王小姐(实际控制人)。那么归属于 A 公司的账户余额和归属于王小姐的账户余额都应该是 140 万美元,需申报的账户收入也都应该是 5 万美元。

如果王小姐不仅是中国税收居民,还是美国国籍,那么王小姐的信息还会在 FATCA 下被申报和交换到美国国税局,账户余额同样应为 140 万美元,需申报的账户收入也是 5 万美元。

二、账户关闭

如果某需申报金融账户在申报期内被关闭或者注销,该账户的信息仍然需要在 FATCA 和 CRS 下被申报。金融机构应当依据其所在国金融监管法规或者其日常业务程序来判定一个账户是否被关闭或者注销。FATCA 和 CRS 下确定关闭账户的期末账户余额或价值以及账户收入的方式有区别,具体包括:

	账户余额或价值	账户收入
FATCA	账户关闭之前该账户的余额或价值。	该账户在申报期内收到的或者计入该账户的收入金额。
CRS	不需报送账户余额或价值,但需报送该账户已被关闭的事实。	

例 4-4-3

李小姐是美国国籍,同时也是中国税收居民。李小姐在某 CRS 参与国银行持有存款账户。李小姐在 2×17 年 7 月 31 日将该存款账户关闭,并取走全部现金存款 85 万美元。2×17 年的存款利息 3 万美元。由于李小姐是美国国籍,那么属于 FATCA 下的特定美国人。同时李小姐也是中国税收居民,属于 CRS 下的需申报人。

在 2×18 年,该银行对李小姐持有的该账户进行申报时,在 FATCA 和 CRS 下的处理方式应分别为:

在 FATCA 下，该账户的余额应为 85 万美元，此外需申报利息 3 万美元。

在 CRS 下，报送该账户已经关闭的事实，此外需申报利息 3 万美元。

三、账户停止申报①

在 FATCA 和 CRS 下，一个账户是否需要被申报应当以申报期最后一日账户持有人的身份来确定，通常为该公历年度的 12 月 31 日。如果在当日该账户被认定为需申报账户，那么金融机构应当将该账户认定为在该年度内一整年都属于需申报账户，且在此后的每一年度都当成需申报账户处理。

例 4－4－4

李女士（中国税收居民）在新加坡某银行持有存款账户。在 2×17 年 7 月 1 日该账户被银行的尽职调查程序识别为需申报账户。尽管该账户是在 2×17 年 7 月被识别为 CRS 需申报账户，那么应当在 2×17 年一整年都被当成需申报账户处理，并在 2×18 年被申报，以及在此后的每一年都被申报。

如果在申报期内某账户持有人身份发生变化，由需申报人变成了非需申报人，那么在该变化发生的申报年度以及此后的每个申报年度，该账户都不属于需申报账户，即账户停止申报。②

例 4－4－5

接上例。如果李女士在 2×21 年年初开始不再属于中国税收居民，而是成为了尼泊尔（不属于 CRS 参与国和需申报国）的税收居民，并于 2×21 年 3 月 1 日向银行提交了有关税收居民身份的证明。那么该银行在 2×22 年申报 2×21 年的信息时，不需要申报李女士的信息，且此后的每一个申报年度都不需要申报该账户的信息。

四、未存档账户（仅 CRS）

在本书第三章第一节有关存量低价值个人账户和存量高价值个人账户的尽职调查讨论中，笔者介绍过“标识的特殊处理程序”，即如果金融机构发现了账户持有

---

① 参见美国 FATCA 政府间协议（模式一）（范本）附件一第 I（B）项规定和经合组织《CRS 文本释义》第 2 节第 2～3 段规定。

② 需要注意的是，账户停止申报与账户关闭的处理存在区别。账户停止申报的当期该账户不需要申报，但是账户关闭的当期，该账户仍需要被申报（见本节第二点讨论）。

人在美国或者 CRS 需申报国的“代收邮件”指令或者“转交”地址的标识信息，但是并没有发现任何其他的相关标识，那么金融机构应当从账户持有人获得自我声明或者相关证明文件来确定该账户持有人的税收居民身份。如果金融机构不能从账户持有人获得自我声明或者其他相关证明文件，那么在 CRS 下，需要将该账户当成未存档账户（Undocumented Accounts）来申报给金融机构所在国政府。

由于未存档账户的税收居民身份无法确定，因此这一类账户被申报到金融机构所在国政府后并不会传递到其他 CRS 参与国。但是根据经合组织《CRS 文本释义》第 9 节第 13～14 段规定，CRS 实施国政府应当建立相应的追踪程序，对于未存档账户的数量和比例偏高的金融机构，应当进行全面稽查，审核该金融机构的尽职调查和信息申报等合规程序是否满足了本地 CRS 法规的要求。与此同时，主管当局（税务机关）还可以建议相关反洗钱政府机构对该金融机构从反洗钱合规的角度进行调查。

第五节　账户信息的用途限制

一、账户信息用途的法律规定

（一）FATCA 下的规定

FATCA 下，美国与伙伴国实施账户信息交换的直接法律规范依据为政府间协议，而根据已经签署的政府间协议，就有关 FATCA 下账户信息自动交换的用途问题，主要通过双边税收协定，税收情报交换协定或者政府间协议三类国际法律基础来进行明确和限定。FATCA 下账户信息用途的限制规定应当以伙伴与美国之间的具体协定或者协议规定为准。由于《多边税收征管互助公约》（2010 年议定书修订版）并未在美国生效，因此 FATCA 下的账户信息交换无法以该公约为国际法律基础。

1. 依据此前已经签署的双边税收协定中相关条款（DTA 模式）

如果美国与伙伴国此前已经签署了有关避免双重征税的双边税收协定，那么在 FATCA 政府间协议中，通常会以税收协定中有关情报交换的条款为依据来规范所交换信息的用途。英国、德国、芬兰、卢森堡等国即是采用这种模式。例如美国与英国签订的 FATCA 政府间协议的序言部分明确规定 FATCA 下的信息交换应当以英国与美国签订的双边税收协定第 27 条的规定作为依据,而英国与美国的双边税收协定第 27 条对于涉税信息交换后的用途进行了明确。

《大不列颠及北爱尔兰联合王国政府与美利坚合众国政府避免双重征税和防止偷逃收入和资本税收的协定》第二十七条规定:"缔约国收到的任何情报都应当与依据国内法律获得的情报一样进行保密处理,但可以且仅可以披露给本协定所含税种有关的评估、征收、管理、执行或起诉、裁决上诉的有关人员或者当局(包括法院和行政管理部门),以及上述部门的监督部门。上述人员或当局应仅为上述目的使用该情报。他们可以在公开法庭的诉讼程序或法庭判决中透露有关情报。"

2. 依据此前已经签署的税收情报交换协定中的相关条款(TIEA 模式)

有一些国家或地区没有与美国签订双边税收协定,但却签署了税收情报交换协定,泽西岛、根西岛、列支敦士登和中国香港地区等即属这类情形。例如,中国香港地区与美国签署的 FATCA 政府间协议(模式二)的序言部分明确规定 FATCA 下的信息交换应当以中国香港地区和美国签订的税收情报交换协议第 5 条以及协定中的其他相关规定(包括信息用途限制等)为依据,而中国香港地区与美国签订的税收情报交换协定第 7 条对于涉税信息的保密性和用途进行了明确,具体规定为:

《中华人民共和国香港特别行政区与美国政府关于税项资料交换的协定》第七条规定:"缔约方根据本协定收取的税项资料须保密处理,该等资料只可向在该缔约方的司法管辖区内与本协定所涵盖的税项的评估或征收、执行或检控有关或与关乎该等税项的上诉的裁决有关的人员或当局(包括法院和行政部门)披露。该等人员或当局只可为上述目的使用该等资料。他们可在公开的法庭程序中或司法裁定中披露该等资料。该等资料不可向任何其他人、实体、当局或者司法管辖区披露。"

3. 直接在 FATCA 政府间协议中规定涉税信息用途(IGA 模式)

有一些国家和地区并没有与美国签订全面的双边税收协定或者情报交换协定或者出于其他方面因素的考虑,有关 FATCA 下涉税信息用途问题会直接在政府间协议中进行明确。例如越南、新加坡和中国台湾等国家和地区即是属于此种情形。例如,中国台湾与美国的 FATCA 政府间协议(模式二)在第八条第二款对于涉税信息的用途进行了明确。

《驻美国台北经济文化代表处与美国在台协会合作促进外国账户税收遵从法

执行协议》第八条第二款规定:“依据第二条第二项及第四条提供予 AIT[①](通过其主管机关)之资讯应予保密,且仅得揭露予与 AIT 代表当局所课征联邦税之核定、征收、管理、执行、起诉或行政救济之裁定,或与监督上述功能相关之 AIT 代表当局内人员或机关(包括法院及行政机关)。上述人员或机关应仅得为上述目的而使用该等资讯。上述人员得于公开之法院诉讼程序或司法判决中揭露此资讯。此资讯不得揭露予任何其他人、实体、机关或司法管辖权领域。”

(二)CRS 下的规定

在 CRS 下,对于通过 MCAA 模式来进行账户信息交换的国家和地区,相关账户信息用途的规定应当依据《多边征管互助公约》第二十二条第二款规定来执行。而对于少数并非通过 MCAA 下的双边模式来进行账户信息交换的地区(如中国香港地区和中国澳门地区),由于 CRS 的执行是依据双边的税收协定或者情报交换协定来执行,因此,具体有关账户信息用途的限定上与上述 FATCA 下讨论的情形基本一致。

二、账户信息用途的限制

FATCA 和 CRS 实施国家不管通过何种国际法律基础(即双边税收协定、情报交换协定、政府间协议或者多边征管公约)来进行金融账户的涉税信息交换,账户信息只能披露给与税收征管相关的机构或者法庭程序用作与税收相关的目的,而不得披露给其他非税收相关机构用作非税收的目的。但是在满足一定条件下,相关账户信息可以用作非税收的目的,具体应当以双边或者多边条约或公约的规定为准。限于篇幅本节仅从中国的角度探讨 FATCA 和 CRS 下有关账户信息用途的限定规则。

(一)FATCA 下的处理

中国目前与美国还未正式签署 FATCA 政府间协议,但是预计未来会依据中美之间已经执行的中美双边税收协定中情报交换条款来限定 FATCA 下账户信息的用途。根据中美双边税收协定第二十五条第一款规定,“缔约国一方收到的情报应作密件处理,仅应告知与本协定所含税种有关的查定、征收、管理、执行或起诉、裁决

---

① 此处 AIT 为美国在台协会英文名称的首字母缩写。

上诉的有关人员或当局(包括法院和行政管理部门)。上述人员或当局应仅为上述目的使用该情报,但可以在公开法庭的诉讼程序或法庭判决中透露有关情报”。

由此可见,中美之间的 FATCA 协议若依据中国双边税收协定中的条款来限定账户信息的用途,那么相关账户信息则只能用作与税收协定所规定税种相关的法律程序中(即用作税收目的),而不得用作其他非税收的目的。

但是由于这类信息可以由接收 FATCA 下账户信息的“相关人员或当局”(主要为税务机关)在公开法庭的诉讼程序或法庭判决中进行透露,因此其他政府机构(如中国的外汇管理机构或者反腐机构)则可以以法庭的判决中所披露的信息为可能的证据,来展开其他以非税收为目的调查。但是,如果在非税收目的的调查中,“相关人员或当局”不得向其提供 FATCA 下其所获得的账户信息。①

(二)CRS 下的处理

1. 公约的规定

中国是《多边税收征管互助公约》成员国,并且在 CRS 下采取的是 MCAA 模式,即“多边互换模式”,因此有关 CRS 下账户信息的用途限制的问题应当依据《公约》中的规定来执行。《公约》系由经合组织和欧洲理事会(Council of Europe)于 1988 年所制定,随后在 2010 年《议定书》中进行了修订,其第二十二条对于跨国税收情报交换制度(包括 CRS)下所交换的账户信息用途进行明确。

其第二十二条第二款规定:“在任何情况下,此类情报均只能告知给那些涉及相关方税收义务确定、征收、追索、执行、起诉、起诉裁决及对上述活动进行监督的有关人员或机构(包括法院和行政、监督部门)。仅上述人员或机构可使用此类情报,且仅限于上述目的使用此类情报。虽有本条第一款规定,这些人员或机构仍可在公开法庭的诉讼或有关此类税收的司法判决中披露有关情报。”

其第二十二条第四款规定:“虽有本条上述第一、二和三款规定,在情报提供方的法律规定允许,同时情报提供方主管当局也授权的情况下,取得情报的缔约方可将所获情报用于其他目的。经情报提供方主管当局事先授权,情报获得方可将获得的情报传送给第三方。”

2. 税收目的

与中美双边税收协定第二十五条第一款的规定类似,《公约》第二十二条第二

---

① 可参见经合组织发布的《OECD 税收协定范本注释》第 361 页第 13 段规定。http://www.oecd.org/berlin/publikationen/43324465.pdf,最后访问日期:2017 年 11 月 11 日。

款也将 CRS 下所自动交换之涉税信息的用途限定在"与税收相关的目的",但获得税收情报的人员或机构(如中国国家税务总局)可以在公开的法庭诉讼或者类似税收的司法判决中对其在 CRS 下获得的账户信息进行披露。与 FATCA 下的情形相同,一旦 CRS 下的相关信息在公开的司法判决中进行了披露,那么其他政府机构,如外汇管理机构或者人民银行等金融监管部门,则可以此为依据或证据开展其他外汇合规或者反洗钱方面的调查。也就是说,该其他部门所开展的非税收目的的调查只可依据公开司法判决中所披露的账户信息,而从境外获得信息的人员或机构不得向该其他部门共享和披露其他 CRS 相关账户信息。

3. 非税收目的

与中美双边税收协定中规定不同的是,公约第二十二条第四款对于直接将情报用作非税收目的的特殊情形做了规定。据此,CRS 下中国主管当局从境外获得的中国居民在海外的账户信息亦可用做税收以外的其他目的,但需要满足两个前提:一是情报提供方的法律规定允许;二是情报提供方主管当局的授权。由此,在 CRS 下进行账户信息交换的主管当局可以将信息共享给其他执法或者司法部门,供其用于进行非税收目的的违法行为调查,例如反洗钱、反腐或者反恐怖主义资助等。①

同样作为执行《公约》的 CRS 参与国,新加坡税务局在本地的税收信息交换指引中②,明确规定,在 FATCA 政府间协议以及 CRS 主管当局间协议下,新加坡政府所提供的信息只能披露和用作税收目的(如评估、征收、补缴、执行、起诉、上诉和对应职能的监察等)。除非新加坡本地的法律允许并且得到了新加坡的预先授权,相关信息不得用作税收以外的其他目的。

第六节　账户持有人对于信息申报的知情权

一、金融机构对于账户持有人的告知义务

FATCA 和 CRS 下各国政府之间的跨国涉税信息自动交换涉及极为隐私的个人账户信息,因此从账户持有人的角度,他们理应有权利知道管理其账户的金融机

① 可参见经合组织《多边税收征管互助公约释义》第 225 段规定。

② 参见新加坡税务局官方网站公告:https://www. iras. gov. sg/IRASHome/Quick – Links/International – Tax/How – account – holders – of – FIs – will – be – affected/,最后访问日期:2017 年 11 月 11 日。

构如何处理了他们的账户信息,尤其是涉及将信息传递给另一国的政府的时候。

FATCA 政府间协议中并没有对于账户持有人信息申报知情权的规定,但是在经合组织的《CRS 文本释义》①中,对金融机构的相关通知账户持有人之义务做了明确解释,即如果账户持有人持有的账户属于需申报账户,并且相关账户信息会被金融机构申报给本国政府机构而后交换给其他国家政府机构,那么金融机构应当对账户持有人尽到告知的义务。

此外,金融机构所在国的相关个人信息保密法律也有可能就金融机构的告知义务进行规定,并且金融机构有义务通知账户持有人有关 FATCA 和 CRS 的相关信息申报情况,如应账户持有人请求,就金融机构应当将其已经申报的信息副本提供给账户持有人,同时对于金融机构的告知义务规定了明确的履行时限和不履行告知义务的处罚措施。

二、相关国家、地区和主要离岸金融中心的规定

不同的国家和地区由于其本国的个人信息保密法律不同,在 FATCA 和 CRS 下对于金融机构的信息申报告知义务也有不同。目前,所有的 FATCA 伙伴国和 CRS 实施国中,只有少数国家对金融机构的此类义务做了规定,本书就相关国家、地区和主要离岸金融中心的规定做简要梳理和说明。

(一)中国

中国目前还没有专门的个人信息保护法。根据中国政府发布的《非居民金融账户涉税信息尽职调查管理办法》第 4 条第 2 款规定,金融机构应当向账户持有人充分说明本机构需要履行的信息收集和报送义务。那么也就是说,金融机构不会在客户不知情的情况下收集和申报账户信息。

但是对于金融机构如何履行告知义务,以及履行告知义务的时限,中国的 CRS 法规并没有明确。

(二)中国香港地区

根据中国香港地区税务局官方网站公布的《自动交换财务账户信息资料常见问题》第 20 个问题的说明,金融机构必须遵守《个人数据(隐私)条例》的规定,应当

① 参见经合组织《CRS 文本释义》第 1 节第 2 段规定。

告知账户持有人，其所收集的个人信息可能会用作 CRS 下的信息交换，并且金融机构应当采取切实可行的措施确保相关个人信息准确和安全。

账户持有人有权要求查阅和更正相关个人数据信息。如果账户持有人拒绝允许金融机构将其个人数据用作 CRS 下的账户信息交换，金融机构应当考虑关闭该账户。

但是对于金融机构如何履行告知义务，以及履行告知义务的时限，中国香港地区本地的 CRS 法规并没有明确。

（三）新加坡

根据新加坡税务局 2016 年 12 月 7 日发布的《CRS 问与答》第 F3 项规定，新加坡的 CRS 实施法规并没有要求金融机构在申报相关金融账户之前必须告知账户持有人的义务。但是金融机构可以根据需要做出是否告知账户持有人的决定。

例 4-6-1

王女士是中国税收居民，2×19 年，王女士在新加坡某银行开立存款账户，该存款账户 2×19 年年底的账户余额为 120 万美元。那么新加坡银行在 2×20 年申报王女士的账户到新加坡税务局之前并不需要通知账户持有人王女士，王女士也对该账户下哪些信息被申报，是否被申报以及是否被交换到中国税务机关并不知情。

（四）瑞士

根据瑞士 CRS 法规（“Bundesgesetz ueber den internationalen authomatischen Infomrationsaustausch in Steuersachen（AIAG）”）第 14 条规定，瑞士金融机构应当在识别出需申报账户后次年的 1 月 31 日之前告知账户持有人和实际控制人以下信息：

1. 管理该账户的金融机构在 CRS 下的金融机构身份；
2. 信息申报适用的条约或者协定以及相关的内容；
3. 相关信息交换的目的国；
4. 相关被交换信息的用途；
5. 账户持有人在瑞士数据保护法和 CRS 法规下的相关权利。

实践中，瑞士金融机构按照瑞士联邦税务局发布的统一格式文件履行上述账户持有人告知义务。

例 4-6-2

王女士是中国税收居民，2×19 年，王女士在瑞士某银行开立存款账户，该存款账户 2×19 年年底的账户余额为 120 万美元。那么瑞士银行需要在 2×20 年 1 月 31 日之前按照瑞士联邦税务局发布的统一格式文档,通知王女士,该银行作为 CRS 下的需申报存款机构,会依据有关 CRS 的法规将王女士的信息申报给瑞士税务局,相关信息随后被交换给中国税务机关,用作本地的税收征管,同时也会告知王女士其享受的相关权利。

(五)列支敦士登

根据列支敦士登 CRS 法规("Gesetz ueber den internationalen automatischen Informationaustausch in Steuersachen")第 10 条的规定,列支敦士登金融机构应当在识别出需申报账户后次年的 3 月 31 日之前告知账户持有人和实际控制人以下信息:

1. 作为金融机构应当履行的 CRS 下的职责;
2. 信息申报所使用的条款或者协议以及相关内容;
3. 相关信息交换的目的国;
4. 被交换的信息内容;
5. 相关被交换信息的用途;
6. 账户持有人在列支敦士登数据保护法和 CRS 法规下的相关权利。

值得注意的是,列支敦士登的金融机构需要将"被交换的信息内容"告知到账户持有人,也就是说账户持有人会知道其哪些信息将会被交换到哪些国家。对不履行该告知义务的金融机构,将面临最高 2 万瑞郎(约合 14 万元人民币)的罚款①。

(六)卢森堡

根据卢森堡 CRS 法规(Recueil de legislation,A – no. 244,24 decembre 2015)第 5 条第 4 款规定,金融机构应该在相关需申报账户的信息被申报前向个人账户持有人和实际控制人尽到告知义务,且该告知信息应当包括交换目的国的名称。具体来说,卢森堡金融机构应当将以下信息告知个人账户持有人:

1. 该金融机构将依据法律规定处理(申报)有关该个人的私人账户信息;
2. 个人账户信息将被用来满足金融机构在 CRS 法规下的合规要求;
3. 金融机构收集的有关个人的账户信息将会被申报给卢森堡税务机关,并且卢森堡税务机关会进一步将信息交换给相对应的国家;

---

① 参见列支敦士登 CRS 法规第 28 条第 C 项规定。

4. 对于金融机构依照法律强制要求向账户持有人提出的问题，若账户持有人不回复，其将承担的不利后果；

5. 账户持有人有权获得被申报的账户信息，并且对此做相应的修正。

（七）英国

根据英国 FATCA 和 CRS 法规《国际税务合规条例 2015》第 10 条规定，金融机构应当在个人账户被识别为需申报账户后次年 1 月 31 日之前告知该需申报个人或者特定美国人：与其相关的账户信息可能会被申报给英国政府，并且依据相关国际协议交换给其他国家。

此外，英国税务和海关总署（HMRC）在 FATCA 和 CRS 的《实施指引》①中还具体规定了有关金融机构告知账户持有人义务的形式和要求。

（八）加拿大

加拿大的 CRS 法规和实施指引中并没有规定有关金融机构告知账户持有人的义务内容，但是根据加拿大税务局在其官网公布的《CRS 问与答》第 10 问②的解释，加拿大税务局并不要求加拿大的金融机构履行有关账户持有人信息申报的告知义务。但是如果账户持有人要求，金融机构应当告知账户持有人其个人信息是否已经被申报。

例 4－6－3

董先生是中国税收居民。董先生在加拿大温哥华某资产管理公司（假设构成托管机构）持有一个托管账户。按照 CRS 的规定，该资产管理公司会将董先生持有的该托管账户的信息申报给加拿大税务局，而后交换给中国税务机关。

根据加拿大本国的 CRS 法规，该资产管理公司没有义务告知董先生有关其账户信息被申报和交换的情况。但是董先生可以有权向银行确认，其持有的该托管账户之相关信息是否已经被申报。

（九）根西岛

与英国的规定类似，根西岛本地 CRS 法规确定了金融机构告知账户持有人的

---

① 参见英国 FATCA 和 CRS《实施指引》第 402510 项规定。

② 参见加拿大税务局网站 https://www.canada.ca/en/revenue－agency/programs/about－canada－revenue－agency－cra/federal－government－budgets/budget－2016－growing－middle－class/common－reporting－standard.html，最后访问日期：2017 年 9 月 20 日。

义务。根据根西岛《所得税(统一报告标准)条例 2015》第 6 条规定,金融机构至少应当在个人账户被申报之前的 30 日告知账户持有人,其相关账户信息将会按照根西岛法律申报给根西岛政府,然后依据相关国际协议交换给其他国家政府。

例 4 -6 -4

王小姐是中国税收居民。王小姐 2×19 年在根西岛设立一个私人信托,王小姐自己是该信托的委托人和受益人。信托的受托人为根西岛一家持牌信托公司。假设该信托在 CRS 下属于投资机构,那么王小姐作为该信托的委托人,属于需申报账户持有人,根西岛信托公司应当收集王小姐的信息并且将其申报给根西岛政府。如果信托公司申报王小姐账户信息的日期是 2×20 年 4 月 30 日,那么信托公司应当在 2×20 年 3 月 30 日之前向王小姐尽到告知义务。

(十)泽西岛

泽西岛的 CRS 法律和实施指引没有对金融机构的账户持有人告知义务做出规定。

(十一)马恩岛

与英国和根西岛的规定类似,马恩岛本地 CRS 法规确定了金融机构告知账户持有人的义务。根据马恩岛《所得税(统一报告标准)条例 2015》第 9 条规定,金融机构应当告知个人账户持有人,其相关账户信息将会在 CRS 下被申报给马恩岛政府,并交换给其他国家政府。

但是马恩岛 CRS 法规对于具体的告知时限要求和方式没有做明确规定。

(十二)英属维尔京群岛

英属维尔京群岛的 CRS 法律和实施指引没有对金融机构的账户持有人告知义务做出规定。

(十三)开曼群岛

开曼群岛的 CRS 法律和实施指引没有对金融机构的账户持有人告知义务做出规定。

第五章

FATCA 和 CRS 下信托的信息披露

信托作为一种法律安排，在 FATCA 和 CRS 下属于机构的范畴，根据其不同的业务活动和资产的持有情况，信托可能被分类成金融机构或者非金融机构（包括消极非金融机构和积极非金融机构）。对于构成金融机构的信托，在 FATCA 和 CRS 下需要完成相关尽职调查和信息申报的义务，而对于构成非金融机构机构的信托，其在其他金融机构持有的账户也涉及被识别和申报的问题。

由于信托法律形式的独特性，FATCA 和 CRS 下对于信托类机构的账户持有人和实际控制人的识别和申报与其他类机构的处理有很大的区别。在 FATCA 下，政府间协议和美国财政部 FATCA 实施条例对于信托的合规与申报问题并没有做出特别的规定，因此实践中金融机构合规的主要法律依据就是各 FATCA 伙伴国政府根据其本国的信托法律实践制定的 FATCA 实施法规。在 CRS 下，经合组织 CRS 文件，尤其是《CRS 实施手册》对于信托的合规和信息申报问题做了比较详细的规定，各国基本参照经合组织文件中的规则并结合本国信托法规来制定信托的 CRS 合规义务。

本章着重讨论相关离岸金融中心在 FATCA 和 CRS 下对于信托合规的法律和实践，同时着重就 CRS 下经合组织对于信托的尽职调查和信息申报问题做具体分析和解释。

第一节　信托概述

一、信托的基本介绍

现代信托起源于中世纪时期的英格兰，而经过几百年的发展和演变，信托已经成为全球私人财富管理领域最为有效的资产配置和税收筹划工具之一。不论是在普通法系国家（例如英国或者美国）还是在大陆法系国家（如法国和瑞士），信托作为一种基于相关当事方权利与义务的经济关系得到普遍的法律承认和保护。

各国信托法对于信托的设立、撤销、信托各当事方的权利以及信托的设立形式等可能存在不同的规定，但是通常来说，一个信托法律关系中所涉及的当事人包括：

信托委托人（Settlor），是将信托财产委托给受托人的人，其可以是个人也可以是机构（包括法人或者法律安排）。信托委托人通过订立信托协议或信托契约，约定信托法律关系下信托资产的受益权等。信托委托人也可在信托协议中约定自己为信托受益人,即所谓的"自益信托"。

信托受托人(Trustee),是指接受委托人的委托,按照委托人的意愿(通常规定在信托协议里)管理信托财产的人,是信托财产在名义上的所有者。信托受托人通常为专业信托公司或者委托人信任的个人。

信托受益人(Beneficiary),是享受信托资产受益权的个人,也可以是自然人,公司法人或者非法人等。信托受益人可以是一个或者多个,例如多个家庭成员或者特定的人群。按照信托受益人在信托中的受益权形式不同,通常又可以将信托受益人分为固定受益人(Mandatory Beneficiary)和任意受益人(Discretionary Beneficiary)两种。固定受益人依据信托协议的约定可以定期从信托财产中享受收益,而任意受益人并不享有定期从信托财产获得收益的权利,而是由信托受托人依据信托协议规定,为了信托受益人的利益而自由决定信托财产的分配。

除了上述当事人外,信托法律关系中还可能有信托保护人(Protector),信托保护人有时也被称作是信托监察人,信托保护人一般由信托当事人协议设立,在我国,《信托法》强制规定公益信托要设立监察人。信托保护人的主要职责就是监督信托受托人的各项活动,确保受托人按照信托协议以及委托人的意愿行事,例如监督信托财产的投资决策等。实践中,有的信托还会设立多个信托保护人组成的保护人委员会(Protectors Committee)。

二、信托的合规身份

(一)信托属于机构

信托,作为一种法律安排,在 FATCA 和 CRS 下属于"机构"的范畴,也就是说信托如果在其他机构持有账户,那么会被当成机构账户来处理,而非个人账户,这与信托在税收上可能存在的"透明实体"处理规则存在不同。既然信托属于 FATCA 和 CRS 下的机构,那么首先这个机构本身会具有一个合规身份,即要么属于金融机构,要么属于非金融机构,且根据信托具体的业务活动,非金融机构类信托又会进一步分类成消极非金融机构或者积极非金融机构。

(二)信托属于金融机构的情形

在四大类金融机构的分类中,与信托关系最为密切,或者说信托最容易构成的一类金融机构当属投资机构,尤其是"被管理的投资机构"(参见本书第二章第一节)。如果信托的大部分收入都来源于金融资产的投资、再投资和交易,且受到另外金融机构的管理,那么该信托即属于"被管理的投资机构"。此外,一些以信托形式设立的集合投资工具(Collective Investment Vehicles)或者其他为了金融资产投资、再投资和交易而设立的类似投资工具(包括以信托形式设立的各类公募或者私募基金等),也都属于"被管理的投资机构"范畴。当然,在某些情况下,信托也有可能成为托管机构,但这在实践中并不常见。如果信托属于金融机构,则应当完成相关的账户持有人识别和信息申报工作。

(三)信托属于非金融机构的情形

如果信托不属于金融机构,则属于非金融机构。根据其具体的业务活动内容,又可以细分类成积极非金融机构和消极非金融机构(参见本书第二章第四节内容)。由于不属于金融机构,因此也就没有金融账户,更不存在识别账户持有人和申报账户信息的问题。但是对于构成消极非金融机构的信托来说,如果其在其他的金融机构持有账户,那么该信托需要向金融机构提供有关其实际控制人的身份信息,以供金融机构来进一步判定该信托账户是否属于需申报账户。

(四)类似于信托的其他类法律安排

由于各国法律规定不一,可能在有些国家存在类似于信托的其他类法律安排,例如类似于信托的基金会等。对于这一类法律安排的身份认定问题,应当参照信托的处理规则来进行,即将这类法律安排中类似于信托委托人、受托人以及受益人等身份的相关当事方作为账户持有人或者实际控制人来处理①。

三、信托的居民身份

(一)信托居民身份的判定规则

在 FATCA 和 CRS 下,机构的居民身份通常就是指其税收居民身份。但是对于信托这种特殊的法律架构安排,从所得税征管的角度可能并不会被当成是税收居民来处理,但是出于 FATCA 和 CRS 下信息申报的目的,信托的居民身份应当依据信托受托人的居民身份来判定。也就是说,如果一个信托的受托人位于 FATCA 伙伴国或者 CRS 参与国,那么该信托就具有该国的居民身份,应当依据该国的 FATCA

---

① 参见经合组织《CRS 文本释义》第 8 节第 135 段内容。

或者CRS法规来判定其具体的合规身份，看是属于金融机构还是非金融机构。如果属于金融机构，那么需要依据受托人所在国当地法规来履行相应的合规义务。

需要注意的是，在FATCA和CRS下信托居民身份的判定与该信托依据哪个国家的法律来设立以及受到哪个国家的法院管辖没有必然联系。

例5-1-1

王女士是中国税收居民，其以委托人和受益人的身份依据英国信托法律设立了一个自益信托。该信托的受托人是位于瑞士日内瓦的一家持牌信托公司（瑞士税收居民）。那么从FATCA和CRS下税收信息申报的角度，鉴于受托人是瑞士税收居民，那么该信托也应当属于瑞士税收居民，尽管该信托是依据英国的法律设立。

（二）信托多重居民身份的处理

如果信托具有多个受托人，且各受托人位于不同的国家，那么有可能会导致该信托构成不同国家的税收居民。信托在填写税收居民身份自我声明时，应当将所有的税务居民所在国都进行填写。对于构成金融机构的信托来说，多重居民身份就意味着其需要在不同的国家就同样的账户信息进行重复申报。由于FATCA和CRS下信息申报的双边模式和多边模式的不同，对于多重居民身份处理也有区别。

1. FATCA下的处理

FATCA政府间协议和美国财政部FATCA实施条例对于信托多重居民身份的处理问题没有做出规定，具体基本都是依据FATCA伙伴国国内法来判定。

由于FATCA下是美国与FATCA伙伴国之间的双边信息交换模式，就信托来说，FATCA伙伴国的信托将其管理的金融账户信息直接申报给美国国税局（FATCA模式二）或者申报给其所在国政府而后交换给美国国税局（FATCA模式一）。也就是说关于该信托所管理的账户信息，不论是通过模式一还是模式二，其最终的流入地都是美国国税局。所以，如果一个信托构成多重税务居民，理论上来说，只要其在一个FATCA伙伴国完成了FATCA下的信息申报义务，其在其他国家就不必再重复工作。这在英国、泽西岛、根西岛、马恩岛、开曼群岛、英属维尔京群岛和新西兰等国的FATCA实施法规中均有如此规定。

例 5－1－2

董先生是美籍华人，其在马恩岛设立一个私人信托。信托的委托人和受益人都为董先生自己，信托的受托人分别为位于马恩岛当地的持牌信托公司 A 公司和位于开曼群岛的持牌信托公司 B 公司。假设 A 公司和 B 公司在 FATCA 下都属于金融机构，且该信托属于 FATCA 下的投资机构。那么，由于该信托的受托人分别位于马恩岛和开曼群岛，因此该信托应同时属于马恩岛和开曼群岛的税务居民，也就意味着其作为投资机构应当分别在马恩岛和开曼群岛完成尽职调查和信息申报义务。但是鉴于马恩岛和开曼群岛都属于 FATCA 伙伴国（模式一），所以如果 A 信托公司已经将该信托相关的所有账户信息都申报给了马恩岛政府，那么根据开曼群岛《CRS 实施指引》第 6.3 条规定，B 信托公司如果能够从 A 信托公司取得相关的书面确认，告知该信托的相关信息已经在 FATCA 下进行了申报，那么 A 公司则不需要再就同样的信息在开曼群岛进行申报。

需要注意的是，就 FATCA 下多重居民身份信托的信息申报问题，需要参考信托受托人所在国的具体规定。每个国家可能也存在其他的要求，如在英国，如果信托的所有受托人中，大部分或者全部受托人都属于英国税收居民，那么该信托属于英国的税收居民，应该在英国完成相关申报义务。但是如果只是一部分受托人属于英国税收居民，则该信托不属于英国税收居民，除非该信托的委托人也属于居住在英国的税收居民。①

2. CRS 下的处理

CRS 下的信息交换是多边模式，理论上只要信托的受托人都属于 CRS 参与国的税收居民，那么其账户持有人（如委托人或者受益人）的信息也都会申报到其相应国家政府。根据经合组织《CRS 文本释义》第 8 节第 4 段的解释，信托在一国构成税收居民，同时在另外一国也构成税收居民，那么如果与该信托相关的所有账户信息已经在该另一国进行了申报，则该信托不属于该国的税收居民，不需在该国进行 CRS 申报。但是由于各国的 CRS 需申报国名单可能存在不同，因此如果在该另外一国申报的信息不是所有的账户信息，只是部分的账户信息，那么该信托仍然属于该国的税收居民，需要完成相应的识别和申报义务。

例 5－1－3

李女士（中国税收居民）在 A 国（CRS 参与国）设立私人信托。该信托的委托

① 参见英国海关和税务总署（HMRC）《国际税收信息交换实施指引》第 400620 项规定。

人为李女士,信托的受托人为分别位于 A 国和 B 国(CRS 参与国)的持牌信托公司,信托的固定受益人分别为李女士的儿子(日本税收居民)和女儿(韩国税收居民)。假设该信托属于 CRS 下的投资机构,那么委托人李女士、受益人儿子和受益人女儿均为该信托的账户持有人。

依据 CRS 下的信托居民判定规则,该信托应同时属于 A 国和 B 国的税收居民,需要分别在 A 国和 B 国完成 CRS 账户识别和申报义务。

如果 A 国与 B 国所规定的 CRS 需申报国家名单一样(即都包含中日韩三国),那么不论该信托在 A 国还是 B 国申报,其所有的账户信息都会被申报,且都会被交换到中日韩三国。

但是,如果 A 国与 B 国所规定的 CRS 需申报国名单不同,例如 A 国是将中国和韩国列为需申报国,而 B 国只将韩国与日本列为需申报国,那么该信托需要同时在 A 国和 B 国进行申报。

第二节 信托属于金融机构的情形

信托属于 FATCA 和 CRS 下机构的范畴,理论上来说,基于其业务活动实质和持有的资产情况,可以被分类成任何一类金融机构。但在实践中,如果信托构成金融机构的定义,那么最为常见的金融机构类别应属投资机构。限于篇幅,本节集中讨论信托构成"被管理的投资机构"类金融机构的情形,对于以信托形式设立的集合投资工具(Collective Investment Vehicle)的相关 FATCA 和 CRS 合规问题将在本书第七章中讨论,本节不作涉及。

一、投资机构类信托的身份如何判定

不论信托协议如何规定相关当事方的权利义务,在 FATCA 和 CRS 下,判定其是否属于投资机构,尤其是"被管理的投资机构"类别时,都应当以"被管理的金融机构"定义以及构成要件为基础,具体的详细内容可参见本书第二章第一节的讨论。从信托的角度来看,FATCA 和 CRS 下对于其是否构成投资机构的规定有所不同。

(一)FATCA 下的身份判定

如本书第三章第一节所讨论,由于 FATCA 政府间协议、美国财政部 FATCA 实

施条例以及经合组织 CRS 都对投资机构做了定义,在不少离岸金融中心(如泽西岛、根西岛、马恩岛、英属维尔京群岛、开曼群岛、巴哈马和百慕大等),当地的 FATCA 实施法规允许金融机构根据其需要选择适用三类定义中任何一类。就被管理的投资机构来说,其定义中的判定条件主要围绕“被管理测试”和“收入测试”两项内容而展开。

1. 适用 FATCA 政府间协议的定义:“被管理测试”

如果适用 FATCA 政府间协议中有关被管理的投资机构的定义,那么只要信托满足了被其他金融机构专业管理的条件(“被管理测试”满足),即可被认定为被管理的投资机构。在实践中,信托满足“被管理测试”的常见情形包括:

(1)该信托的受托人属于金融机构;

(2)信托受托人委任具有任意授权的基金管理人来管理该信托的资产。

例 5-2-1

董总是美籍华人,其在开曼群岛设立 XYZ 信托,信托的委托人为董总本人,信托的受托人为英国的信托律师张先生(英国税收居民)且由张先生对该信托进行管理,信托的受益人为董总的儿子和女儿(均为中国香港地区税收居民)。该信托下持有的资产全部都属于金融资产,且该信托的全部收入都来源于相关金融资产交易所得。该信托并没有委任其他第三方管理人来管理信托资产。

那么,在 FATCA 政府间协议下判定该信托是否属于被管理的投资机构,首先应当看其是否满足了“被管理测试”。由于该信托的受托人为个人,并非金融机构,而且也没有其他第三方金融机构来管理该信托资产,那么“被管理测试”无法满足,该信托不属于投资机构。

例 5-2-2

接上例 5-2-1,其他信息都不变,只是该信托的受托人修改为泽西岛的一家持牌信托公司(金融机构)。那么此时“被管理测试”即被满足,在 FATCA 政府间协议下,该信托属于被管理的投资机构。

2. 适用美国财政部 FATCA 实施条例和 CRS 的定义:“被管理测试”和“收入测试”

如果适用美国财政部 FATCA 实施条例或者经合组织 CRS 下被管理的投资机构的定义,信托不仅要满足“被管理测试”,还需要满足“收入测试”,即近三个会计年度总收入的 50% 以上来源于金融资产的投资、再投资或者交易。

值得注意的是,在适用美国财政部 FATCA 实施条例或者经合组织 CRS 文件下投资机构概念时,泽西岛、根西岛、马恩岛、英属维尔京群岛和开曼群岛等地的 FATCA 本地法规对于“收入测试”的适用有更为明确的规定,即在判定该机构的主要收入是否来源金融资产时,应当考虑该收入的最终来源。例如,一个房地产信托可能会通过一家公司来间接持有不动产,而信托的收入来源是从该公司获得的股息分红。尽管此时房地产的收入是从公司以股息分红的形式获得,但是由于该收入的最终来源是不动产(非金融资产),因此“收入测试”无法满足,该房地产信托不属于投资机构。

(二)CRS 下的身份判定

在 CRS 下,判定信托是否属于被管理的投资机构,需要同时满足“被管理测试”和“收入测试”。但是需要注意的是,在适用“收入测试”时,对于收入的来源是否应当依据收入的最终来源来确定,CRS 下的处理方式与离岸金融中心在 FATCA 下的处理方式不同。

如前所述,一些离岸金融中心的 FATCA 实施法规要求信托在判定其是否满足“收入测试”时需要依据其最终来源判定该收入是否是来源于金融资产,但在 CRS 下,“收入测试”的判定只能依据信托的直接收入来源,而非最终的收入来源。如果信托通过一家公司间接持有不动产,那么信托的收入来源只能被认定为其所持有的该公司的股权权益收入或者分红(股权属于金融资产),而不考虑其最终的收入来源(非金融资产,即不动产)。[①]

例 5-2-3

王总(中国税收居民)在泽西岛设立了一个家族信托,该信托通过一家设立在英属维尔京群岛的离岸公司间接持有伦敦一套价值 150 万英镑的房产。该信托的委托人是王总,信托固定受益人为王总的两个儿子(均为中国税收居民)。受托人是泽西岛的一家持牌信托公司(金融机构)。

---

① 参见经合组织《CRS 问与答》(2017 年 4 月版)第 8 节第 5 个问题。

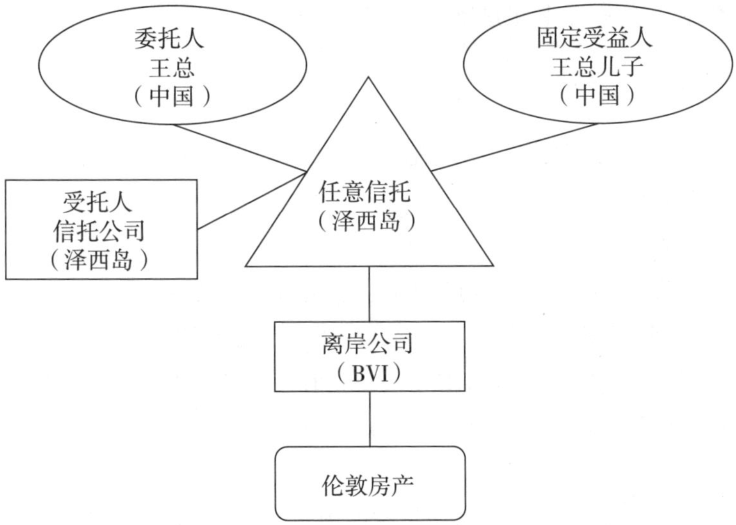

图 5－2－1

下面来分析该信托在 CRS 下是否满足了“被管理测试”和“收入测试”：

(1)“被管理测试”

由于该信托的受托人是一家金融机构，那么通常该信托即被认为满足了“被管理测试”的要求，即受到金融机构的专业管理。

(2)“收入测试”

在 CRS 下判定该信托收入时，并不需要考虑其最终来源，因此本例中，信托持有的资产即为该离岸公司的股权，而股权属于一类金融资产，那么也就说明该信托的所有收入都是来源于金融资产的“投资、再投资或者交易”，因此该信托满足了“收入测试”的要求。

综上，在 CRS 下，王总设立的该信托属于被管理的投资机构（即金融机构）。

二、投资机构类信托的账户持有人

在 FATCA 和 CRS 下，如果一个信托被分类成金融机构中的投资机构类别，那么其需要识别其账户持有人，也就是该投资机构的股权权益或者债权权益的持有人，看其是否属于特定美国人或者 CRS 需申报人。但与其他类金融账户，例如存款账户、托管账户或者具有现金价值的保险合同和年金合同来说，信托中所涉及的账户持有人很大的区别。

投资机构的账户持有人包括该投资机构股权权益持有人和债权权益持有人，

那么具体到信托上来说,其账户持有人包括:

(一)股权权益持有人

投资机构类信托的股权权益持有人通常为信托的委托人,受益人以及其他对信托实施最终有效控制的个人。

1. 信托的委托人

对于构成投资机构的信托来说,不论委托人在信托协议中所规定的权限如何,在 FATCA 和 CRS 下都应当做账户持有人处理。但是在实践中,有的时候信托协议不一定有规定明确的委托人或者委托人并非信托协议中明示的一方当事人,此时应当将转移资产到信托下面的个人作为账户持有人。

2. 信托的固定受益人

如果信托属于投资机构,那么该信托的固定受益人可以直接认定为信托的账户持有人(股权权益持有人)。

例 5-2-4

王先生(中国香港地区税收居民)在泽西岛设立一个私人信托,该信托通过设立在开曼群岛的离岸公司持有价值 1000 万美元的金融资产。根据信托协议,王先生的女朋友张小姐(中国税收居民)在其有生之年可以每个季度的最后一天从该信托下获得 5 万英镑的收益分配。那么在这个信托中,张小姐就属于信托的固定受益人,如果该信托在 CRS 下属于投资机构,则王先生和张小姐都为该信托的账户持有人。

3. 信托的任意受益人

不同于固定受益人的处理,任意受益人的受益权并非固定,而是通常由任意信托受托人根据信托协议的约定自由对任意受益人进行信托资产分配。此时,任意受益人只有在收到信托收益分配的当期才需要作为账户持有人对待。

例 5-2-5

董先生(中国税收居民)在开曼群岛设立一个任意信托,该信托下持有若干金融资产。信托的委托人为董先生,信托的受益人为董先生的儿子杰森(美国税收居民),信托受托人是开曼群岛当地一家持牌信托公司(金融机构)。

根据信托协议规定,信托受托人应当根据杰森在教育、就医以及成家立业等方面需要经济支持时,视情况向杰森分配信托收益。2×18 年 9 月,因为杰森读 MBA 需要学费,信托受托人向其分配了 30 万美元收益。

那么在该信托中,杰森即为该信托的任意受益人。如果该信托在 FATCA 和 CRS 下属于投资机构,那么杰森只有在收到信托收益的当期,才被当作是信托的账户持有人。在本例中,杰森应当在 2×18 年被当成是该信托的账户持有人(即投资机构的股权权益持有人),其相关信息应当在 2×19 年被申报给开曼群岛政府。如果 2×19 年,杰森没有收到信托收益分配,则在 2×20 年不需要申报其相关信息。

4. 其他对信托实施最终有效控制的个人

FATCA 政府间协议对于其他对信托实施最终有效控制的个人并没有做出明确规定,实践中应当依据具体的现实情况并结合信托居民所在国的本地 FATCA 实施法规来分析。尽管 FATCA 政府间协议规定不明确,但从理论上来说,信托委托人或者保护人如果属于对信托实施最终有效控制的人,那么也应当作为信托的股权权益持有人来对待。

在 CRS 下,经合组织在《CRS 实施手册》中明确规定①,其他对信托实施最终有效控制的个人至少应当包括信托受托人,此外还在《CRS 问与答》中规定②,如果一个信托属于投资机构,那么不论信托的保护人是否对信托实施最终有效控制,都必须当成信托的股权权益持有人对待。综合起来,也就是说,在 CRS 下,信托的受托人和保护人都应当作为信托的账户持有人来处理。

5. 股权权益持有人的"穿透"问题

FATCA 政府间协议对于投资机构类信托的账户持有人规定为"个人"③,对于账户持有人如果是"非个人"的情形并没有做出明确。但在 CRS 下,经合组织《CRS 实施手册》明确规定④,如果信托的账户持有人(委托人、受益人或者其他对信托实施最终有效控制的人)是机构,而非个人,那么此时应当"穿透"该机构,将该机构的实际控制人作为该信托的账户持有人。该"穿透"规则的适用与消极非金融机构的"穿透"规则一样,相关实际控制人的识别概念应当与 FATF 2012 年反洗钱《建议 10》中"受益所有人"的概念保持一致。

---

① 参见经合组织《CRS 实施手册》第 214 段规定。

② 参见经合组织《CRS 问与答》第 8 节 D 段第 6 个问题的解释。值得一提的是,在实践中,经合组织对于投资机构类信托的保护人,不论其是否对信托实施最终有效控制都一律当成账户持有人来对待的做法存有争议,认为该处理规则与《CRS 文本》和《CRS 文本释义》中规定的只有对信托实施有效控制的其他人才会被当做账户持有人的情形相矛盾。并且《CRS 问与答》的法律效力是否在 CRS 下相关国际法律条约中得到认可仍存疑问。

③ 参见 FATCA 政府间协议模式一(模板)第 1 条第 1(v)项规定。

④ 参见经合组织《CRS 实施手册》第 214 段规定。

例 5 -2 -6

金总(中国税收居民)是北京的一家房地产开发企业老板,其在马恩岛设立了 XYZ 信托,通过该信托持有价值 400 万英镑的金融资产。根据信托协议,信托的委托人为金总在百慕大群岛的公司 A 公司(金总是该公司的实际控制人),受托人是马恩岛当地一家私人银行 B 银行(属于金融机构身份),信托的固定受益人为金总设立在泽西岛的 C 公司,C 公司由金太太和金总的儿子杰克(均为澳大利亚税收居民)共同控制。

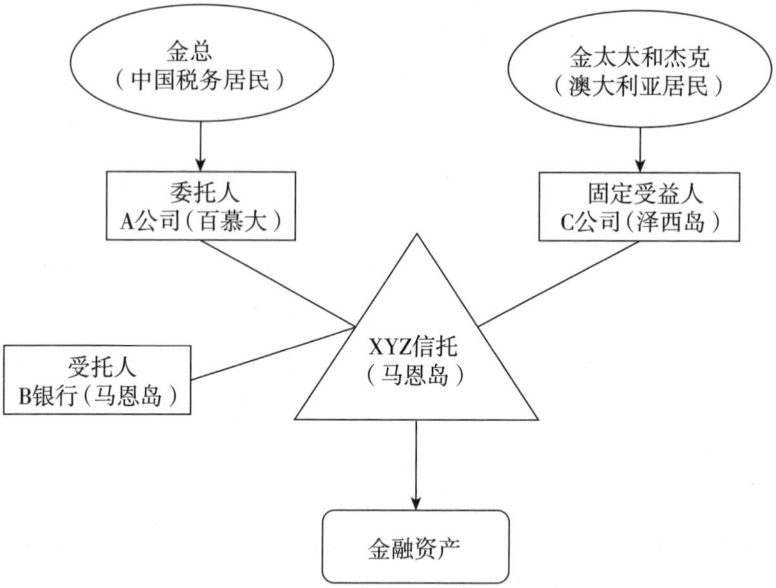

图 5 -2 -2

假设 XYZ 信托在 CRS 下属于投资机构,那么在 CRS 下该信托的股权权益持有人应当为:

(1)委托人

金总作为该信托的委托人,应当属于信托的账户持有人。

(2)固定受益人

由于信托固定受益人并非个人,而是一个机构(C 公司),那么此时不能直接将该公司作为信托的账户持有人,而应当将该 C 公司"穿透",识别 C 公司的实际控制人。本例中,C 公司的实际控制人为金太太和杰克,因此金太太和杰克均属于该信托的账户持有人。

(3)受托人

如前所述,经合组织文件要求将信托受托人作为"其他对信托是实施最终有效控制的人”来对待,因此受托人也属于信托的账户持有人。但是本例中,受托人为一家机构(B 银行),因此应当将 B 银行“穿透”,识别其实际控制人,如果没有人对该银行进行最终的实际控制,那么通常可将该银行的高管当作是实际控制人对待。需要注意的是,这种做法在实践中遭到金融行业的质疑,因为显然,该银行作为离岸专业服务机构,在 XYZ 信托中并没有实际的权益存在,因此不应当将其当做股权权益持有人处理,将其高管识别和申报显然没有实质意义。

(二)债权权益持有人

在实践中,信托委托人或者其他与信托相关联的机构与信托之间时常存在借款的情形。有关债权权益持有人的识别问题,FATCA 政府间协议和美国财政部 FATCA 实施条例,以及经合组织 CRS 相关文件并没有做出规定,实践中参照各国自己的法律来确定债权的概念,以及债权权益持有人的概念。

例 5-2-7

董总在开曼群岛设立一个任意信托。根据信托协议,该信托的委托人为董总本人,信托受托人为开曼群岛当地一家持牌信托公司,信托的任意受益人为董总和董太太。该信托下持有价值 400 万美元的金融资产。2×18 年,该任意信托从董总在马恩岛设立的 ABC 离岸公司借入 100 万美元的长期无息贷款。假设该信托在 FATCA 和 CRS 下属于投资机构,那么该 ABC 离岸公司属于该投资机构的债权权益持有人,即金融账户持有人,因此该信托需要识别 ABC 离岸公司的 FATCA 和 CRS 身份,如果 ABC 离岸公司属于消极非金融机构,那么其实际控制人也需要识别。

三、投资机构类信托的简化申报方式

由于信托特殊的法律形式,如果其构成投资机构,那么在 FATCA 和 CRS 下,其可以通过简化的尽职调查和申报方式完成所规定的合规义务。

(一)FATCA 下的简化申报方式

结合 FATCA 政府间协议的规定,如果信托属于投资机构范畴,那么可以通过以下程序选择适用相应的简化申报方式:

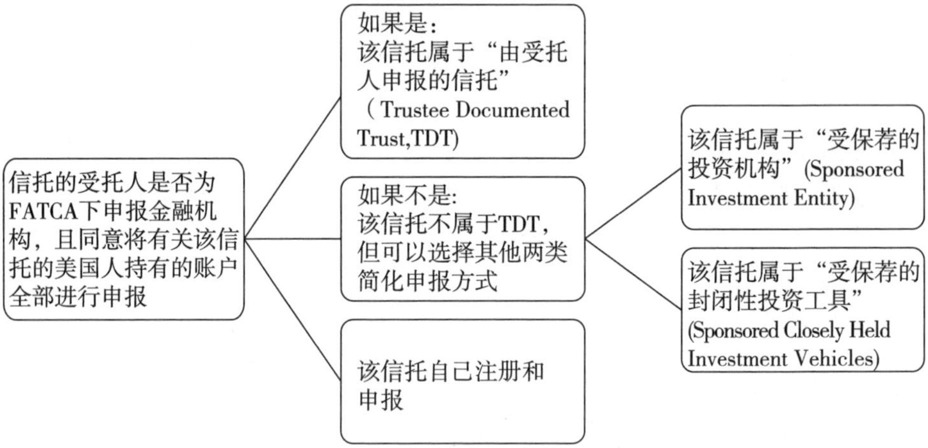

图 5－2－3

有关“由受托人申报的信托”,“受保荐的投资机构”以及“受保荐的封闭性投资工具”三类简化申报制度的介绍,请参见本书第二章第三节“FATCA 下豁免金融机构”的介绍规定。具体到信托上来说,这三类简化的申报方式又有具体的不同合规要求。

1. 由受托人申报的信托(Trustee Documented Trust,TDT)

一个信托如果属于 TDT,那么其在 FATCA 下属于豁免申报的金融机构,具体为“经认证的视同合规外国金融机构”。该信托自己不需要在美国国税局注册,也不需要获得自己的 GIIN。但是要想利用 TDT 的简化申报方式,必须达到以下条件:

(1)该信托被分类成投资机构;

(2)该信托的受托人属于需申报的美国金融机构、需申报的模式一国家的金融机构或者参与国 FATCA 合规的外国金融机构;

(3)该信托的受托人将会申报有关该信托下的所有美国账户持有人的信息。

在 TDT 制度下,信托受托人应当在美国国税局注册(获得 GIIN),且需要代表信托完成所有的 FATCA 下的尽职调查和信息申报义务。

2. 受保荐的投资机构(Sponsored Investment Entity)

对于构成投资机构的信托来说,其也可以选择通过“受保荐的投资机构”来完成 FATCA 下尽职调查和信息申报义务。信托作为“受保荐的机构”(Sponsored Entity),通过委托“保荐机构”(Sponsoring Entity)来完成 FATCA 下所有与投资机构相关的尽职调查和信息申报义务。具体有关受保荐的投资机构的讨论请参见本书

第二章第三节“FATCA 下的豁免金融机构”。

受保荐的投资机构与由受托人申报的信息在实际的合规效果上是一样的，都是将信托的 FATCA 合规义务通过法定的方式“转移”给了其他相关方（即信托受托人或者保荐机构）。但需要注意的是，在 TDT 制度下，作为投资机构的信托属于“经认证的视同合规金融机构”，其本身并不需要在美国国税局注册并获得 GIIN，在填写相关税收身份自我声明（例如美国国税局 W－8 系列表格）时，只需提供信托受托人的 GIIN 即可。但是，如果信托选择“保荐制度”（Sponsoring Regime）来完成 FATCA 合规，那么作为受保荐投资机构的信托，其在 FATCA 下属于“已注册的视同合规金融机构”，也就是说信托本身仍然需要在美国国税局注册并获得 GIIN，在填写相关税收身份自我声明时，需要提供信托自己作为受保荐机构的 GIIN。

3. 受保荐的封闭性投资工具（Sponsored Closely Held Investment Vehicles）

受保荐的封闭性投资机构由受保荐的投资机构概念衍生出来，二者所要求的条件也非常类似。但是，并非所有构成投资机构身份的信托都可以选择成为受保荐的封闭性投资工具，因为要想成为受保荐的封闭性投资工具，其在满足受保荐的投资机构类相关要求以外，该信托还必须是属于关联方之间的投资机构（如以信托形式存在的投资基金），且该信托的所有股权权益或者债权权益（如信托基金份额等）由不超过 20 位个人持有。

构成受保荐的封闭性投资工具的信托在 FATCA 下属于“经认证的视同合规金融机构”（与 TDT 类似），信托本身不需要在美国国税局注册并获得 GIIN，且所有的 FATCA 尽职调查和信息申报义务都由“保荐机构”来完成。具体有关“受保荐的封闭性投资工具”的讨论请参见本书第二章第三节“FATCA 下的豁免金融机构”。

4. 委托第三方服务提供商（Third Party Service Provider）

在 FATCA 下[①]，信托可以委托第三方服务提供商（如咨询事务所等专业机构）来履行信托作为投资机构应当完成的尽职调查和信息申报义务，但是该模式不属于上述三类简化申报模式中的任何一类，且相关的合规法律责任仍应当由信托（通常为信托受托人）来承担。需要注意的是，如果信托选择了 TDT 或者受保荐制度等简化申报模式，TDT 下的信托受托人和保荐制度下的保荐机构也可以委托第三方服务提供上商来完成相关 FATCA 合规义务。

---

① 可参见 FATCA 政府间协议第 5 条第 3 款之规定。

例 5－2－8

美籍华人王总在开曼群岛设立了 XYZ 个人信托,该信托的受托人为开曼群岛当地一家持牌信托公司 A 公司(属于金融机构)。假设 XYZ 信托在 FATCA 下属于投资机构。那么 XYZ 信托作为投资机构需要在 FATCA 下完成的合规义务可以通过以下简化方式来完成:

通过 TDT 方式:由信托受托人 A 公司来履行该 XYZ 信托的所有 FATCA 尽职调查和信息申报义务。此时,A 公司需要在美国国税局注册并获得其作为 TDT 受托人的 GIIN,但是不需要注册 XYZ 信托。A 公司直接将 XYZ 信托相关的需申报的账户信息申报给开曼群岛政府即可。

通过保荐的方式:由信托受托人 A 公司或者其他符合要求的金融机构来作为保荐机构,以完成 FATCA 下该 XYZ 信托作为投资机构的所有合规义务。此时,A 公司或者其他金融机构需要在美国国税局注册并且获得其保荐机构身份的 GIIN,同时还需要将该信托(受保荐机构)进行注册并获得信托作为被保荐机构身份的 GIIN。保荐机构直接将 XYZ 信托相关的需申报的账户信息申报给开曼群岛政府即可。

(二)CRS 下的简化申报方式

在 CRS 下并不存在所谓的保荐制度。如果一个信托属于投资机构,那么信托唯一可以选择的简化申报方式就是“由受托人申报的信托”,即 TDT。经合组织《CRS 文本释义》[①]中对于 CRS 下由受托人申报的信托进行了比较详细的说明。由受托人申报的信托在 CRS 下属于豁免申报的金融机构一类,其作为投资机构的所有 CRS 合规义务都由信托受托人来完成。

与 FATCA 下的做法一样,信托在 CRS 下也可以委托第三方服务提供商来完成相关的 CRS 合规义务,但是其最终的合规法律责任应当由信托(通常为受托人)来承担。

四、离岸信托附属公司的特殊处理

对于设立在离岸金融中心(如泽西岛、开曼群岛,百慕大群岛等)的信托来说,其实践中比较常见的一种架构模式就是在信托下再设立一个或者多个附属公司

① 参见经合组织《CRS 文本释义》第 8 节第 55 段内容。

(Underlying Company),通过附属公司来持有信托下的各类资产。在此类架构中,信托和信托的附属公司通常都是由信托受托人来统一进行管理。在 FATCA 和 CRS 下,对于此类离岸信托的附属公司的处理,一些离岸金融中心的本地法律也做出了特殊的规定。

(一)FATCA 的特殊处理

在 FATCA 下,就离岸信托附属关联公司的特殊处理有明确的规定包括英属维尔京群岛、开曼群岛、巴哈马、根西岛、泽西岛和马恩岛等国家和地区。根据这些地方的 FATCA 实施法规,一个信托如果属于豁免申报的金融机构,例如,属于由受托人申报的信托(TDT),那么该信托附属的关联公司也可以直接被定性为豁免申报的金融机构。在这种情况下,信托的受托人将统一完成该信托以及其相关附属公司的 FATCA 合规义务,且信托和相关附属公司均不需要在美国国税局注册并获得 GIIN[①]。

例 5-2-9

2×18 年,李总(美国税收居民)在开曼群岛设立了 XYZ 信托。根据信托协议,该信托的委托人为李总,任意受益人为李总和李总的妻子王总(美国税收居民),信托的受托人为开曼群岛的一家持牌信托公司(金融机构)。

XYZ 信托 100% 持有 A 公司、B 公司和 C 公司三个不同的离岸公司,均设立在英属维尔京群岛,且都从事金融资产的投资、再投资和交易的业务。截至 2x18 年 12 月 31 日,ABC 三个公司所持有的金融资产价值均为 150 万美元。开曼信托公司委托位于新加坡的某投资顾问公司(开曼信托公司的关联公司,也属于金融机构)对 XYZ 信托、A 公司、B 公司和 C 公司下资产进行全权投资管理。

XYZ 信托和 ABC 三个公司都属于 FATCA 下的投资机构类别。

那么为了完成信托和其三个附属公司的 FATCA 合规义务,该信托可以通过 TDT 模式委托开曼信托公司来完成。此时信托属于 FATCA 下的豁免申报金融机构,且不需要在美国国税局注册和获得 GIIN。

A、B 和 C 三个公司作为信托的附属公司也可以参照信托的处理模式,被分类

---

① 在实践中,如果有需要,信托的相关附属公司也可以在美国国税局注册并获得 GIIN,以便于在与其他金融机构的业务往来中,证明自己属于金融机构类别。同时,不同国家对于该附属公司的设立地可能有具体要求,例如泽西岛的 FATCA 实施法规要求附属公司设立在英属皇冠属地才可以适用该特殊处理方式。

成豁免申报金融机构，相关合规义务也都由开曼信托公司来完成，且不需要在美国国税局注册和获得 GIIN。

（二）CRS 下的特殊处理

在 CRS 下，由于各国均参照经合组织发布的统一报告准则来制定相应的本国 CRS 实施法规，而经合组织在所有的 CRS 文件中并没有规定有关信托附属公司的特殊处理情形，所以通常各国的 CRS 法规并没有涉及这个问题。就笔者所了解，在全球著名的各离岸金融中心中，只有百慕大群岛在其本地的 CRS 实施指引①中明确规定，“由受托人申报的信托”之信托架构中的所有附属关联公司均应当由信托的受托人来完成 CRS 下的合规义务。

五、投资机构类信托的信息申报

如果一个信托属于投资机构，那么其需要将由特定美国人和 CRS 需申报人持有的账户信息申报给相应的主管当局。如本书第四章中所讨论的相关账户信息申报问题一样，信托作为投资机构，需要申报的账户持有人信息包括：

（一）账户持有人的身份识别信息

具体包括姓名、地址、税收居民所在国、纳税人识别号、出生日期和出生地点等。

（二）账户识别信息

具体包括账户号码和信托的名称以及信托的识别号码。由于信托账户的特殊性，通常不一定像存款账户那样会给每一个账户持有人分配一个账户号码，此时信托可以将其他的可以用来识别其股权或者债权权益持有人的特殊号码作为账户号码。

（三）账户财务信息

账户财务信息包括账户余额或价值以及账户的收入等信息。对于投资机构类信托，不同的账户持有人，根据其在信托中的经济利益关系的不同，所需要申报的账户余额或价值以及账户的收入信息会不同。经合组织《CRS 实施手册》之表七对此做了汇总列式，笔者结合该表和 FATCA 下处理规则进行了如下整理表 5-2-1：

① 参见百慕大群岛政府 2017 年 4 月发布的 CRS 实施指引第 17 页第 2 段规定。

表 5-2-1

<table>
<tr><th>账户持有人</th><th>账户余额或价值</th><th>账户收入</th></tr>
<tr><td rowspan="2">委托人</td><td>信托资产全部价值。</td><td>申报当期支付给或者计入委托人的收入或者收益分配。</td></tr>
<tr><td colspan="2">注意：
通常来说，FATCA 和 CRS 下委托人的账户余额或价值都为该信托资产的全部价值，不需要考虑该委托人是否有权撤销该信托；是否有权变更信托受益人；或者是否同时属于信托受益人的情形。但是在某些国家（例如英属维尔京群岛、开曼群岛、百慕大群岛、巴哈马、根西岛、泽西岛或者马恩岛）的 FATCA 实施指引还规定，如果信托协议明确规定委托人不得从信托受益，那么该委托人的账户余额或价值应当为零，账户收入也应当为零。
值得一提的是，新加坡的 FATCA 和 CRS 的实施指引①对于排除在受益权之外的委托人的处理进一步细分为可撤销信托（Revocable Trust）和不可撤销信托（Irrevocable Trust）两种情形：在可撤销信托中，如果委托人被排除在信托受益权之外，那么该委托人所持有股权权益的账户价值应为全部信托资产的价值；但在不可撤销信托中，如果委托人被排除在信托受益权之外，那么该委托人所持有股权权益的账户价值应为零。</td></tr>
<tr><td>固定受益人</td><td>信托资产全部价值。</td><td>申报当期支付给或者计入固定受益人的收入或者收益分配。</td></tr>
<tr><td>任意受益人（受益当期以及此后的申报期，除非该任意受益人被移除②）</td><td>零。</td><td>申报当期支付给或者计入任意受益人的收入或者收益分配。</td></tr>
<tr><td>其他实施最终有效控制的人（在 CRS 下直接包括信托受托人和保护人，FATCA 政府间协议对此不明确，需参见具体国家 FATCA 法规）</td><td>信托资产全部价值。</td><td>申报当期支付给或者计入该控制个人的收入或者收益分配。</td></tr>
</table>

① 参见新加坡税务局 2015 年 11 月 17 日发布的 FATCA 实施指引（电子版）（第二版）（Compliance Requirements of the Singapore – US Intergovernmental Agreement on FATCA）第 5.13.11 条规定和 2016 年 12 月 7 日首次发布的有关 CRS 实施的问与答（IRAS FAQs on the Common Reporting Standard）第 F9 条规定。

② 根据经合组织 2017 年 4 月发布的《CRS 问与答》第 1 节第 6 个问题解释，如果一个任意受益人在某个申报期收到了信托收益分配，那么该任意受益人应该在当期被当做账户持有人，并且在此后的每一个申报期内都应当被作为账户持有人对待，即使在后续的相关申报期内，该任意受益人没有收到信托收益分配，除非该任意受益人从信托受益人名单中永久性移除。但是在实践中，由于《CRS 问与答》并非一国的直接立法，只是经合组织给各 CRS 参与国的实施建议，所以有的国家金融机构并未严格按照该规定来执行，对于任意受益人在申报期内没有受益的，则不被当成是账户持有人来处理。

续表

账户持有人	账户余额或价值	账户收入
债权人	债务本金	申报当期支付给或者计入债权人的收入(包括偿还的本金)或者收益分配(通常为利息)。
账户关闭(例如委托人或者受益人死亡①,或者受益人从受益人名单中被移除。)	FATCA 下: 账户关闭前该账户的余额或价值; CRS 下: 账户关闭的事实(不需报送账户余额和价值)。	该账户在关闭前的申报期内支付给或者计入账户持有人的收入或者收益分配。②

(四)举例讨论

1. 案例背景介绍

李总(39 岁,美籍华人,美国税收居民)是中国某民营企业老板。其有两个双胞胎儿子,名为杰克和杰森,均为加拿大税收居民。2×07 年离婚以后一直与张小姐(中国税收居民)同居,但是二人并未结婚。

在律师和税务顾问的建议下,李总 2×18 年在英属泽西岛设立了 XYZ 信托。XYZ 信托下分别 100% 持有两家设立在英属维尔京群岛的离岸公司 A 公司和 B 公司。A 公司持有金融资产,B 公司持有伦敦市中心高档公寓一套,对外出租。

根据信托协议,信托相关当事人及保护人分别为:

委托人:李总;

受托人:SBB 银行泽西岛分行(金融机构身份);

固定受益人:张小姐;

任意受益人:杰克和杰森;

保护人:李总的表哥王总(中国税收居民)。

该信托架构(包括信托和信托附属离岸公司)由 SBB 银行新加坡分行(属于金融机构身份)全权进行专业投资管理。在信托资产的分配安排上,张小姐在其有生

① 参见经合组织 2017 年 4 月发布的《CRS 问与答》第 1 节第 8 个问题解释。

② 需要注意的是,经合组织《CRS 实施手册》之表七中只规定了信托账户关闭时需申报账户关闭事实即可,但是根据 2017 年 4 月发布的《CRS 问与答》第 1 节第 8 个问题的解释,信托账户关闭不需要申报关闭前账户余额或价值,但是需要申报该账户关闭的事实,同时还需要将该信托账户在关闭之前的申报期内收到的任何信托收益分配信息。实践中,各 CRS 实施国均要求信托账户关闭时申报账户关闭前的信托收益分配信息。

之年,每个日历年度 6 月 30 日可从信托享受 15 万美元的固定收益分配(伦敦房产的年度出租收入)。信托受托人应当根据杰克和杰森的合理需求(如教育、就医、成家等)向二人平等分配信托资产收益。李总将来去世后,全部信托资产应平均分配给杰克或杰森(或者其合法继承人)。

2×19 年 12 月 31 日该信托架构的资产持有情况如下:

A 公司持有的金融资产之市场公允价值为 950 万美元;

B 公司持有的伦敦房产的市场公允价值为 250 万美元;

XYZ 信托在泽西岛 QBB 银行持有存款账户,账户余额为 150 万美元。

2×19 年该信托架构的资产分配情况如下:

2×19 年 6 月 30 日张小姐收到信托收益分配 15 万美元;

2×19 年 9 月 1 日,杰克和杰森分别从信托收到 10 万美元的收益分配,供其大学教育开支。

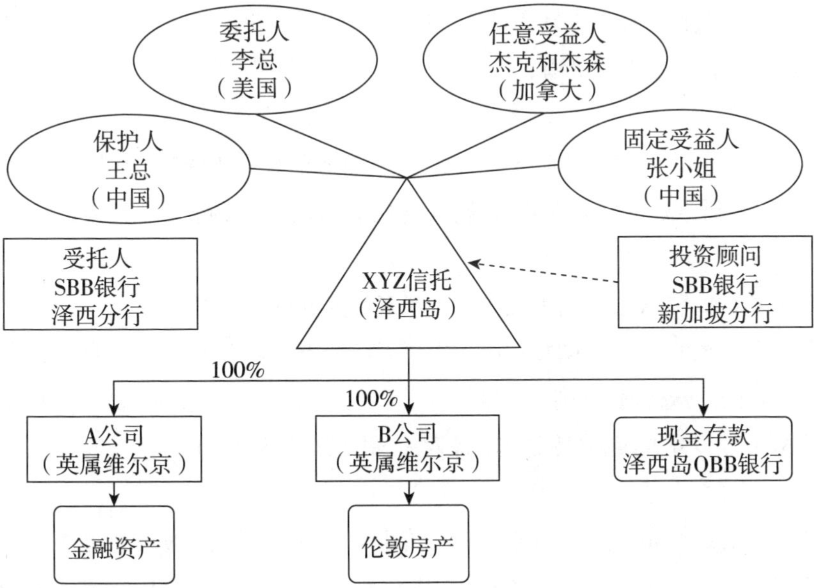

图 5-2-4

2. 案例分析

假设泽西岛与中国已经建立 CRS 下的信息交换伙伴关系,那么 2x19 年度该信托架构在 FATCA 和 CRS 下哪些信息会被披露呢?以下分步骤来解析。

第一步:识别信托架构中的机构以及对应的合规身份

在该信托架构中,有 XYZ 信托,A 公司和 B 公司三个机构,那么在 FATCA 和

CRS 下,三个机构的合规身份应当分别为:

(1)XYZ 信托

XYZ 信托在 FATCA 和 CRS 下都应属于"被管理的投资机构"。理由如下:

XYZ 信托受到另外一家金融机构 SBB 银行新加坡分行的专业投资管理,即可以满足投资机构判定标准中的"被管理测试"。

根据 2×19 年该信托的资产持有情况判断,其超过 50% 的资产为金融资产,因此可以满足投资机构判定标准中的"收入测试"。

由于 XYZ 信托的受托人也是金融机构,因此 XYZ 信托可以选择通过"由受托人申报的信托"(TDT)来完成 FATCA 和 CRS 下申报义务,所有的合规义务由受托人 SBB 银行泽西分行来完成。那么,XYZ 信托在 FATCA 和 CRS 下属于豁免申报金融机构,具体来说应为:

FATCA 下:经认证的视同合规外国金融机构。(信托无须在美国国税局注册并获得 GIIN,但是受托人 SBB 银行泽西分行应注册并获得其受托人身份的 GIIN)。

CRS 下:非申报金融机构。

(2)A 公司

A 公司在 FATCA 和 CRS 下都应属于"被管理的投资机构"。理由与 XYZ 信托类似,因为受到金融机构的专业管理,同时也能满足"收入测试"(其持有的全部都是为金融资产)。

在 FATCA 下,A 公司需要在美国国税局注册并获得 GIIN。

但需要注意的是,在 FATCA 下,A 公司无法适用本节第四部分所讨论的"离岸信托附属公司的特殊处理"规则而直接将 A 公司判定为豁免申报金融机构,因为 A 公司和 B 公司并非设立在英属皇冠属地(泽西岛、根西岛和马恩岛)[①]。

(3)B 公司

B 公司受到 SBB 银行新加坡分行的专业管理,因此满足"被管理测试",但是其持有全部都是不动产(非金融资产),因此无法满足"收入测试"。在 FATCA 和 CRS 下,B 公司应当属于非金融机构[②]。同时由于 B 公司 100% 的收入都来源于不动产的收益(租金),且不属于其他类积极非金融机构的类别(如上市公司关联公司

---

① 参见泽西岛政府《FATCA 实施指引》第 7.11 节规定。

② 注意,由于 B 公司满足了"被管理测试",如果其使用 FATCA 政府间协议的投资机构定义,仍可判定为投资机构。但是出于 FATCA 和 CRS 下统一处理与合规方便的考虑,实践中通常直接适用美国财政部 FATCA 实施条例和 CRS 下的投资机构定义。

等），因此可直接将 B 公司判定为消极非金融机构。

总结起来，XYZ 信托、A 公司和 B 公司的 FATCA 和 CRS 合规身份见下表：

表 5 – 2 – 2

机构	FATCA 合规身份	CRS 合规身份
XYZ 信托	经认证的视同合规外国金融机构	非申报（豁免申报）金融机构
A 公司	投资机构（被管理的投资机构）	投资机构（被管理的投资机构）
B 公司	消极外国非金融机构	消极非金融机构

第二步：确定 XYZ 信托、A 公司和 B 公司的账户信息申报义务

（1）XYZ 信托

由于 XYZ 信托适用“由受托人申报的信托”方式来完成 FATCA 和 CRS 合规义务，因此 SBB 银行泽西分行应当识别 XYZ 信托的金融账户是否属于 FATCA 和 CRS 下的需申报情形。

①FATCA 下

在信托的所有相关当事人中，只有委托人李总属于特定美国人，因此其作为信托的股权权益持有人，其账户信息应当在 FATCA 下被申报。具体应当申报的个人识别信息和财务信息见下表：

表 5 – 2 – 3

FATCA 需申报信息	李总（委托人）
姓名	李 × ×
住址	美国华盛顿州 × × ×
纳税人识别号	× × × – × × – × × × ×
账户号码	识别委托人的编码，如 XYZ001
账户余额或价值	1350 万美元
账户收入	0

②CRS 下

在信托的所有当事人中，信托保护人、固定受益人和任意受益人等均属于 CRS 下需申报人，因此相对应的股权权益账户需要在 CRS 下被识别和申报。具体应当申报的个人识别信息和财务信息见下表：

表 5-2-4

CRS 需申报信息①	李总——委托人	王总——保护人	张小姐——固定受益人	杰克——任意受益人	杰森——任意受益人
姓名	李××	王××	张××	杰克	杰森
住址	美国华盛顿州×××	中国北京市×××	中国广东省×××	加拿大蒙特利尔×××	加拿大蒙特利尔×××
税收居民所在国	美国	中国	中国	加拿大	加拿大
纳税人识别号	×××-××-××××	×××	×××	×××	×××
出生日期	19××-××-××	19××-××-××	19××-××-××	19××-××-××	19××-××-××
出生地点	中国北京	中国上海	中国广州	加拿大魁北克省×××	加拿大魁北克省×××
账户号码	XYZ001	XYZ002	XYZ003	XYZ004	XYZ005
账户余额或价值	1350 万美元	1350 万美元	1350 万美元	0	0
账户收入	0	0	15 万美元	10 万美元	10 万美元

(2)A 公司

A 公司在 FATCA 和 CRS 下属于投资机构,需要识别其股权权益或者债权权益持有人,即其 100% 的股权持有人 XYZ 信托。但是由于 XYZ 信托本身属于豁免申报金融机构,因此 A 公司不需对其账户持有人 XYZ 信托进行尽职调查,也没有任何信息申报的义务。

(3)B 公司

B 公司不属于金融机构,没有尽职调查和信息申报的合规义务。

第三节　信托属于消极非金融机构的情形

如果一个信托在 FATCA 和 CRS 下不属于金融机构,则为非金融机构。根据其

① 如前所述,按照经合组织《CRS 实施手册》的规定,信托受托人应当作为账户持有人对待,且应当穿透机构信托受托人,将其实际控制人作为账户持有人来申报。但是该做法存在很大争议,由于缺乏明确的法律依据,实践中一些金融机构受托人并没有严格参照《CRS 实施手册》的规定操作。

自身的业务活动,非金融机构类信托又可以进一步区分为消极非金融机构和积极非金融机构。由于实践中,直接通过设立信托来从事积极经营活动的情形并不常见,因此本节集中讨论消极非金融机构类信托的 FATCA 合规和信息披露规则。

一、如何确定消极非金融机构类信托账户是否需申报

如本书第二章中所讨论,FATCA 和 CRS 下消极非金融机构属于积极非金融机构的除外概念,所以对于一个不属于金融机构的信托来说,如果其不满足积极非金融机构的概念,那么就应当被判定为消极非金融机构。

作为消极非金融机构的信托,其本身并没有任何 FATCA 和 CRS 下的尽职调查和信息申报义务,但是如果消极非金融机构类信托在其他的金融机构持有账户,那么该信托作为账户持有人会被该其他金融机构识别,以判定该信托持有的账户是否属于需申报账户,从而进一步确定相关的账户信息申报义务。

在 FATCA 和 CRS 下,判定一个消极非金融机构类信托持有的账户是否属于需申报的账户有以下两条标准:

(一)信托是否为特定美国人或者 CRS 需申报人

作为机构账户持有人,如果信托本身就属于特定美国人或者 CRS 需申报人(即信托税收居民所在国位于 CRS 需申报国),那么该账户即属于需申报账户,管理该账户的金融机构应当将该账户信息进行收集和申报。信托的税收居民身份判定问题具体请参见本书第三章第五节内容。

(二)信托的实际控制人是否属于特定美国人或者 CRS 需申报人

对于消极非金融机构类信托[①],除了需要判定该信托(作为机构账户持有人)是否属于特定美国人或者 CRS 需申报人以外,还应当将该信托“穿透”以识别其实际控制人是否属于需申报的情形。如果消极非金融机构类信托有一个或者多个实际控制人属于特定美国人或者 CRS 需申报人,那么该信托账户属于需申报账户。

---

① 需要注意的是,在 FATCA 下,伙伴国金融机构如果识别出机构账户的持有人是特定美国人(如美国税收居民企业),那么直接将该账户当成 FATCA 需申报账户处理即可,而不需要判定该特定美国人是否为消极非金融机构,因为在 FATCA 下,只有外国非金融机构(Passive NFFE)才存在判定是否需要穿透的问题。这与 CRS 下的处理规则不同,CRS 下不管持有账户的消极非金融机构位于哪个国家,管理账户的金融机构都需要将其“穿透”识别其实际控制人。

二、如何识别消极非金融机构类信托的实际控制人

如果一个信托属于消极非金融机构,那么其需要被“穿透”以识别其实际控制人。如本书第二章第四节中所讨论,FATCA 和 CRS 下消极非金融机构的实际控制人的识别规则应当参照金融行动特别工作组(FATF)相关建议和释义中有关“受益所有人”的规则来进行。具体到信托上来说,其实际控制人应当包括:

(一)委托人

如果一个信托是消极非金融机构,那么不管该信托是否属于可撤销信托,也不管信托委托人对该信托有何种权利,都应当将该委托人当成是消极非金融机构类信托的实际控制人处理。

(二)固定受益人

对于固定受益人来说,不论其在信托资产中享有的权益比例多大,都应当一律当成是信托的实际控制人对待。需要注意的是,与消极非金融机构类公司的实际控制人判定规则不同,这里面并没有 25% 的门槛比例要求。

(三)任意受益人

在前面一节讨论了任意受益人作为账户持有人的问题,其判定规则就是在任意受益人收到信托收益当期被认定为是投资机构类信托的账户持有人。但是在信托属于消极非金融机构的情况下,原则上只要是信托协议中已经明确列式的任意受益人都应当作为实际控制人来处理①。但是从方便金融机构合规的角度,经合组织在《CRS 实施手册》②中规定,CRS 实施国家可以允许金融机构将投资机构类信托中账户持有人的判定规则与消极非金融机构类信托的实际控制人的判定规则进行统一,均以任意受益人是否收到信托收益作为判定标准,但是要求金融机构有适当的流程措施保证信托在对任意受益人进行收益分配时,金融机构能够及时知晓并且对相关任意受益人进行识别。

---

① 参见《打击洗钱、恐怖资助与扩散融资的国际标准:FATF 建议》(2012 年 2 月版)第 62 页第 3 段内容。http://www.fatf-gafi.org/media/fatf/documents/recommendations/pdfs/FATF_Recommendations.pdf,最后访问日期:2017 年 10 月 5 日。

② 参见经合组织《CRS 实施手册》第 229 段规定。

此外对于群体受益人(Beneficiary Class)来说,由于信托协议只列明了受益人群体,并没有具体规定受益人的身份,因此金融机构应当在实际向群体受益人进行信托收益分配或者群体受益人行使受益权时对其进行识别和认定,并在识别当期作为实际控制人对待。例如,某遗嘱信托协议只规定了受益人为委托人的孙子女,这其中孙子女就是群体受益人,只有当信托受托人对具体的孙子女进行收益分配或者孙子女行驶信托受益权时,才需要将其进行识别,并作为实际控制人处理。

(四)保护人

与投资机构类信托之账户持有人的处理不同,保护人是否一定属于投资机构类信托的账户持有人并没有明确的规定,通常的做法是,如果该保护人属于“其他对信托实施最终有效控制的个人”,那么该保护人应当作为信托的账户持有人对待①。但是在消极非金融机构类信托下,保护人直接可以当成是信托的实际控制人,而不用考虑该保护人是否对该信托实施最终有效控制。

(五)受托人

对于投资机构类的信托,受托人是否直接可以当成是“其他对信托实施最终有效控制的人”并不明确,通常的做法类似于保护人,即如果受托人对该信托实施最终有效控制,那么该受托人属于信托的账户持有人。但是在消极非金融机构类信托下,信托受托人应当直接当成是信托的实际控制人来对待,不需要考虑该受托人是否对该信托实施最终有效控制。

(六)信托当事方属于机构情形的特殊处理

如果信托的当事方,如委托人、受益人、保护人或者受托人属于机构,那么与投资机构类信托的处理方式相同,管理金融账户的金融机构应当对这些机构进行“穿透”,将对信托实施最终有效控制的个人进行识别,并将其当成是信托的实际控制人。

例 5-3-1

A 公司设立于英属维尔京群岛,在 CRS 下属于消极非金融机构,其在瑞士 SBB 银行持有 1500 万美元现金存款。A 公司分别由 X 信托和 Y 信托持有,X 信托的持

---

① 参见第 163 页注释②的内容。

股比例为 80%,Y 信托的持股比例为 20%。

X 信托的委托人为赵总,受托人为 B 公司。B 公司由孙总 100% 持有。X 信托的固定受益人为李总和 C 公司。C 公司由王总 100% 持有。Y 信托的委托人为董总,受托人为苏总,固定受益人为陈总和郑总。

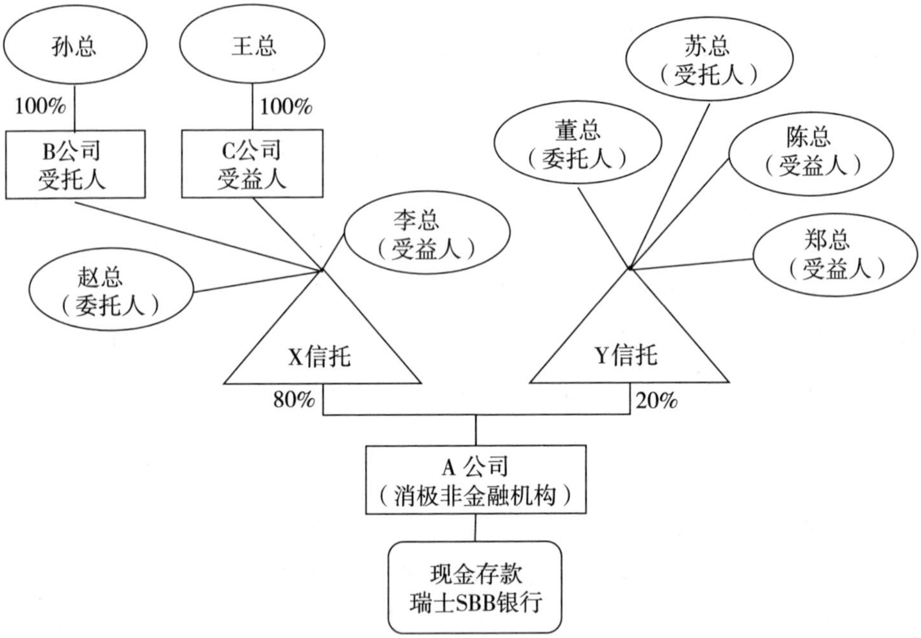

图 5－3－1

本例中,瑞士 SBB 银行作为 CRS 下的合规金融机构需要识别其账户持有人 A 公司的身份。由于 A 公司属于消极非金融机构,因此 SBB 银行需要识别 A 公司的实际控制人。

X 信托持有 A 公司 80% 的股权,Y 信托持有 B 公司 20% 的股权,由于 Y 信托的持股比例没有超过 25% 的门槛,所以无须进一步对 Y 信托的实际控制人进行识别。为了识别 X 信托的实际控制人,SBB 银行需要"穿透"受托人 B 公司和固定受益人 C 公司,分别识别出其实际控制人赵总和王总。由此,A 公司的实际控制人应当为赵总、孙总、王总和李总。

例 5－3－2

X 信托设立于英属维尔京群岛,在 CRS 下属于消极非金融机构,其在瑞士 SBB 银行持有 1500 万美元现金存款。X 信托的委托人为赵总,受托人为李总,固定受益人为陈总和 A 公司。

A 公司的股权分别由 B 公司和 Y 信托持有，持股比例均为 50%。其中 B 公司的股权分别由孙总和王总持有，持股比例分别为 10% 和 90%。Y 信托的委托人为董总，受托人为苏总，受益人为郑总。

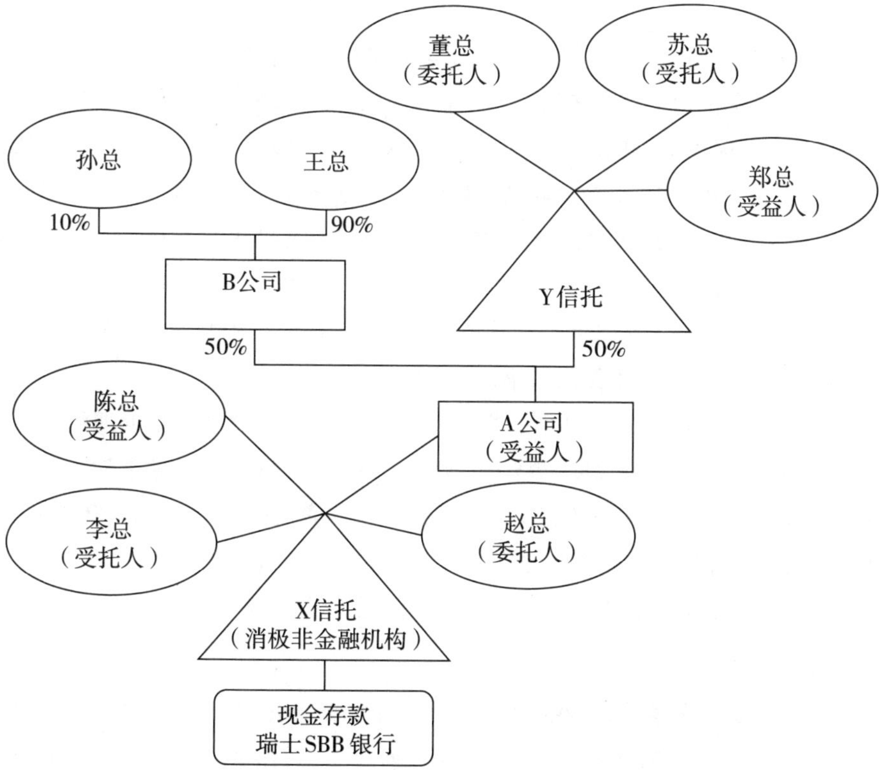

图 5－3－2

本例中瑞士 SBB 银行作为 CRS 下的合规金融机构需要识别其账户持有人 X 信托的身份。由于 X 信托属于消极非金融机构，因此 SBB 银行需要识别 X 信托的实际控制人。

按照 CRS 下信托的实际控制人识别规则，X 信托的实际控制人应当为赵总、李总、陈总和 A 公司的实际控制人。而 A 公司又分别有 B 公司和 Y 信托持有，且持股比例均超过了 25% 的门槛，因此 A 公司的实际控制人应当为 B 公司的实际控制人和 Y 信托的实际控制人。

在 B 公司和 Y 信托的实际控制人判定上，B 公司的股东孙总的持股比例没有超过 25%，因此其不属于 B 公司的实际控制人，而其实际控制人应为持股比例为

90% 的王总。Y 信托的实际控制人应为董总、苏总和郑总。

综上,SBB 银行存款账户持有人 X 信托的实际控制人为李总、陈总、赵总、王总、董总、苏总和郑总。

三、设立在非 CRS 参与国信托的处理(仅 CRS)

在 CRS 下,如果金融账户的持有人是金融机构(包括存款机构、托管机构、特定保险公司和投资机构),那么该账户是不需要识别和申报的,更不需要“穿透”和识别实际控制人,因为金融机构本身并不属于 CRS 需申报人。但是,并非世界上所有的国家都有加入到 CRS 下的税收情报网络中来,因此为了防止各国纳税人通过在非 CRS 参与国设立金融机构来规避 CRS,经合组织要求 CRS 参与国的金融机构对于账户持有人是设立在非 CRS 参与国的“被管理投资机构”的情形①,应当参照消极非金融机构的处理方式,将该“被管理投资机构”穿透,识别其实际控制人。有关此的具体讨论,可参见本书第二章第三节中的内容。

具体从信托的角度来说也是一样,如果一个信托被分类成“被管理的投资机构”,而且该信托设立在非 CRS 参与国,那么 CRS 参与国金融机构需要穿透该信托识别其实际控制人。这其中还有一个重要的考虑因素就是,各国对于 CRS 参与国的名单可能会存在不同,合规金融机构应当依据其所在国家政府所发布的 CRS 参与国名单来判定其是否需要将该投资机构类信托进行“穿透”处理。

例 5-3-3

王总是中国税收居民,其在美国设立了一个任意信托(XYZ 信托)。XYZ 信托的受托人为美国的一家持牌信托公司,委托人为王总,任意受益人为王总和王太太。XYZ 信托持有百慕大 ABC 私募基金的基金份额(价值 100 万美元),该基金由百慕大的一家持牌基金管理公司来运营和管理。那么在 CRS 下,XYZ 信托和 ABC 私募基金均可以满足“被管理测试”和“收入测试”,从而被分类成被管理的投资机构。

百慕大是 CRS 参与国,因此位于百慕大的基金管理公司需要就 ABC 私募基金的股权权益持有人进行识别。对于百慕大的金融机构来说,美国不属于 CRS 参与国,因此该 XYZ 信托属于设立在非 CRS 参与国的被管理投资机构,百慕大基金管

① 需要注意的是,只有设立在非参与国的“被管理投资机构”才需要被穿透,而对于其他类型的金融机构,由于被纳税人用来作为持有境外资产工具的可能性较小,因此并未被纳入到被“穿透”的类别中来。

理公司需要将该 XYZ 信托“穿透”，识别其实际控制人王总。

从本例可以看出，通过设立在非 CRS 参与国设立被管理投资机构来间接持有 CRS 参与国的金融账户并不能规避 CRS 下的账户识别和申报。当然，如果王总通过 XYZ 信托持有的是美国的金融资产（如美国基金的份额），也就是说，XYZ 信托不与其他 CRS 参与国的金融机构发生任何账户业务往来，那么 XYZ 信托并不会受到 CRS 的影响，除非将来美国加入了 CRS，或者未来美国实现了 FATCA 下的完全对等信息交换。

四、消极非金融机构类信托需要被披露的信息

如果信托属于消极非金融机构，其本身并没有任何 FATCA 和 CRS 下的信息申报义务，但是其持有在其他申报金融机构的账户则需要被该金融机构识别和申报。所以消极非金融机构类信托在 FATCA 和 CRS 下需申报的前提是其持有了其他金融机构的账户，如果不持有其他金融机构的账户，例如某信托的唯一资产为房产，且没有在银行等其他金融机构开户，那么该信托即便属于消极非金融机构类别，也不会受到 FATCA 和 CRS 下账户信息申报的影响。

如果一个消极非金融机构类信托持有的账户属于 FATCA 和 CRS 下的需申报账户，那么其实际控制人的以下信息需要被申报：

（一）身份识别信息

与投资机构类信托申报其账户持有人的情形相同，需申报的身份识别信息包括委托人、保护人等信托实际控制人的姓名、地址、税收居民所在国、纳税人识别号、出生日期和出生地点等信息。此外，还需要申报账户持有人的身份识别信息，即信托的名称、地址、税收居民所在国以及纳税人识别号等。

（二）账户识别信息

申报金融机构的识别代码（如 GIIN）以及该消极非金融机构类信托所持有的账户号码或者类似识别号码等。

（三）账户财务信息

与投资机构类信托申报其账户持有人的情形类似，需申报的账户财务信息就是信托所持有账户的余额或者价值以及账户的收入等信息。但需要特别注意的

是,作为账户持有人的信托可能在不同金融机构持有不同的账户,那么对于其中某一个金融机构来说,其只需要对其管理的金融账户进行账户识别,并申报该账户下的相关信息即可。

例 5－3－4

XYZ 信托属于消极非金融机构,其在 A 国的 X 银行持有账户余额为 100 万美元的存款账户,同时还在 B 国的 Y 银行持有账户余额为 100 万美元的存款账户。假设 A 国和 B 国都属于 CRS 参与国,且与 XYZ 信托居民所在国实现 CRS 下的信息交换"配对"。那么从 X 银行的角度 XYZ 信托持有的账户余额就只能是 100 万美元,并不考虑 XYZ 信托在 Y 银行的其他存款账户。

另一个需要注意的是,消极非金融机构类信托的每一个实际控制人在被申报时,其账户余额应当是该信托所持有账户的全部余额或者价值,以及该账户下的所有收入。

例 5－3－5

董总是中国税收居民,其作为委托人在开曼群岛设立 XYZ 信托,该信托的固定受益人为董总和其妻子王小姐(日本税收居民),保护人为李小姐(新加坡税收居民),受托人为中国香港地区的信托律师金先生。

XYZ 信托在泽西岛某银行持有存款账户,该账户 2×18 年 12 月 31 日的账户余额为 100 万美元,2×18 年全年计入该存款账户的利息收入为 3.5 万美元。

假设 XYZ 信托在 CRS 下属于消极非金融机构,并且所涉及的国家相互之间都建立了 CRS 下信息交换伙伴关系。

那么泽西岛银行作为 CRS 下的申报金融机构,其需要识别和申报 XYZ 信托的实际控制人信息,在申报每一个实际控制人的账户余额信息和收入信息时,应当将该账户的全部余额和收入分别进行申报,具体包括见表 5－3－1:

表 5－3－1

实际控制人	信息交换目的国和地区	账户余额信息	账户收入信息
董　总	中国	100 万美元	3.5 万美元
王小姐	日本	100 万美元	3.5 万美元
李小姐	新加坡	100 万美元	3.5 万美元
受托人	香港地区	100 万美元	3.5 万美元

对于实际控制人所需要申报的详细财务信息，经合组织《CRS 实施手册》之表八[①]做了汇总列式，作者结合该表和 FATCA 下的处理规则做了如下整理，见表 5－3－2：

表 5－3－2

实际控制人	账户余额或价值	账户收入
委托人	信托所持有账户的全部余额或价值。	申报当期支付给或者计入信托所持有账户的收入或者收益分配。
受托人	信托所持有账户的全部余额或价值。	申报当期支付给或者计入信托所持有账户的收入或者收益分配。
固定受益人	信托所持有账户的全部余额或价值。	申报当期支付给或者计入信托所持有账户的收入或者收益分配。
任意受益人（受益当期以及此后的申报期，除非该任意受益人被移除）	零。	申报当期支付给或者计入信托所持有账户的收入或者收益分配。
保护人（如有）	信托所持有账户的全部余额或价值。	申报当期支付给或者计入信托所持有账户的收入或者收益分配。
账户关闭（例如委托人或者受益人死亡[②]，或者受益人从受益人名单中被移除）	FATCA 下： 账户关闭前该信托所持有账户的余额或价值； CRS 下： 账户关闭的事实（不需报送账户余额和价值）。	该账户在关闭前的申报期内支付给或者计入信托所持有账户的收入或者收益分配。

（四）举例讨论

例 5－3－6

张总是中国税收居民，其在英属维尔京群岛分别设立了 X 任意信托和 Y 任意信托。假设 X 信托和 Y 信托的当事方是一样的，即根据信托协议，信托委托人为张总，受托人为英属维尔京群岛当地一家持牌信托公司 A 公司（金融机构），任意受益人为张总的三个儿子，张一、张二和张三（均为澳大利亚税收居民），信托的保护人为张太太（新加坡税收居民）。

X 任意信托持有金融资产，且为唯一的资产。2×18 年 12 月 31 日，Y 信托所持有的全部金融资产的总价值为 600 万美元。2×18 年全年该账户收入的金融资产交易收入为 35 万美元。在 CRS 下该 X 任意信托属于被管理的投资机构。2×18 年 10 月 10 日，张

① 参见经合组织《CRS 实施手册》表格 8 的规定。

② 参见经合组织 2017 年 4 月发布的《CRS 问与答》第 1 节第 8 个问题解释。

一、张二和张三分别从 X 任意信托获得信托受益分配 10 万美元。

Y 任意信托持有泽西岛 B 银行的现金存款账户，且为其唯一的资产。2×18 年 12 月 31 日，该银行存款账户的账户余额为 600 万美元。2×18 年全年该账户收到的存款利息收入为 35 万美元。在 CRS 下该 Y 任意信托属于消极非金融机构。2×18 年 11 月 11 日，张一、张二和张三分别从 Y 任意信托获得信托受益分配 10 万美元。

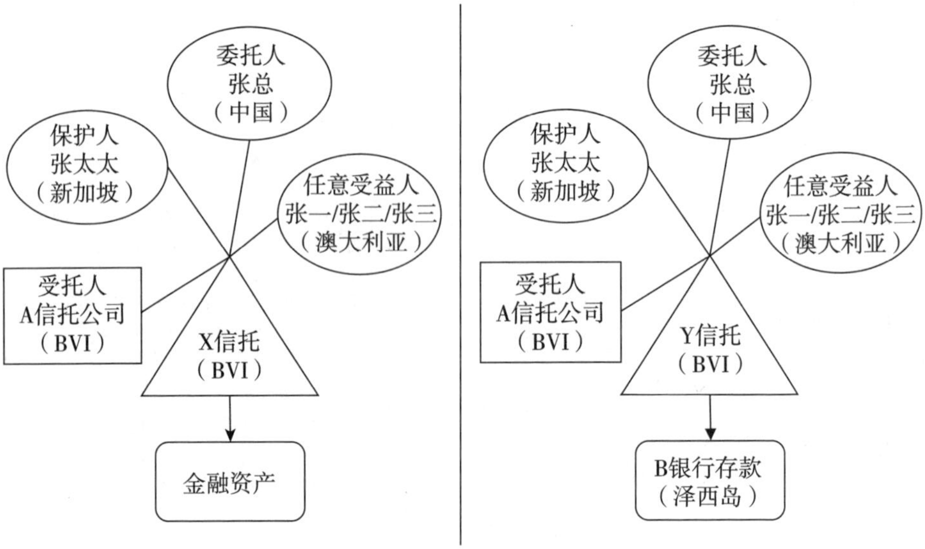

图 5-3-3

假设 2018 年中国、新加坡、英属维尔京群岛、泽西岛和澳大利亚之间都已经达成 CRS 信息交换协议，且交换关系被“激活”。

1. X 信托对于张总一家人的信息披露

在 2019 年，X 信托作为英属维尔京群岛的金融机构，应当就 2018 年其管理的账户信息进行申报。由于张总、张太太以及三个儿子的税收居民所在国都属于英属维尔京群岛的 CRS 需申报国，因此张总一家作为信托的账户持有人（股权权益持有人）将会被识别和申报，其每个人的姓名、住址、税收居民所在国、纳税人识别号、出生日期和出生地点等身份识别信息，申报金融机构的识别号码和各账户持有人的账户号码等账户识别信息，以及财务信息会被英属维尔京群岛的 A 信托公司收集，然后申报给英属维尔京群岛政府，并进一步交换到各相关当事方的税收居民所在国。其中被申报的财务信息见表 5-3-3：

表 5-3-3

X 信托需申报的财务信息	投资机构的股权权益持有人(账户持有人)				
	张总——委托人	张太太——保护人	张一——任意受益人	张二——任意受益人	张三——任意受益人
账户余额或价值	600 万美元	600 万美元	0	0	0
账户收入	35 万美元	35 万美元	10 万美元	10 万美元	10 万美元

2. 泽西岛 B 银行对于张总一家人的信息披露

Y 信托作为英属维尔京群岛的消极非金融机构，其本身并没有 CRS 下的信息申报义务，但是由于其在泽西岛的 B 银行(CRS 下的申报金融机构)持有存款账户，因此泽西岛 B 银行应当“穿透”Y 信托，应在 2×19 年对 2×18 年该信托实际控制人信息进行识别和申报。

由于张总、张太太以及三个儿子的税收居民所在国都属于泽西岛的 CRS 需申报国，因此张总一家人作为信托的实际控制人，其每个人的姓名、住址、税收居民身份所在国、纳税人识别号、出生日期和出生地点等身份识别信息，申报金融机构的识别号码和该信托所持有账户的号码等账户识别信息，以及账户财务信息会被 B 银行收集，然后申报给泽西岛政府，并进一步交换到各相关当事方的税收居民所在国。其中被申报的财务信息见表 5-3-4：

表 5-3-4

泽西岛 B 银行需申报的财务信息	消极非金融机构的实际控制人				
	张总——委托人	张太太——保护人	张一——任意受益人	张二——任意受益人	张三——任意受益人
账户余额或价值	600 万美元	600 万美元	0	0	0
账户收入	35 万美元	35 万美元	35 万美元	35 万美元	35 万美元

第四节 不同信托类型的特殊处理

由于信托种类的多样化，以及不同国家信托法律制度的不同，所以从 FATCA 和 CRS 的合规角度，很难有一个“金科玉律”适用于所有的信托，而是需要基于不同信托的资产持有和架构类型的具体情况来实际分析信托在 FATCA 和 CRS 下的合规身份，以确定该信托的信息披露义务。但是可以确定的是，不论信托的形式如何多样化，在判定其 FATCA 和 CRS 合规身份以及确定合规义务时，都应当以本章第一节至第四节中的基本法律原理作为依据，同时结合所涉及国家的本地法规来综合判断。本节主要对几类特殊的信托进行具体说明。

一、家族信托和私人信托公司

（一）家族信托

家族信托本身与其他的普通信托法律安排并没有实质区别，只是家族信托关系中所涉及的相关当事方（尤其是受益人）通常是集中在某一个家族内的成员之间，而且此类家族信托的设立通常与家族财富的管理，以及财富的跨代传承等有直接关联。因此，家族信托的 FATCA 和 CRS 合规身份判定与其他的普通信托一致。

1. 个人管理的家族信托

对于家族信托来说，通常可以由专业的机构（如家族办公室）或者个人来进行管理。如果是由专业的机构来进行管理，鉴于该专业机构本质上一般都为投资顾问或者投资经理的角色，即 FATCA 和 CRS 下的金融机构，所以被这类专业机构管理的家族信托可以满足投资机构判定规则中的“被管理测试”。此外，如果该家族信托 50% 的收入来源于金融资产，那么就应当将其当成是投资机构来对待，并完成相关的合规义务，否则该家族信托属于非金融机构。

在实践中，也有的家族信托并没有聘请专业的机构来进行管理，而是直接让个人（如律师、理财顾问或者其他被家族信任的个人）来管理家族信托的资产。在这种情况下，由于个人不属于金融机构，因此此类被个人管理的家族信托不属于金融机构（投资机构），而应当属于非金融机构。

例 5－4－1

王氏家族在英属马恩岛设立了名为 XYZ 的家族信托。XYZ 下持有股票、债券、基金和对外出租的房屋等资产，所有资产均由中国香港地区董律师进行任意授权管理。该信托之总收入的 75% 来源于股票、债券和基金的投资所得，剩下总收入的 25% 来源于房屋租金。

由于 XYZ 信托只是受到董律师个人的管理，而董律师不属于金融机构，因此投资机构概念中“被管理测试”无法满足。XYZ 家族信托不属于投资机构，根据其业务情况，应当判定为消极或者积极非金融机构。

但是个人管理信托资产带来的投资回报率并未达到王氏家族的预期，因此

XYZ 家族信托决定更换资产管理人，委托了一家专业的投资顾问来全权管理信托的股票、债券和基金资产，那么此时家族信托则很有可能满足“被管理测试”。由于该信托 50% 以上的收入都来源于金融资产交易，因此 XYZ 家族信托属于投资机构，其需要在 FATCA 和 CRS 下识别和申报其账户持有人（委托人和受益人等）。

2. 家族信托中的受益人群的处理

在家族信托中，有的情形下，信托受益人为一个受益人群，如委托人的所有子女或者孙子孙女等，而非具体的个人，属于该受益人群的个人姓名并没有在信托协议中被列示。那么如果家族信托属于投资机构或者消极非金融机构，应该如何确定需要申报的受益人群呢？

这个问题在 FATCA 政府间协议和美国财政部 FATCA 实施条例中并没有明确规定。在 CRS 下，根据经合组织《CRS 实施手册》规定，信托受益人群通常不需要被当成是账户持有人或者实际控制人来处理，但是如果受益人群中的某个成员从信托收到了收益分配或者开始行使其受益权，那么此时收到收益分配的受益人群中的个人成员应当被识别和申报。

例 5－4－2

董总和董太太在百慕大群岛设立了家族信托（属于消极非金融机构）。根据信托协议，董总、董太太和二人的子女以及其后代属于该家族信托的受益人。那么在 FATCA 和 CRS 下，董总和董太太属于信托协议明示的信托受益人，因此需要识别或者申报。而”子女以及后代”的范围并不明确，属于受益人群，因此不需要识别和申报，在相关受益群中个人受到信托收益分配或者行使信托收益分配权时，才会被当成是账户持有人或者实际控制人来处理。

（二）私人信托公司

高净值个人或者家庭在设立家族信托时，为了在信托管理上扮演更为重要的角色，他们可能会选择在离岸金融中心设立一个私人信托公司，由家族的成员来担任私人信托公司的董事，并以私人信托公司作为家族信托的受托人。

在实践中，私人信托公司的架构模式多种多样，但是比较典型的模式是有目的信托（Purpose Trust）来持有私人信托公司的股权，而委托持牌的信托公司担任目的信托的受托人。在此类架构中，私人信托公司的董事，可以由委托人或其所选家庭成员与顾问担任，持牌信托公司并没有对于家族信托的控制权和管理权。如果有需要可以委任专业的投资顾问担任私人信托公司的董事,以能有效管理该家族信托。

私人信托公司通常不需要获得受托人的牌照,同时也没有任何经营收入。从其自身业务活动的角度,私人信托公司不太可能满足投资机构的定义,因此不会属于金融机构类别,通常属于消极非金融机构的身份。但是由于私人信托公司在家族信托中起到的作用与其他的持牌信托公司(金融机构身份)类似,因此在一些国家的本地法规中规定私人信托公司可以选择被认定为是金融机构,例如,开曼群岛和英属维尔京群岛的 FATCA 实施指引即是如此。

作为家族信托的受托人,私人信托公司的合规身份往往影响到家族信托本身的合规身份判定,因为如果家族信托的受托人私人信托公司属于金融机构,那么该家族信托通常可以满足"被管理测试",此时如果家族信托 50% 以上的收入来源于金融资产,那么该家族信托应属于投资机构的范畴。

二、单位信托

单位信托是英美普通法国家比较普遍的一种基于信托契约的集合投资形式,例如,中国香港地区税法中对于单位信托,就有明确定义,即单位信托是指"任何安排,而其目的或者效果是提供设施,使人能以信托受益人的身份分享由取得、持有、管理或者处置证券或者其他(信托)财产而产生的利润或收入"。作为一种面向公众的集体投资工具,单位信托受到政府的监督和管理,并且在 FATCA 和 CRS 下,其合规身份通常可以直接判定为是金融机构(投资机构),对于这一类单位信托的讨论请参见本书第七章中有关基金的 FATCA 和 CRS 合规问题讨论。

每一个国家对于其单位信托的法律规范不同,所以导致在 FATCA 和 CRS 下的合规身份判定也会有差异。在一些离岸金融中心(如开曼群岛、英属维尔京群岛、马恩岛、泽西岛和根西岛等),其本地的 FATCA 法规还明确,如果单位信托不满足集合投资工具的定义,那么此类单位信托应当参照普通的信托来判定其 FATCA 下的合规身份。例如,根据泽西岛政府的《FATCA 实施指引》第 9.1 节规定,为私人投资机构(非公开募集基金)而设立的单位信托以及私人拥有的房地产单位信托都不属于集体投资工具的范围,需要根据该单位信托的具体经营活动和资产持有状况来判定其是否属于金融机构,或者属于消极或积极非金融机构。

三、慈善信托

慈善信托在很多国家都作为免税实体来对待,但是由于不同的国家对于慈善信托的监管规定不同，导致慈善信托在 FATCA 和 CRS 下被用来进行跨国逃避税的风险大小也存在差异。一般情况下，如果慈善信托属于非金融机构，那么如果其满足了积极非金融机构中的“非营利组织”中的相关条款，那么慈善信托即属于积极非金融机构。

但在实践中，很多慈善信托持有证券、基金等金融资产并且受到金融机构的专业管理，即满足投资机构判定的“被管理测试”和“收入测试”，应当属于被管理的投资机构。在 CRS 下，这些属于被管理的投资机构的慈善信托与其他的投资机构类信托一样，需要完成 CRS 下的尽职调查和信息申报义务。但是在 FATCA 下，一些国家与美国签署的 FATCA 政府间协议将已经在政府注册的慈善信托作为非营利组织（视同合规外国金融机构）对待，其本身并没有 FATCA 下的合规义务。

值得一提的是，一些国家的 FATCA 实施指引直接将慈善信托归类为积极非金融机构，而不考虑该信托是否属于金融机构范畴。例如，英属维尔京群岛、开曼群岛、泽西岛、根西岛、马恩岛和新西兰等国家的 FATCA 实施指引即规定如此。

四、交易信托

交易信托其实就是指通过信托的法律形式来进行经营活动，其具体的设立形式可以包括前面讨论的任意信托、家族信托或者单位信托等，但是由于交易信托不是独立的法人，因此其具体的经营活动由交易信托的受托人（通常为公司）来进行。

从理论上来说，交易信托在 FATCA 和 CRS 下的合规身份可以是金融机构，也可以是消极或者积极非金融机构。如果交易信托是从事积极的经营活动，那么其应当属于积极非金融机构，这在经合组织《CRS 实施手册》第 206 段中得到了明确，作为积极非金融机构的交易信托来说，其本身并没有 FATCA 和 CRS 下的尽职调查和账户识别义务，其在其他金融机构持有账户时也不需要被“穿透”和识别其实际控制人。

五、不动产信托

在一些征收遗产税的国家，纳税人经常在海外设立信托，通过信托来持有房屋不动产，以达到规避高额遗产税的目的，同时还可以充分利用信托的隐秘性，保障个人资产的隐私。对于这类直接持有不动产的信托，通常很难满足投资机构类信托中所要求的“收入测试”，因为不动产（非债直接权益）并不属于金融资产的范畴，而且在实践中,此类房地产持有信托被其他金融机构进行专业管理的可能性不大,所以在 FATCA 和 CRS 下,不动产信托一般并不属于投资机构或者金融机构的类型,而应当属于消极非金融机构。不动产信托如果不在其他金融机构(如银行)持有金融机构,那么这类持有不动产的信托不会受到 FATCA 和 CRS 下账户信息披露规则的影响,更不会涉及识别该信托实际控制人的问题。

例 5-4-3

王小姐(新加坡税收居民)在美国纽约购买了一套价值 500 万美元的高档公寓,但是并没有个人直接持有,而是通过设立在内达华州的 XYZ 不可撤销信托来持有该房产。XYZ 信托并没有在其他任何金融机构开立账户,那么 XYZ 信托(合规身份应为消极非金融机构)不会受到 FATCA 和 CRS 的影响。

对于纯粹以投资为目的设立的房地产信托投资基金,其属于投资基金的范畴,请参见本书第七章中的相关讨论。

六、私人基金会

与家族信托类似,私人基金会(Private Foundation)由于其在家族财产保护、家族财富传承以及税收筹划等方面的突出优势,被很多高净值个人尤其是超高净值个人和家庭青睐。对于私人基金会在 FATCA 和 CRS 下的合规问题,FATCA 政府间协议、美国财政部 FATCA 实施条例以及经合组织 CRS 相关文件都没有做出详细的规定。但是在 FATCA 和 CRS 下,私人基金会作为一类机构,理论上按照其从事的不同业务活动,可以分类成金融机构(如投资机构)或者消极或积极非金融机构。

与家族信托不同的是私人基金会通常属于独立的法人实体,从税收的角度可能会被当成是公司所得税的纳税人对待,因此在一些将私人基金会当成公司所得税纳税人对待的国家①,私人基金会在 FATCA 和 CRS 下的合规可以直接比照公司的合规要求来进行。而对于不受到本国法律监管的私人基金会来说,通常直接比照信托的合规要求来处理。

而不论私人基金会是参照公司还是信托来进行 FATCA 和 CRS 合规,其主要的参与人,例如基金会的设立人(类似于信托委托人),基金理事会成员(类似于信托受托人)、基金会受益人(类似于信托受益人)以及基金会的保护人(类似于信托保

---

① 参见马恩岛《FATCA 实施指引》第 8 条规定。

护人）等都应当是该基金会的金融账户持有人或者实际控制人，从而需要被识别和申报，其具体的需申报账户信息也可以比照信托中相关当事方的申报要求来进行。[①]

---

① 参见经合组织《CRS 文本释义》第 8 节第 69 段和第 136 段规定。

第六章

FATCA 和 CRS 下离岸公司和合伙的信息披露

FATCA 和 CRS 作为全新的跨国金融账户涉税信息自动交换机制，其重要的目标之一就是让一国的纳税人在海外所持有的离岸金融账户透明化，从而实现打击跨国逃避税的目的。而离岸公司，作为一个隐匿性很高的资产持有法律形式，其无疑是 FATCA 和 CRS 重点瞄准的对象。本章主要以离岸公司为视角，探讨离岸公司在 FATCA 和 CRS 下的合规身份和相对应的合规义务，以及不同类型离岸公司特殊处理。此外，由于合伙在 FATCA 和 CRS 下的处理规则与公司（离岸公司）十分类似，作为对比，本章也对合伙的合规问题做一并讨论。

第一节　离岸公司概述

一、什么是离岸公司

什么是离岸公司，各国法律并没有一个准确的定义。广义上来理解，离岸公司也被称为是外国公司或者非居民公司。从中国的角度，一个公司如果设立在外国（非中国司法管辖区域）、属于中国的非居民，那么就可以将其称为是离岸公司，而不论其是设立在传统离岸金融中心（如英属维尔京群岛）还是在非离岸金融中心（如德国或者法国）。从狭义来理解，尤其是集中在国际税收征管的背景下，通常所谓的离岸公司是指那些为了跨国投资、资方持有、规避税收、外汇监管或者个人财产隐私保护等目的而设立在传统离岸金融中心，但是并不在当地开展实际经营活动的公司。本书中所讨论的离岸公司，即属于狭义的设立在传统离岸金融中心的离岸公司。

需要注意的是，并不是所有设立在开曼群岛、泽西岛或者百慕大群岛等传统离岸金融中心的公司都属于国际税收征管下的所谓的离岸公司，而是要考虑该公司是否有在这些传统离岸金融中心开展实际经营活动。如果一个公司注册在传统离岸金融中心，同时也在该税收管辖区域内开展实际经营活动，那么该公司则不属于通常所讨论的离岸公司。例如，在开曼群岛，所谓的离岸公司通常是指“豁免公司”（Exempted Companies），即注册在开曼群岛但是并不在开曼群岛开展经营活动的公司。如果一个公司注册在开曼群岛，同时也在开曼群岛开展实际的经营活动，如进行金融服务、零售贸易、房地产、酒店或者餐饮服务，那么这类公司需要额外再依据开曼群岛《贸易和商业执照法》的规定得到开曼政府的批准，且对于这类公司，如果其股权的 60% 以上不是由开曼群岛本地居民持有，那么通常政府不会批准其在本地开展实际经营活动①。所以,这种在开曼群岛有实际经营活动的公司属于开曼群岛本地的居民公司(Resident Companies),而不属于离岸公司的范畴。

例 6-1-1

王先生是英籍华人。2×18 年,王先生在泽西岛注册了一家餐饮服务公司 A 公司,其营业地点在泽西岛首府圣赫利尔,并雇用了 20 名员工。

A 公司尽管注册在离岸金融中心泽西岛,但是其同时也在泽西岛开展实际经营活动,并且有营业场所和雇员,那么 A 公司不属于离岸公司。

例 6-1-2

李先生是中国税收居民,是中国一家著名餐饮连锁企业的老总。2×18 年,李先生在泽西岛注册了一家名为"餐饮中国"的公司 B 公司,B 公司用来持有李先生在新加坡某银行的存款 500 万美元以及李先生在伦敦市中心购置的一套价值 100 万英镑的高档住宅。

B 公司注册在离岸金融中心泽西岛,但是并不在泽西岛开展实际经营活动,也没有任何营业场所和雇员,因此 B 公司属于离岸公司。

二、离岸公司的特点

不同的离岸金融中心对于离岸公司在法律形式以及设立要求上可能存在不同,但此类离岸公司具有一些共同的特点,即:

(一)离岸公司不在其注册地开展实际经营活动

离岸公司的注册地和实际经营地是分离的,也就是说离岸公司不可以在其注册地开展实际的经营活动,这是离岸公司最为鲜明的特征。当然,也有的离岸公司仅作为资产持有实体而存在,并没有任何的实际经营活动,不存在注册地和实际经营地分离的问题。

(二)离岸公司在其设立地通常没有任何纳税义务

一般来说,如果一个公司设立在某个离岸金融中心,那么该公司就应当属于该离岸金融中心的税收居民,即所谓的通过注册地来认定税收居民的原则。但是对

① 参见开曼群岛政府企业登记处官方网站对企业注册类型的相关规定。http://www.ciregistry.gov.ky/portal/page/portal/reghome/companies/types/resident,最后访问日期:2017 年 10 月 11 日。

于这种并不在离岸金融中心实际开展经营业务的离岸公司来说，尽管可能有来源于不同国家的收入，但是其在离岸金融中心通常没有任何所得税收负担，只需缴纳一定的管理费或者少量印花税即可。

但需要注意的是，一个离岸公司构成离岸金融中心的税收居民，在离岸金融中心没有任何纳税义务，这并不排除该离岸公司同时也可以属于其他国家税收居民，而在其他国家具有完全纳税义务的可能，因为有的国家税法还会将不在本国注册但实际管理机构在本国的外国公司认定为是本国的税收居民。例如，对于境外注册中资控股企业来说，尽管其注册地在境外，但是其主要控股投资者是中国境内企业或者企业集团，可依据其实际管理机构所在地（中国）而将其认定为是中国的居民企业①。

（三）离岸公司注册信息的隐秘性

高净值个人或家庭在离岸金融中心注册公司，除了是考虑其在税收成本上的优势以外，还有另一个考量就是离岸公司注册信息的隐秘性。离岸金融中心并没有类似于像中国政府的“国家企业信用信息公示平台”，对于注册在离岸金融中心的企业，社会公众很难获得其具体股东和实际控制人的信息。此外，离岸公司还有通过匿名股权代持，匿名股东，以及不记名股权证明等方式，让离岸公司的实际控制人能够彻底“隐身”。因此，通过离岸公司来持有不动产、银行账户以及其他资产的做法备受世界各国富豪的青睐。例如，中国的贸易公司老板，通过其设立在离岸金融中心的公司与外国客户签合同，然后通过离岸公司收款，随后可以在境外将该笔资金自由转移到其他国家做投资或者消费等，而中国政府尤其是中国的税务机关却对该中国老板的海外资产很难知晓。当然，也正是因为离岸公司信息的极高隐秘性，导致离岸公司经常会被用来进行跨国逃避税和洗钱等经济犯罪活动，尤其是“巴拿马文件”和“天堂文件”等巨量离岸公司信息的泄密事件发生以后，世界对于离岸公司透明化的呼声已经越来越高。

---

① 参见中国国家税务总局《关于境外注册中资控股企业依据实际管理机构标准认定为居民企业有关问题的通知》（国税发〔2009〕82 号）的规定。

第二节 离岸公司属于金融机构的情形

与离岸信托一样,离岸公司作为 FATCA 和 CRS 下的机构,也可以被分类成金融机构和非金融机构(包括积极非金融机构和消极非金融机构),不同的合规身份下,离岸公司的信息披露规则会有不同。

一、金融机构类离岸公司居民身份的判定

如果离岸公司属于金融机构类别,那么应当识别其账户持有人并完成 FATCA 和 CRS 下的信息申报义务。但是这里面涉及一个问题,如果该金融机构类离岸公司同时属于多国税收居民,那该金融机构应当在哪个国家完成 FATCA 和 CRS 下的合规义务呢?

这个问题在 FATCA 政府间协议中并不明确,实践中基本参照各国国内法执行。有的离岸金融中心在其 FATCA 法规中就规定,对于构成双重或者多重居民身份的金融机构,由于 FATCA 下所申报的特定美国人的账户信息最终都要被交换到美国国税局,因此只要金融机构可以证明其在其他税收居民国家已经完成了 FATCA 下的账户识别和信息申报,则在本国可以免除重复的合规义务,但需要提供相关的确认证明。

例如,根据开曼群岛政府发布的《FATCA 实施指引》第 2.2 条,如果合规金融机构同时构成开曼群岛和其他国家的居民(双重居民身份),那么对于该金融机构在开曼群岛本地管理的金融账户应当适用开曼群岛本地的 FATCA 法规进行识别和申报,除非该金融机构可以证明相关金融账户已经在其他国家按照当地的 FATCA 法规进行了识别和申报。泽西岛等其他英属避税岛在其本地的 FATCA 实施法规中也都有类似规定。但是在实践中,通常一个金融机构的账户都是在一个国家来进行集中管理①,所以基本构成双重居民身份的金融机构也都是在一个国家完成 FATCA 下的合规义务。

在 CRS 下,如果离岸公司同时构成多个 CRS 参与国的居民,那么该金融机构

---

① 对于“管理”的具体概念,本书第二章第五节有进行讨论。实践中遵循的是“booking centre”的概念,也就是说如果金融机构的账户持有人的所有资料和文件,以及日常的相关行政管理在哪个国家,那就应当被认定该账户是在该国进行管理。

应当在其管理金融账户所在国完成 CRS 相关账户识别和信息申报义务，这在经合组织《CRS 文本释义》第 8 节第 5 段有明确规定。

二、投资机构类离岸公司的身份判定

由于世界各国对存款机构、保险机构以及托管机构的设立有着严格的监管及准入要求，实践中不太可能存在通过设立离岸公司来直接从事银行、保险以及托管等金融业务活动的情形，因此，在此作者仅讨论与离岸公司关联度最大的一类金融机构，即投资机构。如本书第二章第一节所讨论，FATCA 和 CRS 下的投资机构包括“基于业务活动的投资机构”和“被管理的投资机构”两类，其具体的身份判定规则如下：

（一）基于业务活动的投资机构

如果离岸公司主要（总收入 50% 以上）①从事或者代客户从事以下一项或多项活动，那么应当属于“基于业务活动的投资机构”：

1. 买卖货币市场工具（支票、票据、存单、衍生工具等）；
2. 外汇交易、汇率、利率和指数工具交易、可转让证券交易、或者商品期货交易；
3. 单一和集合投资组合管理；
4. 代表其他人对金融资产或资金进行投资和管理。

例 6－2－1

A 基金投资管理公司设立在马恩岛，但其受到设立在英国的母公司 B 公司完全控制，且实际管理机构在英国曼切斯特。A 公司主要为其客户进行任意授权下的证券基金类金融资产投资和管理业务（占全部业务活动的 90%）。由于 A 公司主要代客户从事金融资产的投资和管理，因此其属于基于业务活动的投资机构②。

---

① 如本书第二章第一节所讨论，在 FATCA 政府间协议下，对于基于业务活动的投资机构，并没有 50% 的收入比例要求。

② 需要注意的是，由于 A 公司仅仅是因为为客户提供金融资产类投资和管理服务而被认定为投资机构，本身并不从不同的投资人吸纳资金再作为投资工具进行金融资产投资，所以其在 FATCA 和 CRS 尽管属于投资机构，但是此类投资机构的股权权益和债权权益可以豁免被认定为金融账户。所以，该投资机构尽管属于金融机构，但没有 FATCA 和 CRS 下的尽职调查和信息申报义务。在 FATCA 下该类投资机构属于豁免申报的金融机构中“经认证的视同合规金融机构”。具体可参见本书第二章第三节中有关“投资顾问和投资经理”合规身份的讨论。

(二)被管理的投资机构

对于离岸公司来说,如果其属于金融机构,那么最可能的一类金融机构类型就是被管理的投资机构,也就是说,该离岸公司受到其他金融机构的专业管理(满足“被管理测试”),并且其 50% 以上的收入都来源于金融资产的投资、再投资或者交易(满足“收入测试”)①。

例 6 – 2 – 2

李总是中国税收居民,其在开曼群岛设立了一家离岸公司 A 公司。A 公司由新加坡某银行开曼群岛分行进行任意授权下的专业管理,且 A 公司持有的资产全部都为金融资产。

那么在 FATCA 和 CRS 下,A 公司由于满足了“被管理测试”和“收入”测试,那么其应当属于被管理的投资机构,其股权权益持有人和债权权益持有人应当被识别和申报。

三、投资机构类离岸公司的账户持有人确定

如果离岸公司属于投资机构类金融机构,那么其需要识别相关账户持有人,也就是该投资机构的股权权益持有人和债权权益持有人,看其是否属于特定美国人或者 CRS 需申报人。相比投资机构类信托的账户持有人识别来说,离岸公司的账户持有人识别相对更为直接和简单。

例 6 – 2 – 3

王总(中国税收居民)在泽西岛设立一家离岸公司 A 公司。A 公司由瑞士 X 银行泽西岛分行进行任意授权下的专业管理,且 A 公司持有的资产全部都为金融资产。A 公司分别由王总和王太太(美籍华人,美国税收居民)持有 50% 的股权。王总在开曼群岛还设立了一家离岸公司 B 公司,B 公司持有瑞士 X 银行的现金存款 250 万美元,没有金融机构对其进行专业投资管理。B 公司向 A 公司提供长期无息贷款 100 万美元。

---

① 在 FATCA 政府间协议下,只需要满足“被管理测试即可”,具体可参见本书第二章第一节讨论。

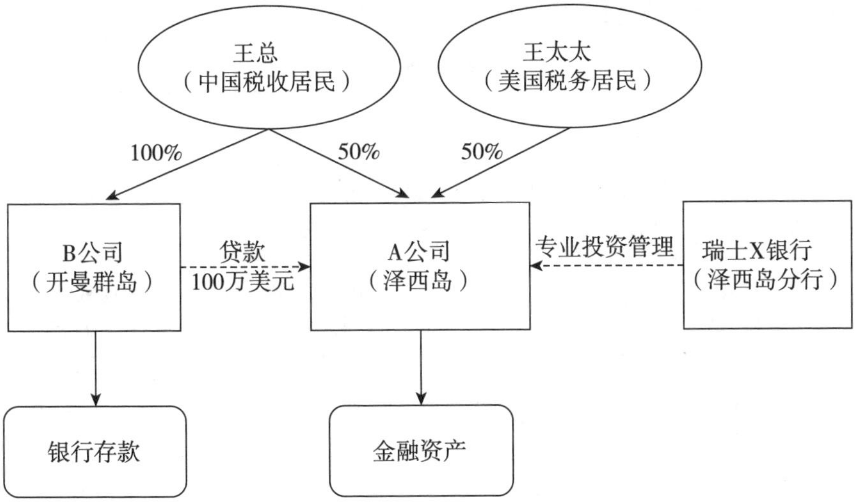

图 6－2－1

在 FATCA 和 CRS 下，该 A 公司满足了“被管理测试”和“收入测试”，应当属于被管理的投资机构。那么其账户持有人应当包括：

1. 股权权益持有人：王总和王太太。

2. 债权权益持有人：B 公司。

四、受保荐的投资机构（仅 FATCA）

对于 FATCA 下被分类成投资机构的离岸公司，如果满足一定的条件可以选择受保荐的投资机构或者受保荐的封闭性投资工具两类简化的合规方式，此时受保荐的投资机构本身将没有 FATCA 下的合规义务，而相关义务由保荐机构来完成。具体可参见本书第二章第三节中有关 FATCA 下豁免申报金融机构的讨论。

在 CRS 下没有受保荐的投资机构这种分类，但是构成投资机构的离岸公司仍可以选择委托第三方服务提供商来代替其完成 CRS 下的所有合规义务，而最终的合规法律责任仍由离岸公司自身来承担。

五、投资机构类离岸公司需要申报的信息

如果一个离岸公司属于投资机构，那么应当将由特定美国人和 CRS 需申报人持有的账户信息申报给其所在国的主管当局。与投资机构类信托的账户持有人信息申报类似，投资机构类离岸公司也需要将其账户持有人（股权权益持有人和债权权益持有人）的身份识别信息、账户识别信息以及账户财务信息等进行申报。其

中,账户财务信息主要包括(见表6－2－1):

表6－2－1

账户持有人	账户余额或价值	账户收入
股权权益持有人——公司股东	股东在公司中享有的权益价值(基于股东的持股比例)	申报当期支付或者计入股东的股息、利息或者其他收入
债权权益持有人——公司债权人	债务本金	申报当期支付或者计入债权人的收入(包括偿还的本金)或者收益(利息)

投资机构类离岸公司的账户关闭时的处理与一般情况下账户关闭的处理规则一致,在此不再赘述,可参见本书第四章第二节中的讨论。

例6－2－4

董总(中国税收居民)和董太太(加拿大税收居民)在马恩岛设立一家投资公司A公司,二人各占股50%。A公司由马恩岛一家信托公司(金融机构)进行专业投资管理。A公司持有以下资产:

资产类别	2×18年12月31日A公司资产负债表显示的资产余额或价值
证券基金类金融资产	300万美元
伦敦房产	150万美元
瑞士Y银行现金存款	50万美元

A公司欠王总(新西兰税收居民)300万美元。2×18年10月,A公司偿还50万美元给王总,并支付利息5万美元。2×18年12月31日,A公司仍然欠王总250万美元。

A公司在2×18年11月分别向董总和董太太支付股息20万美元。

假设上述所涉及的国家之间在2×18年都达成CRS下的信息交换协议且交换关系被“激活”。

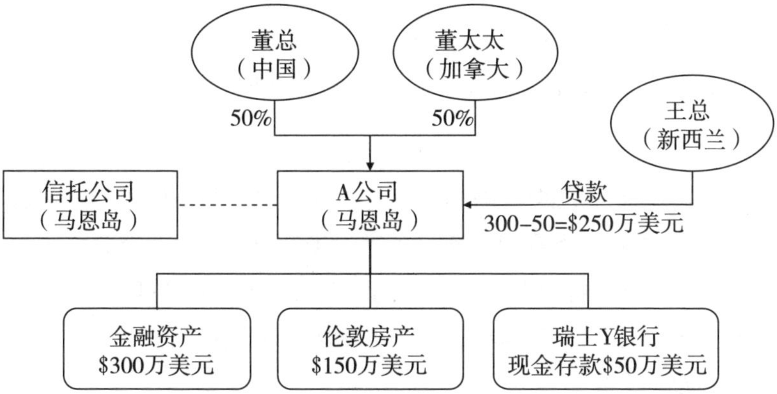

图 6-2-2

在本例中，由于 A 公司受到信托公司的专业管理，即满足了投资机构判定中的“被管理测试”，同时其持有的 50% 以上的收入都来源于金融资产，即满足了投资机构判定的“收入测试”，因此 A 公司可以认定为 CRS 下的被管理的投资机构，需要对其账户持有人进行识别和申报。

CRS 下，A 公司的账户持有人应当为：

(1) 股权权益持有人：董总和董太太。

(2) 债权权益持有人：王总。

由于董总、董太太和王总均为 CRS 需申报人，因此在 2×19 年，A 作为马恩岛金融机构应当将其相关的账户信息申报给马恩岛政府，具体需申报信息包括：

CRS 需申报信息	董总 ——50%股权权益持有人	董太太 ——50%股权权益持有人	王总 ——债权权益持有人
姓名	××	××	××
住址	×××	×××	×××
税收居民所在国	中国	加拿大	新西兰
纳税人识别号	×××	×××	×××
出生日期	19××-××-××	19××-××-××	19××-××-××
出生地点	×××	×××	×××
账户号码	×××	×××	×××
账户余额或价值	125 万美元	125 万美元	250 万美元
账户收入	20 万美元	20 万美元	55 万美元

第三节　离岸公司属于非金融机构的情形

如果一个离岸公司不属于金融机构,那就应当属于非金融机构。根据其自身的业务活动,非金融机构类离岸公司又可进一步区分为消极非金融机构和积极非金融机构。对于非金融机构类离岸公司来说,其本身并没有 FATCA 和 CRS 下的尽职调查和信息申报义务,但是当在其他合规金融机构持有金融账户时,其账户信息有可能会被申报和交换。

一、消极非金融机构类离岸公司的信息披露

(一)如何确定消极非金融机构类离岸公司账户是否需申报

在 FATCA 和 CRS 下,判定一个消极非金融机构类离岸公司持有的账户是否属于需要申报的账户有以下两条标准:

1. 该离岸公司是否为特定美国人或者 CRS 需申报人

鉴于本书所中讨论的离岸公司仅限于设立在离岸金融中心的公司,因此其本身属于特定美国人的可能性并不大,因此在 FATCA 下可以忽视这条标准。但是在 CRS 下,需要具体识别管理该离岸公司所持有账户的金融机构所在国家是否有将该离岸公司所在国列为需申报国,如果有,那么该账户应当属于 CRS 下的需申报账户。

2. 该离岸公司的实际控制人是否为特定美国人或者 CRS 需申报人

对于消极非金融机构类离岸公司,除了需要判定该离岸公司(作为机构账户持有人)是否属于特定美国人或者 CRS 需申报人以外,还应当将该离岸公司穿透以识别其实际控制人是否属于需申报的情形。如果离岸公司的实际控制人中有一个或者多个属于特定美国人或者 CRS 需申报人,那么该离岸公司账户应被当成需申报账户处理。

(二)如何识别消极非金融机构类离岸公司的实际控制人

如果离岸公司属于消极非金融机构,那么其需要被“穿透”以识别其实际控制人。如本书第二章第四节所讨论,FATCA 和 CRS 下消极非金融机构的实际控制人的识别规则应当参照 FATF 相关建议和释义中“受益所有人”的规则来进行。那么具体到离岸公司上来说,其实际控制人应当依照以下规则依次判定:

1. 直接或者间接持有该离岸公司 25% 以上的股权权益或者投票权的个人；

2. 通过其他方式对离岸公司实施最终有效控制的个人；

3. 该离岸公司的高级管理人员，如董事等。

（三）消极非金融机构类离岸公司需要申报哪些信息

如果消极非金融机构类离岸公司持有的账户属于 FATCA 和 CRS 下的需申报账户，那么其实际控制人的身份识别信息、账户识别信息，以及账户财务信息需要被申报和交换。与消极非金融机构类信托的处理类似，每一个实际控制人所对应的账户余额或者价值应当为该离岸公司所持有账户的全部余额或价值，所对应的账户收入为申报当期支付给或者计入离岸公司账户的全部收入或者收益分配。由此可见，消极非金融机构类离岸公司与投资机构类离岸公司申报其账户持有人时的账户余额或价值的确定规则是不同的。

例 6－3－1

A 公司设立在英属维尔京群岛。A 公司的股东为王总（日本税收居民）、董总（中国税收居民）、李总（澳大利亚税收居民）和陈总（英国税收居民），分别持有 10%、30%、30% 和 30% 的股权。A 公司持有瑞士 X 银行的现金存款 1000 万美元（截止到 2×18 年 12 月 31 日余额），且属于其唯一资产。2×18 年 A 公司从该银行账户获得 15 万美元的利息收入。

A 公司不受其他任何金融机构的专业管理，在 CRS 下属于消极非金融机构。假设本例中所涉相关国家均已相互之间达成 CRS 下的信息交换协议并且交换关系被“激活”。

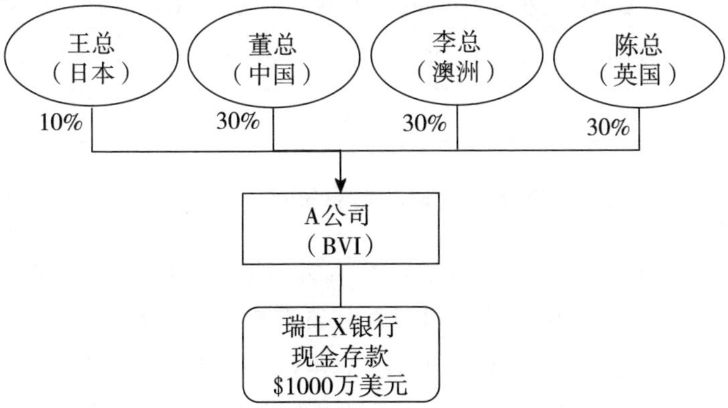

图 6－3－1

那么从瑞士X银行的角度，其在2×19年申报2×18年度账户信息时，需要识别该账户持有人（即A公司）是否属于CRS需申报人，同时由于A公司属于消极非金融机构，还需要将其“穿透”进一步识别其实际控制人。本例中，除王总外，其他三名股东的持股比例都已经超过25%，因此应当被认定为是A公司的实际控制人。X银行应当将实际控制人的身份识别信息进行申报，同时还需要申报实际控制人的以下财务信息：

瑞士X银行需申报的财务信息	消极非金融机构的实际控制人		
	董总 ——中国税收居民	李总 ——澳大利亚税收居民	陈总 ——英国税收居民
账户余额或者价值	1000万美元	1000万美元	1000万美元
账户收入	15万美元	15万美元	15万美元

例6－3－2

借用例6－3－1，但是A公司持有的是价值为1000万美元（截止到2×18年12月31日）的金融资产，而且由瑞士X银行对A公司进行专业的投资管理。2×18年9月A公司分别向四位股东各分配股息红利50万美元。

由于A公司可以满足被管理投资机构判定中的“被管理测试”和“收入测试”，因此属于金融机构范畴，需要识别其账户持有人（四位股东）的身份，并对其身份信息以及以下财务信息进行申报：

A公司需申报的财务信息	投资机构的股权权益持有人（账户持有人）			
	王总—— 日本税收居民	董总—— 中国税收居民	李总—— 澳大利亚税收居民	陈总—— 英国税收居民
账户余额或者价值	100万美元	300万美元	300万美元	300万美元
账户收入	50万美元	50万美元	50万美元	50万美元

二、积极非金融机构类离岸公司的信息披露

对于离岸公司来说，如果其满足了本书第二章第四节中所讨论的八大类积极非金融机构中的任何一类，那么就可以被分类成是积极非金融机构。积极非金融机构本身没有任何FATCA和CRS下的信息申报义务，但是如果其属于特定美国人或者CRS需申报人，管理其金融账户的金融机构会对其进行申报。

(一)基于收入和资产的积极非金融机构

从理论上来说,如果离岸公司能够满足“收入”和“资产”的测试,即消极收入不超过 50% 并且产生消极收入的资产不超过 50%,那么该离岸公司可以被分类成 FATCA 和 CRS 下的积极非金融机构。但是在实践中,离岸公司很难同时达到有关收入和资产的这两条严格标准。因为离岸公司设立在离岸地更多的情形是作为持有架构来存在,其本身一般不会直接从事实际的经营活动,也不会有固定的经营场所和雇员,通过离岸公司持有机器设备或者其他生产工具等产生积极收入之资产的情形很少,而通常离岸公司持有的基本都是银行存款、房产或者金融资产等产生消极收入的资产。所以,对于离岸公司来说,“收入”和“资产”这两个测试要想同时满足难度较大,属于“基于收入和资产的积极非金融机构”并不常见。

当然,如果离岸公司注册在离岸金融中心,但是在其他国家开展实际经营活动,实际管理机构也位于该其他国家,那么有可能该离岸公司被判定为是该其他国家的税收居民企业。在这种情况下,如果离岸公司可以提供相关支持材料证明其满足了“收入”和“资产”两个测试,且可以出具其实际经营所在国家政府出具的税收居民证明,那么管理其账户的金融机构通常都会接受该离岸公司属于积极非金融机构的身份定性。

(二)上市交易的非金融机构

如果离岸公司属于上市交易的非金融机构或者其关联机构,那么该离岸公司应属于 FATCA 和 CRS 下的积极非金融机构。例如,在红筹上市架构中,通常公司的整体经营业务和资产都在中国,但是以注册在离岸金融中心的离岸公司为主体在境外证券交易市场上市交易,那么此时该离岸公司即属于积极非金融机构。

例 6-3-3

A 集团是中国著名的电商企业,从事的是非金融类业务的积极经营活动。A 集团通过在开曼群岛设立的 B 公司,并以 B 公司作为上市主体,在美国纳斯达克证券交易市场上市交易。那么 B 公司应属于积极非金融机构的类型,而且 B 公司的关联公司也应当属于积极非金融机构。

（三）非金融集团中的控股非金融机构或者财务中心

如果离岸公司不属于金融机构，且其“绝大多数”[①]的业务活动是持有非金融集团内子公司的股权或者对子公司提供融资和服务，那么该离岸公司也可以被认定为是积极非金融机构。

例 6－3－4

A 集团是中国一家大型制药集团企业。A 集团的控股架构中有一家中间控股公司 B 公司设立在英属维尔京群岛，其唯一的功能就是持有 A 集团各生产子公司的股权。那么，B 公司应属于积极非金融机构。

与离岸公司属于控股公司的情形类似，如果离岸公司属于非金融集团中的财务中心，其功能仅仅是与集团内关联机构之间开展融资或者对冲交易，不与任何其他非关联机构开展类似业务，那么该财务中心也属于积极非金融机构。

例 6－3－5

接上例 6－3－4，A 集团公司在泽西岛还设立一家财务中心 C 公司，其唯一功能就是在 A 集团内部关联公司之间开展融资和对冲交易，那么 C 公司应属于积极非金融机构。

除了上述讨论的三类消极非融机构的情形以外，理论上只要满足了相关定义和要求，离岸公司还可以成为“新成立的非金融机构”，“正处于清算或者重组过程中的非金融机构”或者“非营利非金融机构”，需要结合实际情况具体分析。

三、离岸公司在金融机构持有账户时的处理规则汇总

离岸公司如果在金融机构持有账户，那么该金融机构会依据该离岸公司的身份来分别采取不同的处理规则，具体包括：

离岸公司身份	管理离岸公司账户的金融机构合规义务
离岸公司属于金融机构（投资机构）	由于离岸公司属于投资机构，即金融机构，那么管理离岸公司账户的金融机构不需要“穿透”离岸公司和识别离岸公司实际控制人，也不需要对该离岸公司持有的账户进行申报。

① 有关“绝大多数”的具体讨论可参见本书第二章第四节。

续表

离岸公司身份	管理离岸公司账户的金融机构合规义务
离岸公司属于积极非金融机构	如果离岸公司属于 FATCA 和 CRS 下需申报的税收居民身份,那么金融机构会将该离岸公司持有的账户信息进行申报。
离岸公司属于消极非金融机构	可以从两个层面来考虑:首先离岸公司本身如果属于 FATCA 和 CRS 下需申报的税收居民身份,那么该离岸公司持有的账户属于需申报账户;其次金融机构需要识别该离岸公司的实际控制人,如果实际控制人属于 FATCA 和 CRS 下需申报的税收居民身份,那么实际控制人的信息也需要收集和申报。

第四节　不同离岸公司类型的特殊处理

一、离岸贸易公司(Offshore Trading Companies)

(一)离岸贸易公司的合规身份

在中国,有不少做对外贸易的商人,在离岸金融中心,如英属维尔京群岛、马绍尔群岛以及毛里求斯等地注册一家离岸公司,通过离岸公司来开展对外贸易。这种离岸贸易公司相比在中国本土直接设立的外贸公司在税收、外汇管制以及行业监管上有诸多优势,因此实践中外贸商通常会以离岸贸易公司的名义对外签署合同,然后通过离岸贸易公司在境外银行开立的存款账户收取款项,而后可以将存款账户中的资金用作投资、个人消费等其他用途,从而避开中国大陆税收和外汇上的监管。

在 FATCA 和 CRS 下,对于离岸贸易公司的身份定性问题主要集中在该离岸贸易公司是属于积极非金融机构还是消极非金融机构。因为一旦该离岸公司属于消极非金融机构,其实际控制人(即外贸商)的身份就需要被披露。

由于离岸公司设立在离岸金融中心,但是不在离岸金融中心实际开展业务,一般不可能有实际经营场所和雇员。此外,该类离岸贸易公司本质上属于壳公司或者“信箱公司”,其持有的基本都是银行存款等产生消极收入的资产,并不会直接持有可以产生积极收入的资产,因此很难满足“基于收入和资产的积极非金融机构”类别,通常应属于消极非金融机构。当然,如果离岸贸易公司可以满足其他的积极非金融机构类别的条件,例如属于非金融集团中的控股公司或者属于上市公司的关联公司,那么该离岸贸易公司也可以被分类成是积极非金融机构。

（二）境外贸易公司的合规身份

如果一个公司不属于本书中所讨论的离岸公司，而是属于设立在境外并且实际开展经营业务的公司，那么其有可能属于“基于收入和资产的积极非金融机构”。例如一家设立在中国香港地区的从事积极经营活动的贸易公司，其注册在中国香港地区，且在中国香港地区有固定的经营场所和雇员，且满足“收入”和“资产”的两个“50%”的门槛条件，那么即使这类贸易公司的实际控制人属于中国内地税收居民，也不需要被“穿透”处理，因为该贸易公司属于积极非金融机构。

例 6－4－1

李总（中国税收居民）持有 A 公司和 B 公司两家公司且是这两家公司的实际控制人。两家公司均注册在泽西岛，而且都从事塑料产品的进出口贸易生意。

A 公司在泽西岛当地有实质经营，具有办公地址和 20 名雇员，所有的收入都来源于在泽西岛当地的积极经营所得。

B 公司属于壳公司，在泽西岛当地没有实质经营，没有办公地址和雇员，主要是为了给李小姐在中国国内的进出口贸易公司与境外签合同并收取货款之用，利用泽西岛避税天堂的优势规避国内税收和外汇管制。

A 公司和 B 公司都分别在瑞士 X 银行存有 200 万美元。

按照 CRS 的规则，A 公司和 B 公司在提交给瑞士 X 银行的自我声明文件中，应当分别声明其 CRS 下的身份。那么很明显，CRS 对于 A 公司和 B 公司的处理是不同的。A 公司并非壳公司，因为其在泽西岛有实际经营，通常会被分类成积极非金融机构，所以瑞士 X 银行会直接把 A 公司的信息申报给瑞士政府而后交换给泽西岛政府即可，而不需要“穿透”A 公司而识别和申报其实际控制人李总的信息。

但是 B 公司是否可以被分类成积极非金融机构呢？如果 B 公司这种壳公司也能被分类成积极非金融实体，那么 B 公司的信息就会像 A 公司一样只被传递给泽西岛政府，并不会被“穿透”，李总作为 B 公司实际控制人的信息并不会被披露。但是从泽西岛的角度，B 公司属于当地的离岸公司，其所得税税负为 0，泽西岛并不在乎李总的 B 公司在海外的资产持有情况，将 B 公司在境外的账户信息申报和交换给泽西岛政府显然没有任何意义。① 所以很明显，将 A 公司和 B 公司同等对待是不

---

① 请注意，A 公司在泽西岛当地有实际经营活动，尽管其有可能像 B 公司一样像享受所得税上的 0 税率，但是 A 公司在泽西岛当地仍可能面临增值税、雇佣税以及社保税等相关本地税务义务。因此，相比 B 公司来说，泽西岛政府更为关注 A 公司的资产持有情形。

合理的，一家是有实际经营的公司，另一家纯粹是为了避税而设立的公司，而 CRS 之所以存在对被动非金融实体"穿透"规则，就是为了实现这些离岸壳公司账户信息透明化，以打击其藏匿资产逃避税收的行为。

综合起来，瑞士 X 银行应当将 A 公司的账户信息进行申报，但是不需要"穿透"A 公司和披露其实际控制人李总的信息。对于 B 公司的账户来说，鉴于账户持有人属于泽西岛税收居民，因此该账户信息会被申报和交换到泽西岛政府，与此同时，瑞士 X 银行还应当"穿透"B 公司识别李总的税收居民身份，并且将该账户信息申报和交换给中国政府。

二、私人投资公司（Personal Investment Companies）

私人投资公司（PIC）作为信托以外的另一种保有和传承家族财富的架构方式，由于其在税收方面的诸多优势，在私人财富管理领域受到热捧。私人投资公司实质上类似于一个"存钱罐"公司，高净资产个人可以通过私人投资公司持有若干不同类型的资产，例如，现金存款、股权投资组合、证券投资基金或者不动产等，而私人投资公司的章程可以根据家庭的整体需求，如子女教育，医疗等，来规定企业收益的分配。高净值个人可以依据自己的需求选择将私人投资公司设立在离岸金融中心或非离岸金融中心，也可通过离岸信托来持有离岸私人投资公司。

私人投资公司根据其持有资产的类型以及是否收受到其他金融机构管理，可以分类成 FATCA 和 CRS 下的金融机构或者非金融机构。对于非金融机构类私人投资公司，根据其业务活动的类型又可以进一步分类成消极非金融机构和积极非金融机构。其相对应的 FATCA 和 CRS 下的合规义务与本章讨论的其他类型的离岸公司是一致的。但需要注意的是，在 FATCA 下，如果离岸私人投资公司属于投资机构，由设立在离岸金融中心（如英属维尔京群岛、开曼群岛、根西岛、泽西岛等）的信托来持有，且该信托属于豁免申报的金融机构（如由受托人申报的信托），那么该私人投资公司也可以被定性为豁免申报的金融机构，与信托一样，其所有的 FATCA 下的合规义务均由离岸信托受托人来完成①。在 CRS 下，有的国家（如百慕大）也有此类规定，对于没有此类规定的投资机构类私人投资公司，则应当参照普通的离岸公司处理。

---

① 具体可参见本书第五章第二节有关信托附属公司处理的相关讨论。

三、受托代管公司(Nominee Companies)

在离岸金融中心，出于隐秘性的考虑，有很多离岸公司的实际控制人并非该离岸公司的股东，而是通过受托代管公司来担任离岸公司的股东，而后受托代管公司与实际控制人之间再单独签署协议或者声明，以约定和限制受托代管公司在离岸公司中的权利，从而实现离岸公司实际控制人的“隐形”。这种受托代管服务在离岸金融中心十分常见，通常都是由离岸金融中心本地的信托公司或者类似的金融服务机构来专门设立。

对于这类受托代管公司，从理论上来说，由于其是为其他人的利益而持有金融资产(如股权或者基金份额等)，通常可以视为托管机构。但是在实践中，这类设立在离岸地的受托代管公司并没有实际经营活动，类似于“休眠公司”(Dormant Company)，也没有任何收入，因此很难满足托管机构中 20% 以上的收入“来源于为客户持有金融资产和提供相关金融服务”的条件，因此不属于金融机构(托管机构)。所以在一些离岸金融中心(如泽西岛、根西岛、开曼群岛、英属维尔京群岛、马恩岛和巴哈马等)的 FATCA 实施指引中规定，如果离岸公司的股权由离岸地的信托公司或者其他金融机构所设立的受托代管公司代持，且该离岸公司受到该信托公司或者其他金融机构的管理，那么这种受托代管公司应该“透明化”处理，即被穿透或者被无视。但是，该受托代管公司仍可选择被认定为是金融机构(托管机构)，履行 FATCA 下的合规义务，而不适用该“透明化”处理规则。

例 6－4－2

李总(美国税收居民)在泽西岛设立 A 公司，持有价值 2000 万美元的金融资产。A 公司由泽西岛当地一家信托公司 B 公司(金融机构)来进行管理。A 公司的名义股东为 B 公司设立的受托代管公司 N 公司 100% 持有，但是李总是 A 公司的受益所有人。假设 A 公司满足了被管理投资机构的“被管理测试”和“收入测试”，属于投资机构。

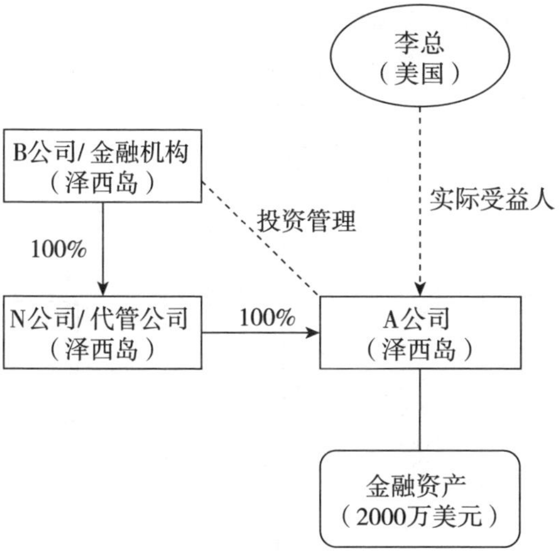

图 6－4－1

那么在 FATCA 下，A 公司属于投资机构，需要识别其股权权益持有人。本例中 A 公司的名义股东为 N 公司，且该离岸公司受到 N 公司的母公司（即信托公司 B 公司）的管理，那么该 N 公司应当被“透明化”处理，此时 A 公司的股权权益持有人应当为李总，而并非受托代管公司 A 公司或者 A 公司的实际控制人。

如果受托代管公司所代持有的离岸公司不属于被受托代管公司母公司（即信托公司或者其他金融机构）管理的公司，也就是说受托代管公司代持有的是第三方投资机构的股权，那么前面所讨论的“透明化”处理规则将不再适用。此时，该受托代管公司面临两种处理规则：

1. 选择被认定为是金融机构（托管机构）。此时，受托代管公司与实际控制人之间属于托管关系，实际控制人是该受托代管公司（托管机构）的托管账户持有人，相关实际控制人的信息由受托代管公司（实践中由其母公司信托公司或者其他金融机构）来识别和申报。

2. 选择不被认定为是金融机构。此时，第三方投资机构在判定其股权权益账户持有人时应当将受益所有人作为账户持有人，而非受托代管公司。这与本书第二章中所讨论的账户持有人识别规则是一致的。

例 6－4－3

XYZ 信托基金属于马恩岛某基金管理公司管理的基金，属于 FATCA 下的投资机构范畴。李总（美籍华人）是 XYZ 基金 20% 的份额的最终受益人，但是基金份额是由马恩岛 A 信托公司设立的受托代管公司 B 公司来持有。由于 XYZ 基金并非由 A 信托公司来管理，其属于第三方金融机构。

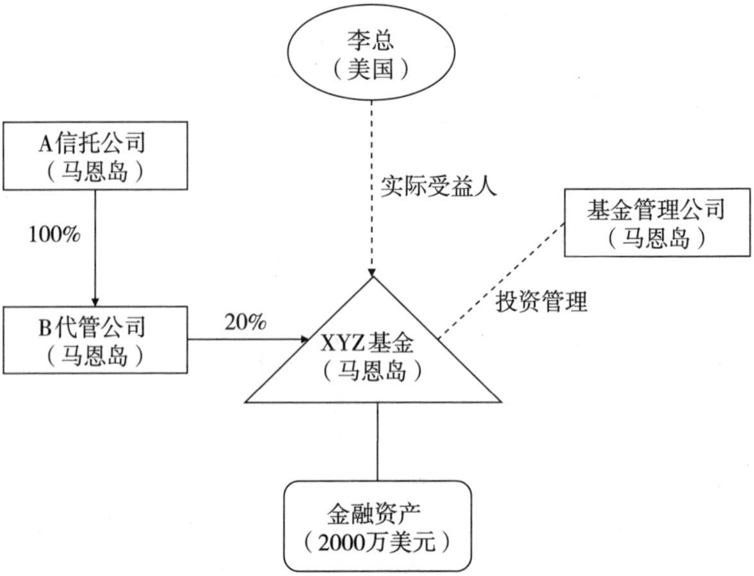

图 6－4－2

那么 XYZ 基金在识别该 20% 基金份额的账户持有人时会有两种情况出现：

1. 如果受托代管公司选择被认定为是金融机构（托管机构）

此时该 20% 基金份额的账户持有人应为该受托代管公司，但由于该受托代管公司属于托管机构类金融机构，对于 XYZ 基金来说，不属于需要申报的情形，因为托管机构不属于特定美国人的情形。但这并不意味着李总持有的这 20% 的基金份额就不需要申报了，因为此时受托代管公司 B 公司属于托管机构，其应当将托管账户的持有人李总进行识别和申报，也就是说这 20% 的基金份额将会以托管账户的类型进行处理。

2. 如果受托代管公司选择不被认定为是金融机构

按照账户持有人的识别规则，XYZ 基金在判定该 20% 基金份额的账户持有人时，不用考虑该受托代管公司，而直接将基金份额的最终受益人李总作为 XYZ 基金的账户持有人（即投资机构股权权益持有人）。

在 CRS 下，对于受托代管公司的处理规则，经合组织的 CRS 文件中并没有详细的规定，只是在账户持有人的定义中对于受托代管账户的账户持有人识别问题有做涉及[①]。但笔者认为,如果相关离岸金融中心的本地 FATCA 法规有上述规定,那么在 CRS 下理应可以适用同样的判定规则,只要该适用不会违反 CRS 的实施目的。

第五节　FATCA 和 CRS 下合伙的信息披露

一、合伙居民身份的认定

由于法律制度的不同,各国对于合伙的税收处理规则存在差异,有的可能会将合伙当成是独立的纳税主体,甚至直接比照公司来征收所得税,但是大部分国家都是将合伙作为"税收透明实体"来处理,即直接"穿透"合伙,将合伙人作为所得税的纳税主体。

在 FATCA 和 CRS 下,合伙的居民身份涉及其在哪一个国家完成尽职调查义务以及其所持有的账户是否需申报的问题。FATCA 政府间协议和美国财政部 FATCA 实施条例对于合伙居民身份问题并没有进行明确,实践中依据各国国内法来判定[②]。但是 CRS 下经合组织《CRS 文本释义》[③]对于合伙的居民身份判定问题做了较为详细的规则,具体包括:

(一)将合伙作为公司来处理

如果合伙所在国税法将合伙作为公司一样来征收所得税,或者比照公司采取类似的征税规则,那么该征税国应被当成是该合伙的居民所在国。

对于金融机构类合伙来说,其应当依据被征税国的本地法规来履行尽职调查和信息申报义务。

(二)将合伙作为透明实体来处理

如果合伙所在国税法将合伙作为税收透明实体来处理,那么该合伙本身在该国没有所得税纳税义务,此时就不能再依据其被征税国来确定其居民所在国。对

---

① 可参见本书第二章第六节中有关账户持有人的讨论。

② 在实践中,各国本地 FATCA 法规趋向于与 CRS 下的规则保持一致,例如,英国的 FATCA 和 CRS 实施指引即有此类规定。

③ 参见经合组织《CRS 文本释义》第 8 节第 4 段和第 107 段内容。

于合伙(包括普通合伙、有限合伙或者类似法律安排)来说,如果其被作为税收透明实体来对待,那么在 CRS 下,其居民所在国应当依据其实际管理机构所在国来确定。

例 6-5-1

XYZ 合伙属于 CRS 下的积极非金融机构,其实际管理机构在 A 国(CRS 需申报国)。XYZ 合伙在 B 国的金融机构持有金融账户。由于 XYZ 合伙的实际管理机构在 A 国,那么依据经合组织有关合伙居民身份识别规定,该 XYZ 合伙应属于 A 国居民。那么,B 国金融机构会识别出 XYZ 合伙属于 CRS 需申报国的居民,因此其持有的账户(机构账户)属于需申报账户。

需要注意的是,如果合伙属于金融机构,而且属于税收透明实体,或者其所在国不征收所得税,那么在判定其是否属于 CRS 参与国申报金融机构时,其可以依据的标准不仅仅局限于"实际管理机构所在国",经合组织在《CRS 文本释义》中规定了三条更为宽泛的标准,只要金融机构类合伙符合了其中任何一条,那就属于 CRS 参与国的金融机构,应当依据该国的 CRS 法规来完成相对应的尽职调查和信息申报义务,具体包括:

1. 合伙依据该 CRS 参与国的法律来设立;
2. 合伙的管理机构(包括实际管理机构)在 CRS 参与国;
3. 合伙受到 CRS 参与国的金融监管(例如合伙制基金等投资产品等)。

例 6-5-2

XYZ 合伙是依据 A 国(CRS 参与国)法律设立,但是其实际管理机构在 B 国(非 CRS 参与国),那么依据上述规则,该合伙属于 A 国的金融机构,需要履行相应的尽职调查和信息申报义务,尽管其实际管理机构在非 CRS 参与国 B 国。

二、合伙的合规身份认定

在 FATCA 和 CRS 下,合伙属于"机构"的范畴,而根据其具体的业务活动,合伙可以属于金融机构或者非金融机构(包括消极或者积极非金融机构)。需要注意的是,合伙合规身份的认定与该合伙属于普通合伙(General Partnership),有限合伙(Limited Partnership),有限责任合伙(Limited Liability Partnership)或者其他任何类似于合伙的法律安排等没有直接关系,而应当根据其具体的业务活动来判定。

(一)合伙属于投资机构的情形

与离岸公司和信托类似,合伙如果属于金融机构,那么最有可能的情形应是投资机构,包括“基于业务活动的投资机构”和“被管理的投资机构”。如果合伙主要是为客户从事一项或者多项 FATCA 和 CRS 下所规定的投资活动①,那么该合伙属于基于业务活动的投资机构。如果合伙满足了“被管理测试”和“收入测试”,那么合伙可以被分类成被管理的投资机构。

此外,对于以合伙形式设立的基金,例如私募基金、对冲基金、风险投资基金、杠杆收购基金或者其他以金融资产的投资、再投资或者交易为目的而设立的投资工具,通常可以直接认定为是投资机构。但是,如果合伙主要从事为客户进行不动产非债直接权益的投资和管理业务,例如某些房地产投资基金,由于不动产非债直接权益在 FATCA 和 CRS 下不属于金融资产,所以该合伙无法满足“收入测试”,因而不属于投资机构。有关基金的信息披露问题,请参见本书第七章内容。

(二)普通合伙人(GP)的特殊处理

在 FATCA 下,有一类豁免申报的金融机构,即“投资顾问或投资经理”,也就是说如果一个投资机构被认定为是金融机构,仅仅是因为该投资机构:(1)为客户提供投资建议且代客户从事金融资产的投资和管理服务;(2)为客户管理投资组合且代客户从事金融资产的投资和管理服务,那么该合伙可以被分类成 FATCA 下豁免申报金融机构(投资顾问或投资经理),此类投资机构的金融账户可以豁免尽职调查和信息申报。

在一个合伙中,如果其普通合伙人(GP)主要从事上述投资咨询或者投资组合管理,那么即使该 GP 还从事其他的、与投资咨询和投资组合管理相关的辅助业务(如履行普通合伙人对于合伙的日常管理职能),通常都可被认定为是投资顾问或投资经理,在 FATCA 下可以享受豁免待遇。

在 CRS 下并没有“投资机构和投资经理”这一豁免金融机构类别,但是对于仅仅是从事投资顾问或者投资经理相关的业务的投资机构来说,该投资机构的股权权益或者债权权益可以豁免被认定为是金融账户,由此,该投资机构也没有 CRS 下的尽职调查和信息申报义务。所以,在 CRS 下,如果合伙的普通合伙人(GP)仅仅是因

---

① 参见本书第二章第一节有关投资机构的认定规则介绍。

为从事投资顾问或者投资经理相关的业务而被分类成投资机构,那么该 GP 的股权权益和债权权益不属于 CRS 下金融账户,GP 也不需对其进行尽职调查和信息申报。

但需要注意的是,如果一个合伙的 GP 不只是从事投资顾问或者投资经理(包括与之相关联的辅助业务),还在该合伙中享有资本或者利润分配权益,那么该 GP 则不再符合 FATCA 和 CRS 下的豁免情形,而应当履行相关的合规义务。

例 6 -5 -3

设立于开曼群岛的 XYZ 合伙属于 FATCA 和 CRS 下的投资机构,主要持有金融资产。XYZ 合伙的普通合伙人(GP)为开曼群岛的 A 公司,A 公司的股东为斯密斯和杰森二人,各自拥有 A 公司 50% 的股权。

A 公司作为 XYZ 合伙的 GP 除了履行日常管理职能以外,同时还属于该合伙的投资经理,其大部分业务是为 XYZ 合伙提供投资管理服务,并且以合伙名义代合伙的投资人进行金融资产的投资业务。

那么在 FATCA 和 CRS 下,由于 A 公司主要业务是代客户从事金融资产的投资业务,因此 A 公司可以被分类成"基于业务活动的投资机构",但是由于 A 公司作为 XYZ 合伙的 GP 仅仅是因为其投资经理的角色而被分类成投资机构,因此 A 公司属于 FATCA 下的"投资顾问和投资经理",即豁免申报金融机构,没有任何 FATCA 下的合规义务;A 公司在 CRS 下属于投资机构,但是其股权权益和债权权益豁免被认定为金融账户,因此 A 公司也不需要对其股权权益持有人史密斯和杰森进行识别和申报。

需要注意的是,在 CRS 下,A 公司尽管不需要识别和申报其股权权益持有人,但是其作为投资机构仍属于金融机构类别,并非属于 CRS 下的豁免申报金融机构,如果其所在国家有零申报的要求,该 A 公司仍应履行相关的零申报义务。

如果 A 公司在 XYZ 合伙中与其他 LP 投资人一样,也持有合伙份额,不论该合伙份额比例的大小,该 A 公司都无法再享受上述 FATCA 和 CRS 下的金融机构豁免或者金融账户豁免的规定,而应当作为一般的投资机构来履行其账户识别和信息申报的义务。

(三)合伙属于非金融机构的情形

如果合伙不属于金融机构,那么根据其实际业务情况可以将其分类成积极或者消极非金融机构。有关合伙属于非金融机构情形的判定规则,可参照本章离岸公司部分的讨论内容。

三、合伙的信息披露

（一）投资机构类合伙的信息披露

如果合伙属于投资机构，那么该合伙需要识别其账户持有人，即投资机构的股权权益持有人和债权权益持有人，判断其是否属于 FATCA 和 CRS 下需申报的情形。在 FATCA 和 CRS 下，合伙的股权权益持有人为在该合伙中享有资本或者利润分配权益的人。

例 6－5－4

XYZ 合伙设立在马恩岛，其普通合伙人（GP）为马恩岛的 PQ 公司，PQ 公司的股东为杰克和罗斯二人（均为马恩岛当地居民），各自持有 PQ 公司 50% 的股权。XYZ 合伙的有限合伙人（LP）为王总（日本税收居民），李总（美国税收居民）和董总（中国税收居民）。

XYZ 合伙所持有的资产全部为金融资产，其由 PQ 公司来进行日常管理。同时，PQ 公司还聘请了一家位于英国伦敦的投资咨询公司 PW 公司（金融机构身份），为 XYZ 合伙的金融资产投资提供任意授权下的金融资产投资管理和咨询服务。

王总享有 XYZ 合伙 40% 的份额，李总和董总各享有 XYZ 合伙的 30% 份额。2×18年 6 月 30 日，王总获得合伙利润分配 40 万美元，李总和董总各获得利润分配 30 万美元。2×18 年 12 月 31 日，该合伙所持有全部资产的价值为 2000 万美元。

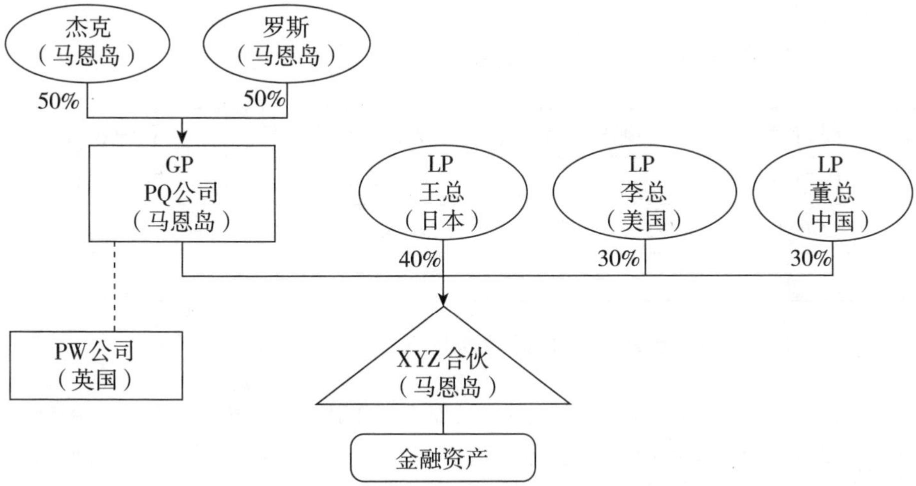

图 6－5－1

那么在 FATCA 和 CRS 下,XYZ 合伙在 2×19 年的信息披露情形如何呢?

第一步:确定 XYZ 合伙的合规身份

XYZ 合伙持有的全部为金融资产,也就是说其全部的收入都来源于金融资产的投资、再投资或交易,那么 XYZ 合伙可以满足被管理投资机构认定中的"收入测试"。此外,XYZ 合伙还受到 PW 公司(金融机构)在任意授权下的投资管理,因此其可以满足被管理投资机构认定的"被管理测试"。所以,依据马恩岛当地的 FATCA 和 CRS 实施法规,该 XYZ 合伙应属于投资机构。

第二步:确定 XYZ 合伙的居民所在国

XYZ 合伙设立在马恩岛,且其 GP 也位于马恩岛,因此可以直接将其认定为马恩岛的居民。因此 XYZ 合伙作为马恩岛的金融机构,应当完成相关的尽职调查和信息申报义务。

第三步:识别账户持有人

本例中,享有 XYZ 合伙权益份额的分别为王总、李总和董总三人,因此该三人应属于 XYZ 合伙的股权权益持有人,即账户持有人。

第四步:申报账户持有人的信息

在 FATCA 下,李总作为美国税收居民,其身份识别信息,账户识别信息,以及账户财务信息会被申报给马恩岛政府,而后被交换给美国国税局。

在 CRS 下,王总做为日本税收居民,董总作为中国税收居民,其身份识别信息、账户识别信息以及账户财务信息会被申报给马恩岛政府,而后分别被交换给日本和中国政府。

其中王总、李总和董总所被申报的账户财务信息应为:

申报制度	账户持有人	账户余额或价值	账户收入
FATCA	李总	600 万美元	30 万美元
CRS	王总	800 万美元	40 万美元
CRS	董总	600 万美元	30 万美元

(二)消极非金融机构类合伙的信息披露

如果 XYZ 合伙属于消极非金融机构,那么其在其他合规金融机构持有账户时,其他合规金融机构需要穿透该 XYZ 合伙,识别其实际控制人是否属于 FATCA 和 CRS 下需申报的情形。如本书第二章第四节中有关实际控制人的讨论,对于合伙来说,其实际控制人应当依据所有权控制,其他方式控制和高级管理人员控制三个方面依次进行判定，其中所有权控制是指持有合伙份额或者利润分配权超过 25% 的个人。

例 6 – 5 – 5

接上例 6 – 5 – 4，假设 XYZ 合伙持有的不是金融资产，而是持有伦敦的房产和瑞士 ABC 银行的现金存款，且不受到其他金融机构的专业投资管理。那么，XYZ 合伙无法满足被管理投资机构认定中的“收入测试”和“被管理测试”，不属于投资机构。假设 XYZ 合伙也无法满足其他金融机构类的概念。

2 × 18 年 12 月 31 日，XYZ 合伙持有的房产价值为 1000 万美元，瑞士 ABC 银行的现金存款余额为 1000 万美元，当年获得存款利息 20 万美元。

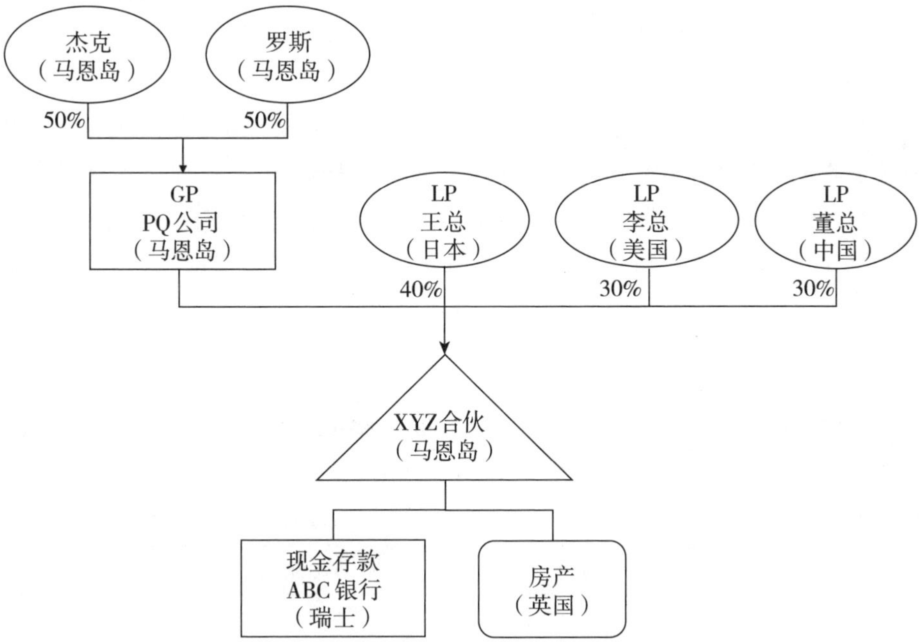

图 6 – 5 – 2

由于 XYZ 合伙持有的是房产和现金存款，即都是产生消极收入的资产，因此其在 FATCA 和 CRS 下应当属于消极非金融机构。XYZ 合伙作为消极非金融机构，在 FATCA 和 CRS 下没有任何尽职调查和信息申报的义务。

瑞士 ABC 银行，由于管理了 XYZ 合伙的存款账户，因此其需要对该账户进行尽职调查，并识别其是否属于 FATCA 和 CRS 下需申报的账户。同时，由于 XYZ 合伙属于消极非金融机构，因此瑞士 ABC 银行需要将其穿透，寻找其实际控制人，并识别其是否属于需申报的情形。那么从瑞士 ABC 银行的角度,就 XYZ 合伙持有的账户来说,其需要完成的合规义务主要包括:

第一步:识别 XYZ 合伙的身份

基于例 6-5-4 中同样的理由,XYZ 合伙应属于马恩岛居民。对于瑞士金融机构来说,马恩岛居民持有的账户属于 CRS 下需申报账户,因此 XYZ 合伙持有的账户属于 CRS 下需申报账户。

第二步:识别 XYZ 合伙的实际控制人

XYZ 合伙的合伙份额持有人王总、李总和董总的持股比例均超过 25%,因此都应当作为实际控制人来处理。由于李总属于美国税收居民,因此 XYZ 合伙持有的该账户属于 FATCA 下需申报的账户,而由于王总和董总分别属于日本和中国税收居民,由此也可以判定 XYZ 合伙持有的账户属于 CRS 下需申报的账户。

第三步:申报账户信息

在 FATCA 下,李总作为需申报的实际控制人,其身份识别信息、账户识别信息和账户财务信息会被 ABC 银行直接申报给美国国税局。

在 CRS 下,王总和董总作为需申报的实际控制人,其身份识别信息、账户识别信息和账户财务信息会被 ABC 银行申报给瑞士政府,而后由瑞士政府分别交换给日本和中国政府。

其中,王总、李总和董总被申报的财务信息分别为:

申报制度	实际控制人	账户余额或价值	账户收入
FATCA	李总	1000 万美元	20 万美元
CRS	王总	1000 万美元	20 万美元
CRS	董总	1000 万美元	20 万美元

第七章

FATCA 和 CRS 下基金的信息披露

第一节 基金的合规身份判定

一、基金的基本介绍

本书所讨论的基金即为投资基金，属于一类普遍流行的投资工具，在不同的国家有不同的名称，例如，集合投资工具、集合投资计划、单位信托等，其核心要旨就是集合众多小额资产，汇集成大笔资金，而后委托专业的投资机构对其进行管理和运作，通过进行股票、债券等证券投资或者其他非证券投资（如房地产等），由投资者共享利润和共担风险。

基金本身并不是一类单独的法律形式，其主要以公司、合伙和信托等形式存在，因此本书中所讨论的有关公司、合伙和信托等在FATCA和CRS下的合规要求同样适用于基金的情形。但是基金又与其他的普通的公司、合伙或者信托在组织架构形式上存在一些区别，因此其在具体的合规程序上也存在一些独有的特色。由于基金主要依托于公司、合伙和信托等法律形式存在，因此本章对于公司、合伙和信托在FATCA和CRS下的一般合规要求，例如金融机构的一般判定规则以及申报要求等不再做详细讨论，而是主要结合基金自身的特征就其FATCA和CRS下的特殊合规义务进行探讨。

基金根据其募集方式不同，可以分为私募基金和公募基金，但是募集方式的不同并不会导致FATCA和CRS下合规要求的不同，因为FATCA和CRS下对于机构的合规要求主要依托于机构存在的法律形式（如公司、合伙或者信托等）。本章着重探讨私募基金在不同法律形式下的合规问题，而对于采取同样或者类似法律形式的公募基金，相关的合规规则应同样适用，限于篇幅，本章不再对公募基金进行重复讨论。此外，鉴于房地产基金在其身份判定上的特殊性，本章单列一节对其进行探讨。

世界各国对于基金的法律规范千差万别，而且按照不同的分类标准，可以将基金分成若干不同的类型，本章不对基金本身的法律理论和规范做讨论，而是集中讨论基金在FATCA和CRS下的合规和信息披露问题，结合FATCA政府间协议、美国财政部FATCA实施条例、经合组织发布的CRS相关文件以及著名离岸避税地相关法规中有关基金的合规问题进行统一介绍和分析。

二、基金的合规身份判定

（一）基金属于投资机构

由于基金本身具有投资属性，因此在 FATCA 和 CRS 下，如果一个机构（包括公司、合伙或信托契约等）属于集合投资工具、共同基金、外汇交易基金、私募基金、对冲基金、风险投资基金、杠杆收购基金或者其他以金融资产的投资、再投资或者交易为投资战略而设立的投资工具，那么该机构可以直接被判定为是投资机构，因为通常这类机构都可以满足“基于业务活动的投资机构”或者“被管理的投资机构的”概念[①]。

1. 基金属于基于业务活动的投资机构

如果基金的业务活动主要是代客户对金融资产或资金进行投资和管理，且其最近三个会计年度（或者存续期间）从事该类业务活动的收入达到其总收入的 50% 以上[②]，那么该基金即属于基于业务活动的投资机构。

例 7－1－1

ABC 基金属于信托制基金，其设立于开曼群岛，主要业务为代不同的客户（投资者）从事组合投资产品等金融资产的交易业务，且其近三个会计年度 80% 以上的收入都来源于此类业务活动。那么在 FATCA 和 CRS 下，该 ABC 基金应当属于基于业务活动的投资机构。

2. 基金属于被管理的投资机构

由于 FATCA 政府间协议、美国财政部 FATCA 实施条例和经合组织 CRS 文件对于被管理投资机构的定义不同，因此对于被投资管理类的基金的处理也不同。由于基金本身具有集合投资计划的特性，且受到基金管理人的专业管理，因此通常都能满足“被管理的测试”。在 FATCA 下，如果基金所在国家法规允许选择适用 FATCA 政府间协议中投资机构的定义，那么基金通常可以直接分类成被管理的投资机构。

但是在美国财政部 FATCA 实施条例和经合组织 CRS 有关投资机构的定义下，一个基金如果要满足被管理的投资机构定义，不仅需要通过“被管理测试”，同时还

---

① 可参见 FATCA 政府间协议模式一（范本）附件一第 6 节第 B(4)(e)段规定和经合组织《CRS 文本释义》第 8 节第 20 段规定。

② 需要注意的是，如果适用 FATCA 政府间协议的定义，没有该 50% 的门槛要求。

需要通过“收入测试”，即该基金的主要收入来源为金融资产的投资和交易，结合这两个“测试”来综合判定。

例 7－1－2

X 基金属于合伙制基金，设立于开曼群岛。X 基金主要是以自己的名义从事金融资产的投资业务。X 合伙基金由另外一家开曼群岛当地的金融机构进行任意授权下的投资管理，且 X 合伙基金 100% 的收入都来源于金融资产交易。那么，在 FATCA 和 CRS 下，该基金属于被管理的投资机构。

（二）基金属于非金融机构

如果基金主要从事的是非金融资产（如不动产非债直接权益等）的投资、再投资或交易，那么这类基金不属于 FATCA 和 CRS 下的投资机构，而根据其自身业务属性，一般可以将其分类成消极或者积极非金融机构。实践中，如果一个基金不属于投资机构，通常的合规身份应当为消极非金融机构，其属于积极非金融机构的情形并不多见。

三、基金的居民身份判定

基金由于其不同的法律存在形式，在不同的国家其税收居民身份认定规则存在差异。但是就 FATCA 和 CRS 的角度来说，基金作为一类机构，应当根据其公司、合伙或者信托等不同法律组织形式来分别判定其居民身份所在国。但是基金尤其是公募基金通常受到一国金融法律的严格监管，所以在 FATCA 和 CRS 下，一般对该基金实施金融监管的国家即应当被认定为其居民所在国。

第二节　基金各相关当事方的合规问题

作为集合投资计划，基金在 FATCA 和 CRS 下一般都属于投资机构的类别，但是投资机构本身的概念十分宽泛，只要是符合了“基于业务活动的投资机构”和“被管理的投资机构”两类投资机构的相关条件，那么一个机构就可以被认定为是投资机构。而在一个基金法律关系中，往往还涉及基金管理人（Fund Manager）、基金行政管理人（Fund Administrator）、基金销售机构（代销机构）（Fund Distributor）、基金托管机构（Custodian）、基金过户代理人（Transfer Agent），基金存托机构（Depository）

和基金代持机构(Fund Nominee)等。对于这些基金各相关当事方的合规身份以及其对基金本身的合规义务影响问题,FATCA 政府间协议、美国财政部 FATCA 实施条例和经合组织 CRS 文件中并没有详细的规定,理论上应当依据投资机构的具体定义来判定该相关方在 FATCA 和 CRS 下的合规义务。

但是鉴于基金各当事方在基金法律关系中的特殊性,一些国家对此做了更为明确的本地化规定,其中英国是全世界最早实施 FATCA 和 CRS 的国家之一,也是最先对集合投资计划中相关当事方的合规义务判定做出明确规定的国家。英国税务和海关总署(HMRC)在 2014 年 8 月发布的 FATCA 实施指引①中,就对基金中相关当事方在 FATCA 下的合规义务做了明确规定。由于法律体系的相似性,英国的该部分法规也被借鉴到几乎所有的英属皇冠属地(如根西岛、泽西岛)和海外领地(如开曼群岛、英属维尔京群岛),还包括爱尔兰、新西兰和新加坡等地。此外,中国香港地区税务局发布的关于 CRS 实施的《财务机构指南》第十六章基本全篇借鉴了 HMRC 对于基金合规和申报问题的规定。鉴于此,本节主要对英国就基金各相关当事方合规问题的具体规则做讨论,尽管各国的具体基金形式和监管要求不同,但是从 FATCA 和 CRS 的合规角度,英国的做法对其他国家(尤其是英美法系下 CRS 参与国)的基金合规有很强的引导和借鉴意义。

一、基金各相关当事方的合规身份

在一个基金法律架构中,基金本身不论是采用何种法律形式,包括法人实体、非法人实体以及法律安排等,都应当属于 FATCA 和 CRS 下的机构。对于从事金融资产投资和交易的基金来说,其一般都属于金融机构,需要识别和申报其账户持有人。但是基金本身的合规身份与基金法律架构中其他相关当事方的身份是独立的,而且其他当事方由于在基金法律架构中的功能不同,其对应的身份和合规义务也存在差异。

在 FATCA 和 CRS 下,对于一个机构,如果其属于金融机构,尤其是投资机构,理论上来说应该是需要承担账户尽职调查和信息申报的义务,但是如果这一类金融机构仅仅是从事为客户提供投资咨询或者提供资产组合管理的相关业务,而不

① 英国税务和海关总署于 2014 年 8 月 28 日发布了有关 FATCA 实施的指引,但是该指引目前已经失效,相关条文已经合并到《国际信息交换手册》第 400000 节中。参见 https://www.gov.uk/hmrc-internal-manuals/international-exchange-of-information/ieim400760,最后访问日期:2017 年 10 月 27 日。

作为集合类投资机构而存在，那么在 FATCA 下这类金融机构可以被分类成“投资顾问或投资经理”，属于豁免申报的金融机构。

在 CRS 下没有“投资顾问或投资经理”这一类豁免申报金融机构的规定，此类金融机构仍然属于需申报金融机构，但是其股权权益或者债权权益并不属于 CRS 下的金融账户的范畴，因此事实上也不需要进行账户尽职调查和信息申报。除非基金管理人所在国有零申报要求，那么这类金融机构只需要完成相应的 CRS 零申报即可。

在一个基金法律架构中，通常所包含的各相关当事方有：基金管理人、基金行政管理人、基金投资顾问、基金销售机构（代销机构）、基金托管机构、基金过户代理人、基金存托机构、基金代持机构。

也就是说，对于以上这类基金各相关当事方来说，根据其各自的业务活动，一般都应当属于 FATCA 和 CRS 下的投资机构类金融机构，而且由于其属于“投资经理或者投资顾问”的角色，因此通常其自身的股权权益或债权权益持有人不需要被识别和申报。当然，如果这些基金的相关当事方（如基金管理人）除了从事“投资经理或者投资顾问”类业务活动以外，还从事类似于基金的金融资产投资或者交易活动，那么这些相关当事方则与普通的投资基金一样，也需要识别其账户持有人并完成其他相关的合规义务。

二、基金合规义务主体的判定

基金具有不同的法律形式，包括公司制、合伙制、信托制（或者契约制）基金等。对于公司制基金来说，由于公司的法律责任主体明确，其 FATCA 和 CRS 合规义务主体即为公司本身。

而对于非公司制基金的合规义务主体的确定问题，在 FATCA 政府间协议、美国财政部 FATCA 实施条例和经合组织的 CRS 文件中并没有详细规定。在 FATCA 下，由于存在保荐制度①，因此基金可以委托其保荐机构（如基金管理人）来完成 FATCA 下的合规义务。此外，在 FATCA 下，需申报金融机构还可以委托第三方服务提供商来完成 FATCA 下的合规义务，但是最终的法律责任仍应当由需申报金融机构来承担②。FATCA 下有关委托第三方服务提供商的规定在 CRS 下得到了延续，经合组织《CRS 文本释义》第二节第六段亦有类似规定，同时还列举了如下例子

---

① 参见本书第二章第三节中有关保荐机构的相关讨论。

② 可参见 FATCA 政府间协议模式一（范本）第五条第三款的规定。

进行说明：

例 7－2－1

P 投资机构属于共同基金，由位于 CRS 参与国 B 国的基金管理人 M 来管理，并且其不满足豁免集合投资计划[①]的相关定义。B 国允许其申报金融机构通过委托第三方服务提供商来完成所有 CRS 相关的合规义务。因为 P 投资机构属于 B 国的需申报金融机构，因此 P 可以委托基金管理人 M 来进行 CRS 下的尽职调查和其他 CRS 合规义务。

通过经合组织列出的这个例子，我们可以看出，对于基金来说，其可以委托基金管理人作为第三方服务提供商来完成 CRS 下合规义务。但是，按照经合组织在该例子前的解释，基金管理人作为第三方服务机构，它与基金之间属于委托法律关系，最终的 CRS 合规责任仍应当由基金来完成。但在实践中，这种由基金（作为金融机构）来承担不合规责任的规定会带来一个问题，因为基金如果属于非公司制基金，尤其是作为契约制法律安排，那么应该如何让这一类基金本身来承担法律责任，经合组织的相关文件并不明确。

鉴于此，一些国家在其本国或本地区的 FATCA 和 CRS 实施法规中，对于基金的合规义务人进行了更为明确的规定。在各国或各地区的规定中，笔者认为，中国香港地区税务局对于非公司制机构的合规义务规定具有较强的参考意义。根据中国香港地区税务局发布的 CRS《财务机构实施指南》第十六章第六条规定，对于集合投资计划（即基金）的 CRS 合规义务主体应当为：

（1）对于以公司形式存在的集合投资计划，该公司或者公司的董事应当作为该集合投资计划的合规义务主体。

（2）对于以非公司制形式存在的集合投资计划，为该集合投资计划管理金融账户的人或者机构应当作为集合投资计划的合规主体。具体谁应当属于为该集合投资计划管理金融账户的主体，应当依据实际情况，尤其是依赖于为基金执行反洗钱程序的主体来判定。不同的申报金融机构有不同的处理方式，但是通常来说，为非公司制需申报金融机构（投资机构）管理金融机构的主体包括：

（1）托管机构（如资产管理机构）

接受托付而管理账户中资产的合规主体应当为该托管机构完成 CRS 下的合规义务。

---

① 参见本书第二章第三节豁免金融机构的讨论。

(2)受监管的集合投资计划(如公募基金)

基金管理人通常为此类产品的发起人,有义务完成该基金的反洗钱等相关义务,且对于基金的股权权益和债权权益信息最为了解,因此基金管理人应当完成基金 CRS 下的合规义务。

(3)代表客户进行金融资产交易或管理的投资机构(如私募基金、对冲基金或者其他不受监管的集合投资计划等)

基金管理人通常对该基金有反洗钱等相关义务,且对于基金的股权权益或债权权益持有人信息最为了解,因此基金管理人应当完成基金 CRS 下的合规义务。

(4)除上述“受监管的集合投资计划”以及“代表客户进行金融资产交易或管理的投资机构”以外的其他被专业管理的信托(如该信托的受托人为金融机构,或者该信托的受托人委托其他金融机构对信托资产进行完全授权下的管理)

对于信托实行全面管理的信托受托人应当属于“为信托管理金融账户的主体”,因此,信托受托人应当完成被管理投资机构类信托的 CRS 合规义务。但需要注意的是,此处规定信托受托人应当被当作是“为信托管理金融账户的主体”,与“由受托人申报的信托”(Trustee Documented Trust)的处理规则有区别。因为在“由受托人申报的信托”规则下,受托人应当属于金融机构身份,而在此处判定信托的合规义务主体时,如果信托的受托人并非金融机构,也就是说“由受托人申报的信托”规则无法适用,那么相关信托的合规义务同样应当由受托人来完成。

例 7-2-2

XYZ 信托设立在 A 国(CRS 参与国和 FATCA 模式一伙伴国),其受托人为 P 公司。P 公司不属于金融机构。XYZ 信托持有的资产均为金融资产,且 P 公司委托金融机构 Q 公司对该信托下资产进行全权委托下的专业投资管理。此时按照 FATCA 和 CRS 下投资机构的判定规则,XYZ 信托满足了“被管理测试”和“收入测试”,应当属于被管理的投资机构,但是就申报义务来说,“由受托人申报的信托”制度无法适用,因为信托受托人并非金融机构,申报义务仍应当由信托受托人来完成。此时信托就不再属于“由受托人申报的信托”(即豁免申报金融机构),而应当属于需申报金融机构,在 FATCA 下,该信托也需要完成相关 IRS 注册,并获得 GIIN。

(5)其他非公司制的投资机构

应当依据具体情况来判定为该投资机构管理金融账户的主体,但通常来说,哪些机构为该投资机构履行反洗钱义务,那么该类机构应当被认定成为该非公司制投资机构管理金融账户的主体,完成 CRS 下的合规义务。

三、基金销售机构或者代销机构

(一)基金销售机构的范围

在基金法律架构的相关当事方中,基金的销售机构主要是负责基金份额的发售、申购、赎回和转换等基金销售业务。① 基金的销售可以由基金管理人来进行,也可以委托其他具有销售资格的代销机构来进行。各国对于基金销售机构的规定和监管规则并不相同,但是总体来说除了基金管理人以外,基金销售机构还包括:基金代销人;独立理财顾问;基金平台;财富管理顾问;基金经纪人;银行;信用社以及保险公司等。

(二)基金销售机构的分类②

从 FATCA 和 CRS 合规的角度,根据基金销售机构的业务类型不同,大致可以将其分成两类,即在基金中代投资人持有基金份额的基金销售机构(如基金代持机构)和仅提供咨询服务的销售机构。

如果客户(投资人)直接登记为基金份额的持有人,那么基金作为投资机构应当申报该客户(投资人)的账户信息(股权权益信息)。但是如果客户(投资人)通过基金销售机构等基金平台持有基金,那么相关的申报责任有可能就转移到基金平台,而基金本身不再对基金的实际投资人具有申报义务。

1. 基金平台作为基金份额代持人

基金平台通常作为基金代持人代表其客户(投资人)持有基金中的份额。在这种情况下,客户只需要与基金平台发生业务往来,进行基金的购买和赎回以及其他相关资产的投资管理业务。基金平台作为基金份额代持人登记为基金份额的法律名义上的持有人,当然实践中,基金平台也有可能持有投资人的其他资产或者其他的基金份额。在此种情况下,基金平台与客户(投资人)之间形成的是托管关系,即基金平台会被分类成 FATCA 和 CRS 下的托管机构。

从投资机构类基金的角度,其股权权益持有人(账户持有人)应当为基金平台,

---

① 例如在中国,依据《证券投资基金销售机构内部控制指导意见》(证监基金字〔2007〕277 号)第 2 条第 2 款和第 3 款规定,本指导意见所称的基金销售机构,是指依法办理基金份额的发售、申购、赎回和转换等基金销售业务的基金管理人以及取得基金代销业务资格的其他机构。为基金销售机构提供与基金销售业务相关服务的服务提供商就其参与基金销售业务的环节参照执行。

② 可参见英国税务和海关总署(HMRC)《国际信息交换手册》第 400830 项规定。

而非客户(投资人)。由于基金平台本身属于金融机构,那么从基金的角度,并不需要申报该基金平台持有的账户,因为金融机构不属于 FATCA 和 CRS 下的需申报人。鉴于客户(投资人)与基金平台之间存在托管账户的关系,因此客户(投资人)作为托管账户持有人,其账户信息应当被基金平台识别和申报。

2. 基金平台为仅提供咨询建议的销售机构

如果基金销售机构不属于基金代持人,其业务活动仅限于向客户提供投资建议和销售基金服务,或者只是作为基金与基金平台或者客户(投资人)之间的中介存在,那么此类销售机构一般不会是基金份额的法律名义持有人。这类基金销售机构与基金平台或者客户之间也不会形成 FATCA 和 CRS 下的账户关系,因此也没有相对应的尽职调查和信息申报义务。

但是由于此类仅提供咨询建议的基金销售机构通常会掌握基金份额持有人的详细信息,而且对客户情况比较了解,所以基金管理人也可以委托基金销售机构作为第三方服务提供商来完成基金的相关 FATCA 和 CRS 尽职调查和信息申报义务。① 在实践中,这种第三方服务提供商的委托应当与相关国家反洗钱程序中的规定保持一致。例如,根据基金设立国家的反洗钱法律,基金管理公司可能通过合同或者协议的形式委托基金代销机构等第三方机构来履行基金投资人的反洗钱合规义务,那么此时基金管理人也可以在 FATCA 和 CRS 下通过同样的方式,要求基金代销机构完成 FATCA 和 CRS 下的账户尽职调查和信息申报义务。

需要注意的是,基金销售机构等基金平台有时可能为多个不同的客户(投资人)提供基金销售业务,其向部分客户提供基金代持业务成为基金份额的法律名义持有人,而对其他的客户只是提供投资咨询基础上的基金销售业务,此时应当根据不同客户的具体情形来判定基金销售机构是否具有 FATCA 和 CRS 下的账户尽职调查和信息申报义务。如果基金销售机构仅仅是作为投资顾问或者基金和投资人之间的中介方而存在,那么该基金销售机构没有 FATCA 和 CRS 下的尽职调查和信息申报义务。

---

① 例如在中国,依据《证券投资基金销售机构内部控制指导意见》(证监基金字〔2007〕277 号)第十二条规定,基金销售机构应切实履行反洗钱义务,建立和完善反洗钱内部控制制度,确保基金销售业务各环节符合反洗钱法律法规的要求。也就是说,基金销售机构属于反洗钱义务的合规主体,按理,FATCA 和 CRS 下的合规义务,也可以由基金销售机构来履行较为合理。根据中国版 CRS《管理办法》第三十条规定,金融机构委托其他机构向客户销售金融产品的,代销机构应当配合委托机构开展本办法所要求的尽职调查工作,并向委托机构提供本办法要求的信息。

四、基金及其各相关当事方的信息申报

如果基金属于投资机构，那么基金应当依据其自身的法律形式来确定应当由谁来完成该基金在 FATCA 和 CRS 下的账户尽职调查和信息申报义务。对于基金以及基金各相关当事方在 FATCA 和 CRS 下的信息申报问题，可以用图 7 – 2 – 1① 来表示：

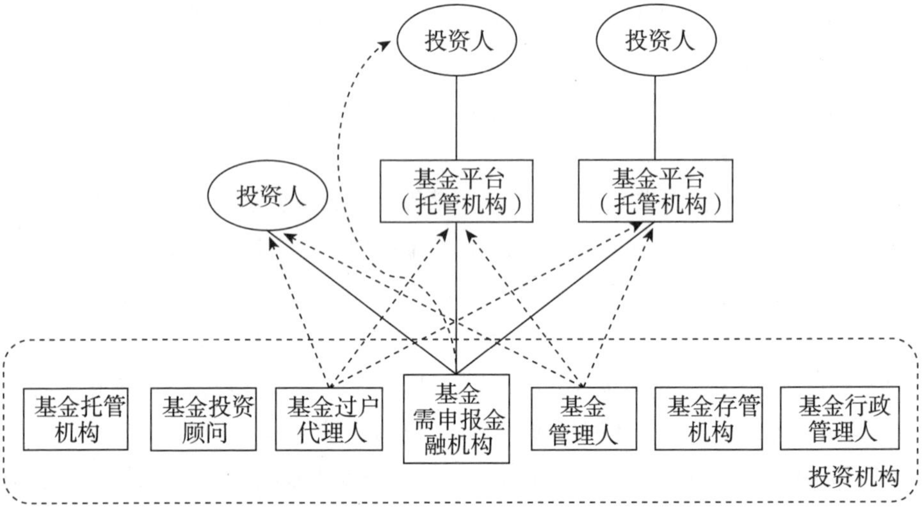

图 7 – 2 – 1

在上图中，虚线代表没有 FATCA 和 CRS 下的合规义务，实线代表有合规义务。那么，由此可以得知，尽管基金各相关当事方也有可能属于投资机构，但是这些相关方的合规身份与基金本身的账户尽职调查和信息申报义务是相互区别的。但是如果这些机构作为基金代持平台，与投资人之间形成另外的金融账户关系（如托管账户关系），那么他们将对投资人具有尽职调查和信息申报的义务。

从基金本身的 FATCA 和 CRS 合规义务来说，与其相关的只是在基金中持有股权权益或者债权权益的投资人，这包括两种情形：

1. 投资人直接持有基金份额

账户持有人为投资人，基金作为需申报金融机构，应当对该投资人进行尽职调

① 可参见英国税务和海关总署（HMRC）《国际信息交换手册》第 400835 项规定。该规定在其他 FATCA 伙伴国和 CRS 实施国被广泛借鉴。例如，爱尔兰税务局发布的《FATCA 实施指引》第 5 章，以及中国香港地区税务局发布的 CRS《财务机构操作指引》第 16 章均作了类似规定。

查和信息申报。

2. 投资人通过基金平台(基金份额代持人)间接持有基金份额

账户持有人为基金平台(如基金销售机构),基金不需要申报基金平台的信息。基金平台作为托管机构,应当识别投资人作为托管账户持有人的身份。

五、上市基金的信息申报

本书在第二章第五节有关投资机构的股权权益或债权权益部分,讨论了 FATCA 下对于上市交易的股权权益或债权权益的豁免问题,即在 FATCA 下,投资机构的股权权益或债权权益如果在认可的证券市场上经常性交易,那么其不属于 FATCA 下的金融账户,所以无须对其进行尽职调查和账户信息申报。

基于此,如果一个基金的股权权益(如基金份额)或者债权权益(如债券)在认可的证券市场上经常性交易,那么这些股权权益或债权权益不属于 FATCA 下金融账户的范畴,尽管该基金属于 FATCA 下的金融机构,但是不需要对基金份额持有人或者基金的债权人进行尽职调查和信息申报。例如,在英国,投资信托公司(Investment Trust Company)和风险投资信托(Venture Capital Trust)属于典型的 FATCA 下的金融机构(投资机构)类型,但是因为这两类基金通常都是在伦敦证券交易所(London Stock Exchange)进行上市交易,因此这两类投资机构的股权权益或者债权权益可以豁免尽职调查和信息申报①。

需要注意的是,上述对于在认可的证券市场经常性交易的股权权益或者债权权益的豁免规定不适用于 CRS 下投资机构的处理,所以在 CRS 下,不论基金是否上市,其作为金融机构都需要完成对其股权权益或者债权权益持有人的尽职调查和信息申报。

第三节 私募基金的信息披露

一、私募基金基本介绍

(一)私募基金的含义

私募基金或者私募投资基金,又叫私人股权投资,属于集合投资计划中的一

---

① 参见英国税务和海关总署(HMRC)发布的《国际信息交换手册》第 400825 节规定。

类,尽管世界各国对于设立在本国的私募基金有不同的监管法律规定,但是其本质属性基本一致,即是指以进行投资活动为目的,以非公开方式向投资者募集资金而设立的投资基金①。与公募基金类集合投资计划相比,私募基金在基金募集和投资运作上所受到的政府监管要相对宽松,因此在一些国家,私募基金是划归在未受监管的集合投资计划(Unregulated Collective Investment Scheme)一类中,如英国即是如此。

既然私募基金是以非公开方式向投资者募集资金,那么私募基金只可以向特定有资格的投资者定向募集,而不得通过公众传播媒体或者其他的公开方式向不特定的公众对象进行宣传推介。② 各国对于私募基金的合格投资者有明确的限定,一般来说包括:

1. 个人投资者。私募基金的个人投资者即是指符合条件的高净值个人,对于此类投资者的要求主要体现在个人投资者的资产持有量上,即各国会根据自身情况制定明确的门槛。例如,在英国,私募基金的个人投资者必须满足其上一年度个人年收入不低于 10 万英镑,或者上一年度该个人所拥有的净资产价值不少于 25 万英镑③;而在中国,私募基金个人投资者需要满足的条件是个人年收入不低于 50 万元人民币或者个人持有的金融资产价值不低于 300 万元人民币④。

2. 机构投资者。例如社保基金、主权财富基金、社会公益基金以及其他受到一国政府监管和允许的机构投资者。私募基金财产的投资主要包括股票、股权、债券、期货、期权、基金份额等证券类投资业务,同时还包括非证券类的投资业务,包括电影制作投资、不动产投资以及育林基金投资(Forest Plantation) 等。

(二)私募基金的合规身份判定

与其他的集合投资计划相比,私募基金投资人通过基金持有被投资公司或者

---

① 例如,中国《私募投资基金监督管理暂行办法》(证监会令第 105 号)第 2 条规定,本办法所称私募投资基金,是指在中华人民共和国境内,以非公开方式向投资者募集资金设立的投资基金。

② 例如,中国《私募投资基金监督管理暂行办法》(证监会令第 105 号)第 14 条规定,私募基金管理人、私募基金销售机构不得向合格投资者之外的单位和个人募集资金,不得通过报刊、电台、电视、互联网等公众传播媒体或者讲座、报告会、分析会和布告、传单、手机短信、微信、博客和电子邮件等方式,向不特定对象宣传推介。

③ 参见英国财政部《〈2000 年金融服务及市场法〉(2001 年促进集体投资计划)(豁免)令》(The Financial Services and Markets Act 2000 – Promotion of Collective Investment Schemes – Exemptions – Order 2001)第 21 条规定。

④ 参见中国《私募投资基金监督管理暂行办法》(证监会令第 105 号)第 12 条规定。

项目公司的目的并非获得其所有权以及相对应的股息分红，而是将其作为投资资产（Investment Assets）来对待，以通过从被投资公司退出方式而获得投资增值。因此，从 FATCA 和 CRS 下机构的合规身份角度，私募基金设立的目的就是为了进行金融资产（包括被投资公司股权）的投资、再投资或者交易，因此其在 FATCA 和 CRS 下都属于投资机构类金融机构。

需要注意的是，如果私募基金并非直接从事金融资产的投资和交易，而是直接从事房地产、电影或者其他非金融资产投资业务，其在 FATCA 和 CRS 下的身份判定可能存在不同的处理规则，并非一概而论地分类成投资机构类金融机构。具体可参见本章第四节有关房地产基金的相关讨论。

二、公司制私募基金的信息披露

（一）公司制私募基金账户持有人的判定

公司制私募基金从法律性质上属于具有独立法律人格的企业法人，其运行应当遵循其所在国家的相关公司法律制度。因此对于这一类属于投资机构的公司制私募基金，其账户持有人与投资机构类离岸公司的处理规则一致，即是指公司的股权权益持有人（如股东或者基金份额持有人）和债权权益持有人。

（二）公司制私募基金账户信息的申报

对于构成投资机构的公司制私募基金，其应当完成 FATCA 和 CRS 下的账户尽职调查和信息申报义务，对于其账户持有人（如公司股东或者债权人）属于特定美国人或者 CRS 需申报人时，应当将相关账户持有人的身份识别信息、账户识别信息和账户财务信息进行申报。

例 7－3－1

XYZ 基金是一家设立在 P 国（CRS 参与国）的公司制私募基金（非房地产基金）。XYZ 基金在 Q 国（CRS 参与国）分别持有两个项目公司，分别为 A 公司和 B 公司，持股比例均为 100%。XYZ 基金的股东（基金份额持有人）分别为张总（中国税收居民）、苏总（美国税收居民）、李总（日本税收居民）和王总（新加坡税收居民），持股比例均为 25%。XYZ 基金委托位于 P 国的 L 基金管理公司对 XYZ 基金的资产进行部分任意授权下的投资管理。

在 2×18 年 12 月 31 日，A 项目公司的市场公允价值为 3000 万美元，B 项目公司的市场公允价值为 3200 万美元。2×18 年 XYZ 基金没有向其基金份额持有人

(股东)分红和进行其他形式的利益分配。

假设本例中所涉及的所有国家之间已经开始实施 FATCA 协议(模式一)并且均在 CRS 下达成账户信息互换协议(并且交换关系被“激活”)。

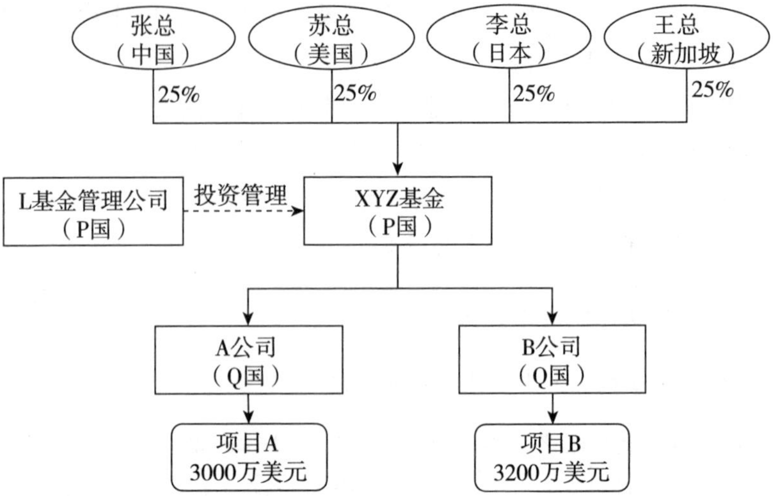

图 7-3-1

那么在 FATCA 和 CRS 下,XYZ 基金对于 2×18 年度的信息披露情形如何呢?

第一步:确定 XYZ 基金的合规身份

XYZ 基金属于以从事金融资产(即项目公司股权)的投资、再投资和交易为目的的私募基金,而且还受到了其他基金管理公司(金融机构)的专业投资管理,因此该 XYZ 基金应当属于 FATCA 和 CRS 下的投资机构。

第二步:确定 XYZ 基金的居民所在国

XYZ 基金设立在 P 国,应当作为 P 国的居民来对待,因此该基金需要在 P 国完成相关的 FATCA 和 CRS 申报义务。

第三步:识别账户持有人

XYZ 基金属于公司制私募基金,其账户持有人即为其四位股东,分别为张总、李总、王总和苏总。其中张总、李总和王总属于 CRS 需申报人,其股权权益的账户信息应当在 CRS 下进行申报,而苏总属于特定美国人,其股权权益的账户信息应当在 FATCA 下进行申报。

第四步:申报账户持有人信息

在 FATCA 下,苏总作为特定美国人,其身份识别信息、账户识别信息和账户财务信息会被申报给 P 国政府而后交换给美国国税局。

在 CRS 下，张总、李总和王总作为 CRS 需申报人，其身份识别信息、账户识别信息和账户财务信息会被申报给 P 国政府而后交换给中国、日本和新加坡政府。

其中，四位账户持有人需申报的财务信息包括：

申报制度	账户持有人	账户余额或价值	账户收入
FATCA	苏总	1550 万美元	0
CRS	张总	1550 万美元	0
CRS	李总	1550 万美元	0
CRS	王总	1550 万美元	0

三、合伙制私募基金的信息披露

（一）合伙制私募基金的账户持有人判定

合伙制基金一般采用有限合伙形式存在，由于有限合伙制基金在基金运作、融资机构以及税收上的多方面优势，使其成为私募基金中最为常见的一类组织形式。有限合伙制基金通常由普通合伙人（GP）和有限合伙人（LP）组成，其中 GP 对私募基金的债务承担无限连带责任，负责基金的投资运营和管理，每年按照一定的比例向基金提取管理费或者分红。GP 通常会认缴少量合伙基金的出资，但绝大部分的出资都由 LP 来认缴。LP 属于投资人，不参与基金管理，以其出资额为限对基金债务承担有限责任。

1. 基金管理人的合规身份

GP 通常需委托另外的基金管理人（基金管理公司）为基金的投资进行实际管理，但通常 GP 和基金管理公司都属于同一家发起基金的资产管理类公司。基金管理人在 FATCA 和 CRS 下属于投资机构的范围，因为其主要从事的是为客户进行金融资产相关的投资和管理活动。但是由于基金管理人通常只是从事为客户提供投资咨询或者提供资产组合管理的业务，其在 FATCA 下可以被分类成“投资顾问或者投资经理”，属于豁免申报的金融机构；在 CRS 下没有“投资顾问或投资经理”的豁免金融机构类型，所以基金管理人属于投资机构，但是其股权权益或者债权权益可以豁免被认定为金融账户。因此基金管理人没有尽职调查和信息申报的义务，除非基金管理人所在国有零申报要求，那么其只需完成相应的零申报即可。

但需要注意的是，如果基金管理人并非“只是”从事为客户提供投资咨询或者提供资产组合管理的业务，还作为投资人实际参与基金的投资、再投资或者交易业务,那么该基金管理人则无法享受上述豁免金融机构(FATCA)或者豁免金融账户(CRS)的待遇。

2. 合伙制私募基金的账户持有人

不同的国家对于合伙制基金的设立和监管存在不同,但是就合伙制私募基金的组织形式来说,比较典型的架构为:

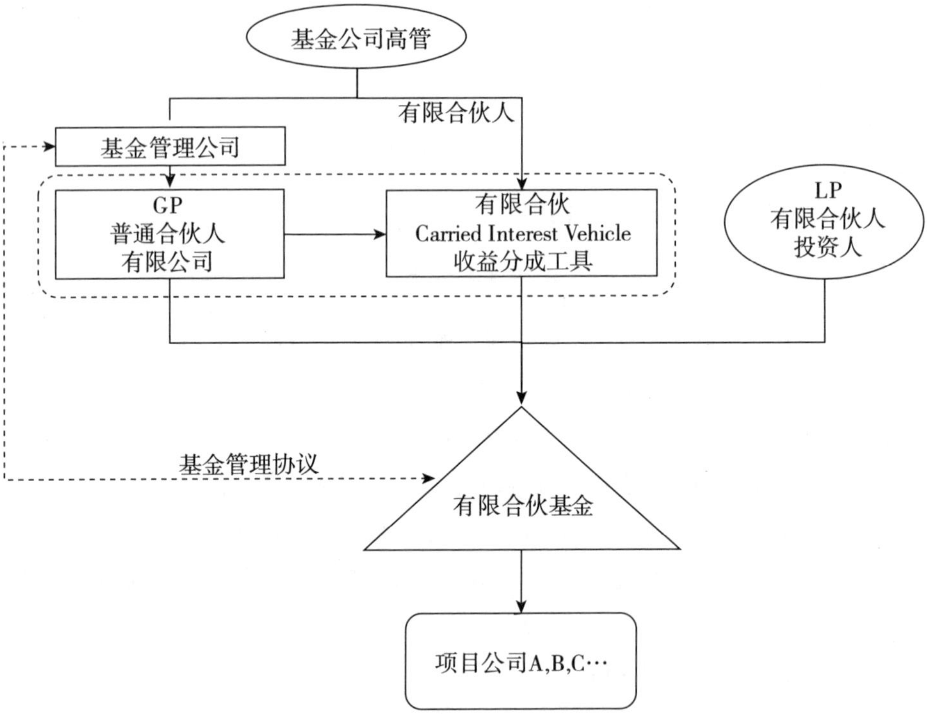

图 7－3－2

如果有限合伙基金属于投资机构类金融机构,那么基金管理人需要识别其股权权益或债权权益持有人,即合伙份额持有人或债权人。结合图 7－3－2,有限合伙基金的账户持有人应当为:

(1)普通合伙人(GP)

在有限合伙制私募基金中,普通合伙人通常以有限公司(Limited Company)或者有限合伙企业(GP Limited Partnership)的形式存在,其在基金中会持有少量(如1%)的基金份额,除从基金提取管理费以外还享受基金收益分成(即 Carried Interest),因此应当被认定是持有私募基金的股权权益,从而被当作账户持有人处理。

有关普通合伙人自身的合规身份判定问题,本书第六章第五节中进行了专门讨论。如果普通合伙人仅仅是从事投资顾问或者投资经理（包括与之相关联的辅助业务），那么在 FATCA 下，该 GP 可以被分类成“投资顾问或者投资经理”，属于豁免申报金融机构；在 CRS 下，该 GP 应当为投资机构类别，但是其股权权益或债权权益可以豁免被认定为金融账户，也可以享受实际的豁免申报待遇。但是由于 GP 也持有少量基金份额，并且从基金享受收益分成，而并非仅仅是从事基金的运营和管理，因此实践中 GP 通常都会被当成是投资机构处理，且无法享受 FATCA 和 CRS 下的相关豁免待遇。

鉴于 GP 本身也属于金融机构，那么从私募基金的角度，该 GP 账户持有人不属于 FATCA 和 CRS 下的需申报人，因此 GP 所持有的账户也无须进行尽职调查和信息申报。但是 GP 作为金融机构，其应当完成 FATCA 和 CRS 下的尽职调查和信息申报义务。

（2）有限合伙人（LP）

有限合伙人，即私募基金的投资人，持有确定的私募基金份额，为其股权权益持有人，因此应当作为私募基金的账户持有人。对于个人投资人来说，基金管理人应当将其作为股权权益持有人进行尽职调查和信息申报，但对于机构投资人来说，基金管理人需要分别识别该机构投资人的身份，对于属于金融机构或者豁免金融机构的机构投资人（如养老基金，社保基金等），无须对其进行信息申报，而对于构成消极非金融机构的机构投资人来说，基金管理人还应当“穿透”该机构投资人，识别其实际控制人。

（3）收益分成工具

出于税收筹划的考虑，一些合伙制私募基金会从 GP 中分离出来另外一个收益分成工具，用来收取基金的利润分成。收益分成工具通常以有限合伙的形式存在，以基金公司的高管作为其有限合伙人。由于收益分成工具是被基金公司高管用来从私募基金获得收益分成，而这种对于私募基金利润的收益分配权在实践中也会被当成是股权权益的范畴，所以收益分成工具也应当被当成是私募基金的账户持有人。基金管理人需要识别该收益分成工具的合规身份。

收益分成工具设立的目的通常被认为是帮助其 LP（基金公司高管）来进行金融

资产的投资、再投资或者交易,因此会被当成是投资机构类金融机构处理①。

既然收益分成工具属于金融机构,那么从私募基金的角度,其无须对收益分成工具进行信息申报。但是收益分成工具作为金融机构,需要完成 FATCA 和 CRS 下的尽职调查和信息申报义务。②

(二)合伙制私募基金的信息申报

基金管理人在识别出合伙制私募基金的账户持有人后,应当判定其在 FATCA 和 CRS 下是否属于需申报的情形,具体的申报情形和要求可以大致总结为如表 7-3-1:

表 7-3-1

<table>
<tr><th colspan="2">账户持有人</th><th>机构合规身份</th><th>申报要求</th></tr>
<tr><td colspan="2">普通合伙人(GP)</td><td>金融机构</td><td>无须申报</td></tr>
<tr><td rowspan="2">有限合伙人(LP)</td><td>个人</td><td>非机构</td><td>识别需申报身份</td></tr>
<tr><td>机构</td><td>金融机构、消极非金融机构或者积极非金融机构</td><td>需要识别机构的合规身份:
金融机构:无须申报
消极非金融机构:“穿透”识别实际控制人的需申报身份
积极非金融机构:识别需申报身份</td></tr>
<tr><td colspan="2">受益分成工具
(Carried Interest Vehicle)</td><td>金融机构</td><td>无须申报</td></tr>
</table>

例 7-3-2

XYZ 基金是设立在开曼的有限合伙制私募基金,主要从事金融资产的投资、再投资和交易业务。XYZ 基金的各相关当事方为:

(1)普通合伙人:设立在开曼群岛的 A 公司,A 公司由设立在开曼群岛的 B 公

① 在实践中,收益分成工具的合规身份定性存在一定争议,有一种观点认为收益分成工具只是为了基金公司高管从基金收取收益分成的工具,并不具有投资机构的特征,应当被认定为是消极非金融机构。但是笔者偏向于投资机构的分类认定,并且将收益分成工具作为金融机构对待,从基金的角度,可以豁免对收益分成工具进行尽职调查,更无须对其进行“穿透”和识别实际控制人。

② 收益分成工具和 GP 如果都属于投资机构,其在 FATCA 下可以选择“受保荐”机制,将基金管理人作为保荐人,从而收益分成工具和 GP 可以被分类成豁免申报金融机构。具体可参见本书第二章第三节中有关豁免金融机构的讨论。

司 100% 持有。B 公司同时作为基金管理人对 XYZ 基金进行资产投资管理，履行投资顾问和投资经理的职责。B 公司的股东分别为杰森（开曼群岛居民）、李总（美国税收居民）、王总（日本税收居民）和董总（中国税收居民）。A 公司持有 XYZ 基金 1% 的基金份额。每年收取被管理资产的 2% 作为管理费。

（2）有限合伙人（收益分成工具）：设立在开曼群岛的 LMN 有限合伙。LMN 合伙的普通合伙人为 A 公司，有限合伙人为李总（美国税收居民）（持股 50%）、王总（日本税收居民）（持股 25%）和董总（中国税收居民）（持股 25%）。2×18 年 12 月 31 日，LMN 有限合伙的期末股权账面价值为 10 美元。按照 XYZ 基金合伙协议，LMN 有限合伙享有 XYZ 基金 20% 的收益分成。

（3）有限合伙人（投资人）：XYZ 基金的有限合伙人包括机构投资人和个人投资人，分别为：

当事方	基金中的身份	合规身份或居民身份	持有基金份额比例	2×18 年 12 月 31 日的基金份额市场公允价值
中国香港地区 ABC 小学教师养老基金	有限合伙人——机构投资人	豁免金融机构	25%	1000 万美元
中国 PQ 慈善基金	有限合伙人——机构投资人	豁免金融机构	29%	1160 万美元
苏总	有限合伙人——个人投资人	中国税收居民	15%	600 万美元
郑总	有限合伙人——个人投资人	英国税收居民	15%	600 万美元
张总	有限合伙人——个人投资人	中国香港地区税收居民	15%	600 万美元

截至 2×18 年 12 月 31 日，该基金下持有全部资产的公允价值为 4000 万美元。假设开曼在 2×18 年与本例中所提及所有国家和地区都达成 FATCA 或者 CRS 下的双边账户信息交换协议且交换关系被“激活”。

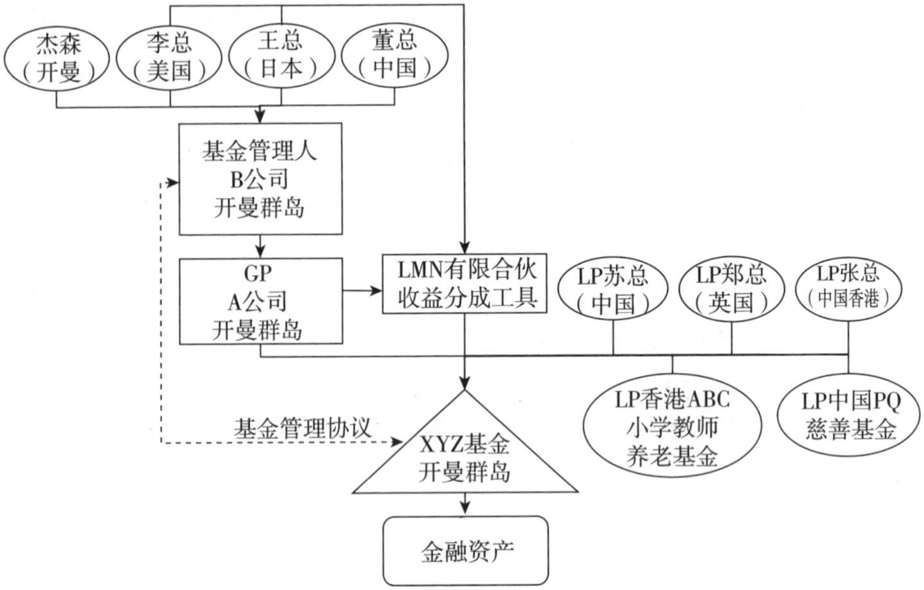

图 7-3-3

那么在 FATCA 和 CRS 下，基金管理人、普通合伙人 A 公司、收益分成工具 LMN 有限合伙以及 XYZ 基金分别有什么申报义务？

1. XYZ 基金的信息申报义务

第一步：确定 XYZ 基金的合规身份

XYZ 私募基金从事金融资产的投资、再投资和交易而且受到基金管理公司的专业管理，因此 XYZ 基金在 FATCA 和 CRS 下都应当属于投资机构。

第二步：确定 XYZ 基金的居民身份

XYZ 基金属于合伙制基金，其基金管理人和 GP 均设立在开曼群岛，因此 XYZ 基金应属于开曼群岛的居民，应当按照开曼群岛的 FATCA 和 CRS 法规完成尽职调查和信息申报义务。

第三步：确定 XYZ 基金的账户持有人

由于 XYZ 基金属于投资机构，因此其需要识别的账户持有人应当为在该基金中持有股权权益或者债权权益的人，具体包括：

(1) 有限合伙人香港地区 ABC 小学教师养老基金：由于该养老基金属于豁免申报金融机构，因此 XYZ 基金无须对其进行申报，因为其在 FATCA 和 CRS 下不属于需申报人的范畴。

(2) 有限合伙人中国 PQ 慈善基金：与上述养老基金的处理一样，由于该慈善基金属于豁免申报金融机构，因此 XYZ 基金无须对其进行申报。

(3)有限合伙人苏总：苏总是中国税收居民，即属于 CRS 需申报人，其持有的股权权益账户需要在 CRS 下被申报。

(4)有限合伙人郑总：郑总是英国税收居民，即属于 CRS 需申报人，其持有的股权权益账户需要在 CRS 下被申报。

(5)有限合伙人张总：张总是香港地区税收居民，即属于 CRS 需申报人，其持有的股权权益账户需要在 CRS 下被申报。

(6)普通合伙人 A 公司和收益分成工具 LMN 合伙在 FATCA 和 CRS 下都应作为投资机构来处理，因此 XZY 基金对其都不需要申报。

总结起来，XYZ 基金作为投资机构，其需要申报的账户持有人包括苏总、郑总和张总。

第四步：账户信息申报

对于需申报的账户持有人苏总、郑总和张总，XYZ 基金应当分别就其身份识别信息、账户识别信息以及账户财务信息进行收集和申报。其中，应当申报的账户财务信息包括：

申报制度	账户持有人	账户余额或价值	账户收入
CRS	苏总	600 万美元	0
CRS	郑总	600 万美元	0
CRS	张总	600 万美元	0

2. 普通合伙人 A 公司的信息申报义务

普通合伙人 A 公司作为投资机构，其应当识别其账户持有人，即股权权益持有人基金管理人 B 公司，由于 B 公司也属于投资机构，A 公司不需要对 B 公司所持有的股权权益账户进行申报，但是需要向开曼群岛政府进行零申报并在 FATCA 下到美国国税局网站注册并获得 GIIN。

3. 收益分成工具 LMN 有限合伙的信息申报义务

收益分成工具 LMN 有限合伙作为投资机构，其应当识别其账户持有人，即 A 公司、李总、王总和董总。由于 A 公司属于投资机构，因此需申报的账户持有人只有李总、王总和董总。但是由于 LMN 有限合伙在 2×18 年 12 月 31 日的账户价值为 10 美元，因此李总所对应的账户价值为 5 美元，王总和董总所对应的账户余额分别为 2.5 美元。那么在 FATCA 和 CRS 下，李总、王总和董总的身份识别信息和账户识别信息应当被申报，同时其下列财务信息也需要被申报：

申报制度	账户持有人	账户余额或价值	账户收入
FATCA	李总	5 美元①	0
CRS	王总	2.5 美元	0
CRS	董总	2.5 美元	0

4. 基金管理人

由于基金管理人只是履行投资顾问和投资经理的职能，因此在 FATCA 下，基金管理人 B 公司可以当做豁免金融机构处理，没有任何申报义务，也不需要在美国国税局网站注册；在 CRS 下，B 公司属于投资机构，但是其股权权益和债权权益不属于金融账户范畴，因此也不需要对其进行申报，但需要向开曼群岛政府进行零申报。

（三）合伙制私募基金在其他金融机构持有账户的情形

合伙制私募基金因为通常都属于金融机构类别，所以其如果在其他金融机构持有账户，例如在托管机构（托管银行）持有托管账户，那么该托管账户不属于需申报的情形，因为金融机构持有的账户不在 FATCA 和 CRS 下需申报账户的范围之内。

四、契约制私募基金的信息披露

（一）契约制私募基金的账户持有人

契约制私募基金是基金份额持有人、基金管理人和基金托管人根据基金合同而设立的类似于自益信托的法律安排。在 FATCA 和 CRS 下，契约制私募基金这类法律安排属于"机构"的范畴，根据其自身的业务属性，通常属于投资机构，因此其需要识别其股权权益和债权权益持有人。在具体账户持有人的判定问题上，契约制私募基金应当比照投资机构类信托的账户持有人的判定规则，即应当将该契约制基金中类似于信托委托人、信托受托人和信托受益人等的相关方进行识别，其对比关系如表 7－3－2 所示：

① 此处不考虑该收益分成工具适用豁免门槛的情形。

表 7-3-2

契约制私募基金的账户持有人	信托的账户持有人
基金份额持有人	委托人和受益人
基金管理人	受托人

所以,契约制私募基金的账户持有人应当为基金份额持有人和基金管理人。但需要注意的是,尽管契约制私募基金中还有一方为托管人(即托管银行),此类托管人与私募基金之间应属于 FATCA 和 CRS 下的托管关系,也就是说理论上托管银行申报私募基金所持有的托管账户的信息,但是由于私募基金本身属于金融机构(投资机构),不属于 FATCA 和 CRS 下的需申报人,因此也就不存在托管银行来申报私募基金持有的托管账户的问题。①

(二)契约制私募基金的信息申报

契约制私募基金的账户持有人为基金份额持有人和基金管理人,但是基金管理人通常为专门从事私募基金管理的公司,其本身应当属于金融机构的范畴,而且如果其自身职能仅限于基金的投资顾问或者投资经理,那么在 FATCA 下该基金管理人属于豁免金融机构,而在 CRS 下属于投资机构,但是其股权权益和债权权益不属于金融账户。因此,契约制私募基金事实上的账户持有人应当为基金份额持有人,也就是基金的投资人。

对于基金份额持有人的信息申报问题,私募管理公司应当对基金份额持有人的身份进行尽职调查,对于个人持有人和机构持有人应当适用不同的处理规则,如表 7-3-3 所示:

表 7-3-3

<table>
<tr><th colspan="2">账户持有人</th><th>机构合规身份</th><th>申报要求</th></tr>
<tr><td rowspan="2">契约制私募基金份额持有人</td><td>个人</td><td>非机构</td><td>识别需申报身份</td></tr>
<tr><td>机构</td><td>金融机构、消极非金融机构或者积极非金融机构</td><td>需要识别机构的合规身份:
—金融机构:无须申报
—消极非金融机构:“穿透”识别实际控制人的需申报身份
—积极非金融机构:识别需申报身份</td></tr>
</table>

① 需要强调的是,如果托管银行作为第三方服务提供商或者在 FATCA 下作为保荐机构存在,那么托管银行可以代私募基金完成相关的 FATCA 和 CRS 下的合规义务。

例 7－3－3

P 公司是设立在 A 国（CRS 参与国）的私募基金管理公司，其发起设立了 XYZ 契约制私募基金，专门从事金融资产的投资、再投资和交易业务。XYZ 契约制私募基金由 P 公司进行管理，其托管人为 A 国的 LMN 银行。

XYZ 契约制基金的基金份额持有人情况如表所示：

份额持有人	投资人身份	合规身份或居民身份	持有基金比例	2×18 年 12 月 31 日的基金份额市场公允价值
电子大学教师养老基金	机构投资人	新西兰豁免金融机构	30%	300 万美元
Q 公司	机构投资人	香港地区上市公司	40%	400 万美元
R 公司	机构投资人	开曼群岛消极非金融机构（实际控制人为日本税收居民王总）	20%	200 万美元
董总	个人投资人	中国税收居民	5%	50 万美元
李总	个人投资人	美国税收居民	5%	50 万美元

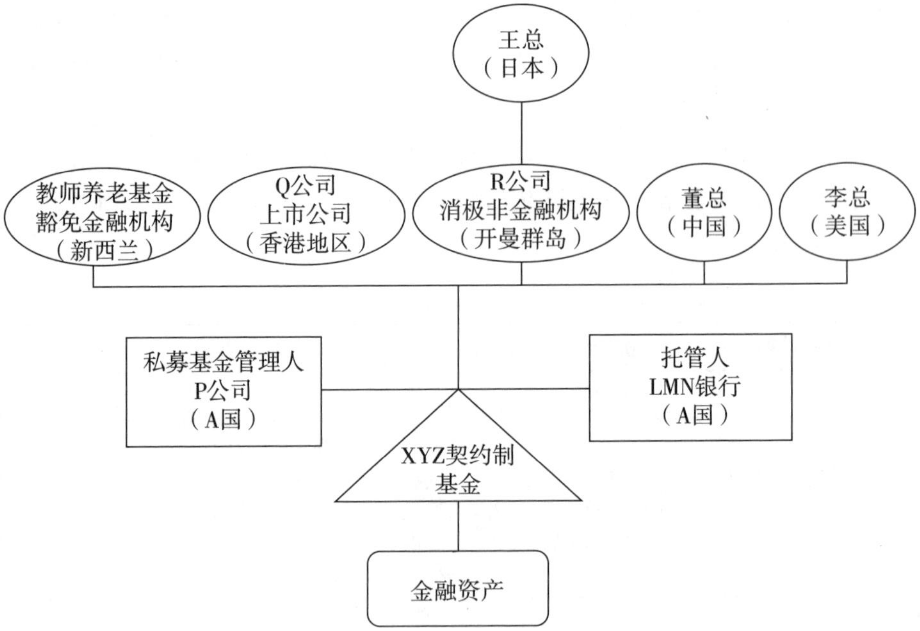

图 7－3－4

假设本例中所涉及国家和地区均为FATCA(模式一)伙伴国,且之间已经形成CRS下的账户信息交换关系。那么,对于XYZ契约制基金,私募基金管理人应当如何进行信息申报呢?

第一步:确定XYZ基金的合规身份和居民身份

XYZ契约制私募基金从事金融资产的投资、再投资和交易而且受到私募基金管理公司的管理,因此XYZ基金在FATCA和CRS下都应当属于投资机构。XYZ契约制私募基金设立于A国,且其基金管理人也设立在A国,因此XYZ契约制基金作为FATCA和CRS下的机构,应当属于A国的居民,因此需要在A国完成FATCA和CRS下的尽职调查和信息申报义务。

第二步:确定XYZ基金的账户持有人

由于XZY基金属于投资机构,因此其需要识别的账户持有人应当为在该基金中持有股权权益或者债权权益的人,具体包括:

(1)新西兰电子大学教师养老基金:由于该养老基金属于豁免申报金融机构,因此XYZ基金无需对其进行申报,因为其在FATCA和CRS下都不属于需申报人的范畴。

(2)香港地区P公司:由于P公司属于上市公司,其在FATCA和CRS下不属于需申报人的范畴,因此P公司不需要被申报。

(3)开曼群岛R公司:由于R公司属于消极非金融机构,因此基金管理人需要"穿透"R公司,识别其实际控制人王总。由于王总属于日本税收居民,即需申报人,因此王总需要在CRS下被申报。而R公司作为账户持有人,由于其设立在开曼群岛①,不属于需申报人,因此R公司的信息不需要被申报和交换给开曼群岛政府。

(4)董总:董总属于中国税收居民,即CRS需申报人,其账户信息会被申报和交换给中国政府。

(5)李总:李总属于美国税收居民,即特定美国人,其账户信息会被申报和交换给美国政府。

总结起来,XYZ基金作为投资机构,其需要申报R公司、董总和李总持有的账户。

第三步:账户信息申报

R公司的实际控制人王总、基金的账户持有人董总和李总的身份识别信息、账

---

① 在CRS下,尽管开曼群岛是CRS参与国,但是开曼群岛由于本身没有所得税,因此其采取的是CRS下单边信息交换,而非对等的双边交换模式。

户识别信息以及账户财务信息都将被基金管理人收集和申报。其中,应当申报的账户财务信息包括:

申报制度	账户持有人	账户余额或价值	账户收入
CRS	王总(R 公司实际控制人)	200 万美元	0
CRS	董总	50 万美元	0
FATCA	李总	50 万美元	0

第四节　房地产基金架构的特殊处理

房地产基金的含义较为宽泛,主要是以房地产投资、开发、销售和消费等为目的而设立的投资基金,包括私募基金也包括公募基金。房地产投资信托基金(REITs)是一类典型的房地产基金,如果其在公开的证券市场进行经常性交易,那么本章第二节中所讨论的上市基金的信息披露规则应当同样适用于 REITs。在 FATCA 和 CRS 下,房地产基金作为私募基金或者公募基金中的一类,其应当按照前面所讨论的基金(包括私募基金)的相关规则进行尽职调查和信息申报。但是由于不动产非债直接权益在 FATCA 和 CRS 下通常不被当作金融资产对待,因此在 FATCA 和 CRS 下,进行房地产投资的基金在判定其合规身份上与其他的基金类别有一定的区别。不同的法律架构形式,房地产基金的身份判定会不同,如果房地产基金属于金融机构(投资机构),那么其应当完成 FATCA 和 CRS 下尽职调查和账户信息申报的义务。如果房地产基金不属于投资机构,那么通常应当属于非金融机构,且根据其不同的业务类型,其可以具体分类成积极或者消极非金融机构。① 本节主要对不同房地产持有架构下基金合规问题进行介绍。

一、基金直接持有房地产的情形

如果基金直接持有房地产,那么其无法满足投资机构中的“收入测试”,因为不动产非债直接权益并不属于金融资产的范畴。但是由于 FATCA 和 CRS 下判定投

① 本书第二章第二节有关不动产非债直接权益的讨论中也介绍了房地产持有实体的合规身份问题,但是此类通过离岸公司持有房地产与通过基金持有房地产的目的不同,前者并非出于投资的目的,而房地产基金的本质仍然属于基金,即集合投资计划。

资机构的标准存在差异，因此对于基金合规身份的具体定性包括以下几种情况：

（一）FATCA 下的合规身份

1. 适用 FATCA 政府间协议的投资机构定义

在 FATCA 下，如果 FATCA 实施国的法律允许（如泽西岛、英属维尔京群岛、开曼群岛、马恩岛和根西岛等），房地产基金可以选择适用 FATCA 政府间协议对于投资机构的定义或者美国财政部 FATCA 实施条例或 CRS 下对于投资机构的定义。由于房地产基金通常都会受到基金管理人的专业投资管理，因此能够满足"被管理测试"，所以如果基金选择适用 FATCA 政府间协议的投资机构定义，那么该基金属于被管理的投资机构，其需要完成 FATCA 下的尽职调查和信息申报义务，同时还应当在美国国税局注册，获得 GIIN。

2. 适用美国财政部 FATCA 实施条例或者 CRS 下投资机构定义①

如果该基金选择适用美国财政部 FATCA 实施条例或者 CRS 下的投资机构定义，或者其所在国家不允许金融机构选择适用 FATCA 政府间协议中投资机构的定义，而是统一要求适用 CRS 下的投资机构定义，那么单层架构中的房地产基金即使能够满足"被管理测试"，由于其持有的是不动产非债直接权益，即非金融资产，所以无法满足"收入测试"，因此不属于投资机构，而应当属于消极或者积极非金融机构。

鉴于单层架构中的房地产基金主要收入都是来源于其所持有的不动产非债直接权益，例如不动产租金或者转让收入等，因此其应当属于消极非金融机构。但需要注意的是，如果投资人通过设立房地产基金来进行房地产的具体经营业务，也就是说该基金的主要收入（包括租金收入）是其雇员的积极经营活动所产生的，那么该房地产基金也有可能属于积极非金融机构。

例 7－4－1

A 房地产基金属于公司制基金，其直接持有三栋学生公寓楼，主要从事该公寓楼的租赁业务，相关租赁收入为该 A 房地产基金雇员的积极经营行为所产生，那么 A 房地产基金在 FATCA 下通常应当属于积极非金融机构。除非该基金受到其他基金管理人的专业管理，且适用 FATCA 下政府间协议有关投资机构的定义，那么

---

① 可参见美国财政部 FATCA 实施条例第 5968 页例四和经合组织《CRS 文本释义》第 8 节第 22 段例四。

其也可以被分类成投资机构。

(二)CRS 下的合规身份

与上述适用"CRS 下投资机构定义"的处理规则类似,由于单层架构中的房地产基金直接持有不动产,无法满足"收入测试",因此不应当属于投资机构,而应当为消极或者积极非金融机构。此类房地产基金没有 CRS 下的尽职调查和信息申报义务。

例 7-4-2

XYZ 基金是设立在开曼群岛的合伙制基金。XYZ 基金的普通合伙人是设立在开曼群岛的 A 公司,其基金管理人为 B 公司。A 公司和 B 公司均为 AM 资产管理集团设立在开曼群岛的子公司。A 基金持有的是位于伦敦市中心的两个购物中心不动产产权。

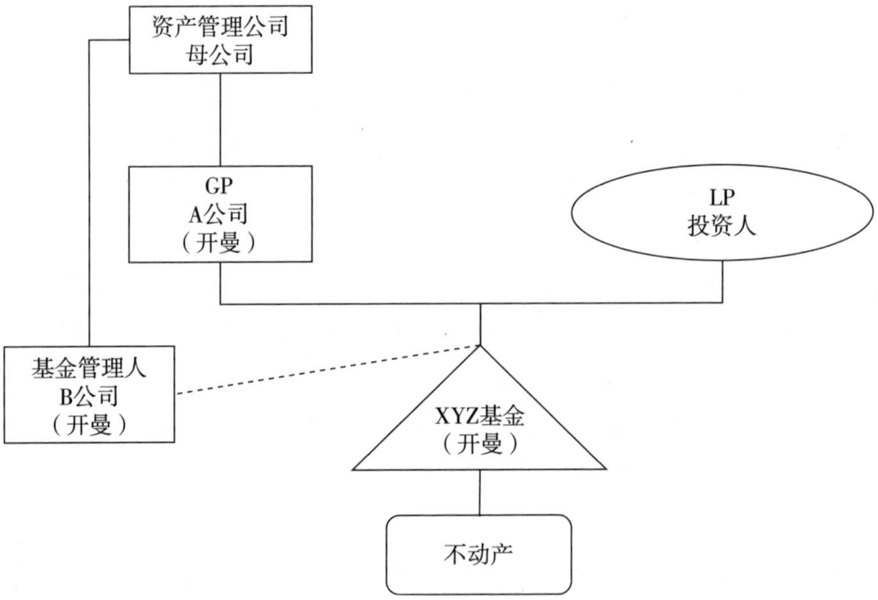

图 7-4-1

那么在该架构中,基金的合规身份应当为:

机构(实体)	FATCA 下身份	规则	CRS 下身份	规则
XYZ 基金	投资机构	适用 FATCA 政府间协议中投资机构定义判定为基于被管理的投资机构。	消极非金融机构	无法满足“收入测试”,因为 XYZ 基金持有不动产非债直接权益,因此不属于投资机构。
	消极非金融机构	适用美国财政部条例或者 CRS 中投资机构的定义,无法满足“收入测试”,因为 XYZ 基金持有不动产非债直接权益。		

二、基金间接持有房地产的情形

(一)属于投资机构的情形

基金如果不直接持有房地产,而是通过房产持有公司或者中间控股公司间接持有不动产,那么从基金的角度,其持有的应该为房产持有公司或者中间控股公司的股权。股权在 FATCA 和 CRS 下[①]属于金融资产,那么也就是说基金持有的是金融资产。由此,基金应当被认定为是代表其他人(基金份额持有人或者投资人)进行金融资产投资和管理的机构,即属于“基于业务活动的投资机构”。

当然在 FATCA 下,如果本地 FATCA 法规允许,基金由于受到基金管理人(通常为金融机构)的管理,可以满足“被管理测试”,那么该基金可以直接适用 FATCA 政府间协议下投资机构的定义,而被分类成“被管理的投资机构”。

(二)离岸金融中心的特殊处理规则(仅 FATCA)

如本书第二章第二节有关不动产非债直接权益的部分所讨论,在世界著名的离岸金融中心,例如,英属维尔京群岛、开曼群岛、泽西岛、根西岛和马恩岛等的 FATCA 实施法规中,对于不动产非债直接权益的定义做了扩大化解释,认为不动产非债直接权益包括直接持有不动产或者通过中间公司间接持有不动产的情形。基于此,基金通过房产持有公司或者中间控股公司间接持有房地产的情形也应当被视为是持有不动产非债直接权益,从而基金无法满足投资机构中“收入测试”,因为此次基金所持有的资产属于非金融资产的范畴。

所以,如果基金适用 FATCA 政府间协议中投资机构的定义,只要该基金受到

① 可参见经合组织《CRS 问与答》第 8 节第 4 问,其对于间接持有不动产的机构是否属于投资机构的判定问题进行了明确。

其他金融机构(基金管理人)的管理,满足"被管理测试"那么该基金即属于被管理的投资机构。但是如果该基金适用美国财政部 FATCA 实施条例或者 CRS 下投资机构的定义,由于其无法满足"收入测试",因此此类基金不属于被管理的投资机构(即金融机构),而应当被作为非金融机构来处理,当然也就没有 FATCA 下尽职调查和信息申报的义务。

例 7-4-3

接上例 7-4-2。相关背景信息都相同,只是将基金持有不动产的方式改为间接持有,中间设立中间持有公司 C 公司和 D 公司,且设立房产持有公司 E 公司。C 公司、D 公司和 E 公司均设立在英属维尔京群岛。

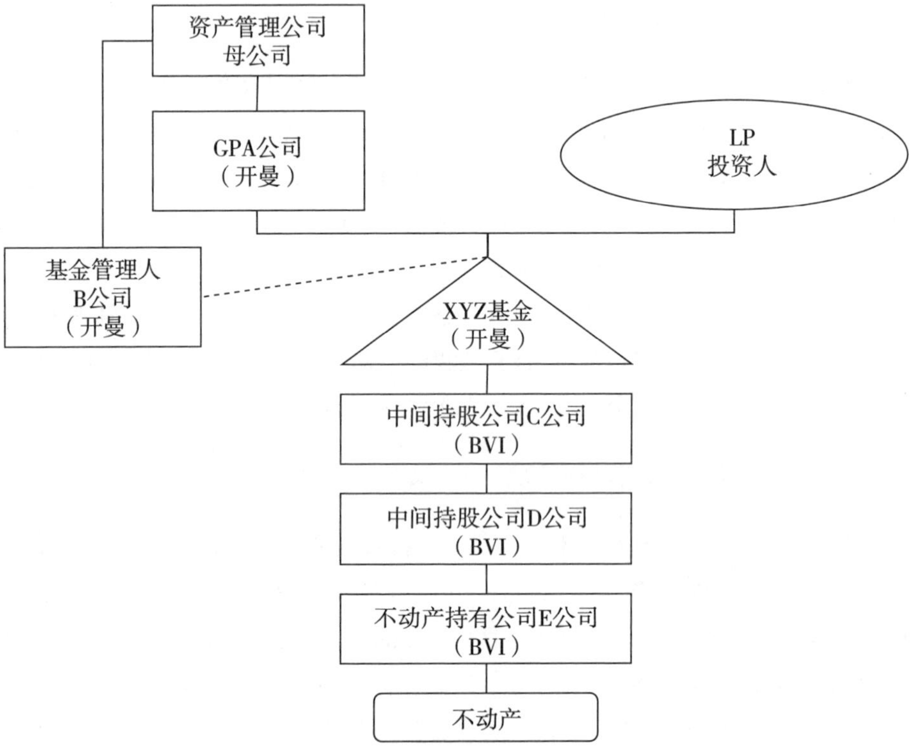

图 7-4-2

那么在该架构中,以及开曼群岛和英属维尔京群岛的 FATCA 和 CRS 实施法规,基金和其相关中间持有公司和不动产持有公司的合规身份应当为:

机构	FATCA 下身份	规则	CRS 下身份	规则
XYZ 基金	投资机构	适用 FATCA 政府间协议中投资机构定义判定为基于被管理的投资机构。	投资机构	CRS 下不动产非债直接权益的持有关系仅限于直接持有的情形,因此本例中 XYZ 基金持有的为其中间持股公司的股权(即为金融资产),因此可以满足"收入测试",同时 XYZ 基金受到基金管理公司的专业管理,因此也可以满足"被管理测试",所以 XYZ 基金属于被管理的投资机构。
	消极非金融机构	适用美国财政部条例或者 CRS 中投资机构的定义,无法满足"收入测试",因为 XYZ 基金持有不动产非债直接权益(包括间接持有的情形)。		
C 公司(中间持股公司)	消极非金融机构	C 公司不受到其他金融机构的管理,无法满足"被管理测试",因此不属于投资机构。鉴于其功能主要是间接持有不动产(非金融资产),主要收入都为消极收入,因此最为可能的分类应该为消极非金融机构。	消极非金融机构	C 公司不受到其他金融机构的管理,无法满足"被管理测试",因此不属于投资机构。鉴于其功能主要是间接持有不动产(非金融资产),主要收入都为消极收入,因此最为可能的分类应该为消极非金融机构。
D 公司(中间持股公司)	消极非金融机构	D 公司不受到其他金融机构的管理,无法满足"被管理测试",因此不属于投资机构。鉴于其功能主要是间接持有不动产(非金融资产),主要收入都为消极收入,因此最为可能的分类应该为消极非金融机构。	消极非金融机构	D 公司不受到其他金融机构的管理,无法满足"被管理测试",因此不属于投资机构。鉴于其功能主要是间接持有不动产(非金融资产),主要收入都为消极收入,因此最为可能的分类应该为消极非金融机构。

续表

机构	FATCA 下身份	规则	CRS 下身份	规则
E 公司（不动产持有公司）	消极非金融机构	E 公司不受到其他金融机构的管理，无法满足“被管理测试”，且其直接持有不动产非债直接权益，主要收入都为消极收入，因此最为可能的分类应该为消极非金融机构。	消极非金融机构	E 公司不受到其他金融机构的管理，无法满足“被管理测试”，且其直接持有不动产非债直接权益，主要收入都为消极收入，因此最为可能的分类应该为消极非金融机构。

三、设立在美国的房地产基金

（一）FATCA 下的处理

如果房地产基金设立在美国，因为该房地产基金不属于 FATCA 下的外国机构，也不属于特定美国人的范围，因此无须对其进行合规身份的判定。

（二）CRS 下的处理

如果房地产基金设立在美国，但是该基金直接持有不动产，那么该基金无法满足“收入测试”，因此无法判定其为投资机构，而应当被分类成非金融机构（通常应为消极非金融机构）。

如果房地产基金设立在美国，但是该基金通过中间公司间接持有不动产，那么基金通常可以满足“收入测试”，鉴于其同时还会受到基金管理人（金融机构）的专业管理，因此该房地产基金应当属于被管理的投资机构。但是，由于美国不属于 CRS 参与国，对于被管理投资机构类的美国房地产基金在其他 CRS 参与国的金融机构持有金融账户时，即使该房地产基金属于 CRS 下的投资机构，也需要将其“穿透”并识别该基金的实际控制人（根据基金的具体法律形式来具体判定其实际控制人）。

例 7－4－4

XYZ 房产地产基金属于设立在美国的合伙制基金，其普通合伙人为美国某资产管理公司的子公司 A 公司，基金管理人为该资产管理公司的子公司 B 公司。XYZ 基金通过设立在英属维尔京群岛的 C 公司间接持有不动产。

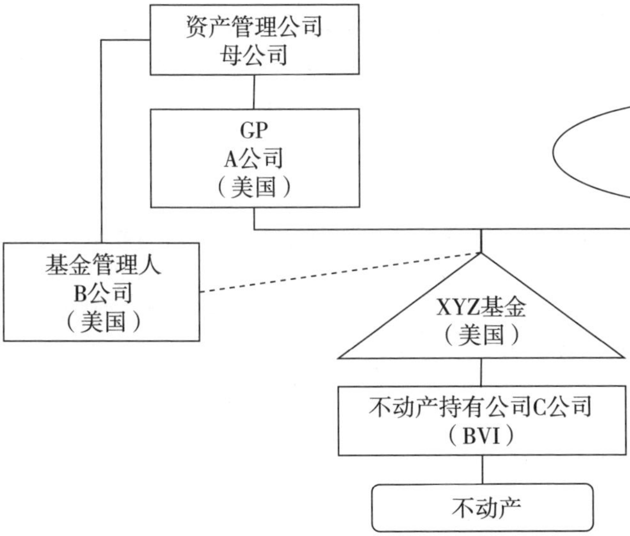

图 7－4－3

那么在 FATCA 和 CRS 下，XYZ 和 C 公司的合规身份应当判定为：

机构	FATCA 下身份	规则	CRS 下身份	规则
XYZ 基金	无须判定。	不适用。	设立在非 CRS 参与国的被管理投资机构	由于 XYZ 基金受到金融机构（基金管理人）的管理，可以满足"被管理测试"，同时其所持有的资产为 C 公司的股权（金融资产），也可以满足"收入测试"，因此属于被管理的投资机构。 但是由于 XYZ 基金设立在非 CRS 参与国美国，因此 XYZ 基金在 CRS 下尽管不需要进行尽职调查，并将账户信息申报给美国政府。但是 XYZ 基金如果在其他 CRS 参与国金融机构持有金融账户，那么其需要将其实际控制人（包括持有基金份额超过 25% 的基金投资人）的信息披露给 CRS 参与国金融机构。

续表

机构	FATCA 下身份	规则	CRS 下身份	规则
C 公司(不动产持有公司)	消极非金融机构	C 公司不受其他金融机构的管理,无法满足"被管理测试",其直接持有不动产非债直接权益,且主要收入都为消极收入,因此最为可能的分类应该为消极非金融机构。	消极非金融机构	C 公司不受到其他金融机构的管理,无法满足"被管理测试",其直接持有不动产非债直接权益,且主要收入都为消极收入,因此最为可能的分类应该为消极非金融机构。

第八章

FATCA 和 CRS 下大额保单的信息披露

第一节　大额保单的基本合规要求

一、大额保单介绍

（一）大额保单的概念

大额保单（Jumbo Life Insurance），在海外一般特指万能人寿保险（Universal Life Insurance），通常是指那些保险额超过 100 万美元的终生人寿保险产品。而在国内，大额保单通常指保费高昂的各种人寿保险保单，范围既涵盖大额终身寿险，又涵盖大额年金保险，既包括传统险与分红险，还包括万能险甚至投资连结保险（投连险），没有固定的概念。大额保单兼具人寿保险和资产投资的双重特性，且具有现金价值，甚至保单持有人还可以将大额保单作为抵押物从保险公司或者第三方获得贷款，因此在 FATCA 和 CRS 下大额保单应当作为具有现金价值的保险合同来处理。

需要注意的是，FATCA 和 CRS 下对于具有现金价值的保险合同的定义较为宽泛，理论上只要是保险合同具备所谓的现金价值，就应当作为具有现金价值的保险合同来处理，在 FATCA 和 CRS 下即具有了相应的合规义务。限于篇幅，本书仅对大额保单或者万能寿险这一类具有现金价值的保险合同做讨论，对于其他的具有现金价值的保险合同或者年金合同，其在 FATCA 和 CRS 下的尽职调查和信息申报要求与大额保单基本一致，具体可参见本书第二章第五节和第六节的相关内容。

（二）大额保单的功效

大额保单从其本质属性上，仍属于保险合同，尽管其具有部分的投资功能，但是相对其他的投资产品（如房产或者基金等）来说，大额保单并非单纯地追求投资回报率，而是一种具有保障性的特殊投资产品。正是因为大额保单的这一特性，使其成为全世界高资产个人或家庭在进行财富传承和规划上的青睐选择。大额保单的功能主要体现在以下几个方面：

1. 大额保单的合理节税功能

人寿保险作为社会的稳定器之一，对社会保障体系具有重要意义，为了鼓励保险行业发展，同时因为保险理赔金往往具有补偿风险损失、扶危济困、照顾亲人等特殊意义,因此政府往往会给予相当的税收优惠政策,因而使大额保单具有一定的合理节税的功能。

(1)所得税的规划功能

包括我国在内的很多国家和地区,人寿保险的理赔金是免征所得税的,我国《个人所得税法》第 4 条第 5 款明确规定,保险赔款免征个人所得税。对于保单的分红收益,我国税法中没有明确规定。同时,因为有的保险分红直接转化为了保险额度,最后以保险赔款的形式给付受益人,从而也享受了税收优惠政策。

当然并非所有国家的所有保险产品都可以享受税收优惠政策,比如美国对保单的税收优惠就有比较细致的规定,可参见美国税法典第 7702 条款的规定。该条款为保险产品设计了两套现金价值测试的方法,只有可以通过现金价值测试的保险产品,才能最终享受免所得税的优惠。一般该类保险产品在其保险合同中都会明示其属于税收优惠保单。而若不能通过现金价值测试,则现金价值、分红等超过保费的收益部分都要进行所得税的申报;当然,即使是不符合税收优惠政策的保单,其延迟纳税的功能也是完全可以利用的。

(2)遗产税的规划功能

保单的死亡理赔金一般由保险公司直接给付给受益人,因此一般不属于被保险人的遗产范围,自然不用缴纳遗产税。如我国的台湾地区,保险死亡理赔金就是免征遗产税的。

同时,保险死亡理赔金不仅仅是免税财产,而且还是遗产税税金的最佳来源。因为遗产税的纳税义务人通常为受益人(或遗产执行人或管理人等),其纳税的时点是被继承人去世后,和保险理赔金给付的时点完全一致。而且保险具有杠杆功能,可以通过较低的保费获得较高的理赔赔付。不仅如此,我们还可以通过金融杠杆进一步放大保额与保费比,从而进一步减少资金的占用。

当然,不是所有的国家保险理赔金都具有遗产税方面的筹划优势,比如在美国,保险理赔金往往会认定为是被保险人的遗产或者投保人对受益人的赠与(当投保人被保险人不是同一人时),因此需要计入遗产的范围或者缴纳赠与税。当然,因为美国遗产税的起征点高达 1100 多万美元,夫妻总额接近 2200 万美元,中产及中产以下家庭是不用考虑遗产税的。而富豪往往会通过信托来进行遗产税的规划,他们的大额保单往往会装入不可撤销信托中,从而做遗产税的规划安排。

2. 大额保单的债务隔离功能

大额保单在财富保全中也被广泛的运用,在我国,依据《保险法》第 42 条之规定,指定了受益人的保险理赔金不属于被保险人的遗产,而是由保险公司直接给付受益人,从而不用先清偿被保险人所负之债务。又依据《继承法》第 33 条关于限定继承之规定,清偿被继承人之债务,以其所继承之遗产为限,只要受益人不是对被保险人之债务承担连带责任之人,其所获得之死亡理赔金完全不需要清偿被保险人之债务。

以往还有一种观点认为,人寿保险的现金价值也不能被强制执行用以清偿债务,这个观点则是对大额保单债务隔离功能的误解。在全世界大部分的国家和地区,保单都是可以被强制执行的,如中国台湾地区、日本、韩国、德国,保单现金价值都是可以被强制执行。而在我国,最高人民法院用《保险法司法解释三》第 17 条对此问题实际已经做了答复。

当然,因为保单合同结构的特殊性和复杂性,通过对保单结构的合理设计和变更,也是可以起到债务隔离和资产保全的作用的。

3. 大额保单的家族财富传承功能

大额保单因为可以通过指定受益人的形式将金融资产从投保人被保险人向受益人进行指定转移,从而拥有了强大的财富传承功能,主要体现在以下方面:

(1)保险理赔金由保险公司直接支付给受益人,可以实现准确传承;

(2)死亡理赔金不属于遗产,理赔手续简单快捷,可以避开烦琐的继承程序,可以实现高效的传承;

(3)死亡理赔金的给付不需要告知其他继承人,可以实现私密的传承;

(4)在保险事故发生前,投保人和被保险人更改受益人不需要原受益人同意,可以实现自由的传承;

(5)保险死亡理赔基本不需要缴纳任何手续费等,可以低成本传承;

(6)在大多数国家和地区,保险理赔金免遗产税和所得税,可以实现免税的传承;

(7)大额保单还可以和信托相结合,做成保险金信托,从而实现有控制力的传承;

(8)大额保单具有杠杆功能,可以将资产放大,可以实现放大的传承。

二、大额保单的资产属性和账户类别

(一)大额保单的资产属性

大额保单作为具有现金价值的保险合同,本身属于 FATCA 和 CRS 下的金融资产[①]。如果一个机构(如信托或者公司)所持有的资产为大额保单,那么其通常可以被认定为是满足了投资机构定义中的"收入测试",即其收入主要来源于金融资产的投资、再投资或者交易等,因为购买大额保单也属于进行金融资产投资的行为。如果该机构还能同时满足投资机构定义中的"被管理测试",那么其即属于 FATCA 和 CRS 下的被管理投资机构。

另外需要注意的是,在 FATCA 和 CRS 下,来源于大额保单的收入(例如保单分红或者其他保险收益)都属于消极收入的类别,因此如果一个非金融机构所持有的资产为大额保单,那么该机构应当属于消极非金融机构,因为其全部收入都来源于消极收入。

(二)大额保单的金融账户类别

与投资机构的账户类别,即投资机构的股权权益或者债权权益不同,大额保单在 FATCA 和 CRS 下所涉及的金融账户类别为具有现金价值的保险合同,且其所对应的通常为特定保险公司这一类金融机构。具有现金价值的保险合同这一类金融账户所体现的是特定保险公司与保单各当事方之间的一种经济利益关系,而对于特定保险公司来说,其作为管理这种经济利益关系(即金融账户)的金融机构,需要对该大额保单账户(即具有现金价值的保险合同)进行尽职调查和信息申报。

三、如何判定大额保单的账户持有人[②]

(一)保险合同存续期间的账户持有人判定

大额保单的账户持有人既可以是个人,也可以是机构,目前中国国内大额保单持有人则暂时还只限定在个人,但预计信托在不久的将来可以作为保单持有人。从大额保单的角度,在保险合同持续期间,其金融账户持有人主要包括两类:

(1)对大额保单的现金价值具有使用权的人,例如有权通过该保险合同获得银行贷款,或者有权通过撤回保险或者退保的方式获得保单现金价值的人。

(2)有权变更保险受益人的人。如果个人或者机构对大额保单的受益人有权进行变更,则说明该个人或者机构对大额保单的经济利益或受益权具有完全的控

---

① 参见美国财政部 FATCA 实施法规第 1.1471 - (e)(4)(ii)节规定和经合组织《CRS 文本》第 8 节第 A(6)款规定。

② 具体可参见 FATCA 政府间协议模式一(模板)第 1 条第 ee 款规定和经合组织《CRS 文本释义》第 8 节第 141 段规定。

制,因此应当将其作为大额保单的账户持有人处理。在实践中,有权变更保险受益人的人与对大额保单的现金价值具有使用权的人通常为同一人,即为大额保单的保单持有人或者保单拥有人。值得注意的是,国内的保单在受益人变更方面有和境外有不太一样的地方,在境外,一般只有保单持有人(投保人)拥有变更受益人的权利,而我国《保险法》第 39 条规定:人身保险的受益人由被保险人或投保人指定。即被保险人也拥有变更保单受益人的权利。但被保险人是否应当被认定为保单的持有人还有待细化规定。

由此可见,大额保单的账户持有人判定应当以保险合同中的事实法律关系作为基础,其目的是要识别出对于大额保单中的经济利益具有完全控制或者所有权的人。理论上,管理大额保单账户的金融机构应当可以通过其在"反洗钱"或者"了解你的客户"等合规程序中获得的信息识别出大额保单的实际经济利益拥有者,但是如果在一个大额保单账户中,能够使用该保单现金价值或者变更保险受益人的人不存在或者无法确定,那么以下两类人应当属于大额保单的账户持有人:

(1)在保险合同中所列明的保险合同持有人或者拥有人;

(2)在保险合同中所列明的确定可以享受保险收益的受益人(即类似于信托中的固定受益人)。

(二)保险合同到期时账户持有人的判定

如果保险合同到期,那么对应的申报期内保单账户持有人的识别要更为直接,因为此时不太可能存在保单持有人通过抵押保单来获得贷款或者再次变更受益人的问题。而应当依据保险合同到期时的事实情况,将有权在大额保单下获得保险赔偿金收益等经济利益的人都作为账户持有人处理。

(三)个人受益人的特殊处理规则①

特定保险公司在识别大额保单的账户持有人时,对于收到死亡保险金的大额保单个人受益人(不包括保单持有人),可以选择适用简化的识别程序,即直接推定该个人受益人不属于 FATCA 和 CRS 下的需申报人(特定美国人或者 CRS 需申报人),从而该大额保单账户不需要进行申报。

---

① 参见美国财政部 FATCA 实施条例第 1.1471－4－(c)(4)(iii)(B)节规定和经合组织《CRS 文本释义》第 7 节第 11 段和第 12 段规定。请注意,该特殊处理规则属于非强制性规范,具体金融机构是否可以选用该规则,应当以特定保险公司所在国家当地的法律为准。

但是,如果该保险公司根据其实际掌握的信息或者有理由知道该个人受益人属于特定美国人或者 CRS 需申报人,那么前述推定规则将无法适用。例如,保险公司根据其在“反洗钱”和“了解你的客户”等相关合规程序中所获得的信息,已经发现了个人受益人的特定美国人标识或者 CRS 需申报人标识,那么该保险公司应当对该个人受益人开展账户持有人的尽职调查和信息申报。

在实践中,这种对于大额保单中个人受益人的简化合规处理,在受益人众多或者受益人身份信息难以获取的情况下,将很大程度减轻保险公司的合规成本。

四、存量大额保单账户的豁免情形

在 FATCA 和 CRS 下,存量大额保单如果受到金融机构所在国家的法律限制而无法将其销售给美国居民或者 CRS 需申报国居民,那么这类存量个人账户(个人持有的具有现金价值的保险合同)可以豁免进行尽职调查和信息申报①。但是在 FATCA 和 CRS 下,这种对于存量保单账户豁免的规定存在细微差别:

(一)FATCA 下的豁免规定

在 FATCA 下,如果需申报外国金融机构因为其所在国家法律或法规的“有效限制”,而无法将大额保单销售给美国居民,那么该外国金融机构无须对该存量大额保单账户进行尽职调查和信息申报。其中“有效限制”的含义包括两个方面:

1. 该外国金融机构(不包括该外国金融机构在美国的分支机构)未获美国政府批准而不得在美国各州销售该大额保单,且该大额保单产品未在美国政府注册(通常指未在美国证券委员会“SEC”注册)。

2. 该外国金融机构所在国家已有法律要求该金融机构对美国居民持有的大额保单产品进行信息收集和申报或者进行预提所得税扣缴②。

(二)CRS 下的豁免规定

与 FATCA 下存量大额保单账户的自动豁免规定不同,在 CRS 下,需申报金融机构如果想要适用该豁免规定,那么首先应当就该豁免规则作出选择,如果其未作

---

① 参见 FATCA 政府间协议模式一(模板)附件一第 1 条第 A(3)款规定和经合组织《CRS 文本释义》第 3 节第 2 段和第 3 段规定。

② 可参见英国税务和海关总署(HMRC)发的《国际信息交换手册》第 404180 节规定。

出选择,则无法适用该豁免规定①;其次有关“有效限制”的条件也需要被满足,包括:

1. 该金融机构所在国家的法律或法规禁止该国金融机构将大额保单产品销售给 CRS 需申报国居民;

2. CRS 需申报国的法律禁止外国金融机构将大额保单产品销售给该国的居民。

实践中可能存在金融机构所在国家法律或者 CRS 需申报国家法律都未禁止该金融机构向 CRS 需申报国居民销售大额保单,但是要求该金融机构进行此项销售之前满足一定的条件,例如获得政府批准同时还要对该大额保单产品进行注册等。在这种情况下,如果该金融机构没有满足这些批准或者注册的条件,那么同样可以认定“有效限制”的条件已经得到满足,相关的存量大额保单账户即可豁免进行尽职调查和信息申报。

五、大额保单的账户信息申报

对于大额保单账户的持有人来说,其账户信息申报与其他类型金融账户的账户信息申报并没有本质区别,包括对于消极非金融机构作为账户持有人时“穿透”规则也同样在此适用。特定保险公司需要将大额保单账户持有人的下列信息进行申报:

(一)账户持有人身份识别信息

大额保单账户持有人的姓名(或名称)、地址、税收居民所在国(仅 CRS)、纳税人识别号、出生日期(仅 CRS)、出生地(仅 CRS)以及其他本地法规所要求的账户持有人身份识别信息。

(二)账户识别信息

大额保单账户的识别信息,具体包括保单号(即账户号码)和金融机构(即特定保险公司)的名称和识别号码。

---

① 对于如何做出选择,各国的法律可能存在不同的规定,例如英国的金融机构需要在英国税务和海关总署的账户信息申报平台勾选相应选项并提交,但是有的国家或地区例如根西岛则无此项要求,但金融机构需要通过其有效的内控程序来明示该豁免选择已经作为公司的一项合规政策被选择,并保留相对应的文件证明。

(三)账户财务信息

大额保单账户在申报期末账户余额或价值以及账户收入等信息。其中大额保单的期末账户余额或价值是指该大额保单在期末的现金价值或者退保价值。需要注意的是,大额保单现金价值或者退保价值的确定并不一定是在每年的12月31日,实践中其他的合理确定大额保单现金价值或退保价值的日期也可被接受。例如某特定保险机构每年10月31日为其客户提供相关大额保单的年度报告,那么特定保险机构即可以将10月31日该大额保单的现金价值或者退保价值作为该大额保单账户在该申报年度的账户余额或价值。

就大额保单账户的需申报收入信息来说,金融机构应当将大额保单下支付给账户持有人的任何收入(即使该部分收入不被认为是现金价值)都作为收入信息来申报。

六、保险经纪人的合规身份

保险经纪人(Insurance Broker)或者保险代理人(Insurance Agent),其主要业务是基于投保人的利益,为投保人与保险人订立保险合同提供中介服务,并依法获得佣金[①],因此本质上保险经纪人属于一类中介服务机构。通常保险经纪公司有固定的经营场所,有一定数量的雇员,且受到其所在国家的监管,因此其在FATCA和CRS下属于积极非金融机构。从大额保单账户关系的角度,构成积极非金融机构的保险经纪人没有任何FATCA和CRS下的尽职调查和信息申报义务。

需要注意的是,尽管保险经纪人是基于投保人的利益提供保险中介服务,但是通常保险经纪人并不为投保人的利益而持有金融资产(即大额保单),因此不属于FATCA和CRS下的托管机构。

第二节　不同法律架构下大额保单的信息披露

一、个人持有大额保单时的信息披露

(一)个人持有大额保单时账户持有人的判定

如果是个人直接持有大额保单,那么通常该个人即为保险合同中列明的保单

① 例如,中国《保险法》第126条对保险经纪人做的定义为:保险经纪人是基于投保人的利益,为投保人与保险人订立保险合同提供中介服务,并依法收取佣金的单位。

持有人，即为 FATCA 和 CRS 下的金融账户（具有现金价值保险合同）账户持有人。合规金融机构（即特定保险公司）需要对该个人进行尽职调查和账户信息申报。大额保险合同到期时，根据保险合同有权获得保险赔偿金收益的人应当确定为账户持有人。

但需要注意的是，尽管在 FATCA 下，对于具有现金价值的保险合同的尽职调查规定了相关豁免的规则，即对于存量个人账户在存量账户截止日期账户余额或价值不超过 25 万美元，以及对于新增个人账户现金价值不超过 5 万美元的具有现金价值的保险合同可以豁免进行尽职调查和信息申报，但是由于本章集中讨论的是大额保单的合规问题，即通常是指保额超过 100 万美元的大额人寿保险合同，保费一般都比较高，适用前述豁免门槛的可能性并不大，因此豁免门槛的适用问题在本章不做讨论。

（二）个人持有大额保单时的账户信息申报

特定保险公司在确定大额保单的账户持有人之后，应当对其进行尽职调查，对于账户持有人属于特定美国人或者 CRS 需申报人的，应当在 FATCA 或者 CRS 下进行申报。

例 8－2－1

王老先生（中国税收居民）是上海某私营企业的老总，该企业的净资产价值约为 3000 万美元。王老先生通过中国香港地区的保险代理人购买了百慕大 XYZ 保险公司的 A 型万能寿险产品，该保险产品的保费为 2000 万美元。根据保险合同约定，王老先生去世时保险合同到期，保险赔偿金（包括保单持有期间的所有收益分配）分别由王老先生的两个女儿珍珍（美国税收居民）和圆圆（日本税收居民）作为保险合同受益人平均享有。而王老先生的企业则转让给其儿子王总（中国税收居民）继承。

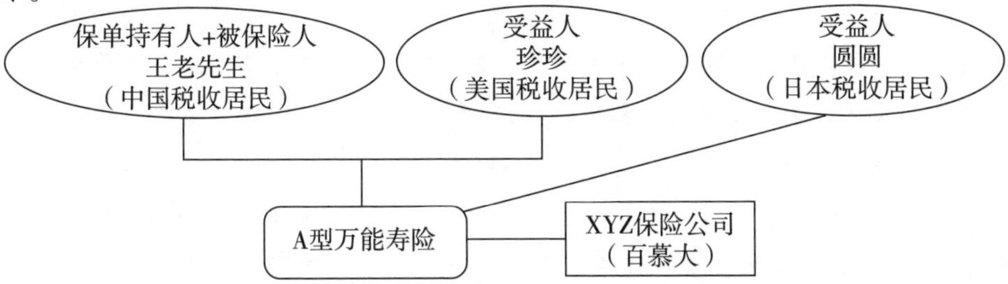

图 8－2－1

XYZ 公司每年 11 月 30 日向王老先生出具该保险产品的年度报告。其中 2×19年 11 月 30 日的年度报告显示，该保险合同的现金价值为 4000 万美元。2×19年 12 月 10 日，王老先生部分退保获得了大额保单的现金价值 40 万美元。

2×25 年 11 月 30 日的年度报告显示，该保险合同的现金价值为 5000 万美元。2×25 年 12 月 1 日，王老先生部分退保，获得了大额保单的现金价值 50 万美元。2×25年 12 月 25 日，王老先生去世，该万能寿险合同到期，按照保险合同规定，珍珍和圆圆分别获得保险赔偿金 3000 万美元。

百慕大为 FATCA 模式二国家。假设百慕大与中国和日本分别已经达成 CRS 下信息交换协议，且交换关系被“激活”。那么在 2×19 年和 2×25 年，王老先生持有的该大额保单在 FATCA 或 CRS 下分别应当如何申报？

1. 该大额保单在 2×19 年度的 FATCA 和 CRS 信息申报

百慕大 XYZ 保险公司作为需申报金融机构，应当识别该大额保单在 2×19 年度的账户持有人。由于该保险合同列明的保单持有人为王老先生，因此 XYZ 保险公司应当将王老先生作为该大额保单账户的账户持有人。

由于王老先生是中国税收居民，即是 CRS 下需申报人，因此 XYZ 保险公司应当将王老先生的身份识别信息、账户识别信息和账户财务信息申报给百慕大政府，然后交换给中国政府。其中，需申报和交换的账户财务信息为：

申报机制	账户持有人	税收居民所在国	账户余额或价值	账户收入
CRS	王老先生	中国	4000 万美元	40 万美元

2. 该大额保单在 2×25 年度的 FATCA 和 CRS 信息申报

在 2×25 年，由于保险合同到期，且保险公司按照保险合同对保险受益人进行了保险赔偿金分配，因此 2×25 年度在该大额保单账户下的账户持有人应当为在保险合同项下享受保险赔偿金分配的受益人珍珍和圆圆。由于保险合同在 2×25 年终止，因此在 FATCA 和 CRS 下应当视为账户关闭。如本书第四章第三节中有关账户关闭时的信息申报规定，在 FATCA 下该关闭账户的需申报账户余额或价值应当为该账户关闭之前该账户的余额或价值，而在 CRS 下该关闭账户不需要报送账户余额或价值，只需申报该账户已被关闭的事实。

由于珍珍是美国税收居民，即特定美国人，因此 XYZ 保险公司应当将珍珍的身份识别信息、账户识别信息和账户财务信息直接申报给美国政府（因为百慕大为 FATCA 模式二国家）；由于圆圆是日本税收居民，即 CRS 需申报人，因此 XYZ 保险公司应当将圆圆的身份识别信息、账户识别信息和账户财务信息申报给百慕大政府,而后交换给日本政府。其中,珍珍和圆圆需申报的账户财务信息为:

申报机制	账户持有人	税收居民所在国	账户余额或价值	账户收入
FATCA	珍珍	美国	5000 万美元	3000 万美元
CRS	圆圆	日本	(账户关闭)	3000 万美元

二、公司持有大额保单时的信息披露

(一)公司持有大额保单时账户持有人的判定

如果大额保单的账户持有人是由公司(如设立在离岸金融中心的资产持有公司)来持有,也就是说,保单持有人或者保单拥有人是公司,那么该公司应当认定为是该大额保单的账户持有人。

作为 FATCA 和 CRS 下的合规金融机构,从特定保险公司的角度,鉴于其管理的金融账户(即具有现金价值的保险合同)持有人属于机构,那么该特定保险公司应当判定该机构是否属于特定美国人或者 CRS 需申报人。同时,还应识别该机构的合规身份,对于属于消极非金融机构的情形,该特定保险公司应当将其"穿透"以识别其实际控制人。

(二)公司持有大额保单时账户信息的申报

公司持有大额保单的情况下,公司的合规身份不同,其所对应的合规义务也不同,具体包括:

1. 保单持有人属于金融机构的情形

如果保单持有人属于金融机构,例如投资机构或者托管机构,那么从特定保险公司的角度,无须对其进行申报,因为金融机构持有的账户不属于 FATCA 和 CRS 下需申报账户。大额保单所对应的资产信息会在投资机构或者托管机构层面以"投资机构的股权权益或债权权益账户"或者"托管账户"的形式申报。

因此保单持有人如果属于金融机构,那么特定保险公司没有申报义务。

例 8-2-2

李总(中国税收居民)是中国江苏省一家民营企业的老板。在新加坡私人银行 XYZ 银行的建议下,李总在英属维尔京群岛设立一家离岸公司 A 公司,并通过 A 公司持有李总的家族资产。A 公司作为私人投资公司,其所持有的金融资产全部由

XYZ银行进行任意授权下的专业投资管理。

A公司的股东分别为：

A公司股东	家庭关系	税收居民身份	持股比例
李总	本人	中国	55%
李太	李总妻子	加拿大	15%
李生	李总儿子	加拿大	15%
李姐	李总女儿	美国	15%

A公司分别持有以下资产：

资产名称	资产类别	2×19年12月31日资产的公允价值或现金价值（2×19年未对股东做收益分配）	占总资产的比例
XYZ银行香港地区分行的现金存款	非金融资产	1000万美元	25%
香港地区M保险公司的B型万能寿险（大额保单）	金融资产	2000万美元	50%
荷兰N基金公司管理的C型基金组合产品	金融资产	1000万美元	25%

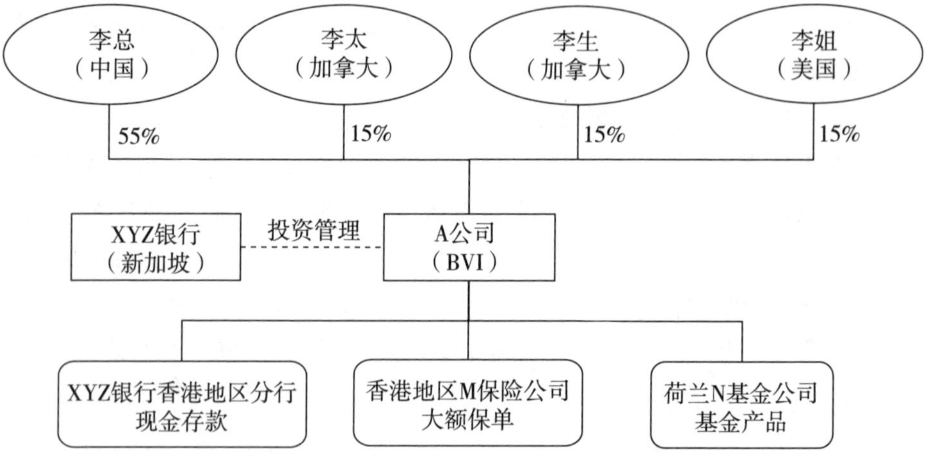

图8-2-2

本例中，除香港地区为 FATCA 模式二地区以外，其他各国均为 FATCA 模式一国家，且假设在 2×19 年本例中所有涉及国家或地区之间（除美国）均已达成 CRS 下的信息交换协议，且交换关系被“激活”。那么在 2×19 年度李总的私人投资公司 A 公司如何进行 FATCA 或者 CRS 下的信息申报？

第一步：确定 A 公司的合规身份

A 公司作为私人投资公司，其受到新加坡 XYZ 银行（金融机构）的专业管理，因此可以满足投资机构定义中的“被管理测试”，同时其 75% 的资产都属于金融资产，因此亦可满足“收入测试”，因此 A 公司应当属于 FATCA 和 CRS 下的被管理投资机构。

A 公司应当对其账户持有人（股权权益持有人或债权权益持有人）进行尽职调查，并将相关需申报账户信息申报给英属维尔京群岛政府，而后交换给其他相对应的国家和地区。

第二步：确定 A 公司的账户持有人

由于 A 公司属于投资机构，那么其账户持有人即为其股权或债权权益持有人，包括李总、李太、李生和李姐四人。

第三步：A 公司的账户信息申报

A 公司作为英属维尔京群岛的金融机构，应当将其账户持有人李总一家四口的身份识别信息、账户识别信息和财务信息在 FATCA 和 CRS 下进行申报。需要注意的是，在计算所有账户持有人的总账户余额或价值时，应当同时考虑金融资产和非金融资产的价值。具体的需申报的账户财务信息包括：

申报机制	账户持有人	税收居民所在国	账户余额或价值	账户收入
CRS	李总	中国	2200 万美元 （投资机构股权权益价值的 55%）	0
CRS	李太	加拿大	600 万美元 （投资机构股权权益价值的 15%）	0
CRS	李生	加拿大	600 万美元 （投资机构股权权益价值的 15%）	0
FATCA	李姐	美国	600 万美元 （投资机构股权权益价值的 15%）	0

由于 A 公司属于投资机构(即金融机构),所以尽管 A 公司在新加坡 XYZ 银行持有私人银行账户,在 XYZ 银行中国香港地区分行持有存款账户,在中国香港地区 M 保险公司持有大额保单,以及在荷兰 N 基金公司持有基金产品,但是 A 公司所持有的相关账户都不需要被申报,因为金融机构持有的账户不属于需申报账户的范畴。其中就 A 公司所持有的大额保单来说,中国香港地区 M 保险公司只需从其账户持有人 A 公司获得自我声明,声明其为设立在英属维尔京群岛(CRS 参与国)的被投资管理机构即可,M 保险公司无须对 A 公司做任何其他进一步尽职调查和信息申报。

2. 保单持有人属于设立在美国的公司

保单持有人如果属于设立在美国的公司,且其在其他 FATCA 伙伴国和 CRS 参与国持有大额保单,那么根据该美国公司的合规身份不同会有不同的处理规则:

(1)如果该美国公司属于金融机构,那么在 FATCA 和 CRS 下,其在其他国家或地区持有的大额保单不需要被申报。但需要注意的是,在 CRS 下,如果该美国公司属于被管理的金融机构,那么该公司需要被"穿透"并对其实际控制人进行尽职调查和信息申报。

(2)如果该美国公司属于非金融机构,那么该大额保单属于特定美国人持有的金融账户,需要在 FATCA 下被尽职调查和信息申报。同时,如果该美国公司属于消极非金融机构,那么其实际控制人需要被披露,且应当依据其实际控制人的居民身份所在国在 FATCA 和 CRS 下分别进行不同的合规处理。

例 8-2-3

接上例 8-2-2。假设将 A 公司的设立地改在美国的特拉华州,其他的所有条件都不变。那么由于 A 公司是设立在美国的被管理投资机构。在 FATCA 下,A 公司不属于外国金融机构,因此没有合规义务,而在 CRS 下,由于美国不是 CRS 参与国,因此 A 公司也没有任何合规义务。

尽管 A 公司本身没有 FATCA 和 CRS 下的合规义务,但是在 CRS 下,设立在非 CRS 参与国的被管理投资机构应当比照消极非金融机构来处理,也就是说应当"穿透"A 公司,识别 A 公司的实际控制人,即为持有 A 公司股权超过 25% 的李总,由于李总为中国税收居民,因此管理 A 公司所持有金融账户的金融机构应当将李总所持有账户信息申报给英属维尔京群岛而后交换给中国政府,具体的申报信息包括李总的身份识别信息、账户识别信息和账户财务信息,其中具体的账户财务信息包括:

<table>
<tr><th>合规金融机构</th><th>金融账户</th><th>需申报账户持有人和实际控制人</th><th>需申报账户余额或价值</th><th>账户收入</th></tr>
<tr><td>XYZ 银行香港地区分行</td><td>存款账户</td><td rowspan="3">账户持有人：美国 A 公司，其信息在 FATCA 下被申报。
实际控制人：李总（李太、李生和李姐的持股比例未超过 25%，因此不被当成实际控制人处理），其信息在 CRS 下被申报。</td><td>1000 万美元（存款账户余额）</td><td>0</td></tr>
<tr><td>香港地区 M 保险公司</td><td>具有现金价值的保险合同</td><td>2000 万美元（大额保单的现金价值或退保价值）</td><td>0</td></tr>
<tr><td>荷兰 N 基金公司</td><td>投资机构的股权权益</td><td>1000 万美元（投资机构股权权益价值）</td><td>0</td></tr>
</table>

3. 保单持有人属于消极非金融机构的情形

如果保单持有人不属于金融机构，则为非金融机构。实践中通常持有保单的公司都是设立在离岸金融中心的离岸公司，如果这类公司不受到其他金融机构的专业管理，而只是作为资产持有实体而存在，那么通常这类保单持有人属于 FATCA 和 CRS 下的消极非金融机构，保险公司应当将其“穿透”，并对其实际控制人进行尽职调查和信息申报。

因此，保单持有人如果属于消极非金融机构，那么特定保险公司需要识别该消极非金融机构是否属于 FATCA 和 CRS 下的需申报对象，同时还应当识别该机构的实际控制人，并完成相应的尽职调查和信息申报义务。

例 8－2－4

王总是中国山西省某能源企业老板，属中国税收居民。王总的妻子李总已经移民新西兰，属于新西兰税收居民。王总的儿子王二小在美国工作，属于美国税收居民。

王总在财富管理顾问张律师的建议下，购买了香港地区 XYZ 保险公司的万能寿险产品，且通过设立在泽西岛的 A 公司来间接持有该保险产品。A 公司的股东分别为王总（持股 40%），李总（持股 30%）和王二小（持股 30%）。XYZ 保险公司每年 10 月 1 日为保单持有人出具有关该保险产品的年度报告。根据 2×19 年 10 月 1 日的年度报告显示，该保险产品的现金价值为 1000 万美元。

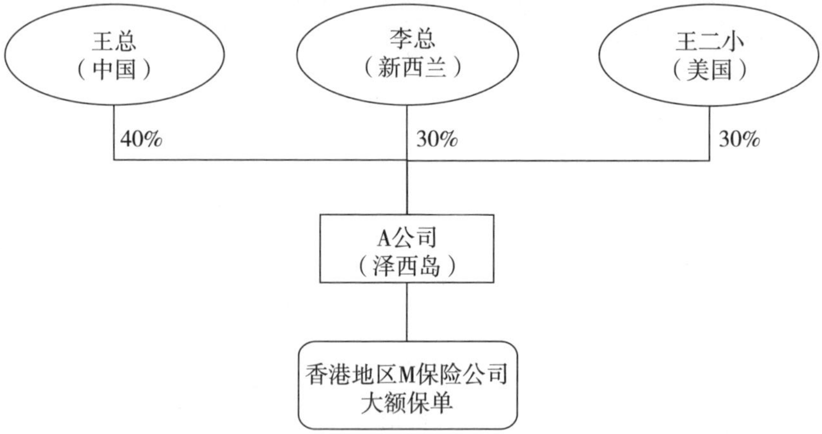

图 8-2-3

那么在 FATCA 和 CRS 下，由于 A 公司仅是作为资产持有公司存在，并不受到其他金融机构的专业管理，无法满足投资机构的定义要求，因此应当属于非金融机构。基于 A 公司的资产全部都为具有现金价值的保险合同（大额保单），因此 A 公司属于消极非金融机构，没有 FATCA 和 CRS 下的尽职调查和信息申报义务。

作为香港地区的金融机构，香港地区 M 保险公司应当完成香港地区本地的 FATCA 和 CRS 合规义务。鉴于 A 公司作为机构账户持有人（即具有现金价值保险合同的账户持有人），设立在泽西岛（CRS 需申报国），因此 A 公司的账户在 CRS 下属于需申报账户。

同时，由于 A 公司属于消极非金融机构，因此 M 保险公司需要识别 A 公司的实际控制人，即持有公司股权超过 25% 的自然人，分别为 CRS 需申报人王总和李总，以及 FATCA 下特定美国人王小二，所以 A 公司持有的金融账户在 FATCA 和 CRS 下均属于需申报账户。在 CRS 下王总和李总的身份识别信息、账户识别信息以及账户财务信息会被申报给香港地区税务局，而后分别交换给中国和新西兰政府；在 FATCA 下王小二的身份识别信息、账户识别信息和账户财务信息会被 M 保险公司直接申报给美国国税局。其中，王总一家人作为实际控制人需申报和交换的账户财务信息包括：

申报机制	账户持有人	税收居民所在国	账户余额或价值（大额保单的现金价值或退保价值）	账户收入
CRS	王总	中国	1000 万美元	0
CRS	李总	新西兰	1000 万美元	0
FATCA	王小二	美国	1000 万美元	0

三、信托持有大额保单时的信息披露

通过信托来持有大额保单，那么该大额保单账户的持有人应当为信托本身。与公司持有大额保单的情形相类似，信托在 FATCA 和 CRS 下属于机构，且根据其具体的业务情况可以将其分类成金融机构（一般为投资机构），或者非金融机构（一般为消极非金融机构）。从保险公司的角度，信托不同的合规身份，将会产生不同的合规要求。

（一）投资机构类信托持有大额保单的情形

如果信托满足了投资机构的定义要求，则属于投资机构类金融机构。对于这类信托持有的大额保单，在 FATCA 和 CRS 下，特定保险公司并没有任何申报义务。但是，作为金融机构的信托其需要将大额保单的价值作为其账户持有人持有的股权权益价值在 FATCA 和 CRS 下进行申报。

例 8－2－5

董总（中国税收居民）是某新能源企业的老板。在私人财富顾问的建议下，董总以自己作为被保险人通过香港地区的保险经纪公司购买了百慕大 XYZ 保险公司的“幸福终生”型万能寿险产品（大额保单），该保险由董总在泽西岛设立的 LMN 信托来持有并作为该保险产品的受益人。2×19 年 12 月 31 日，该大额保单的现金价值为 1500 万美元。

LMN 信托除持有该保险产品以外，还持有瑞士 A 私人银行托管的其他金融资产。2×19 年 12 月 31 日，该金融资产的公允价值为 1000 万美元。

根据 LMN 信托的信托协议，LMN 信托为可撤销的任意信托（Discretionary Trust）。信托委托人为董总，信托的受托人为 A 私人银行泽西岛分行，信托的任意受益人为董总的妻子董太太（美国税收居民）以及董总的两个儿子，董大（英国税收居民）和董小（美国税收居民）。2×19 年 10 月 30 日，受托人依据信托协议分别向董大和董小分配信托收益 50 万美元。

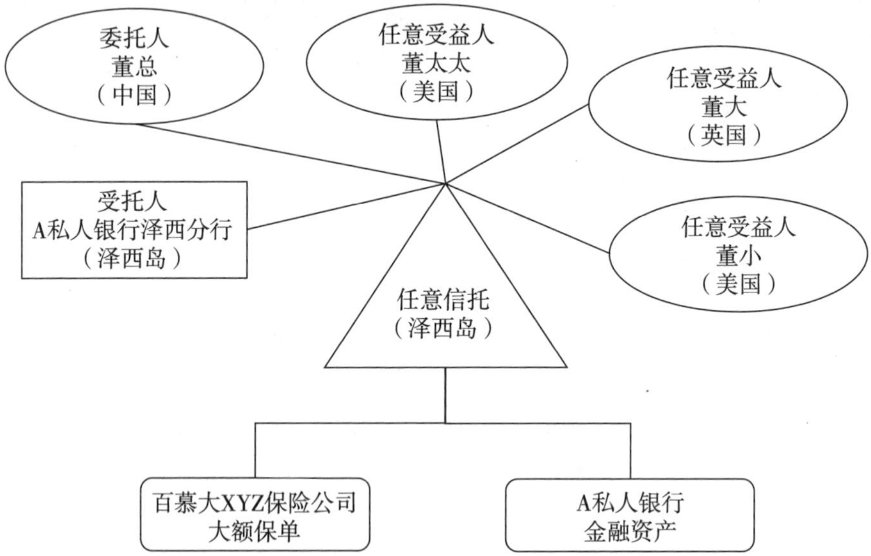

图 8-2-4

百慕大为 FATCA 模式二国家,且本例中所涉及的所有除美国外的国家都应达成 CRS 下的信息且交换关系均被“激活”。那么 2×19 年度,持有大额保单的该信托架构应当如何进行 FATCA 和 CRS 下的合规申报?

第一步:确定任意信托的合规身份

由于 LMN 任意信托的受托人为 A 私人银行泽西岛分行,即为金融机构,且该任意信托持有的资产全都为金融资产,因此 LMN 任意信托可以满足 FATCA 和 CRS 下投资机构定义中的“被管理测试”和“收入测试”,因此属于被管理的投资机构。

由于 LMN 任意信托属于被管理投资机构,即金融机构,那么:

1. 管理该任意信托所持有的大额保单账户的百慕大 XYZ 保险公司无需对该大额保单账户进行申报,因为该具有现金价值保险合同账户的持有人为金融机构。

2. 管理该人以信托所持有的金融资产托管账户的瑞士 A 私人银行无须对该托管账户进行申报,因为该托管账户的持有人为金融机构。

第二步:确定任意信托的账户持有人

任意信托本身作为金融机构,其需要完成 FATCA 和 CRS 下的尽职调查和信息申报义务。在实践中,通常该任意信托的申报采取“由受托人申报的信托”(Trustee Documented Trust)机制,由受托人来完成所有的合规义务。

由于 LMN 信托属于任意信托，因此其账户持有人应当为委托人董总以及在申报当期收到信托收益分配的任意受益人董大和董小①。

第三步：申报账户信息

鉴于信托的账户持有人（即股权权益持有人）董总属于中国税收居民，任意受益人董大属于英国税收居民，因此信托受托人应当在 CRS 下将董总和董大的账户信息申报给泽西岛政府而后分别交换给中国和英国政府②。由于董小属于美国税收居民，即特定美国人，因此信托受托人应当在 FATCA 下将董小的账户信息申报给泽西岛政府而后交换给美国国税局。其中，申报和交换的账户信息包括董总、董大和董小的身份识别信息、账户识别信息和账户财务信息，且具体的账户财务信息包括：

申报机制	账户持有人	税收居民所在国	账户余额或价值	账户收入
CRS	董总（委托人）	中国	2500 万美元（大额保单的现金价值和金融资产的价值）	0
CRS	董大（任意受益人）	英国	0	50 万美元
FATCA	董小（任意受益人）	美国	50 万美元③	50 万美元

需要注意的是，如果本例中该任意信托设立在美国，且受托人为美国的金融机构，那么该信托则在 FATCA 和 CRS 下没有任何尽职调查和信息申报义务。但是由于该信托属于设立在非 CRS 参与国的被管理投资机构，因此其在百慕大 XYZ 保险公司持有的大额保单账户以及在瑞士 A 私人银行持有的金融资产托管账户在 CRS 下应当比照消极非金融机构持有的账户来处理，即需要被"穿透"，并识别其实际控制人的信息。具体可参见下一部分关于消极非金融机构类信托持有大额保单的情形。

（二）消极非金融机构类信托持有大额保单的情形

如果信托仅仅是作为资产持有机构的作用而存在，不存在其他金融机构对该

① 由于受托人本身作为合规金融机构，尽管理论上属于金融账户持有人，但是实践中一般不会考虑将该信托受托人（泽西岛的私人银行）作为该信托中股权权益的持有人对待。因此，在此不考虑受托人作为账户持有人的情形。

② 需要注意的是，尽管董太太也属于该信托的任意受益人，但是其并没有在申报当期收到信托分配收益，因此不被当作是信托的账户持有人处理。

③ 依据泽西岛 FATCA 实施指引第 7.8 条规定，任意受益人的在收到信托收益当期被作为信托的账户持有人处理，其股权权益价值应当为其收到的收益额。

信托持有的金融资产进行任意授权下的投资管理，那么这类持有大额保单的信托应当属于消极非金融机构。特定保险公司作为管理大额保单账户的金融机构，应当“穿透”该信托，以识别其实际控制人，具体包括信托委托人、受托人、保护人或监察人、受益人或受益人群以及其他对信托实施最终有效控制的自然人。

如果信托直接持有大额保单，那么信托即为该大额保单账户的账户持有人。特定保险公司需要首先判定该保单持有人的身份，也就是信托的居民身份。如果信托属于需申报人，那么该信托持有的大额保单账户则属于需申报账户。其次，由于信托属于消极非金融机构，特定保险公司还应当识别该信托的实际控制人，以判定其是否属于 FATCA 和 CRS 下需申报的情形。

例 8－2－6

苏总（中国税收居民）是中国山东一家民营企业的老板。经私人财富管理顾问的建议，苏总以自己为被保险人购买了香港地区 XYZ 保险公司的 A 型万能寿险产品（大额保单），且该大额保单由苏总在新加坡设立的 LMN 任意信托来持有，且 LMN 信托为该大额保单的受益人。

根据 LMN 信托的信托协议，该信托的委托人为苏总，信托的受托人为苏总的私人律师刘先生（新加坡税收居民），信托的保护人为苏总的表姐郑总（澳大利亚税收居民），信托的任意受益人为苏总的妻子李总（美国税收居民）和苏总的儿子苏小宝（6 岁）。

香港地区 XYZ 保险公司每年 11 月 15 日出具有关该 A 行万能寿险产品的年度报告，其 2×19 年 11 月 15 日的年度报告显示，该大额保单的现金价值为 2500 万美元。

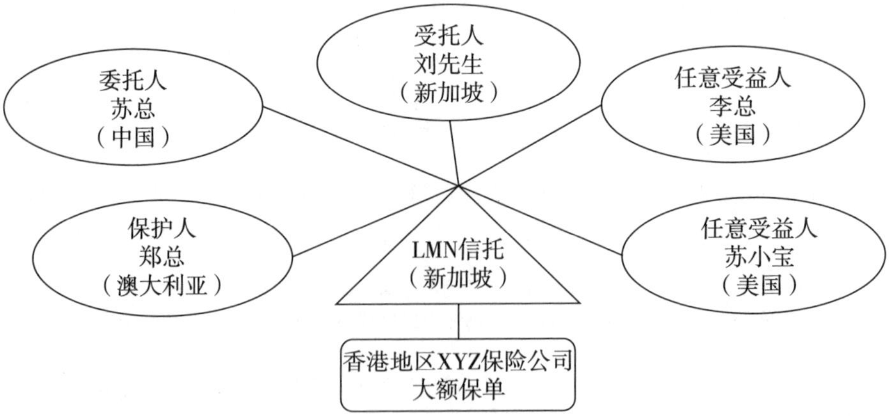

图 8－2－5

假设本例中所涉及国家相互之间的 CRS 信息自动交换协议已经被激活。那么在 2×19 年度,LMX 信托下持有的大额保单应当如何申报呢?

第一步:判定 LMN 信托的合规身份

由于 LMN 信托的受托人是新加坡个人,而非金融机构,且该信托没有受到其他金融机构的专业投资管理,因此 LMN 信托不属于投资机构的范畴,而应当被判定为是消极非金融机构。

第二步:判定 LMN 信托持有的大额保单账户是否属于需申报账户

从香港地区 XYZ 保险公司的角度,由于其大额保单账户持有人为消极非金融机构,那么在 CRS 下,XYZ 保险公司需要分别识别:

1. LMN 信托的居民身份。由于 LMN 信托的受托人刘先生是新加坡税收居民,因此从 CRS 的角度,LMN 信托应当被认定为是新加坡居民。而对于香港地区金融机构 XYZ 保险公司来说,新加坡属于 CRS 需申报国,因此 LMN 信托持有的大额保单账户属于 CRS 下需申报账户。

2. 由于 LMN 信托属于消极非金融机构,因此香港地区 XYZ 保险公司需要"穿透"LMN 信托,并识别其实际控制人,具体包括委托人苏总、受托人刘先生、和保护人郑总。由于任意受益人李总和苏小宝在申报当期没有获得任何信托收益分配,因此不属于该申报期内的账户持有人,不必考虑其税收居民身份。

第三步:申报账户持有人信息

由于 LMN 信托持有的账户属于 CRS 下需申报账户,且其实际控制人苏总、刘先生和郑总均为 CRS 需申报人,因此香港地区保险公司应当将苏总、刘先生和郑总的身份识别信息、账户识别信息以及账户财务信息申报给香港地区税务局,而后分别交换给中国、新加坡和澳大利亚政府。其中需申报的有关实际控制人的账户财务信息包括:

申报机制	账户持有人	税收居民所在国	账户余额或价值	账户收入
CRS	苏总(委托人)	中国	2500 万美元	0
CRS	刘先生(受托人)	新加坡	2500 万美元	0
CRS	郑总(保护人)	澳大利亚	2500 万美元	0

（三）多层信托持有大额保单的情形

在实践中，有的时候为了便于家族财富的集中管理和有效传承，高净值个人或家庭会设计多层信托来持有大额保单。这种纯粹出于资产持有目的而设立的多层信托架构通常不会受到其他金融机构的专业投资管理，因此一般都属于 FATCA 和 CRS 下的消极非金融机构。从管理大额保单账户（即具有现金价值保险合同）的特定保险公司来说，其在识别账户持有人的实际控制人时，可能需要多层"穿透"消极非金融机构类信托，但是在具体的信息申报上与前述消极非金融机构类信托持有大额保单的情形类似。

例 8－2－7

金总（中国税收居民）是中国某矿产公司的老板。金总的妻子金太太是美国某大学的经济学教授，长居美国，属于美国税收居民。金总有两个儿子，金哥（美国税收居民）和金弟（美国税收居民），以及两个女儿金姐（加拿大税收居民）和金妹（法国税收居民）。在家族财富管理顾问张律师（香港地区税收居民）的建议下，金总和金太太分别以各自为被保险人在新加坡 P 保险公司购买了两份 X 型万能寿险产品（大额保单）和 Y 型万能寿险产品。

金总和金太太在马恩岛分别设立了 A 信托，B 信托和 C 信托架构来持有 X 型大额保单和 Y 型大额保单。具体的信托设立架构情况如下：

信托	委托人	受托人	保护人	受益人	信托资产	2×19 年 12 月 31 日信托资产的余额或价值
A 信托	金总	新加坡 L 私人银行马恩岛分行	无	C 信托	以金总为被保险人的 X 型大额保单	2000 万美元
B 信托	金太太	新加坡 L 私人银行马恩岛分行	无	C 信托	以金太太为被保险人的 Y 型大额保单	2000 万美元
C 信托	金总和金太太	新加坡 L 私人银行马恩岛分行	张律师	金总儿子和女儿（平均分配）	新加坡 L 私人银行现金存款	500 万美元

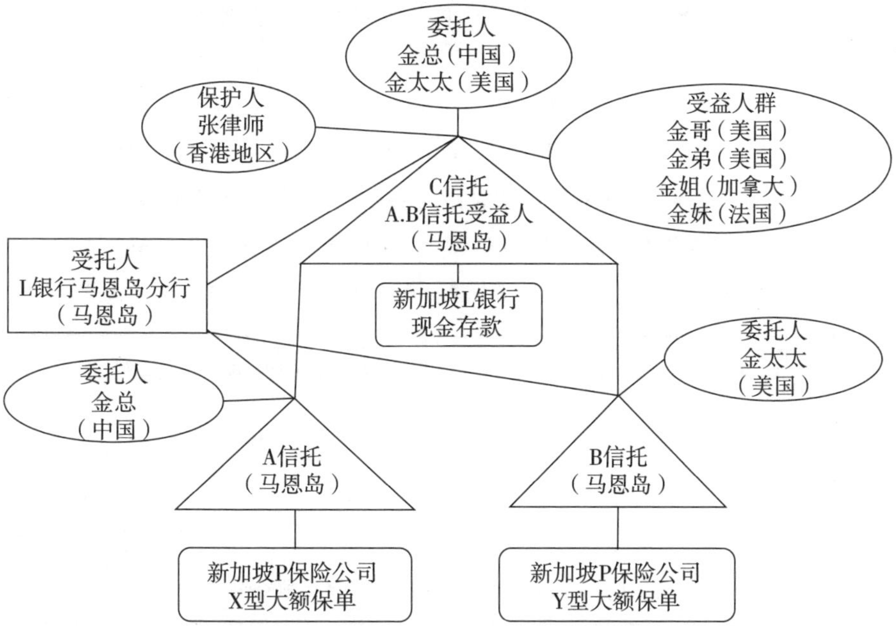

图 8－2－6

本例中所涉及的所有国家和地区(除美国外)均属于 FATCA 伙伴国,且假设其相互之间的 CRS 账户信息交换自动协议已经被激活。那么在 2×19 年度,该信托架构中 A 信托、B 信托和 C 信托分别应当如何在 FATCA 和 CRS 下进行信息申报?

1. A 信托、B 信托和 C 信托的合规身份

(1)A 信托

A 信托持有的为大额保单 A,即全部资产为具有现金价值的保险合同(金融资产),因此可以满足被管理投资机构定义中的"收入测试"。同时,A 信托的受托人为新加坡 L 银行马恩岛分行(金融机构),其会依据信托协议的规定对 A 信托下的金融资产进行管理,因此可以满足"被管理测试"。由此,A 信托应当属于 FATCA 和 CRS 下的被管理投资机构。

(2)B 信托

基于与 A 信托同样的理由,B 信托也应当属于 FATCA 和 CRS 下的被管理投资机构。

(3)C 信托

C 信托由于持有是现金存款(非金融资产),因此其无法满足被管理投资机构定义中的"收入测试"。尽管其受到新加坡 L 银行马恩岛分行的管理,可以满足"被

管理测试”，但是在 FATCA 和 CRS 下 C 信托应当属于非金融机构，具体应当为消极非金融机构。

需要注意的是，马恩岛 FATCA 实施法规①允许其本地机构选择适用 FATCA 政府间协议中投资机构的定义，也就是说，只要满足“被管理测试”即可被分类成投资机构。但是，为了保持与 CRS 下处理规则的一致性，本例不考虑此种情形，而是统一以美国财政部 FATCA 实施条例和 CRS 规定中投资机构的定义为基础来讨论。

总结起来，A 信托、B 信托和 C 信托在 FATCA 和 CRS 下的合规身份应当为：

信托	FATCA 和 CRS 下的合规身份
A 信托	金融机构：被管理投资机构
B 信托	金融机构：被管理投资机构
C 信托	消极非金融机构

2. A 信托、B 信托和 C 信托的居民身份

由于 A 信托、B 信托和 C 信托的受托人都是马恩岛的金融机构 L 银行马恩岛分行，因此这三个信托在 FATCA 和 CRS 下都应当都属于马恩岛居民。其中 A 信托和 B 信托作为马恩岛的金融机构，应当履行 FATCA 和 CRS 下的尽职调查和信息申报义务。

3. A 信托和 B 信托账户持有人的识别

A 信托和 B 信托作为 FATCA 和 CRS 下的需申报金融机构，通常其可以通过“由受托人申报的信托”（Trustee Documented Trust）机制而使其被分类成“豁免申报金融机构”，相关的合规义务全部由其受托人 L 银行马恩岛分行来履行。在 FATCA 下，当然 A 信托和 B 信托也可以选择将 L 银行马恩岛分行作为保荐人（Sponsoring Entity），由其来履行 FATCA 下合规义务，其实际效果与“由受托人申报的信托”类似，但是如果选择保荐人制度，该信托尽管属于豁免申报金融机构，但是需要在美国国税局注册，保荐人和被保荐人需要分别获得 GIIN，而“由受托人申报的信托”无此要求，只需要获得受托人的 GIIN 即可。

对于 A 信托来说，其账户持有人（股权或债权权益持有人）应当为：委托人金

① 参见马恩岛 FATCA 实施指引第 7.4.1 条规定。

总、受益人 C 信托[1]。而由于 C 信托属于消极非金融机构，因此 A 信托应当对其进行“穿透”，以识别其实际控制人，具体包括委托人金总和金太太，保护人张律师，和受益人金哥、金弟、金姐和金妹。

对于 B 信托来说，其账户持有人除委托人金太太不一样以外，其他账户持有人以及账户持有人的实际控制人都完全一致。

4. A 信托和 B 信托的信息申报

L 银行马恩岛分行应当将 A 信托和 B 信托的上述账户持有人（包括账户持有人的实际控制人）的身份识别信息、账户识别信息和账户财务信息分别进行申报。其中账户财务信息具体包括：

（1）A 信托

申报机制	账户持有人	税收居民所在国家或地区	账户余额或价值	账户收入
CRS	金总（委托人）	中国内地	2000 万美元	0
CRS	金总（C 信托实际控制人——委托人）	中国内地	2000 万美元	0
FATCA	金太太（C 信托实际控制人——委托人）	美国	2000 万美元	0
CRS	张律师（C 信托实际控制人——保护人）	香港地区	2000 万美元	0
FATCA	金哥（C 信托实际控制人——受益人）	美国	2000 万美元	0
FATCA	金弟（C 信托实际控制人——受益人）	美国	2000 万美元	0
CRS	金姐（C 信托实际控制人——受益人）	加拿大	2000 万美元	0
CRS	金妹（C 信托实际控制人——受益人）	法国	2000 万美元	0

① 此处不考虑受托人作为账户持有人的情形，因为 L 银行马恩岛分行作为信托受托人，在该信托资产中并不享有任何利益关系，而且实践中 A 信托和 B 信托的信息全都由 L 银行马恩岛分行来申报，因此通常 L 银行马恩岛分行不会将自己作为账户持有人来进行申报。

(2)B信托

申报机制	账户持有人	税收居民所在国家或地区	账户余额或价值	账户收入
FATCA	金太太(委托人)	美国	2000万美元	0
CRS	金总(C信托实际控制人——委托人)	中国内地	2000万美元	0
FATCA	金太太(C信托实际控制人——委托人)	美国	2000万美元	0
CRS	张律师(C信托实际控制人——保护人)	香港地区	2000万美元	0
FATCA	金哥(C信托实际控制人——受益人)	美国	2000万美元	0
FATCA	金弟(C信托实际控制人——受益人)	美国	2000万美元	0
CRS	金姐(C信托实际控制人——受益人)	加拿大	2000万美元	0
CRS	金妹(C信托实际控制人——受益人)	法国	2000万美元	0

5.新加坡L银行对于C信托所持有存款账户的申报

鉴于C信托属于消极非金融机构,那么新加坡L银行应当将其"穿透"以识别其实际控制人对于FATCA或者CRS下需申报的实际控制人,新加坡L银行应当对其进行申报而后交换给美国以及其他相关国家或地区政府。其中需申报的实际控制人的信息包括身份识别信息、账户识别信息和账户财务信息,而其中需申报的账户财务信息包括:

申报机制	账户持有人	税收居民所在国家或地区	账户余额或价值	账户收入
CRS	金总(C信托实际控制人——委托人)	中国内地	500万美元	0
FATCA	金太太(C信托实际控制人——委托人)	美国	500万美元	0
CRS	张律师(C信托实际控制人——保护人)	香港地区	500万美元	0
FATCA	金哥(C信托实际控制人——受益人)	美国	500万美元	0

续表

申报机制	账户持有人	税收居民所在国家或地区	账户余额或价值	账户收入
FATCA	金弟（C 信托实际控制人——受益人）	美国	500 万美元	0
CRS	金姐（C 信托实际控制人——受益人）	加拿大	500 万美元	0
CRS	金妹（C 信托实际控制人——受益人）	法国	500 万美元	0

（四）信托与公司混合持有大额保单的情形

高净值个人或家庭在进行家族财富规划时，对于不同类型的资产可能考虑分别设立不同的资产持有公司，而后所有的资产持有公司通过一个离岸信托来持有。如果大额保单通过这类信托和公司来混合持有，那么其申报义务需要通过信托和公司的具体合规身份来分别判定其应当如何进行申报。

例 8-2-8

钱总（马来西亚税收居民）是马来西亚华人，是东南亚知名的民营企业家。在新加坡 L 银行的建议下，钱总以自己为被保险人在新加坡 P 保险公司购买了 X 型万能寿险（大额保单），通过其设立在马恩岛的 A 公司来持有。钱总还在泽西岛设立了 XYZ 信托，由 XYZ 信托来持有 A 公司。

根据 XYZ 信托的信托协议，XYZ 信托的委托人为钱总、信托受托人为新加坡 L 银行泽西岛分行、信托任意受益人为钱总妻子钱太太（中国税收居民），钱总长子钱大（美国税收居民）和钱总次子钱小（中国税收居民），信托的保护人为钱总的表哥张总（香港地区税收居民）。A 公司的资产投资和管理均由新加坡 L 银行泽西岛分行统一管理。

2×19 年 10 月 1 日，A 公司作为保单持有人向新加坡 P 保险公司申请在该大额保单下部分退保，获得现金价值 90 万美元，同时 XYZ 信托将该 90 万美元分别（作为来源于 A 公司的股息分红所得）分配给钱太太、钱总长子和次子，每人各得 30 万美元。2×19 年 12 月 31 日，该 X 型万能寿险的现金价值为 1500 万美元。

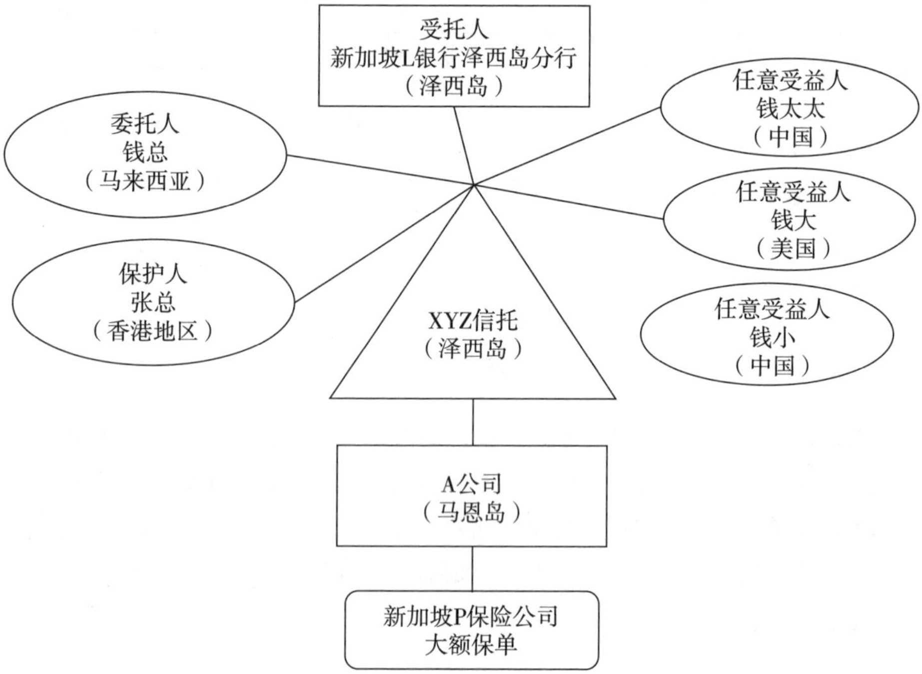

图 8－2－7

泽西岛、马恩岛和新加坡均属于 FATCA 模式一国家，且假设本例中所有国家（除美国）之间已在 2×19 年激活其 CRS 下账户信息自动交换协议。那么在 FATCA 和 CRS 下，钱总通过信托和公司混合持有的大额保单应当如何申报？

1. 确定 XYZ 信托和 A 公司的合规身份

（1）XYZ 信托

在 FATCA 下，根据泽西岛的 FATCA 实施指引①，在判定 XYZ 信托的收入来源时，应当识别其收入是否最终来源于金融资产。本例中，X 信托通过 A 公司间接持有大额保单（金融资产），因此应当认定为 XYZ 信托的收入来源于金融资产，因此可以满足被管理投资机构的“收入测试”。同时，由于 XYZ 信托的受托人为泽西岛当地的金融机构，因此可以满足“被管理测试”。由此，XYZ 信托应当属于被管理投资机构。

在 CRS 下，在判定 XYZ 信托收入来源时，无须考虑其最终来源，而是识别其直接持有的资产是否属于金融资产。由于 XYZ 信托持有的是 A 公司的股权，而股权

① 参见泽西岛 FATCA 实施指引第 7.4.1 条规定。

属于金融资产，因此 XZY 信托可以满足被管理投资机构定义中的"收入测试"。同时，由于 XYZ 信托的受托人为泽西岛的金融机构，因此可以满足"被管理测试"。由此，XYZ 信托应当属于被管理的投资机构。

所以在 FATCA 和 CRS 下，XYZ 信托应当属于被管理的投资机构。在实践中，XYZ 信托的尽职调查和信息申报义务一般通过"由受托人申报的信托"(Trustee Documented Trust)制度由受托人来履行，而信托本身则可被认定为豁免申报金融机构，且在 FATCA 下该信托也无需在美国国税局注册和获得 GIIN(但受托人需要注册并获得 GIIN)。

(2)A 公司

本书第五章第二节讨论了 FATCA 下离岸信托附属公司的处理规则，即如果泽西岛的离岸信托属于豁免申报金融机构，那么其附属公司(Underlying Company)如果是设立在泽西岛、根西岛或者马恩岛的投资机构，那么该附属公司也可以参照离岸信托的豁免申报金融机构身份来处理①。

由于 A 公司持有金融资产，且受到泽西岛金融机构 L 银行泽西岛分行的投资管理，可以满足"收入测试"和"被管理测试"，因此 A 公司应当属于 FATCA 下的投资机构。由于 A 公司属于泽西岛 XYZ 信托(投资机构)下的附属公司，因此 A 公司的合规义务可以由 XYZ 信托的受托人 L 银行泽西岛分行来履行，而 A 公司此时属于豁免申报金融机构，与 XYZ 信托(作为"由受托人申报的信托")一样，A 公司也不需在美国国税局注册和获得 GIIN。

但是在 CRS 下，泽西岛 CRS 法规以及经合组织 CRS 文件并没有对由受托人申报的信托的附属公司做出特殊规定，因此 A 公司应当作为单独的投资机构来对待。

2. XYZ 信托和 A 公司的居民身份

由于 XYZ 信托的受托人属于泽西岛金融机构 L 银行泽西岛分行，因此 XYZ 信托应当被认定为泽西岛的居民，需要履行泽西岛的相关 FATCA 和 CRS 申报义务。

而 A 公司是设立在马恩岛的公司，一般应当被判定为是马恩岛的居民，需要履行马恩岛的相关 FATCA 和 CRS 申报义务。

3. 账户持有人的认定

对于 XYZ 信托来说，其账户持有人(股权或债权权益持有人)应当包括：委托

---

① 参见泽西岛 FATCA 实施指引第 7.11 条规定。

人钱总、保护人张总、和在申报当期收到信托资产收益分配的任意受益人钱太太、钱大和钱小。

对于A公司来说，其账户持有人（股权或债权权益持有人）应当为XYZ信托。但是由于XYZ信托属于投资机构（金融机构），A公司不需要对XYZ信托持有的账户进行申报。

4. 新加坡P保险公司无须申报该大额保单账户

新加坡P保险公司作为管理该大额保单账户的金融机构，应该按照新加坡的FATCA和CRS实施法规，对其账户持有人A公司进行尽职调查，但是由于A公司属于投资机构（金融机构），新加坡P保险公司无需对该账户进行申报。

5. XYZ信托的信息申报

由于XYZ信托的账户持有人钱总（委托人）是马来西亚税收居民，保护人张总是中国香港税收居民，钱太太和钱小是中国内地税收居民，因此这些账户持有人的身份识别信息、账户识别信息和账户财务信息应当被申报给泽西岛政府，而后分别交换给马来西亚、中国香港和中国政府。由于账户持有人钱大是美国税收居民，因此身份识别信息、账户识别信息和账户财务信息应当被申报给泽西岛政府，而后交换给美国国税局。需要注意的是，XYZ信托由于持有的是A公司的股权，因此相关股权权益的价值应当是通过A公司的价值来体现，即间接体现A公司持有的大额保单的现金价值。FATCA和CRS下具体的账户财务信息的申报包括：

申报机制	账户持有人	税收居民所在国家或地区	账户余额或价值	账户收入
CRS	钱总——委托人	马来西亚	1500万美元（A公司的价值）	0
CRS	张总——保护人	香港地区	1500万美元（A公司的价值）	0
CRS	钱太太——任意受益人	中国内地	0	30万美元（收益分配）
FATCA	钱大——任意受益人	美国	30万美元（收益分配）	30万美元（收益分配）
CRS	钱小——任意受益人	中国内地	0	30万美元（收益分配）

第九章

FATCA 和 CRS 的制度漏洞和反规避

FATCA 和 CRS 下一切制度架构的核心要求是实现全球税务透明，通过国与国之间的金融账户涉税信息自动交换，实现跨国反避税的目的。但是由于各国具体国情不同，FATCA 和 CRS 在全球统一的法律规则设计上，并非完美无缺，其本身存在一些漏洞，而这些制度漏洞的存在可能会一定程度上削弱金融账户涉税信息自动交换制度的整体反避税效果。本章对于 FATCA 和 CRS 下存在的相关制度漏洞做简要介绍，同时对于 FATCA 和 CRS 下的反规避措施，尤其是经合组织对于 CRS 下的“补漏”措施进行分析和探讨。此外，本章还单列一节专门讨论有关 FATCA 和 CRS 下各国税务机关（或其他主管部门）对金融机构的合规审查程序问题。

第一节 FATCA 和 CRS 下的制度漏洞

一、FATCA 下账户信息双边对等交换的困局

（一）FATCA 下账户信息的非对等交换

本书第一章第二节讨论了 FATCA 下账户信息双边交换和单边交换的问题，除非一个国家或地区选择 FATCA 政府间协议模式二或者模式一下的单边信息交换机制，否则其与美国之间的 FATCA 实施模式都应当为模式一下的双边对等信息交换。但是，这种 FATCA 模式一下的对等信息交换只是有限的对等，也就是说，尽管 FATCA 伙伴国需要向美国国税局交换美国居民在伙伴国的存款账户信息、托管账户信息、具有现金价值的保险合同和年金合同信息以及投资机构的股权权益或债权权益信息，但是美国却只能向伙伴国政府提供伙伴国居民个人在美国的部分存款账户信息，[①]对于其他类型金融账户的信息并不需要在 FATCA 下被申报和交换，具体来说，包括：

1. FATCA 伙伴国机构持有的存款账户

在 FATCA 模式一下，FATCA 伙伴国的机构（包括公司、合伙、信托或者其他法律安排等）在美国金融机构持有的存款账户，并不会被申报和交换到 FATCA 伙伴国。

① 可参见本书第一章第二节第四部分有关于此的具体讨论。

例 9-1-1

王总是英国税收居民,其作为实际控制人在开曼群岛设立了一家离岸公司 A 公司(A 公司在 FATCA 下属于消极外国非金融机构)。A 公司持有美国 P 银行管理的现金存款账户 1000 万美元。

李总是美国税收居民,其作为实际控制人在开曼群岛设立了一家离岸公司 B 公司(B 公司在 FATCA 下属于消极外国非金融机构)。B 公司持有英国(FATCA 模式一国家)Q 银行管理的现金存款账户 1000 万美元。

那么在 FATCA 下,王总的 1000 万美元存款和李总的 1000 万美元存款会有不同的处理:

1. 对王总来说,其现金存款账户的持有人是 A 公司,尽管 A 公司是消极非金融机构,但是美国 P 银行没有义务对 A 公司进行穿透和识别实际控制人,也不需要对 A 公司持有的存款账户进行申报。

2. 对李总来说,其现金存款账户的持有人是 B 公司,由于 Q 银行是位于英国(FATCA 模式一国家)的合规金融机构,因此其需要对存款账户持有人 B 公司进行尽职调查,最终识别出 B 公司的实际控制人为美国居民李总,那么该账户信息会被申报给英国政府,而后交换给美国国税局。

那么从王总的角度,其作为英国税收居民,通过设立公司或者其他机构来间接持有在美国的存款账户,即不会受到 FATCA(以及 CRS)下账户信息交换的影响。

2. FATCA 伙伴国机构或者个人持有的除存款账户以外的其他任何金融账户

除非相关账户下的收入涉及美国税法第三章的预提所得税扣缴问题,不然 FATCA 伙伴国个人或者机构持有的所有除存款账户以外的其他金融账户均不会受到 FATCA 下信息申报的影响。例如 FATCA 伙伴国居民购买美国保险公司承保的可享受免税待遇的投资型保险产品,那么尽管该投资型保险成品可能属于具有现金价值的保险合同,但是美国的保险公司并没有义务对其进行申报,相关账户信息也不会被交换给 FATCA 伙伴国政府。

对于 FATCA 伙伴国机构持有的这些除存款账户以外的其他金融账户,即使该机构属于消极非金融机构,美国的金融机构也没有义务对其进行“穿透”和识别实际控制人,也就是说 FATCA 伙伴国的居民持有美国金融机构管理的任何非存款账户类金融账户,其信息都不会受到 FATCA 下的账户信息自动交换制度的影响。

以下以英国为例，对比分析美国与 FATCA 伙伴国在双边对等交换模式下①，英国金融机构和美国金融机构分别应当申报和交换的账户财务信息内容如下表 9－1－1：

表 9－1－1

<table>
<tr><th>账户类型</th><th>需申报账户财务信息类型</th><th>英国金融机构应当申报的信息（英国政府应当交换的信息）</th><th>美国金融机构应当申报的信息（美国政府应当交换的信息）</th></tr>
<tr><td rowspan="3">存款账户</td><td>账户余额或价值</td><td>需要申报和交换</td><td>不需要申报和交换</td></tr>
<tr><td>账户收入—存款利息之个人账户</td><td>需要申报和交换</td><td>对利息额超过 10 美元的情形需要申报和交换</td></tr>
<tr><td>账户收入—存款利息之机构账户</td><td>需要申报和交换</td><td>不需要申报和交换</td></tr>
<tr><td rowspan="4">托管账户</td><td>账户余额或价值</td><td>需要申报和交换</td><td>不需要申报和交换</td></tr>
<tr><td>账户收入—利息或股息</td><td>需要申报和交换</td><td rowspan="4">如果属于来源于美国的需要在美国税法下进行代扣代缴预提所得税的收入，则需要被申报和交换。否则，不需要申报和交换</td></tr>
<tr><td>账户收入—托管资产相关的其他收入</td><td>需要申报和交换</td></tr>
<tr><td>账户收入—托管资产销售或赎回收入</td><td>需要申报和交换</td></tr>
<tr><td>其他账户</td><td>收到或者计入该账户的收入，包括具有现金价值保险合同账户下支付给账户持有人的部分退保费用或其他款项</td><td>需要申报和交换</td></tr>
<tr><td>消极非金融机构持有的账户</td><td>实际控制人的身份信息</td><td>需要申报和交换</td><td>不需要申报和交换</td></tr>
</table>

（二）美国不是 CRS 参与国

由于美国不属于 CRS 参与国，那么其 FATCA 下的非对等信息交换模式会使得其他国家居民到美国从事非存款账户类的投资，其所持有相关金融账户信息不会受到任何 FATCA 和 CRS 下信息交换的影响。而相比其他的非 CRS 参与国（例如非洲和中亚地区的一些经济发展相对落后国家）来说，美国作为全球最发达国家，如果其不加入 CRS，而且也无法实现 FATCA 下的信息对等互换，那么美国有可能将会成为 FATCA 和 CRS 实施之后的新的所谓全球“避税天堂”。

① 英国、德国、芬兰、土耳其、泽西岛、列支敦士顿以及马恩岛等 FATCA 模式一国家的政府间协议均有类似规定。

在世界各国的 CRS 法规中,美国都是作为非 CRS 参与国来对待,这也就意味着在 CRS 下,设立在美国的“被管理投资机构”将会被认定为是消极非金融机构,而需要被“穿透”并识别其实际控制人。所以当设立在美国的这类投资机构在 CRS 参与国的金融机构持有账户时,管理账户的金融机构并不会因为账户持有人是金融机构而将其豁免,反而会将该投资机构当成是消极非金融机构一样进行“穿透”,以判定其是否属于 CRS 需申报的情形。

至于美国是否会加入 CRS,或者美国是否会实现与其他 FATCA 伙伴国的双边对等信息互换,目前仍不清楚。但是值得关注的是,在经合组织公布的承诺实施 CRS 国家名单中,就美国金融账户涉税信息自动交换的立法现状进行了解释说明,声称美国已经表示其自 2015 年以来开展了有关金融账户涉税信息自动交换的 FATCA 制度,并且已经与其他国家之间达成了政府间协议。在 FATCA 政府间协议模式一(双边对等交换模式)下,美国认可与其他国家实现双边对等信息交换的必要性。同时,美国已经从政治上承诺将推动本国立法以有效支持 FATCA 下双边对等账户信息自动交换能够实现。① 此外,值得一提的是,自 2014 年 FATCA 在全球开始实施以来,美国政府在每年提交给国会的财政预算法案之税改意见绿皮书(General Explanations of the Administration's Fiscal Year Revenue Proposals)中都有建议应当在存款账户信息申报和交换的基础上扩大范围,将其他 FATCA 下的账户信息申报和交换也纳入进来②,但是到目前,美国有关 FATCA 下账户信息对等交换的国内立法仍未有实质进展。

二、机构实际控制人的识别漏洞

(一)实际控制人识别顺利上的漏洞

如本书第二章第四节中所讨论,在 FATCA 政府间协议和经合组织 CRS 文件下,对于机构的实际控制人判定应当根据 FATF 相关建议中“受益所有人”的定义来进行。对于法人(Legal Person)形式的消极非金融机构来说,其实际控制人为(1)通过所有权对法人实施最终有效控制的个人;(2)如果没有(1)中规定的个人

---

① 参见经合组织官网的承诺实施 CRS 国家名单注释 1。http://www.oecd.org/tax/automatic-exchange/commitment-and-monitoring-process/AEOI-commitments.pdf,最后访问日期:2017 年 11 月 2 日。

② 可参见美国财政部官网 https://www.treasury.gov/resource-center/tax-policy/Pages/general_explanation.aspx,最后访问日期:2017 年 11 月 19 日。

存在,则实际控制人为通过其他方式控制该法人的个人;(3)如果没有个人对法人实施所有权控制,也没有个人通过其他方式对法人实施控制,那么该法人的高级管理人员应当确认为该法人的实际控制人。当这种依次判定法人实际控制人的规则适用在一类常见的含有私人信托公司的离岸信托架构中时,信息披露规则的漏洞则会显现出来。下面通过一个例子来具体说明。

例9-1-2

王女士(中国税收居民)的父亲王老先生(中国税收居民)是中国某私营企业的创始人。在律师的建议下,王老先生在A国(CRS参与国)设立了家族信托架构,持有王老先生在新加坡某银行的存款账户(账户余额为1000万美元)。具体的架构情况如下:

机构	背景信息	CRS合规身份
A信托	1. A信托委托人是王老先生(已去世); 2. A信托任意受益人为老李的女儿王女士(55岁); 3. A信托的受托人设立在A国的私人信托公司(PTC); 4. 信托协议约定李小姐60岁以后可以从信托每年获取50万美元收益,如果李小姐死亡,由其子女享受该收益。	消极非金融机构
PTC	1. PTC的董事分别为王女士,王女士的丈夫董先生(中国税收居民)以及王女士的私人顾问李女士(中国香港地区税收居民),对PTC的人事和财务进行控制和管理。 2. PTC由设立在A国的B信托来持有,B信托的受托人为A国持牌信托公司(金融机构身份)。	消极非金融机构
B信托	1. 该信托为目的信托(Purpose Trust)①,由A国持牌信托公司拥有。	消极非金融机构
持牌信托公司	1. A国持牌信托公司由A国的XYZ律师事务所成立,且由设立在A国的C信托持有和控制。	金融机构
C信托	1. C信托由XYZ律师事务所为其合伙人的利益而专门持有上述持牌信托公司而设立。 2. C信托的受托人为XYZ律师事务所的合伙人乔森和托马斯。	消极非金融机构

① 目的信托通常是为了实现特定目的而设立的信托,并非为受益人之利益而设立,所以一般目的信托中没有受益人。目的信托在英美法系国家的离岸信托架构中较为常见。

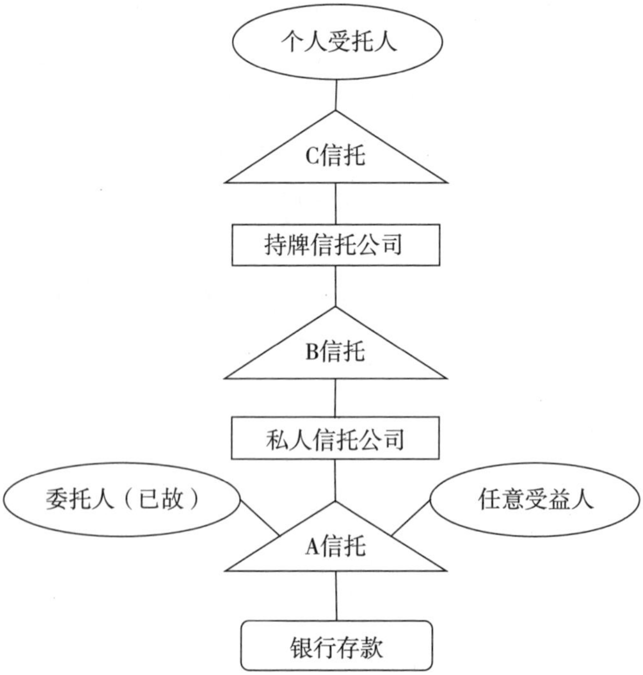

图 9-1-1

(1)信托架构中的中间持股金融机构是否需要被穿透?

在这个架构中,A 信托、私人信托公司、B 信托以及 C 信托都属于消极非金融机构,而持牌信托公司为金融机构。那么按照 CRS 下确定实际控制人的规则,新加坡银行在识别 A 信托的时候,按部就班地套用公司和信托的识别规则一层一层去识别即可。但是这里面临一个问题,就是中间有个持牌信托公司,属于 CRS 下的金融机构,该金融机构是否需要穿透呢?金融机构在 CRS 下不属于 CRS 需申报人的范畴,也不需要对其进行尽职调查,那么在这个架构中,中间持股金融机构是否可以起到一个穿透"阻挡者"(Blocker)的作用呢?

这个问题在经合组织 2017 年 4 月发布的《CRS 问与答》中做了明确,规定在资产持有架构中,中间实体的 CRS 合规身份并不影响金融机构对于消极非金融机构账户持有人的穿透和识别,因此在这个案例中,中间持股的金融机构并不能起到"阻挡者"的作用,而需要被穿透和识别。

(2)CRS 实际控制责任识别规则中的不足之处

既然金融机构不妨碍"穿透"规则的适用,那么案例架构中的实际控制人识别就很显而易见了。

第一步:穿透A信托:实际控制人为其受托人私人信托公司;

第二步:穿透私人信托公司:其实际控制人为其100%的股东B信托;

第三步:穿透B信托:其实际控制人为设立人(或者委托人)持牌信托公司;

第四步:穿透持牌信托公司:其实际控制人为其100%的股东C信托;

第五步:穿透C信托:其实际控制人为其个人受托人律所合伙人乔森和托马斯。

所以,如果严格按照CRS的实际控制人识别规则,该A信托的最终实际控制人为乔森和托马斯。而乔森和托马斯作为律所合伙人,即为该信托架构提供专业服务的律师,并非最终从该信托架构享受受益权的个人,将其识别为账户持有人,显然就会导致真正的信托架构受益人或者控制人(王女士)被漏掉,而且由于A信托的委托人已经去世,任意受益人如果在申报当期没有得到收益,那么在该信托中具有受益权关系的当事方都不会在CRS下被披露。

(二)实际控制人25%的识别门槛漏洞

在FATCA和CRS下,对于消极非金融机构实际控制人的判定必须依据FATF反洗钱规则中《建议10》以及相对应的释义条款中有关受益所有人的概念来进行。而根据FATF的建议以及建议释义,对于法人机构来说,其实际控制人即为对该法人实体具有控制所有权的个人,且对于公司类法人机构来说,其控制所有权应当依据公司的所有权架构来判断,例如持有该公司一定比例以上的股权(如25%)。所以在实践中,除非其所在国家的反洗钱法规有不同的规定,金融机构通常会都依据25%的门槛来识别公司类法人的实际控制人。[①] 也就是说如果一个自然人直接或者间接拥有该机构的25%以上的股权,那么该自然人即为该机构的实际控制人。如果不超过25%,例如24.9%或者25%,那么该自然人即不属于该机构的实际控制人,从而不需要识别和申报。

例9-1-3

李总是中国税收居民,其在英属维尔京群岛设立了A公司(属于消极非金融机构),来持有其在瑞士L银行的现金存款1000万美元。A公司的股东为李总一人,持股比例100%。那么泽西岛L银行在CRS下对于存款账户持有人A公司进行尽

① 参见2017年12月经合组织发布的《CRS问与答》第二和三节尽职调查要求部分第26个问题的解释。

职调查时，由于 A 公司属于消极非金融机构，因此需要识别其实际控制人李总的身份。鉴于李总属于中国税收居民，属于 CRS 需申报人，因此 L 银行需要将 A 公司持有的该账户信息，包括李总作为实际控制人的身份信息申报给泽西岛政府，而后交换给中国政府。

但是如果李总通过查阅泽西岛 CRS 法规后发现，泽西岛对于实际控制人采取的是 25% 的控制权识别标准，于是对 A 公司的股权进行了分解，分别由李总、李总的妻子李太太（美国税收居民）和李总的两个儿子李大和李小（均为加拿大税收居民），持股比例分别为 25%。同时，李总将该公司的管理权利委托给李总的朋友张总（泽西岛税收居民），由其担任 A 公司的董事。在这种情况下，由于 L 银行无法通过所有权控制来识别 A 公司的实际控制人，而按照 CRS 下实际控制人的识别规则，很有可能将张总作为 A 公司的实际控制人来处理，而由于张总属于泽西岛当地税收居民，不属于需申报的情形，因此 A 公司的账户不需要被申报。

25% 的识别门槛规定受到一些国际税收研究组织的批评，认为 25% 的门槛规定过高，应当仿效美国 FATCA 实施条例第 1.1473－1(b) 中对于识别重要美国所有人（Substantial US Owner）的做法，采用 10% 的门槛标准。①

三、信托任意受益人申报的漏洞

（一）任意受益人作为账户持有人或者实际控制人的独特判定规则

在 FATCA 和 CRS 下，信托的受益人被分成固定受益人和任意受益人两类。其中，固定受益人通常是指信托受托人依照信托协议的规定确定向受益人分配信托资产收益，所以在 FATCA 和 CRS 下，根据信托的合规身份不同（即投资投资机构或者消极非金融机构），固定受益人应当直接被当成是账户持有人或者实际控制人来处理，也就是说需要识别和申报。

但是，在一个任意信托中，信托受托人具有信托财产收益分配的自由决定权，可以基于信托协议所约定的目的对信托资产收益进行任意分配。任意受益人通常

① 参见税收争议联盟（Tax Justice Network）2014 年 11 月发布的"The end of bank secrecy? Bridging the gap to effective automatic information exchange An Evaluation of OECD's Common Reporting Standard (CRS) and its alternatives"第 64 段内容，作者 Andres Knobel 和 Markus Meinzer。参见网站 http://www.taxjustice.net/wp-content/uploads/2013/04/TJN-141124-CRS-AIE-End-of-Banking-Secrecy.pdf，最后访问日期：2017 年 11 月 2 日。

只有在收到信托资产收益的当期才被当作是信托的账户持有人或者实际控制人①，如果没有收到收益，则不被当成信托的账户持有人或者实际控制人，自然也就不涉及其信息被识别和申报的问题。理论上如果一个任意受益人一直都不从信托获得收益，那么一直就不会被当成账户持有人或者实际控制人，也就不会受到FATCA和CRS 下账户信息申报和交换的影响。

（二）对信托受益人的变相信托收益分配

任意受益人的上述处理规则导致了 FATCA 和 CRS 下的一个信息申报漏洞，即如果信托受托人将信托资产收益不分配给任意受益人，而是以无息、无期限和无抵押贷款的形式支付给任意受益人，那么最终的结果就是，信托任意受益人实际已经从信托资产受益，例如将获得的“贷款”进行投资或者消费等，但是由于“贷款”是否属于法律意义上的信托资产收益分配在 FATCA 和 CRS 下的法规中并不明确，获得“贷款”的任意受益人通常不被作为该信托的账户持有人或者实际控制人来处理，因此不需要将其进行识别和申报。

这里需要注意的是，任意受益人从信托获得贷款与任意受益人向信托提供贷款有区别，前者任意受益人属于信托的债务人，而后者属于信托的债权人，而信托的债权人应当属于信托的账户持有人。

当然，除了贷款以外，还有免费让任意受益人居住信托所持有的房产，使用信托所持有的汽车、私人飞机等，在这些情况下，尽管任意受益人实际从信托资产享受到了经济利益，但是 FATCA 和 CRS 法规对于此种情况是否属于信息收益分配而需要被申报并未明确，因此有可能不会被当成信托的账户持有人或者实际控制人对待，从而规避 FATCA 和 CRS。

例 9－1－4

李总（中国税收居民）在开曼群岛设立了 ABC 任意信托，由当地的一家持牌金融机构 X 作为受托人管理信托财产（全部为金融资产）。信托协议约定李总是委托人，X 是受托人，李总的丈夫陈总（加拿大税收居民）以及儿子杰克（美国税收居民）为信托的任意受益人。在 FATCA 和 CRS 下，ABC 信托应当被分类成被管理的投资机构（金融机构）。

---

① 参见经合组织《CRS 实施手册》第 17 页第 1 段有关信托实际控制人的建议规定，即各 CRS 实施国家可以选择将信托的实际控制人范围与账户持有人的范围进行统一化处理，因此对于任意受益人来说，其只有在受益当期才被当作是信托的实际控制人或者账户持有人。

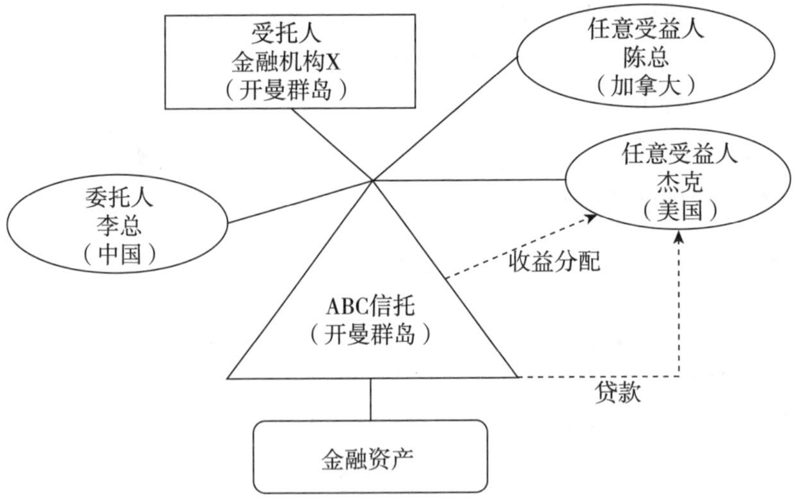

图 9－1－2

以下可以从两个不同角度分别说明任意受益人在 FATCA 和 CRS 下的处理：

1. 信托受托人 2×19 年 10 月 1 日向杰克分配信托资产收益 500 万美元。此情况属于信托受托人 X 向任意受益人杰克分配信托资产收益。杰克在收到信托资产收益当年，即 2×19 年应当被当成是 ABC 信托的账户持有人，那么有关杰克的身份识别信息、账户识别信息和账户财务信息会被交换给开曼群岛政府而后交换给美国政府。

2. 信托受托人 2×19 年 10 月 1 日以“无期限、无息、无抵押”贷款的形式向杰克提供“贷款”500 万美元。由于杰克从信托获得的 500 万美元是以“贷款”的名义获得，此时杰克应当被当成是 ABC 信托的债务人。这种对于信托的债务关系并不能让杰克构成信托的账户持有人，因此，即使杰克从信托获得再多的“贷款”，信托受托人也不需要在 FATCA 和 CRS 下将杰克当成是账户持有人，因而不需要对其进行尽职调查和信息申报。

由此可以看出，通过给任意收益人提供贷款这种变相的收益分配方式，即可做到信托的任意受益人不被申报。但需要注意的是，根据 2017 年 12 合组织发布的《CRS 问与答》第八节第 C(11)个问题的解释，如果任意受益人从信托取得贷款属于无息；低于市场利率或者不符合独立交易的条件，那么该贷款应当被认定为是任意受益人从信托取得的间接收益而存在被申报的可能。此外，信托为任意受益人支付学费或者偿还贷款等都应当被认定为是间接向任意受益人支付收益。但是，该解释并没有明确具体的申报规范要求，例如如何确定需申报账户的余额等。此外该解释在 CRS 实施国家并没有直接的法律效力，尽管有的英语国家允许本国的金融机构直接适用经合组织《CRS 问与答》，但是在非英语国家，金融机构如何适用该经合组织的解释，仍有待进一步规定和明确。

四、存量机构账户 25 万美元的豁免门槛漏洞

在 FATCA 和 CRS 下，对于存量机构账户有一个共同的豁免规则①，那就是对于在 FATCA 和 CRS 新增和存量账户分界日期之前账户余额或价值不超过 25 万美元的机构账户，可以豁免进行尽职调查，但是日后如果该账户的余额或价值超过 100 万美元（FATCA）或者 25 万美元（CRS），金融机构应当对其开展尽职调查。在同时实行 FATCA 和 CRS 的国家，FATCA 下 100 万美元的后续监控标准事实上已经被 CRS 下 25 万美元的标准所取代，因为金融机构一旦后续发现该存量机构账户余额超过 25 万美元，即会对其开展尽职调查，如果属于 FATCA 下需申报的情形，则会对其在 FATCA 下进行申报处理。

对于个人纳税人来说，其通过设立若干不同的壳公司或者信托来持有账户余额不超过 25 万美元的账户，或者通过调节账户余额，使得其期末的余额不超过 25 万美元，即可不受到 FATCA 和 CRS 下尽职调查的影响。同时，纳税人还可以通过在非 CRS 参与国金融机构开立金融账户，然后通过转账方式将资产转移到其 CRS 参与国金融机构账户，供账户持有人消费和使用，只要其确保该 CRS 参与国金融机构所管理的账户期末余额或价值不超过 25 万美元即可，则不会受到 CRS 下账户信息披露的影响。

五、在非 CRS 参与国设立非投资机构类金融机构（仅 CRS）

在 CRS 下，对于金融机构（包括投资机构）持有的账户不属于需申报账户的情形，因为作为账户持有人的金融机构，其本身在 CRS 下具有尽职调查和信息申报的义务，所以管理其所持有账户的金融机构则不需要对此做重复的合规工作。但是由于全球只有 100 多个国家承诺实施 CRS，为了防止 CRS 参与国的纳税人在非 CRS 参与国设立投资机构来规避 CRS 下的账户信息申报，CRS 要求金融机构对于

---

① 在 CRS 下，该 25 万美元的豁免规则属于经合组织给 CRS 参与国的实施建议，CRS 参与国可以根据情况考虑不允许其金融机构适用该 25 万美元，但是绝大多数 CRS 实施国家均允许金融机构根据自身情况选择使用该豁免门槛。

账户持有人属于设立在非 CRS 参与国的被管理投资机构，应当参照消极非金融机构的情形处理，即对其进行穿透，以识别其实际控制人。①

但是如果 CRS 参与国纳税人在非 CRS 参与国设立的不是投资机构，而是其他金融机构，例如托管机构，通过非 CRS 参与国的托管机构来持有 CRS 参与国金融账户，在 CRS 下并不要求对该托管机构进行"穿透"处理，因此持有该托管机构托管账户的纳税人则可以绕过 CRS 下的信息申报。

例 9－1－5

李总（中国税收居民）购买了百慕大 A 基金管理公司管理的基金产品（价值 3000 万美元）。李总在香港地区 LMN 银行的私人财富管理顾问分别建议了两个方案来持有该百慕大的基金产品：

方案一：通过非 CRS 参与国的投资机构来持有基金产品

李总在某非 CRS 参与国 X 国设立 B 公司，通过 B 公司来持有百慕大基金产品。B 公司由 LMN 银行进行管理。

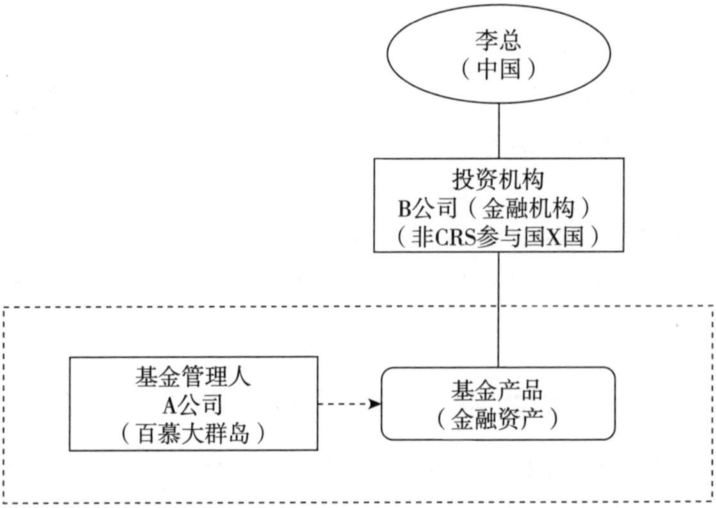

图 9－1－3

在本例中，B 公司由于受到金融机构的专业管理，可以满足投资机构定义中的"被管理测试"，同时 B 公司持有的为金融资产，因此也可以满足"收入测试"。由此，B 公司应当属于 CRS 下的投资机构。但是，由于 B 公司设立在非 CRS 参与国，

① 可参见本书第二章第四节有关消极非金融机构的讨论。

因此 B 公司没有 CRS 下的尽职调查和信息申报义务。从基金产品的角度，其在 CRS 下应当属于投资机构，因此基金管理人（百慕大群岛的 A 公司）通常需要识别该基金产品的账户持有人并完成相关的申报义务。

B 公司作为基金产品的账户持有人，由于其属于设立在非 CRS 参与国的被管理投资机构，那么按照 CRS 下的规定，该 B 公司应当比照消极非金融机构来处理，即基金管理人应当"穿透"B 公司，识别其实际控制人李总。由于李总是中国税收居民，即 CRS 需申报人，因此 B 公司所持有的基金产品账户属于需申报账户，相关账户信息和李总的身份信息会被申报给百慕大群岛政府，而后交换给中国政府。

可见，由于 CRS 下对于非 CRS 参与国投资机构的特殊反规避规则，CRS 参与国的纳税人通过在非 CRS 参与国设立被管理投资机构来持有 CRS 参与国的账户并不能规避 CRS 下的账户信息披露。

方案二：通过在非 CRS 参与国的托管机构来持有基金产品

李总与 LMN 公司设立在某非 CRS 参与国 X 国的托管机构 C 公司达成协议，约定由 C 公司来托管李总的该部分金融资产，即 A 基金管理公司的基金产品，李总作为被托管方向 C 公司定期支付资产托管服务费用。但是实际该基金产品的运作以及投资管理等仍然是由李总实际控制。

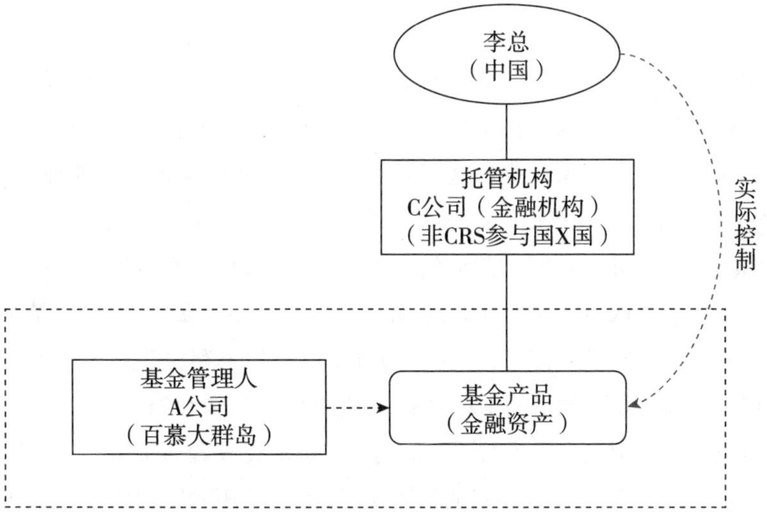

图 9－1－4

在本例中，尽管托管机构 C 公司属于托管机构，但是由于其设立在非 CRS 参与国，因此其没有任何 CRS 下的尽职调查和信息申报义务。而从基金产品的角度，其通常应当属于 CRS 下的投资机构，其相关的账户持有人尽职调查和信息申报义务由其基金管理人，即百慕大群岛的 A 公司来完成。

由于基金产品是由托管机构 C 公司为了李总的利益，以托管人身份来持有，那么从基金产品的角度来说，其账户持有人应当是托管机构 C 公司。但是由于 C 公司属于金融机构，因此 C 公司只要提供了相关的合规身份自我声明，基金管理人 A 公司则不需要对 C 公司进行 CRS 下的其他尽职调查和信息申报。

本例中 C 公司尽管作为金融机构，但是其位于非 CRS 参与国，因此李总作为 C 公司托管账户持有人的信息并不会在 CRS 下被申报，从而可以规避 CRS 下的信息披露。

由此可见，在 CRS 下，通过在非 CRS 参与国设立非投资机构类金融机构来持有 CRS 参与国的金融账户，即可以实现规避 CRS 下账户信息申报的目的。

六、未存档账户的处理漏洞（仅 CRS）

与 FATCA 下对于不配合账户（Recalcitrant Account）可能面临 30% 的预提所得税处罚不同，在 CRS 下，对于存量个人账户来说，如果金融机构无法获得账户持有人的身份信息，即无法确定其税收居民所在国，金融机构并不需要对此类账户进行关闭处理，而是将其作为“未存档账户”申报给其所在国政府①。

需要注意的是，由于此类未存档账户的账户持有人税收居民身份无法确定，因此其账户信息只是被金融机构申报给其所在国政府，而不会交换到其他国家的政府。而金融机构所在国家在收到这部分未存档账户之后应该如何处理，经合组织的 CRS 相关文件中并没有提供详细的规则建议，只是在《CRS 文本释义》第 9 节第 14 段中做了简要规定，即建议 CRS 实施国政府应当根据金融机构所申报的未存档账户数量不同而采取不同的处理措施，对于少量的未存档账户，一般只需对申报金融机构做简单的询问了解即可；金融机构每年申报的未存档账户超过了一般金融机构所申报未存档账户数量的平均水平，或者其申报的未存档账户每年都在增加，那么金融机构所在国政府应当对该金融机构进行稽查或者通报给相关反洗钱主管部门。至于“少量”和“平均水平”的具体规定，经合组织并没有明确，这给各国在落地事实上带来了挑战。

由于这种对于未存档账户处理规则的模糊性，给了纳税人规避 CRS 以可乘之

---

① 参见经合组织《CRS 文本释义》第 3 节第 28 段、第 29 段、第 45 段和第 48 段规定。

机。尤其是对于存量账户的账户持有人,如果金融机构无法通过其此前提交的资料信息确定其税收居民所在国身份,而且该账户持有人对于银行的税收居民身份自我声明文件的要求也置之不理,那么尽管其账户信息会被申报给金融机构所在国政府,但是并不会交换到其真正的税收居民所在国。

七、积极非金融机构身份的漏洞

在 FATCA 和 CRS 下,对于消极非金融机构持有的账户,金融机构应当对其进行“穿透”,以识别其实际控制人的身份。但是,如果该账户持有人是积极非金融机构,“穿透”规则不能适用,那么积极非金融机构的实际控制人也不会在 FATCA 和 CRS 下被披露。如本书第二章第四节所讨论,在 FATCA 和 CRS 下主要的积极非金融机构包括八大类,基于收入和资产的积极非金融机构;上市交易的非金融机构及其关联机构;政府机构、国际组织、中央银行或者这些机构完全持有的其他机构;非金融集团中的控股非金融机构;新成立的非金融机构;正处于清算或者重组过程中的非金融机构;非金融集团中的财务中心;非营利性非金融机构。

这八大类积极非金融机构中,比较容易存在漏洞的应当属于新成立的或者正处于清算或者重组过程中的机构,因为一国纳税人可以通过在离岸避税地新设立一个机构来持有金融资产或者其他资产,只要该机构不构成金融机构,也不以从事金融机构的业务为成立目的,那么该机构就可能被认定为“新成立的非金融机构”,即积极非金融机构,从而其在需申报金融机构持有的账户,可以避免被申报。而对于“正处于清算或者重组过程中的非金融机构”亦是如此,一国纳税人也可以对其设立在离岸避税地或者其他对该机构不征税国家的机构启动清算或者重组程序,只要该机构过去五年没有从事过金融机构的业务,那么在该机构的清算或者重组过程中(可能是一到两年时间或者数年),该机构也可以被当成是积极非金融机构处理,从而其实际控制人也不会被识别和申报。

例 9-1-6

李总是中国税收居民,其在 2×17 年 9 月 1 日在马恩岛设立了 A 公司,且通过 A 公司来持有其在瑞士 X 银行的现金存款账户。按照经合组织《CRS 文本》第 8 节第 D9(e)条对于“新成立的非金融机构”的定义,该 A 公司还没有开展营业活动(以后也不太可能开展实际的营业活动,因为其为资产持有实体),且其资产全部为现金资产,也没有意图从事金融机构类业务,因此符合“新成立的非金融机构”的定义,即在 2×17 年 9 月 1 日之后的两年内,该 A 公司属于积极非金融机构。只要 A

公司向瑞士 X 银行提供了有关 A 公司的积极非金融机构的身份声明，则 X 银行不需要对该 A 公司进行穿透处理，而只需将其作为马恩岛税收居民申报给瑞士政府，而后交换给马恩岛政府。李总作为 A 公司的实际控制人并没有被披露，因此账户信息也不会申报和交换到中国政府。

按照一般的机构身份判定规则，首先应当判定该机构是否属于金融机构（包括投资机构），如果不属于金融机构，则属于非金融机构。而后再根据非金融机构本身的业务活动，判定该非金融机构属于消极非金融机构还是积极非金融机构。但是需要注意的是，在 CRS 下，投资机构不包括“非金融集团中的控股非金融机构”“新成立的非金融机构”“正处于清算或者重组过程中的非金融机构”和“非金融集团中的财务中心”[①]。也就是说，如果一个机构属于了这几类积极非金融机构的概念，即使其满足了投资机构的定义，也应当作为“积极非金融机构”来处理，其实际控制人的信息也不需要被披露。

例 9－1－7

王总（中国税收居民）在马来西亚设立了 A 集团公司，该公司主要从事电子元器件的生产业务。A 集团公司下持有 B 公司、C 公司和 D 公司三个子公司从事具体的生产和销售业务。A 集团公司由设立在英属维尔京群岛的 E 公司来持有，而 E 公司由设立在马恩岛的 XYZ 信托来持有。根据 XYZ 信托的信托协议，该信托的委托人为王总，信托受托人为马恩岛当地的 LMN 信托公司，信托受益人为王总、李总（中国税收居民）和张总（马来西亚税收居民）。

那么按照 CRS 下投资机构的判定规则，该 XYZ 信托受到金融机构（信托公司）的管理，能够满足“被管理测试”，其持有的资产为金融资产（E 公司的股权），因此应当属于投资机构。其账户持有人（即股权权益持有人王总，李总和张总）应当需要被该信托公司识别和申报。

但是由于 XYZ 信托属于整个 A 集团（非金融集团）中的控股公司，可以满足“非金融集团中的控股非金融机构”的定义，因此 XYZ 信托不应当被分类成投资机构，而应当为积极非金融机构。如此一来，XYZ 信托本身没有任何 CRS 下的合规义务，而且如果 XYZ 信托在其他的金融机构持有金融账户，其实际控制人王总、李总和张总的信息也不需要被披露。

---

① 参见经合组织《CRS 文本》第 8 节第 A6（b）条规定。

第二节　补漏和反规避措施

一、FATCA 下的补漏和反规避措施

在 FATCA 下,由于每个伙伴国与美国政府之间单独谈判和签署协议,对于 FATCA 下制度漏洞的处理以及如何落实反规避问题,需要伙伴国与美国之间协商处理。FATCA 政府间协议存在模式一和模式二两个模式,而在模式一下又存在单边交换模式和双边交换模式,因此对于纳税人通过制度漏洞规避 FATCA 的问题首先应当依据 FATCA 政府间协议的规定来执行。根据政府间协议模式一(模板)第五条第四款规定,协议双方应当实施必要的措施以防止金融机构规避 FATCA 下的信息申报义务。而具体的反规避措施主要是由 FATCA 伙伴国本地的实施法规来规定,例如在英国、英属维尔京群岛和泽西岛等,都在本国的 FATCA 实施法规中规定,任何人通过相关安排和方案以规避 FATCA 下相关义务,那么相关安排可以直接被忽略。[①] 但是,金融机构具体如何落实该"忽略"的规定,目前并没有哪个国家的 FATCA 实施法规有明确的规定,这也给金融机构在进行合规操作上带来了不确定性。

但是,由于 FATCA 下,对于不合规金融机构,美国政府可以单方面采取 30% 预提所得税的惩罚措施,另外由于美国目前并不能实现对等的 FATCA 下的账户信息交换,因此各 FATCA 伙伴国并未对 FATCA 下所存在的制度漏洞进行过多关注。

二、经合组织的补漏和反规避措施

与 FATCA 不同的是,CRS 是一套全球性的统一申报标准,且有经合组织作为中间协调机构,因此在保证 CRS 在全球的统一性和规范性上,经合组织扮演了十分重要的角色。其具体的有关补漏和反规避措施体现在以下几个方面:

(一)CRS 文件中对于反规避措施的建议

经合组织在《CRS 文本》和《CRS 文本释义》[②]中规定,CRS 实施国应当建立以下相关国内法律制度,以保证 CRS 的有效实施:

---

① 参见英国税务和海关总署发布的《国际信息交换手册》第 405100 节规定和英属维尔京群岛 FATCA 实施指引第 19 条规定。

② 参见经合组织《CRS 文本》第 9 节和《CRS 文本释义》对第 9 节的解释。

1. 阻止任何金融机构、其他机构或个人,或中介机构采用规避 CRS 信息申报的措施。

具体的反规避措施可由 CRS 实施国家根据自身情况来规定,但是前提是能够保证反规避措施的积极有效执行。经合组织在《CRS 文本释义》[①]中对于常见的几项规避 CRS 的情形做了列举:

(1)参与国金融机构将客户账户转移到非参与国

参与国的金融机构将账户转移到其设立在非参与国的分支机构或者关联机构,但是客户的关系维护和服务提供仍在参与国金融机构。例如,ABC 银行总部在新加坡,其在非 CRS 参与国有一家分行。为规避 CRS 申报,ABC 银行将客户的账户转移到非参与国的分行,由其名义管理该账户,但实质的客户关系维护和服务工作仍由新加坡方面提供。按照经合组织的反规避规则,新加坡银行仍应属于管理该账户的金融机构,必须对该账户进行尽职调查和信息申报。

(2)操控年末账户余额

金融账户的年末账户余额是 CRS 下所需申报的涉税信息中很重要的一项。但是如果账户持有人通过操控年终余额数,比如在每年年末时将账户余额清空,待 CRS 申报结束又将余额转回,以规避 CRS 申报,那么此时金融机构应启动"反规避"措施。

(3)将资金囤积在豁免申报的信用卡发卡机构

CRS 下有一类豁免金融机构叫作"注册合格的信用卡发卡机构"(Qualified Credit Card Issuer)[②],这类豁免金融机构有两个基本条件:一是该金融机构之所以为金融机构,仅仅是由于其作为信用卡发卡方以接受客户信用卡溢缴款的形式接受客户存款,且该信用卡溢缴款不会立即返还给客户;二是禁止客户超额还款 5 万美元以上,或者客户超额还款 5 万美元以上的款项应当在 60 天内返还客户。如果客户将其持有的需申报账户里的余额在年末临时转移到豁免账户,利用 60 天的"空子"来规避 CRS 申报,同样属于"反规避"措施应该调整的情形。

(4)金融机构故意不设置电子记录和提供电脑系统支持

在 CRS 下,金融机构(如属于投资机构的公司、基金或者信托等)如果故意不设置电子记录或者提供电脑系统支持,导致存量账户的识别以及账户加总余额等相关 CRS 合规规则无法适用,同样也应视为规避 CRS 申报的不合规行为。

(5)提供虚假的居民身份声明

自我声明表是 CRS 下判断账户持有人是否属于需申报对象的重要依据。如果

---

① 参见经合组织《CRS 文本释义》第 9 节第 5 段规定。

② 可参见本书第二章第三节的相关讨论。

账户持有人故意提供虚假、误导或者不正确的信息，不报或者瞒报自己的税务居民身份，参与国应当建立相应的惩罚措施，严重的可能还会触犯刑律。例如，在中国香港地区，对于个人账户持有人的虚假申报行为可以处等级三/10000 港币的罚款①。中国政府出台的 CRS 法规对于不合规行为也规定了惩罚措施，其在第四十条就规定，对于账户持有人的严重违规行为，有关金融主管部门依据相关法律、法规进行处罚，涉嫌犯罪的，移送司法机关进行处理。

2. 要求合规金融机构必须对其所采取的合规程序和步骤进行想用的记录并保留其履行 CRS 下尽职调查程序的相关证据，同时 CRS 实施国应当有合理的措施保证政府可以从金融机构获得此类记录和证据。一方面 CRS 实施国政府可以通过询问和调查对金融机构的合规程序进行监督管理，另一方面也有利于解决 CRS 信息交换伙伴国对相关所交换信息所提出的疑问。

（二）经合组织《CRS 问与答》的不定期更新

经合组织会持续从金融行业和各国政府收集有关 CRS 实施过程中发现的问题，包括补漏和反规避措施的问题，然后在《CRS 问与答》（CRS – related Frequently Asked Questions）中对这些问题进行澄清和解释，以保证 CRS 在全球实施的一致。

（三）CRS 规避方案举报平台

为了保证 CRS 在全球实施的统一性并防止纳税人通过设计相关安排和方案规避 CRS 下的账户信息申报，经合组织在其官方网站设立了 CRS 规避方案"举报"平台，任何组织和个人都可通过登录该平台向经合组织提交有关反规避措施的建议以及市场上推广的有关规避 CRS 的方案、产品或者架构安排等。

1. 如何通过经合组织的平台进行规避方案的举报

举报方式很简单，举报人直接在经合组织官网录入所要求的信息，在线提交即可。举报人可以实名也可以匿名，但是举报人需要提供以下有关 CRS 规避方案的具体信息：

（1）描述所识别出的 CRS 规避漏洞或者其他可能用来规避 CRS 的方案、产品或者安排。请尽可能详细地描述该方案，产品或者安排的特征以及为什么该方案，产品后者安排可以规避 CRS。

---

① 参见中国香港《2016 年税务（修订）（第 3 号）条例》第 9 条规定。

(2)该方案、产品或者安排是否有在市场上进行宣传和推广？如果是，请提供其被宣传，推广或者使用的国家或地区。

(3)请提供有关 CRS 规避方案，产品或者安排的宣传资料或者网页链接等。

经合组织网站的"举报"平台页面如下图①所示：

OECD
BETTER POLICIES FOR BETTER LIVES

常见报告标准
与我们分享您对CRS回避计划的见解

此表格允许您与我们分享可能用于规避常见报告标准报告的潜在计划，产品和/或结构的信息。所有报告的计划将由经合组织进行系统分析，以评估其对CRS的整体完整性和有效性提出的风险，并同意适当的行动方针。

如果您愿意，您的输入可以匿名提供。

提前感谢您的投入。

名称（可选）

姓氏（可选）

组织（可选）

国家（可选）

电子邮件地址（可选）

请描述可能用于规避CRS的漏洞或方案/产品/安排。提供尽可能详细的方案/产品/安排的特点以及CRS未被报告的原因。

格式

据您所知，计划/产品/安排是否积极推广或使用？

选择：

如果是的话，请你指定使用该方案的国家或地区？（可选的）

格式

如果您有任何公开提供的方案/产品描述/促销文件，您可以附加（或提供一个链接）到这个模板。

选择要上传的文件...

图 9－2－1

① 参见经合组织官网网站：https://survey. 经合组织. org/Survey. aspx？ s = 9b9dbd31c73e4b888753a8de3d222214&&forceNew = true&test = true，最后访问日期：2017 年 11 月 3 日。请注意，该网站为英文页面，此处附图为谷歌网页自动翻译生成，仅作参考，具体以英文原文页面为准。

2. 情报分析

所有通过经合组织举报平台提供的 CRS 漏洞或者规避方案的信息都会由经合组织进行系统分析,并评估其对 CRS 法律规范的统一性和有效实施带来的风险。同时经合组织还列举了常见的一些被用来进行 CRS 规避的所谓的“政策漏洞”:

(1)以规避 CRS 为目的的政策选择。在 CRS 下,为了减轻金融机构的合规负担,经合组织规定了一系列变通的政策,例如对于存量机构机构账户的尽调门槛规定,以及依据已有反洗钱或者了解你的客户(AML/KYC)的信息来进行存量账户持有人以及其实际控制人的识别规定等,纳税人可能会利用这些”变通”的政策来刻意规避 CRS。

(2)对于 CRS 法律规定的误读,这包括金融机构对于 CRS 法律规定的错误理解或执行,以及当地政府机构在制定本地化 CRS 法律规则上对于 CRS 的错误理解等。

(3)其他 CRS 法律制度本身存在的漏洞等。

3. 反制措施

对于举报的信息,如果经过经合相关组织委员会的核实和分析后,认为属实并确认是存在 CRS 规避风险的,经合组织将采取相应的反制措施,包括:

(1)更新现有 CRS 法规和实施指引,例如不定期更新的经合组织《CRS 实施问与答》,对社会所存在的对 CRS 的误读进行解释和澄清。

(2)与 CRS 各参与国政府分享有 CRS 规避的方案,产品或者架构安排的信息,例如,特制的规避 CRS 的保险产品;依据投资(移民)计划而获得的税务居民身份以及特定的高风险 CRS 规避方案等。

(3)通过所有可以利用的跨国税收情报交换网络和工具(包括国际联合信息分享与协助特别工作组,JITSIC)向相关国家政府提供信息,以使其可以进行专项的稽查,以及更加强化信息自动交换与合作。

(4)设计更好实施的“反滥用条款”(Anti – abuse Rules),以使 CRS 参与国能有效阻止金融机构,个人或者中介机构采用规避 CRS 尽职调查和申报的行为。

(5)与“税收透明与情报交换全球论坛”(Global Forum)合作,通过各国之间进行 CRS 有效实施相互评价的机制,识别和通报在 CRS 执行上还不达标的国家和地区。

除上面五项措施以外,如果有需要,经合组织甚至还会考虑修改《CRS 文本》和《CRS 文本释义》等核心法律规范。

4. 被举报的"香港职业退休金计划"

在发布 CRS 规避方案举报平台之后的不到两个月时间内，经合组织即在其官方网站发布公告，称已经收到多封有关利用香港职业退休金计划（Occupational Retirement Schemes，ORS）来规避 CRS 的"举报信"[①]经合组织在于香港税务机关接触后，香港税务局立即采取行动，在其官方网站对职业退休金计划规避 CRS 之事进行了澄清和规定，明确对于豁免注册登记的职业退休金计划，并不在豁免申报金融机构的范围之内，这类金融机构如果没有完成相关尽职调查和信息申报程序，即属于违法。同时，香港税务局还强调了本地 CRS 法规中的"反滥用条款"，其具体声明[②]包括：

"雇主如营办职业退休计划，必须就有关计划根据《职业退休计划条例》（第 426 章）向强制性公积金计划管理局（积金局）申请注册或豁免。

只有根据《职业退休计划条例》注册的职业退休计划才有资格成为《税务条例》（第 112 章）附表 17C 第 2 部所指的免申报财务机构。获豁免注册的职业退休计划并不是免申报财务机构。任何获积金局根据《职业退休计划条例》发豁免证明书的职业退休计划仍是申报财务机构。

《税务条例》对申报财务机构施加尽职审查、申报和其他责任。属申报财务机构（并未被排除为免申报财务机构）的职业退休计划必须遵从《税务条例》下的法定要求。若申报财务机构没有遵从该等法定要求，即属犯罪。

《税务条例》第 61C 条的防止滥用条款可应用于打击主要目的或其中一个主要目的是逃避《税务条例》第 8A 部规定的尽职审查和申报责任的安排。经济合作与发展组织在其设立的网站内亦已推出一个披露安排，让有兴趣人士报告涉嫌避开共同汇报标准的计划。"

第三节　对金融机构的合规审查与监管

徒法不足以自行。要想通过 FATCA 和 CRS 来解决全球税务透明和跨国反避

---

① 参见经合组织网站简报：http://www. oecd. org/tax/automatic - exchange/news/the - fight - against - offshore - tax - evasion - continues - crs - disclosure - facility - delivers - first - results. htm，最后访问日期：2018 年 1 月 14 日。

② 参见香港税务局网站声明：https://www. ird. gov. hk/chs/tax/aeoi/orso. htm，最后访问日期：2018 年 1 月 14 日。

税问题,那么必须要有保障 FATCA 和 CRS 在各国得到统一和合理实施的审查和监管措施。无论是 FATCA 政府间协议还是经合组织发布的一系列 CRS 文件,都对"有效实施"(Effective Implementation)的问题进行了规定。由于 FATCA 和 CRS 在全球实施的体系不同,就实施国政府如何对金融机构的合规程序进行审查和监管的问题也有不同的侧重,但基于 FATCA 和 CRS 在具体的合规程序尤其是对账户的尽职调查上基本一致,因此一些已经在同时执行 FATCA 和 CRS 的国家(例如英国)的本地法规中对 FATCA 和 CRS 的合规审查和监管问题进行了统一规定①。

一、FATCA 下对金融机构的合规审查与监管

FATCA 的实施是基于 FATCA 伙伴国与美国之间签署的政府间协议,因此有关金融机构合规审查和监管的相关规定应当首先依据政府间协议中的有关条款执行。但由于 FATCA 下对于不合规的外国金融机构,其从美国取得的特定收入会面临被强制征收 30% 预提所得税的惩罚,因此 FATCA 协议中对于 FATCA 伙伴国政府如何对金融机构的合规工作进行审查和监管并没有过多涉及,而仅仅是对于金融机构 FATCA 合规程序中的小错误(Minor Errors)和重大违规(Significant Non - Compliance)问题进行了明确,对于构成重大违规的 FATCA 伙伴国金融机构,其将会被作为 FATCA 下的不合规外国金融机构来处理,其来源于美国的某些特定收入将被征收 30% 的预提所得税。

(一)小错误

FATCA 政府间协议模式一(模板)②第五条第一款对于金融机构在尽职调查和信息申报上的小错误和行政错误(Administrative Errors)进行了规定,即当主管当局有理由相信金融机构所犯的小错误或者行政错误导致其所申报信息的不准确或者不完成,或者导致该金融机构违反政府间协议中其他要求(如违反账户尽职调查的相关规定),那么该金融机构所在国主管当局应当依据本国 FATCA 实施法规(包括惩罚措施)从金融机构获得更正后的完整的需申报信息,并解决该金融机构其他违反政府间协议的问题。

对于金融机构的哪些行为属于"小错误",FATCA 政府间协议并没有明确,通常应当依据 FATCA 伙伴国本国法规来执行。例如英国海关和税务总署(HMRC)

---

① 参见英国海关与税务总署(HMRC)发布的《国际信息交换手册》第 405000 节内容。

② 参见美国财政部公布的互惠对等交换协议模板 1A(已有税收协定或者情报协定)。

在其发布的《国际信息交换手册》第 405020 节即对小错误进行了列举,包括:

(1)金融机构申报的数据字段丢失或者不完整;

(2)金融机构申报的数据已损坏;

(3)金融机构使用了不兼容的数据申报格式。

对于金融机构存在的小错误或者行政错误,通常 FATCA 伙伴国政府或者美国政府(通过 FATCA 伙伴国政府)会通知该金融机构,要求其对错误数据或格式进行更正,或者按要求重新提交。[①] 但需要注意的是,金融机构持续或者重复地出现小错误和行政错误,连续导致涉税信息的跨国交换失败,则会被认定为是重大违规行为。

(二)重大违规

根据 FATCA 政府间协议模式一(模板)第五条第二款的规定,如果 FATCA 伙伴国主管当局认定某金融机构存在重大违规行为,该主管当局应当将此通知到美国主管当局,并依据本地法规(包括惩罚措施)对该金融机构的重大违规行为进行处理。如果伙伴国金融机构在收到主管当局的违规通知之后 18 个月内没有解决其重大违规问题,那么美国将会认定该伙伴国金融机构为不参与合规金融机构(Non-participating Financial Institution),即 FATCA 下的不合规金融机构,其来源于美国的某些特定收入会面临被征收 30% 预提所得税的惩罚。

与"小错误"的情形类似,FATCA 政府间协议并没有对重大违规行为的范围进行具体规定,通常由各 FATCA 伙伴国的本国法规进行明确。例如英国海关和税务总署(HMRC)在其发布的《国际信息交换手册》第 405040 节即对重大违规进行了列举,包括:

(1)金融机构持续或者反复地在信息申报平台注册失败[②],提供不准确的信息或者未能建立适当的内部控制体系和尽职调查流程;

(2)金融机构反复存在不申报信息或者延迟申报信息的情形;

(3)金融机构故意提供大量错误信息;

(4)金融机构故意遗漏所需申报信息或者因为疏忽导致遗漏所需申报信息。

---

① 例如,根西岛政府 2017 年 12 月 12 日发布的 2017/10 公告(Common Reporting Standard("CRS") and US IGA("FATCA") Additional Validations and Corrections for Reporting Period 2016 Bulletin 2017/10)即属于此类做法。

② 例如,金融机构反复故意提供错误信息,导致金融机构无法在信息申报平台注册成功,从而导致延误信息申报或者直接不申报。

二、CRS 下对金融机构的合规审查和监管[①]

相比 FATCA, CRS 下并没有所谓不参与合规金融机构的规定,对于金融机构的合规审查和监管通常由各国根据其国情来制定具体措施。经合组织作为 CRS 的全球协调机构,其在《CRS 实施手册》中对于金融机构的合规审查和监管问题进行了具体的分析和建议,为各 CRS 参与国落实本国的合规审查和监管措施提供了十分有益的指导和参考。此外,各 CRS 参与国金融机构尤其跨国金融机构亦可参考《CRS 实施手册》中有关对金融机构合规审查和监管的相关建议,合理搭建内部控制体系和尽职调查管理制度,以防范违规风险。经合组织《CRS 实施手册》第一部分对于各国税务机关如何开展金融机构的 CRS 合规审查和监管做了以下几个方面的规定:

(一)促进和提高社会对 CRS 合规工作的认识

1. 发布 CRS 实施指引

由于 CRS 是全新的跨国税收情报交换制度,考虑到金融机构(包括为金融机构提供咨询服务的中介机构)需要学习和理解 CRS 下的具体法律规则和合规要求,因此经合组织建议在开始实施 CRS 的头几年,各国税务机关应当通过各种方式帮助金融机构理解其在 CRS 下的合规义务,以确保金融机构能够高质量地完成账户信息申报工作,减少信息申报错误。

此外,税务机关还应当协助在 CRS 下没有尽职调查合规义务的非金融机构理解 CRS 法规,以确保其可以在 CRS 下合理进行自身合规身份的识别和分类,且在有需要的情况下(如消极非金融机构的情形)识别和声明其实际控制人信息。而为了帮助金融机构和非金融机构理解 CRS 法规,税务机关可以制定有关 CRS 的实施指引,通过平实易懂的语言解释本国的 CRS 法规及相关合规要求,此类指引既可以是适用于所有行业,也可以是针对具体行业或者案例。例如,中国人民银行、国家税务总局和国家外汇管理局在《非居民金融账户涉税信息尽职调查管理办法》的基础上制定了专门指导银行业金融机构 CRS 合规工作的《银行业存款类金融机构非居民金融账户涉税信息尽职调查细则》。

2. 建立金融机构与监管部门的沟通机制

税务机关等监管部门应当建立与金融机构之间的定期沟通机制,以讨论有关

---

① 本节主要参考经合组织《CRS 实施手册》第一部分(Part I: An overview of the steps to implement the Standard)相关内容。

CRS 法规的具体落地实施问题。通过此类沟通和交流，可以有效减少金融机构对于法规的误读，并从行业实操层面为完善 CRS 实施国本地法规或经合组织 CRS 文件内容提供意见和反馈。此外，税务机关还可以通过举办相关在线访谈或者会议的形式，建立与金融机构之间的互动交流平台。

（二）对金融机构的合规工作进行有效监控

1. 识别需申报金融机构

（1）建立需申报金融机构名单

要实现对金融机构合规工作的有效监控，税务机关首先要做的工作就是识别出其管辖范围内所有在 CRS 下具有合规义务的金融机构。但在 CRS 下金融机构的概念已经突破了传统金融机构的定义范畴，包括存款机构、托管机构、特定保险公司和投资机构等，涉及银行、保险、证券、信托和基金等各个行业，因此税务机关有必要建立一个需申报金融机构的名单或数据库，以确定哪些机构属于 CRS 下的需申报金融机构，需要履行 CRS 下的尽职调查和信息申报义务。

税务机关可以通过要求需申报金融机构在其所指定平台注册的方式建立 CRS 下的需申报金融机构清单，并且这个清单可以美国国税局（IRS）在 FATCA 下定期对外公布的已经在其官方网站注册的外国金融机构名单（IRS FATCA FFI List）作为基础。但需要注意的是，FATCA 和 CRS 下具有申报义务的金融机构范围存在差异，因此美国国税局公布的名单与 CRS 下的需申报金融机构名单也可能不完全一致。

但是，除了 FATCA 下已经在美国国税局注册的金融机构或者主动在税务机关指定平台注册的金融机构以外，还会存在一些机构本身属于需申报金融机构，但是并没有在美国国税局或者指定平台注册，税务机关无法直接获得所有此类金融机构的合规身份信息。在此情况下，税务机关可以考虑通过其他途径获得有关位于该国（或者在该国有分支机构）且可能属于 CRS 下金融机构的名单，例如可以通过要求机构在进行年度纳税申报时注明其所属行业类型或者其他政府部门或商会为其分配的行业代码，以建立 CRS 下的金融机构名单；此外还可以通过使用保险业、银行业、证券业等其他行业监管部门已经获得的金融机构名单等。

通过建立需申报金融机构名单或数据库，税务机关便可以进行该名单与相关申报年度已进行 CRS 信息申报的金融机构名单进行比照，从而调查出具有申报义务而却没有进行申报的违规金融机构。此外，税务机关还可以通过建立零申报制度，即没有需申报账户的金融机构也进行年度 CRS 申报，以便及时和准确掌握需申报金融机构的合规动态。

(2)识别违规风险

税务机关在建立本国的需申报金融机构名单之后,还需要对金融机构的合规工作进行持续的跟踪和监控,并及时发现和处理可能存在的违规风险和违规行为。那么税务机关应当如何识别金融机构的违规风险呢?经合组织提出了如下几个方面的建议:

A. 如果金融机构在 CRS 信息申报中存在以下问题,则税务机关应当对该金融机构实施合规审查:

①申报了相当大数量的未存档账户(Undocumented Accounts);

②申报了相当大数量的账户关闭(Account Closures)情形;

③CRS 信息交换伙伴国反馈或者询问的有关本国金融机构存在的漏报、错报的情形;

④应该申报而不申报;

⑤不同申报年度之间的数据申报量存在巨大差异;

⑥相比其他需申报金融机构来说,其申报的纳税人识别号数量相当少。

B. 税务机关可以考虑与其他合规审查程序进行统筹,即如果金融机构面临其他合规方面审查,那么税务机关应当考虑从 CRS 角度对该金融机构进行合规申报。例如某金融机构正在受到政府部门的反洗钱调查或者因为洗钱等金融违法行为受到制裁,鉴于该反洗钱合规与 CRS 合规关系密切,因此税务机关应当对该金融机构进行 CRS 合规性审查。

C. 各国税务机关同样应当考虑如何有效地就金融机构合规监管进行沟通和信息分享。对于跨国运营的金融机构,如果其在某一个国家的分支机构存在 CRS 违规问题而被当地的税务机关调查,那么很有可能该金融机构在其他国家的分支机构亦存在同样的违规问题,因此通过税务机关之间的信息共享,可以有效监控和审查跨国金融机构的全球 CRS 合规风险。

D. 在识别金融机构的潜在违规风险之外,税务机关还可以进一步采用一种基于风险的监管措施,即将合规审查重点放在某些关键领域,或那些基于税务机关过去的经验或其获得的有关金融机构违规的情报而所显示的该金融机构可能存在的合规漏洞。

税务机关在识别出金融机构存在的违规风险后,应当考虑下一步如何处理,例如可以向金融机构发出询问信函,要求其解释其所存在的违规问题,或者对金融机构直接进行合规审查。

2. 实施合规审查程序

在识别出金融机构所出现的相关 CRS 违规风险之后，税务机关对金融机构的 CRS 合规审查可以与通常情况下对于纳税人的税务稽查程序一并进行。经合组织对于合规审查程序中需要考虑的问题，提出了如下建议：

(1)合规审查的方法

各 CRS 实施国应当基于本国国情制定和实施相应的对金融机构的合规审查程序，例如税务机关可以审查金融机构的内部控制体系，看其是否满足 CRS 的合规义务要求；此外还可以通过对金融机构所管理账户抽取样本分析的方式，判断金融机构的合规问题。

(2)审查金融机构的内部控制制度

税务机关对金融机构的合规审查首先可以从金融机构制定的内部控制制度开始，审查金融机构的内部控制制度建设和存档工作是否符合 CRS 下的合规要求。金融机构的内部控制制度的具体内容应当与金融机构的业务风险以及其所管理金融账户的数量相匹配。要求金融机构建立 CRS 合规的内部控制制度，有利于金融机构建立全面的 CRS 的合规流程和管理程序，以符合 CRS 下金融机构的尽职调查和信息申报要求。例如在中国，根据《银行业存款类金融机构非居民金融账户涉税信息尽职调查细则》(银发〔2017〕278 号)第三十八条规定，中国人民银行不定期对银行非居民金融账户涉税信息尽职调查管理制度建设、工作开展、相关资料保存、信息报送等情况开展现场检查或非现场检查。其中就包括了对金融机构管理制度建设的审查。

金融机构应当建立的内部控制制度可以包括以下内容：

①对金融机构 CRS 尽职调查和信息申报程序的监督。金融机构可以委任一名或者多名人员对金融机构的 CRS 合规进行全面管理，且由其负责金融机构与税务机关之间在 CRS 合规问题下的沟通与联络。

②编写书面的 CRS 合规政策和程序(例如 CRS 合规内部控制手册)。金融机构可以对其相关 CRS 尽职调查和信息申报合规政策和程序(包括与此相关的"了解你的客户/反洗钱"方面的合规要求)进行存档，并且根据其业务活动的变化或者本地法律法规的变动，而对内部控制文档进行更新。

③对员工如何遵守 CRS 合规政策和程序进行培训和监督。

④维护尽职调查、资料保存和信息申报体系，在考虑金融机构产品、服务、客户和管理措施的基础上，定期对金融机构的特定业务条线开展风险评估，并确保该体

系适用于其他所有相关业务部门。

⑤对金融机构的内部控制体系进行定期的、独立的和基于风险的测试,并对测试结果进行记录存档。在适当情况下,金融机构还可以委任独立第三方机构对金融机构的 CRS 合规内部控制体系进行测试和审查,金融机构和/或独立第三方机构可以对测试和审查结果进行记录存档。对于测试和审查过程中发现的问题,金融机构应当对其所采取的整改措施以及行动方案进行记录。

(3)对金融账户的抽样审查

独立第三方机构或者金融机构的内部审查人员可以按照金融机构应当满足的每一项尽职调查和信息申报要求,分别进行账户的抽样审查,并对抽样审查结果进行记录存档。例如,审查人员可以抽取金融账户样本,审查金融机构在收集自我声明文件、对文件的合理性审查以及文件的管理等是否符合 CRS 下的合规要求,并汇总抽样调查结果。通过对金融账户的抽样审查,可以对金融机构的整体合规评估提供客观的支持,而具体的抽样审查程序可以由金融机构和/或独立第三方机构合理决定。

(4)与其他金融监管部门通力合作

通常来说,对于金融机构的 CRS 审查和监管都应当由一国的税务机关来进行。但是考虑到有的国家可能没有税务机关或者税务机关的监管资源不足,因此税务机关可以考虑与其他金融监管部门(例如反洗钱主管部门)通力合作,开展对金融机构 CRS 合规工作的审查和监督工作。中国即是如此,对于银行业存款类金融机构的 CRS 合规和信息申报监管,由中国人民银行、国家税务总局和国家外汇局来联合监管,其中中国人民银行对于金融机构在 CRS 下的违规行为可以依法进行处罚。

此外,税务机关还可以要求金融机构通过独立第三方机构或者内部审查人员对其 CRS 合规工作进行审查,并将审查结果报告给税务机关。例如在中国,根据《非居民金融账户涉税信息尽职调查管理办法》第 37 条规定,金融机构应当建立实施监控机制,按年度评估本办法执行情况,及时发现问题、进行整改,并于次年 6 月 30 日前向相关行业监督管理部门和国家税务总局书面报告。而对于银行业存款类金融机构,金融机构应当向中国人民银行、国家税务总局和国家外汇管理局书面报告上一年度的 CRS 执行情况,且报告内容应当包含制度建设情况、业务流程、信息报送和问题建议等①。

---

① 参见《银行业存款类金融机构非居民金融账户涉税信息尽职调查细则》(银发〔2017〕278 号)第 37 条。

本书主要参考法规

- 《国家税务总局、财政部、中国人民银行、中国银行业监督管理委员会、中国证券监督管理委员会、中国保险监督管理委员会关于发布〈非居民金融账户涉税信息尽职调查管理办法〉的公告》,国家税务总局、财政部、中国人民银行、中国银行业监督管理委员会、中国证券监督管理委员会、中国保险监督管理委员会公告 2017 年第 14 号,2017 年 5 月 9 日。
- *Agreement between the Government of the United States of America and the Government of [FATCA Partner] to Improve International Tax Compliance and to Implement FATCA (Model 1A IGA Reciprocal, Preexisting TIEA or DTC)*, 6 June, 2014, US Treasury Department. 载 https://www.treasury.gov/resource-center/tax-policy/treaties/Documents/FATCA-Reciprocal-Model-1A-Agreement-Preexisting-TIEA-or-DTC-6-6-14.pdf.
- US Department of the Treasury, *Agreement between the Government of the United States of America and the Government of [FATCA Partner] for Cooperation to Facilitate the Implementation of FATCA (Model 2 IGA, Preexisting TIEA or DTC)*, 6 June 2014. 载 *https://www.treasury.gov/resource-center/tax-policy/treaties/Documents/FATCA-Model-2-Agreement-Preexisting-TIEA-or-DTC-6-6-14.pdf.*
- USDepartment of the Treasury Internal Revenue Service, 26 CFR Parts 1 and 301, *Regulations Relating to Information Reporting by Foreign Financial Institutions and Withholding on Certain Payments to Foreign Financial Institutions and Other Foreign Entities* (RIN 1545-BK68), TD9610. 载 https://www.gpo.gov/fdsys/pkg/FR-2013-01-28/pdf/2013-01025.pdf.
- OECD(2014), *Standard for Automatic Exchange of Financial Account Information in Tax Matters*, OECD Publishing. 载 http://dx.doi.org/10.1787/9789264216525-en

- OECD, *Standard for Automatic Exchange of Financial Information in Tax Matters*, *The CRS Implementation Handbook*, 载 https://www.oecd.org/tax/exchange-of-tax-information/implementation-handbook-standard-for-automatic-exchange-of-financial-information-in-tax-matters.pdf.
- HM Revenue & Customs (HMRC) of the UK, *International Exchange of Information Manual*, 25 April 2016, 载 https://www.gov.uk/hmrc-internal-manuals/international-exchHNnge-of-information.
- States of Jersey, *Taxation* (*International Tax Compliance*) (*Jersey*) *Regulations* 2014 *Guidance Notes* (Jersey FATCA Guidance Notes), 9 June 2016. 载 https://www.gov.je/SiteCollectionDocuments/Tax%20and%20your%20money/ID%20IGA%20Guidance%20Notes%2020160520%20jc3.pdf.
- States of Jersey, *The Common Reporting Standard* (*CRS*) *Automatic Exchange of Financial Account Information Guidance Notes* (Jersey CRS Guidance Notes), October 2017. 载 https://www.gov.je/SiteCollectionDocuments/Tax%20and%20your%20money/ID%20Jersey%20CRS%20guidance%20notes%2010272017%20VP.pdf.
- Isle of Man Government Income Tax Division, *the Common Reporting Standard Isle of Man Regulations Application of the CRS for Isle of Man Financial Institutions Guidance Notes GN*53 (Isle of Man CRS Guidance Notes), 1 March 2016, 载 https://www.gov.im/media/1350671/new-crs-guidance-notes-1316.pdf.
- Cayman Islands Tax Information Authority, *Guidance Notes on the International Tax Compliance Requirements of the Intergovernmental Agreements between the Cayman Islands and the United States of America and the United Kingdom* (Cayman FATCA Guidance Notes), Version 2.1, 1 July 2015. 载 http://www.tia.gov.ky/pdf/Consolidated_CRS_Guidance_Notes_appendices_and_CRS_Regulations_2015_and_2016.pdf.
- Caymans Islands Tax Information Authority, *the Common Reporting Standard for Automatic Exchange of Financial Account Information in Tax Matters* (Cayman CRS Guidance Notes), *Version* 2.1, 31 *July* 2017. 载 http://www.tia.gov.ky/pdf/Consolidated_CRS_Guidance_Notes_appendices_and_CRS_Regulations_2015_and_2016.pdf.
- British Virgin Islands (BVI) Government Ministry of Finance the International Tax

Authority, *Guidance Notes on the International Tax Compliance Requirements of the Legislation Implementing the Intergovernmental Agreements between the British Virgin Islands and the United States of America and the United Kingdom to Improve International Tax Compliance*, Version 2.0, 20 March 2015. 载 http://www.bvi.gov.vg/sites/default/files/guidance_notes_20-3-15_-_final_2.pdf.

- British Virgin Islands (BVI) Government Ministry of Finance the International Tax Authority, *Guidance Notes on the Common Reporting Standard and Requirements of the Legislation Implementing the Common Reporting Standard in the Virgin Islands*, 28 November 2016.
- Bermuda, *Frequently Asked Questions (FAQs) on the International Tax Compliance Requirements of the Intergovernmental Agreements between Bermuda and the United States of America and the United Kingdom* (Bermudian FATCA Guidance), March 2015. 载 http://bda.bm/wp-content/uploads/2015/04/Bermuda-IGA2-FAQ-Mar-2015.pdf.
- Bermuda, *the Common Reporting Standard for Automatic Exchange of Financial Account Information in Tax Matters GUIDANCE* (Bermudian CRS Guidance), 11 April 2017. 载 https://www.gov.bm/sites/default/files/Bermuda-CRS-Guidance.pdf.

附录一

中国有关金融账户涉税信息自动交换的规范性文件汇总①

多边税收征管互助公约②

（经2010年议定书修订）

序　言

欧洲委员会成员国、经济合作与发展组织（经合组织）成员国及本公约缔约方；

考虑到人员、资本、货物和服务跨国流动的发展，本身虽益处颇多，但也增加了避税与逃税的可能性，因此税务机关之间需加强合作；

对近年来在双边或多边等国际层面为打击避税和逃税所作的各种努力表示欢迎；

考虑到为促进各类涉税问题中各种形式的征管协助，同时确保纳税人的权利得到充分保障，各国有必要协同努力；

认为在合理确定纳税义务，帮助纳税人保障其权利方面，国际合作可以发挥重要促进作用；

认为个人权利和义务由适当法律程序确定的基本原则，在各国税收工作中同样适用；并认为各国应努力保护纳税人合法权益，包括合理防止出现歧视或双重征税；

因此确信，各国在对情报进行必要保密，并参考保护个人隐私及个人信息传递的相关国际公约的情况下，应采取相关措施或提供情报；

认为一个新的国际合作环境业已形成，各国希望制定一个多边法律文书，使尽可能多的国家从这种合作的新环境中受益，与此同时在税收领域开展符合国际最

---

① 参见国家税务总局官网：http://www.chinatax.gov.cn/n810219/n810744/n2594306/n2594316/index.html，最后访问日期：2017年11月26日。

② 《多边税收征管互助公约》经核证无误的中文译本。

高标准的合作；

愿缔结一项在税收事务方面进行征管互助的公约；

达成协议如下：

第一章　公 约 范 围

第一条　公约适用对象及人的范围

一、各缔约方应按照第四章规定，在涉税事宜中为彼此提供征管协助。在适当情况下，此协助可涉及由司法机关采取的措施。

二、此类征管协助应包括：

（一）情报交换，包括同期税务检查及参与境外税务检查；

（二）追索协助，包括保全措施，以及

（三）文书送达。

三、无论涉及人是公约某缔约方还是任何其他国家的居民或国民，公约缔约方均应提供征管协助。

第二条　税种范围

一、本公约适用于

（一）以缔约方名义征收的以下税种：

1. 对所得或利润征收的各税种；

2. 除对所得或利润所征税种之外，对资本利得单独征收的各税种；

3. 对财产净值征收的各税种。

（二）以下税种：

1. 以缔约方国家层面以下的政治机构或地方机构名义征收的有关所得、利润、资本利得或财产净值的各税种；

2. 应支付给中央政府或依照公共法律设立的社会保险机构的强制性社会保险费用；

3. 除关税外，以缔约方名义征收的其他各类税种，即：

（1）遗产税、继承税或赠与税；

（2）对不动产征收的各税种；

（3）一般消费税，如增值税、销售税；

（4）对货物或劳务征收的特别税种，如消费税；

（5）对使用或拥有机动车辆而征收的各税种；

(6)对使用或拥有除机动车辆以外其他动产所征收的各税种；

(7)任何其他税收。

4. 以缔约一方征管部门或地方当局名义征收的,属上述第 3 目规定类别的各税种。

二、本公约适用的现行税种,应按照本条第一款所提类别,分类列于本公约附件一中。

三、对本条第二款所提列表进行修改而导致附件一任何变动的,缔约各方应通知欧洲委员会秘书长或经合组织秘书长(以下简称为公约保存人)。此变动从公约保存人收到上述通知之日起三个月后的次月第一天起生效。

四、自公约对缔约方生效之日起,缔约方新开征的,对附件一所列税种进行补充或替代的税种,如与附件一所列税种等同或本质类似应同样适用。遇有此情况,有关缔约方应将有关税种征收情况通知任一公约保存人。

第二章　一般定义

第三条　定义

一、除上下文另有要求外,在本公约中:

(一)本公约中"请求国"与"被请求国"分别指申请税收征管协助的任一缔约方和被请求提供此类协助的任一缔约方;

(二)"税收"一词指依照第二条规定,本公约应适用的任何税种或社会保险费;

(三)"税收主张"一词指应缴且尚未支付的任何税款本金及利息,以及相关的征管罚款和为追偿税款而发生的费用;

(四)"主管当局"一词指本公约附件二中所列的人员及机关;

(五)对缔约方而言,"国民"一词指:

1. 任何拥有该缔约方国籍的个人,及

2. 任何依该缔约方现行法律取得相应资格的法人、合伙制企业、协会和其他实体。

对于已就上述术语定义做出声明的缔约方,上述用语应依照附件三中的定义理解。

二、对缔约方应用公约时,任何公约中未定义的术语,除上下文另有要求外,将具有该缔约方法律中所规定的涉及公约涵盖税种的含义。

三、缔约各方对附件二和附件三所做出的任何变动均应通知任一公约保存人。

此类变动应自有关公约保存人收到上述通知之日起三个月后的次月第一天起生效。

第三章　协助的形式

第一节　情 报 交 换

第四条　一般规定

一、在公约涵盖的税种范围内，凡是与缔约方运用或实施相关国内法有可预见相关性的情报，各缔约方均应进行交换。

二、（删除）

三、任何缔约方均可通过向公约保存人提出声明的方式，表明在依照第五条和第七条规定提供有关其居民或国民的情报前，依据国内法，其主管当局可通知该居民或国民。

第五条　专项情报交换

一、应请求国请求，被请求国应向请求国提供符合第四条规定的、涉及任何具体人员或交易的情报。

二、如被请求国现有税收情况资料中的情报不够充分，从而不能满足情报交换请求，该国应采取一切必要措施，提供请求国要求提供的情报。

第六条　自动情报交换

两个或两个以上的缔约方应根据相互协商所确定的程序自动交换涉及不同类别案件且符合第四条规定的情报。

第七条　自发情报交换

一、尽管没有收到事先请求，在下列情况下，缔约一方如知晓相关情报，应向缔约另一方提供：

（一）缔约一方有根据认为缔约另一方可能遭受税收损失的；

（二）某纳税义务人在缔约一方取得了减税或免税，因此可能会增加其在缔约另一方税收或纳税义务的；

（三）缔约一方的纳税义务人与缔约另一方的纳税义务人在一个或多个国家进行商业交易，交易方式可能导致缔约一方或另一方税收减少或双方的税收均减少的；

（四）缔约一方有理由怀疑因在企业集团内部人为转移利润而可能造成少缴税款的；

（五）缔约一方提供给缔约另一方的情报，可能使缔约另一方获得与评估纳税义务有关的情报。

二、各缔约方应采行必要的措施和程序，确保获得本条第一款所述情报，向缔约另一方传送。

第八条　同期税务检查

一、应缔约一方请求，两个或两个以上的缔约方应共同协商、确定同期税务检查的案件和程序。相关各方应决定其是否希望参与某项具体的同期税务检查。

二、在本公约中，同期税务检查指由两个或两个以上的缔约方安排，同时在各自境内，对某人或存在某种共同或关联利益的多人进行的纳税事项检查，以交换各自由此所获的相关情报为目的。

第九条　境外税务检查

一、应请求国主管当局请求，被请求国主管当局可在其境内某项税务检查活动中的某一适当环节，允许请求国主管当局代表在场。

二、如接受上述请求，被请求国主管当局应尽快通知请求国主管当局该项税务检查的时间和地点、指定进行该税务检查的机关或官员，及被请求国对进行该检查所要求的程序和条件。有关进行该税务检查活动的所有决定均应由被请求国做出。

三、缔约一方可通知任一公约保存人其一般不接受本条第一款所述请求的意向。上述声明可在任何时间做出或撤销。

第十条　内容矛盾的情报

如缔约一方从缔约另一方获取的有关某人的税收情报与其掌握的情报内容相矛盾，应将该情况通知提供情报的缔约另一方。

第二节　税收追索协助

第十一条　税收主张的追索

一、应请求国的请求，在遵守第十四条和第十五条规定的条件下，被请求国应以对待自身税收主张一样，采取必要措施追索请求国的税收主张。

二、第一款规定仅适用于请求国某法律文书允许执行的税收主张，且除非有关缔约方间另有协议，该税收主张须不存在争议。然而，如该税收主张针对的并非某请求国居民，则除非有关缔约方间另有协议，本条第一款仅适用于对该税收主张不再有争议的情况。

三、涉及已死亡人员或其财产的，根据从财产还是从受益人处追索税收主张，协助义务分别限于财产的价值或每位财产受益人获得的财产价值。

第十二条　保全措施

应请求国请求，即使有关税收主张存在争议或尚未构成某文书允许执行的内容，被请求国仍应为追偿一定税额采取保全措施。

第十三条　请求附随文件

一、根据本节规定提出的征管协助请求应随附：

（一）一份声明，声明该税收主张涉及公约涵盖税种，在涉及追索的情况下，据第十一条第二款规定，声明此税收主张不存在争议或不会产生争议；

（二）允许在请求国执行主张的文书官方副本；以及

（三）追索或采取保全措施所需的任何其他文件。

二、收到协助请求后，应尽快按照被请求国的现行规定，视具体情况，用被请求国允许主张执行的文书接受、认可、补充或替代在请求国允许主张执行的文书。

第十四条　时效

一、税收主张可执行期限的问题应由请求国法律决定。协助请求函中应提供上述期限的具体规定。

二、被请求国根据协助请求采取的追索措施，如按照本国法律，造成对第一款规定期限的暂停或中断的，那么此类措施也应在请求国产生同样法律效力。被请求国应将此类措施通知请求国。

三、在任何情况下，对于距原始文书允许执行日相隔 15 年后提出的协助请求，被请求国没有义务履行。

第十五条　优先权

即使使用了被请求国追索自身税收主张所用的程序，追索协助涉及的税收主张也不得享有该国自身税收主张所特别享有的优先权。

第十六条　延期缴纳

如果在类似情况下，被请求国的法律或征管惯例允许延期缴纳或分期缴纳，被请求国可允许延期支付或分期缴纳，但应首先通知请求国。

第三节　文 书 送 达

第十七条　文书送达

一、应请求国请求，被请求国应向收件人送达请求国发出的涉及公约涵盖税种的相关文书,包括与司法判决有关的文书。

二、被请求国应采用下述方式完成送达:

(一)按照其国内法规定的,采用送达实质类似的文书所采用的方式;

(二)在可能的情况下,采用请求国要求的特定方式,或采用被请求国法律中与请求国要求方式最接近的方式。

三、缔约一方可直接通过邮寄方式向位于缔约另一方境内的某人送达文书。

四、本公约的任何规定均不应理解为使某缔约方依据其法律进行的文书送达无效。

五、据本条规定进行文书送达时,无需随附文书译本。但如果收件人不懂该文书语言,被请求国应安排将文书翻译为该国官方语言或官方语言中的一种,或附上用上述语言起草的文书内容概要。被请求国也可要求请求国将文书翻译为被请求国、欧洲委员会或经合组织的官方语言之一,或附上用上述语言起草的文书内容概要。

第四章　关于各种协助形式的规定

第十八条　请求国应提供的信息

一、根据具体情况,协助请求函中应指出:

(一)发出请求的主管当局机关或机构;

(二)请求涉及人的姓名、地址和任何其他有助于认定其身份的细节;

(三)对要求提供情报的,为满足需要,请求国所希望的情报提供形式;

(四)对请求税款追索或保全措施协助的,税收主张的性质、构成内容及可从中实现追索主张的资产;

(五)对请求文书送达协助的,送达文书的性质及内容;

(六)是否符合请求国的法律和征管惯例。根据第二十一条第二款第(七)项的规定,该请求是否合理。

二、一旦了解有关请求协助的任何其他情报,请求国应将其尽快发送给被请求国。

第十九条　(删除)

第二十条　对协助请求的答复

一、如果接受了一项协助请求,被请求国应尽快通知请求国其采取的行动及协助结果。

二、如果拒绝了一项协助请求，被请求国应尽快通知请求国该决定及决定的理由。

三、如果对于情报请求，请求国已明确希望提供的情报形式，且被请求国也能做到，则被请求国应按照请求国要求的形式提供该情报。

第二十一条 对人的保护和提供协助义务的限制

一、本公约的任何规定都不影响被请求方法律或行政惯例赋予人的权利及保护措施。

二、除第十四条规定的情形外，不能将本公约规定理解为对被请求国施加以下义务：

（一）采取有违本国或请求国法律或行政惯例的措施；

（二）采取有违公共秩序（公法）的措施；

（三）提供那些依照本国或请求国法律或行政惯例无法获得的情报；

（四）提供可能泄露贸易、经营、工业、商业、专业秘密或交易过程的情报，或一旦泄露可能违反公共秩序（公法）的情报；

（五）在认为请求方的征税行为已经违反普遍认可的税收原则，或违反避免双重征税协定的规定，或任何被请求国与请求国之间其他协定的规定的情况下，提供征管协助；

（六）为行使或实施请求方税法中对被请求方居民构成歧视的相关规定或相关要求，提供征管协助；

（七）在请求国尚未采取所有按照本国法律和行政惯例可采取的合理措施（采取此类措施会带来太多困难除外）的情况下，提供征管协助；

（八）在被请求国实施税收追索的执行成本明显超过请求国可能获得的收益的情况下，提供协助。

三、如果请求国依据本公约要求提供情报，即使从被请求国自身税收目的出发并不需要该情报，被请求国也应使用其情报收集手段取得被请求的情报。前句所确定的义务受本公约中相应限制约束，但是无论何种情况下，这些限制，尤其是第一款和第二款的限制，均不应理解为允许被请求国可仅因该情报对其无国内利益而拒绝提供情报。

四、任何情况下，本公约的规定，尤其是本条第一款和第二款的规定，均不应理解为允许被请求国仅因情报由银行、其他金融机构、代名人、代理人或受托人所持有，或涉及某人的所有者权益而拒绝提供情报。

第二十二条　保密

一、缔约一方根据本公约所获得的任何情报，均应视同通过其国内法获得的情报予以保密，并采取同样的保密措施，同时要执行有关保障措施，确保对个人信息的必要保护。具体措施可由情报提供国根据其国内法提出。

二、在任何情况下，此类情报均只能告知给那些涉及相关方税收义务确定、征收、追索、执行、起诉、起诉裁决及对上述活动进行监督的有关人员或机构（包括法院和行政、监督部门）。

仅上述人员或机构可使用此类情报，且仅限于上述目的使用此类情报。虽有本条第一款规定，这些人员或机构仍可在公开法庭的诉讼或有关此类税收的司法判决中披露有关情报。

三、如果缔约一方对公约第三十条第一款第（一）项规定的内容做出保留，从该国获得情报的任何其他缔约方均不得将此类情报用于属于保留范围内的税种。同样地，做出该保留的缔约方也不能将根据本公约获得的情报用于属于保留范围内的税种。

四、虽有本条上述第一、二和三款规定，在情报提供方的法律规定允许，同时情报提供方主管当局也授权的情况下，取得情报的缔约方可将所获情报用于其他目的。经情报提供方主管当局事先授权，情报获得方可将获得的情报传送给第三方。

第二十三条　诉讼

一、由于被请求国采取本公约所规定的措施引起的诉讼，仅应向被请求国的相应机关提出。

二、由于请求国采取本公约所规定的措施引起的诉讼，尤其是在税收追索方面，当涉及税收主张是否存在或主张金额的多少，或授权追索执行的具体文书时，仅应向请求国的相应机关提出。如此类诉讼被提出，请求国应通知被请求国，被请求国将暂停有关程序，等候相应机关的裁决。但是，如请求国要求，被请求国仍应采取保全措施，确保税款的追索。被请求国也可从任何利益相关方得知此类诉讼事宜。一旦收到此类信息，如有必要，被请求国应就此事与请求国进行协商。

三、一旦诉讼的最终裁决已做出，视具体情况，由被请求国或请求国将此裁决及其对协助请求造成的影响通知对方国。

第五章　特 别 规 定

第二十四条　公约的实施

一、缔约各方应通过各自的主管当局进行相互沟通联络，实施本公约。为此目的，主管当局可直接沟通，并授权下级机构代表其采取行动。缔约双方或多方主管当局可就公约实施方式在彼此间达成共识。

二、被请求国如认为本公约对某一具体案件的适用可能产生严重的不良后果，则被请求国与请求国的主管当局应相互磋商并努力通过达成协议解决问题。

三、在经合组织的协助下，由缔约各方主管当局代表组成的协调机构应负责监督本公约的实施和改进。为此目的，该协调机构应提出促进本公约基本宗旨得以实施的建议。特别是该协调机构应作为一个论坛，研究增进税收领域国际合作的新方法和新程序，在适当的情况下，还可建议对公约进行修改或修订。已签署但尚未批准、接受或核准本公约的国家有资格作为观察员出席该协调机构的会议。

四、缔约方可要求该协调机构就本公约条款的解释提出意见。

五、如果两个或两个以上的缔约方之间就有关本公约的实施或解释遇到困难或产生疑义，相关缔约方主管当局应努力通过相互协商解决问题。达成的协议应通报给协调机构。

六、经合组织秘书长应将协调机构根据本条第四款提出的意见，以及根据上述第五款规定达成的协议通知各缔约方及已经签署但尚未批准、接受或核准本公约的签字国。

第二十五条　语言

提出请求和对请求的答复应使用经合组织和欧洲委员会官方语言之一起草，或使用有关缔约方之间双边协议规定的任何其他语言起草。

第二十六条　费用

除非有关缔约方之间另有双边协议。

（一）提供协助发生的常规费用由被请求国负担；

（二）提供协助发生的非常规费用由请求国承担。

第六章　最终条款

第二十七条　其他国际协定或安排

一、本公约规定的各种可能提供的协助并不限制，也不受限于，有关缔约方之间现有或未来的国际协议、其他安排或与税收合作有关的其他文书。

二、虽有本条第一款规定，只要本公约规定的协助能比欧盟相应规定提供的协助促成更广泛的合作，欧盟成员国各缔约方彼此之间即可适用本公约规定的协助。

第二十八条　公约的签署和生效

一、本公约应向欧洲委员会成员国和经合组织成员国开放签字，并需进行批准、接受或核准。批准书、接受书或核准书应由任一公约保存人保存。

二、自五个国家依照本条第一款规定，表示同意接受公约的约束之日起，经三个月后的次月第一天作为公约开始生效日。

三、对此后表示同意接受公约约束的任何欧洲委员会成员国或经合组织成员国，本公约应于批准书、接受书或核准书交存之日起三个月后的次月第一天起生效。

四、修订本公约的议定书（以下简称2010年议定书）于2010年5月27日开放签字。对于在该议定书生效后成为本公约缔约方的任何欧洲委员会或经合组织成员国，除非以书面沟通方式向公约保存人之一表示不同意见，将自动成为经议定书修订后公约的缔约方。

五、在2010年议定书生效后，任何非欧洲委员会成员国或非经合组织成员国，可申请应邀签署和批准经2010年议定书修订的本公约。此类申请均应向公约保存人之一提出，由公约保存人将申请转交给各缔约方。该公约保存人也应通知欧洲委员会的部长委员会和经合组织理事会。对提出公约缔约申请的国家发出邀请的决定应由本公约全体缔约方通过协调机构一致同意后做出。对任何依照本款规定批准本公约（经2010年议定书修订）的国家，本公约均自该批准书交存于任一公约保存人之日起三个月后的次月第一天起生效。

六、本公约（经2010年议定书修订）对缔约方生效当年后的次年1月1日当日开始的纳税期限或该日后开始的纳税期限为本公约（经2010年议定书修订）条款规定的征管协助适用的纳税期限。如没有纳税期限，征管协助则适用于本公约（经2010年议定书修订）对缔约一方生效当年后的次年1月1日当日或该日后产生的征税行为。两个或多个缔约方可相互协商将本公约（经2010年议定书修订）征管协助适用于更早的纳税期限或征税行为。

七、虽有第六款规定，对于根据请求国刑事法律应被起诉的，涉及故意行为的涉税事项，本公约（经2010年议定书修订）规定也将适用于本公约对缔约方生效之日前更早的纳税期限或征税行为。

第二十九条　公约适用的领土范围

一、各国可在签署公约时，或交存批准书、接受书或核准书时，明确本公约适用的领土范围。

二、此后的任何时间，任何国家均可通过向公约保存人之一作出声明的方式，将本公约适用范围扩大至声明规定的任何其他领土范围。对这些领土范围，本公约将自公约保存人收到上述声明之日起三个月后的次月第一天起生效。

三、根据上述两款作出的，任何涉及具体领土范围的声明，均可通过向公约保存人之一发出通知的方式撤销。该撤销将自该公约保存人收到上述撤销通知之日起三个月后的次月第一天起生效。

第三十条 保留内容

一、任何国家在签署本公约，或交存批准书、接受书或核准书时，或此后任何时间，均可声明保留以下权利：

（一）如在本公约附件一某类税种中未列入本国相应税种，则对在第二条第一款（二）项所列其他缔约方该类税种的相关税收不提供任何形式的协助；

（二）对第二条第一款所列所有税种、一类或多类税种，不提供税收主张追索与征管罚款追索的协助；

（三）对于在本公约对某国生效之日已存在的任何税收主张，或对于某些税种，在涉及这些税种的有关保留［根据上述第（一）项或第（二）项做出］被撤销之日前，对涉及这些税种的税收主张，均不提供协助；

（四）对第二条第一款所列的所有税种、一类或多类税种，不提供文书送达方面的协助；

（五）按照第十七条第三款规定，不允许通过邮寄方式送达文书；

（六）第二十八条第七款仅适用于涉及特定纳税期限的征管协助，这些特定纳税期限为本公约（经 2010 年议定书修订）对某缔约方生效当年起（不含当年）往前数的第三个年份的 1 月 1 日当天开始或该日后开始的纳税期限。对于没有纳税期限的情形，第二十八条第七款仅适用于涉及特定期限征税行为的征管协助，这些特定期限征税行为指本公约（经 2010 年议定书修订）对某缔约方生效当年起（不含当年）往前数的第三个年份的 1 月 1 日当天产生或此日后产生的征税行为。

二、缔约方不得对其他内容作出保留。

三、本公约对某缔约方生效后，对于在批准、接受或核准公约时未作出保留的，第一款所列某项或多项保留内容，该缔约方仍可提出保留。该保留将自该公约保存人收到所提保留之日起三个月后的次月第一天起生效。

四、任何已根据第一款和第三款作出保留的缔约方，均可通过向任一公约保存人发出通知的方式，部分或全部撤销该保留。撤销将自有关公约保存人收到撤销通知之日起生效。

五、已就本公约某条款作出保留的缔约方不得要求任何其他缔约方适用该条款规定。但如该缔约方仅作出部分保留,可要求相关条款按照其所接受的程度对等适用于对方。

第三十一条　退出

一、任何缔约方均可通过向任一公约保存人发出通知的方式,在任何时间退出本公约。

二、自公约保存人收到该通知之日起三个月后的次月第一天起,退出开始生效。

三、退出公约的缔约方如仍持有通过本公约获得的文书或情报,则仍受第二十二条规定约束。

第三十二条　公约保存人及其职能

一、在参与完成下列行为、通知或往来沟通之后,公约保存人应通知欧洲委员会成员国,经合组织成员国及本公约缔约方:

(一)任何缔约行为;

(二)任何批准书、接受书或核准书的交存;

(三)依照第二十八条和第二十九条规定本公约生效的日期;

(四)依照第四条第三款规定或第九条第三款规定作出的任何声明及这些声明的撤销;

(五)依照第三十条规定作出的任何保留和依照第三十条第四款规定的对任何已提保留的撤销;

(六)依照第二条第三款或第四款、第三条第三款、第二十九条或第三十一条第一款规定收到的任何通知;

(七)与本公约有关的任何行为、通知或往来沟通。

二、公约保存人之一依照上述第一款规定收到信函或发出通知后应立即通知另一公约保存人相关事宜。

下列签字人,经各自政府正式授权,在本公约上签字。

本公约于一九八八年一月二十五日在斯特拉斯堡签订,一式两份,每份均用英文和法文写成,两种文本同等作准。一份文本在欧洲委员会存档,另一份在经合组织存档。欧洲委员会秘书长及经合组织秘书长应将经核证后的副本送达欧洲委员会各成员国及经合组织各成员国。

金融账户涉税信息自动交换多边主管当局间协议
（官方中译本）

签署“金融账户涉税信息自动交换多边主管当局间协议”（以下简称本协议）的辖区均为《多边税收征管互助公约》（以下简称《公约》）或经议定书修订的《公约》的缔约方或其所涵盖的地区，或者已签署参加《公约》意向书或已明确表达签署《公约》的意愿，并认可在第一次金融账户涉税信息交换开始之前，确保《公约》的生效执行；

各辖区有意愿通过加强税收征管互助关系，提高国际税收遵从度；

统一报告标准由经济合作与发展组织（以下简称经合组织）与二十国集团成员国共同制订，以应对逃避税行为并提高税收遵从度；

已签署参加《公约》意向书或已表达意愿将签署《公约》的国家，一旦其成为《公约》缔约方，将成为本协议第一章所定义的辖区；

各辖区的法律已要求或应要求金融机构按照本协议第二章规定的自动信息交换范围以及统一报告标准规定的信息报送和尽职调查程序，报送有关特定账户的信息并执行相应的尽职调查程序；

各辖区将不时修订其法律以便及时反映统一报告标准的最新情况，修订后的法律一旦生效，统一报告标准的定义将适用该辖区的最新情况；

《公约》第三章授权开展税收信息交换，包括自动信息交换，并允许各辖区主管当局协商确定自动信息交换的范围和形式；

《公约》第六条规定两个或多个缔约方可以相互协商一致开展自动信息交换，信息交换将以主管当局之间的双边交换为基础；

各辖区已经或将在第一次信息交换发生时（1）采取合理的保护措施确保根据本协议交换信息的保密性并仅用于《公约》规定的目的，以及（2）具备相应的机制以保护有效的信息交换（包括建立及时、准确并保密的信息交换流程；有效并可靠的沟通机制；快速解决有关信息交换或信息请求的问题及疑虑的能力；以及管理本协议第四章条款内容的能力）；

各辖区的主管当局有意愿在《公约》规定的自动信息交换基础上共同达成协议以提高国际税收遵从度，且不影响各自国内立法程序（如有），尊重欧盟法律（如适用），并遵守《公约》中的保密条款及其他保护条款，包括下文提到的、针对所交换信息使用范围的限制条款；

为此，各主管当局现达成协议如下：

第一章 定 义

一、本协议中所含术语的含义如下：

（一）术语"辖区"指签署本协议的某个国家或者地区，在其领土范围内，按照《公约》第二十八条的规定，《公约》已签署并批准生效，或是按照第二十九条的规定，通过领土延伸使《公约》对其生效；

（二）术语"主管当局"指各辖区在《公约》附件二中所列的个人和主管当局；

（三）术语"辖区内的金融机构"指各辖区内（1）具有居民身份的金融机构，但不包括该金融机构位于该辖区之外的分支机构，（2）非居民金融机构位于该辖区境内的分支机构；

（四）术语"报送信息的金融机构"指除无须报送信息的金融机构之外的其他金融机构；

（五）术语"需报送的账户"指由报送信息的金融机构保有的，并根据统一报告标准中的尽职调查程序被确定为由辖区外一个或多个需报送人持有的金融账户，以及由报送信息的金融机构保有的，并由控制人是辖区外需报送人的消极非金融机构持有的金融账户；

（六）术语"统一报告标准"指经合组织与二十国集团成员国共同制订的金融账户涉税信息自动交换标准（含注释）；

（七）术语"协调机构秘书处"指经合组织秘书处，依照《公约》第二十四条第三款的规定，为由《公约》缔约方主管当局代表组成的协调机构提供支持；

（八）术语"协议生效"指在涉及任何两个主管当局时，双方均表示愿意开展自动信息交换，且均已符合第七章第二款第（一）项中所列条件。本协议已生效的主管当局名单见附件五。

二、本协议中没有另行定义的大写字母术语，其含义将与本辖区适用于本协议的法律中的含义保持一致，也与统一报告标准规定的含义一致。本协议以及统一报告标准中均未另行定义的术语，除非上下文另有要求或主管当局一致同意采用其他通用含义（由国内法所允许），应当使用本辖区在实施本协议时的国内法项下的含义。本辖区税收法律下界定的术语含义，优先于本辖区其他法律中的定义。

第二章　需报送账户的信息交换

一、(一)根据《公约》第六条和第二十二条的规定,以及统一报告标准适用的信息报送和尽职调查的要求,一旦本协议生效,每个主管当局将与其他主管当局依规定获取并按年自动交换第二款所列信息。

(二)尽管有前款规定,附件一所列辖区主管当局只能向其他辖区主管当局提供但不能接收第二款所列信息。附件一中没有列出的辖区主管当局可以接收第二款所列信息。各主管当局将不向附件一所列辖区主管当局提供上述信息。

二、对于需报送的其他辖区账户,需交换的信息包括:

(一)作为账户持有人的各个需报送人的名称、地址、纳税人识别号、出生日期及出生地(如果是个人);对于机构,在适用统一报告标准的尽职调查程序后,被认定为存在一个或多个控制人是需报送人,提供该机构的名称、地址、纳税人识别号以及需申报人的名称、地址、纳税人识别号、出生日期及出生地;

(二)账号(没有账号的前提下,提供具有同等功能的其他信息);

(三)报送信息的金融机构的名称及识别编号(如有);

(四)在相关日历年度年末、其他适当的报送期间期末的账户余额或净值(包括具有现金价值的保险合同或年金合同的现金价值或退保价值)或销户状态(针对在该年度或期间内销户的账户);

(五)对于托管账户:

1. 在日历年度或其他适当的报送期间内,已付至或记入该账户(及其相关账户)的利息的总金额、股息的总金额及该账户下资产产生的其他收入的总金额;

2. 在报送信息的金融机构作为账户持有人的托管人、经纪人、名义持有人或代理人的情形下,提供日历年度或其他适当的报送期间内,因出售或赎回金融资产并已付至或记入该账户的收益总金额;

(六)对于存款账户,在日历年度或其他适当的报送期间内,已付至或记入该账户的利息的总金额;

(七)对于不属于第二款第五项或第六项的其他账户,在日历年度或其他适当的报送期间内,报送信息的金融机构作为债务人,提供已付至或记入账户持有人账户的总金额,包括在该日历年度或其他适当的报送期间付至账户持有人的赎回款项的总金额。

第三章　信息交换的时间和方式

一、为第二章规定的信息交换目的，可以根据信息交换辖区的税收法律原则，确定需报送的账户的付款金额和性质。

二、为第二章规定的信息交换目的，所交换的信息应当指明各相关金额的计价币种。

三、根据第二章第二款以及第七章中有关通知流程和具体日期的规定，从附件六中规定的年度开始，信息应当在该信息相关的日历年度终了后的九个月内进行交换。虽有前述规定，当本协议对双方主管当局均已生效，且双方辖区现行法律规定的日历年度内的信息报送要求与第二章规定的交换范围以及统一报告标准规定的信息报送和尽职调查程序一致时，才进行一个日历年度的信息交换。

四、[删除]

五、各主管当局应基于可以扩展标记语言的统一报告标准数据模式，自动交换第二章规定的信息。

六、各主管当局应制订并一致同意一种或多种数据传输方法，包括加密标准，使得标准程度最大化和复杂程度及成本最小化，详见附件二。

第四章　合规与执行的合作

签署一方的主管当局应在其有理由相信错误可以能导致信息报送的不正确或不完整时，或报送信息的金融机构存在违反其适用的、统一报告标准规定的信息报告要求和尽职调查程序的情形时，通知另一方主管当局。接到通知的另一方主管当局应采取国内法规定的全部适当措施，对通知中所述的错误和重大不合规行为作出处理。

第五章　保密与数据保护

一、交换的全部信息应按照《公约》的规定(包括限制已交换信息用途的条款)得到保密和其他保护，并按照信息提供方主管当局根据本国法律所要求的以及附件三列出的保护措施，确保个人数据得到必要的保护。

二、签署一方的主管当局应立即通知协调机构秘书处任何有关违反保密条款或保护失败的情形，以及随后可能采取的相应制裁和赔偿行为。协调机构秘书处应通知本协议与前述主管当局已生效的所有主管当局。

第六章　协商与修订

一、如果本协议在实施或解释过程中遇到困难，签署一方的主管当局可以请求与一个或多个主管当局协商，以制订适当的措施，确保本协议的履行。提出协商请求的主管当局应确保协调机构秘书处知晓已制订的任何措施，并由协调机构秘书处将已制订的措施通知所有主管当局，包括未参与协商的主管当局。

二、所有主管当局可以通过书面协商一致的方式对本协议进行修订。除非另有约定，修订后的条款应当自书面协议最后签字方签署之日起一个月后的次月第一天起生效。

第七章　本协议的期限

一、签署一方的主管当局须在签署本协议时或在本辖区为实施统一报告标准出台必要的法律后，尽快通知协调机构秘书处：

（一）本辖区已存在必要的法律以实施统一报告标准，并说明区分已有账户和新开账户的有效日期，以及适用的或完成的信息报送和尽职调查程序；

（二）确认本辖区是否列入附件一；

（三）规定一种或多种数据传输方法，包括加密方法（附件二）；

（四）规定对个人数据的保护措施（如有）（附件三）；

（五）已具备足够的措施，确保符合保密和数据保护标准要求，并在附件四中附上已完成的保密和数据保护调查问卷；以及

（六）国内法律程序（如有）完成后，有意愿与之执行本协议的所有辖区主管当局名单。各主管当局须立即通知协调机构秘书处上述附件的后续变动情况。

二、（一）本协议应于以下日期中的较晚日起在两个主管当局间生效：(1)两个主管当局中的后一个主管当局通知协调机构秘书处第一款所列信息的日期，包括根据第一款第（六）项规定列出的另一个主管当局所在辖区；以及，如适用的情况下；(2)《公约》对两个辖区生效的日期。

（二）协调机构秘书处应保存已签署本协议的主管当局名单以及本协议已相互生效的主管当局名单，并在经合组织网站上公布（附件五）。

（三）协调机构秘书处应在经合组织网站上公布各主管当局按照第一款第（一）项和第（二）项规定提供的信息。签署方向协调机构秘书处提出书面申请获取其他签署方按照第一款第（三）项和第（五）项规定提供的信息。

三、签署一方的主管当局应在其确认另一方主管当局存在违反本协议的重大情形时，书面通知另一方主管当局暂停本协议下的信息交换。此类暂停立即生效。本款中的重大不合规行为包括但不限于违反本协议和《公约》的保密及数据保护条款，主管当局未能及时或充分提供本协议要求的信息，或者因对机构身份或无须报送的金融机构账户的定义导致实施统一报告标准受阻。

四、签署一方的主管当局可以书面通知协调机构秘书处终止参加本协议，或终止针对某一特定主管当局的协议。此类终止将于发出终止通知之日起十二个月后的次月第一天生效。在终止的情况下，之前根据本协议接收的所有信息将继续保密并遵守《公约》条款的规定。

第八章　协调机构秘书处

一、除本协议另有规定外，协调机构秘书处应通知所有主管当局其收到的本协议下的任何通知，并通知本协议的所有签署方新签署本协议的主管当局。

二、本协议的所有签署方应平等分摊并按年缴纳协调机构秘书处为管理本协议所产生的费用。尽管有前述规定，对符合《〈公约〉协调机构程序规则》第十条规定的国家，可以免除费用分摊。

本协议用英文和法文写成，两种文本同等作准。

附件一　采取非互惠型模式的辖区名单（略）

附件二　传输方法（略）

附件三　指定的数据保护（略）

附件四　保密问卷（略）

附件五　本协议已生效的主管当局名单（略）

附件六　计划交换信息的日期（略）

非居民金融账户涉税信息尽职调查管理办法

（2017 年 5 月 9 日　2017 年第 14 号公告）

第一章　总　　则

第一条　为了履行《多边税收征管互助公约》和《金融账户涉税信息自动交换多边主管当局间协议》规定的义务，规范金融机构对非居民金融账户涉税信息的尽职调查行为，根据《中华人民共和国税收征收管理法》《中华人民共和国反洗钱法》等法律、法规的规定，制定本办法。

第二条　依法在中华人民共和国境内设立的金融机构开展非居民金融账户涉税信息尽职调查工作，适用本办法。

第三条　金融机构应当遵循诚实信用、谨慎勤勉的原则，针对不同类型账户，按照本办法规定，了解账户持有人或者有关控制人的税收居民身份，识别非居民金融账户，收集并报送账户相关信息。

第四条　金融机构应当建立完整的非居民金融账户尽职调查管理制度，设计合理的业务流程和操作规范，并定期对本办法执行落实情况进行评估，妥善保管尽职调查过程中收集的资料，严格进行信息保密。金融机构应当对其分支机构执行本办法规定的尽职调查工作作出统一要求并进行监督管理。

金融机构应当向账户持有人充分说明本机构需履行的信息收集和报送义务，不得明示、暗示或者帮助账户持有人隐匿身份信息，不得协助账户持有人隐匿资产。

第五条　账户持有人应当配合金融机构的尽职调查工作，真实、及时、准确、完整地向金融机构提供本办法规定的相关信息，并承担未遵守本办法规定的责任和风险。

第二章　基 本 定 义

第六条　本办法所称金融机构，包括存款机构、托管机构、投资机构、特定的保险机构及其分支机构：

（一）存款机构是指在日常经营活动中吸收存款的机构；

（二）托管机构是指近三个会计年度总收入的百分之二十以上来源于为客户持有金融资产的机构，机构成立不满三年的，按机构存续期间计算；

（三）投资机构是指符合以下条件之一的机构：

1. 近三个会计年度总收入的百分之五十以上来源于为客户投资、运作金融资产的机构，机构成立不满三年的，按机构存续期间计算；

2. 近三个会计年度总收入的百分之五十以上来源于投资、再投资或者买卖金融资产，且由存款机构、托管机构、特定的保险机构或者本项第 1 目所述投资机构进行管理并作出投资决策的机构，机构成立不满三年的，按机构存续期间计算；

3. 证券投资基金、私募投资基金等以投资、再投资或者买卖金融资产为目的而设立的投资实体。

（四）特定的保险机构是指开展有现金价值的保险或者年金业务的机构。本办法所称保险机构是指上一公历年度内，保险、再保险和年金合同的收入占总收入比重百分之五十以上的机构，或者在上一公历年度末拥有的保险、再保险和年金合同的资产占总资产比重百分之五十以上的机构。

本办法所称金融资产包括证券、合伙权益、大宗商品、掉期、保险合同、年金合同或者上述资产的权益，前述权益包括期货、远期合约或者期权。金融资产不包括实物商品或者不动产非债直接权益。

第七条　下列机构属于本办法第六条规定的金融机构：

（一）商业银行、农村信用合作社等吸收公众存款的金融机构以及政策性银行；

（二）证券公司；

（三）期货公司；

（四）证券投资基金管理公司、私募基金管理公司、从事私募基金管理业务的合伙企业；

（五）开展有现金价值的保险或者年金业务的保险公司、保险资产管理公司；

（六）信托公司；

（七）其他符合条件的机构。

第八条　下列机构不属于本办法第六条规定的金融机构：

（一）金融资产管理公司；

（二）财务公司；

（三）金融租赁公司；

（四）汽车金融公司；

（五）消费金融公司；

（六）货币经纪公司；

（七）证券登记结算机构；

（八）其他不符合条件的机构。

第九条 本办法所称金融账户包括：

（一）存款账户，是指开展具有存款性质业务而形成的账户，包括活期存款、定期存款、旅行支票、带有预存功能的信用卡等。

（二）托管账户，是指开展为他人持有金融资产业务而形成的账户，包括代理客户买卖金融资产的业务以及接受客户委托、为客户管理受托资产的业务：

1. 代理客户买卖金融资产的业务包括证券经纪业务、期货经纪业务、代理客户开展贵金属、国债业务或者其他类似业务；

2. 接受客户委托、为客户管理受托资产的业务包括金融机构发起、设立或者管理不具有独立法人资格的理财产品、基金、信托计划、专户/集合类资产管理计划或者其他金融投资产品。

（三）其他账户，是指符合以下条件之一的账户：

1. 投资机构的股权或者债权权益，包括私募投资基金的合伙权益和信托的受益权；

2. 具有现金价值的保险合同或者年金合同。

第十条 本办法所称非居民是指中国税收居民以外的个人和企业（包括其他组织），但不包括政府机构、国际组织、中央银行、金融机构或者在证券市场上市交易的公司及其关联机构。前述证券市场是指被所在地政府认可和监管的证券市场。中国税收居民是指中国税法规定的居民企业或者居民个人。

本办法所称非居民金融账户是指在我国境内的金融机构开立或者保有的、由非居民或者有非居民控制人的消极非金融机构持有的金融账户。金融机构应当在识别出非居民金融账户之日起将其归入非居民金融账户进行管理。

账户持有人同时构成中国税收居民和其他国家（地区）税收居民的，金融机构应当按照本办法规定收集并报送其账户信息。

第十一条 本办法所称账户持有人是指由金融机构登记或者确认为账户所有者的个人或者机构，不包括代理人、名义持有人、授权签字人等为他人利益而持有账户的个人或者机构。

现金价值保险合同或者年金合同的账户持有人是指任何有权获得现金价值或

者变更合同受益人的个人或者机构，不存在前述个人或者机构的，则为合同所有者以及根据合同条款对支付款项拥有既得权利的个人或者机构。现金价值保险合同或者年金合同到期时，账户持有人包括根据合同规定有权领取款项的个人或者机构。

第十二条　本办法所称消极非金融机构是指符合下列条件之一的机构：

（一）上一公历年度内，股息、利息、租金、特许权使用费收入等不属于积极经营活动的收入，以及据以产生前述收入的金融资产的转让收入占总收入比重百分之五十以上的非金融机构；

（二）上一公历年度末，拥有可以产生本款第一项所述收入的金融资产占总资产比重百分之五十以上的非金融机构；

（三）税收居民国（地区）不实施金融账户涉税信息自动交换标准的投资机构。

下列非金融机构不属于消极非金融机构：

（一）上市公司及其关联机构；

（二）政府机构或者履行公共服务职能的机构；

（三）仅为了持有非金融机构股权或者向其提供融资和服务而设立的控股公司；

（四）成立时间不足二十四个月且尚未开展业务的企业；

（五）正处于资产清算或者重组过程中的企业；

（六）仅与本集团（该集团内机构均为非金融机构）内关联机构开展融资或者对冲交易的企业；

（七）非营利组织。

第十三条　本办法所称控制人是指对某一机构实施控制的个人。

公司的控制人按照以下规则依次判定：

（一）直接或者间接拥有超过百分之二十五公司股权或者表决权的个人；

（二）通过人事、财务等其他方式对公司进行控制的个人；

（三）公司的高级管理人员。

合伙企业的控制人是拥有超过百分之二十五合伙权益的个人。

信托的控制人是指信托的委托人、受托人、受益人以及其他对信托实施最终有效控制的个人。

基金的控制人是指拥有超过百分之二十五权益份额或者其他对基金进行控制的个人。

第十四条　本办法所称关联机构是指一个机构控制另一个机构，或者两个机构受到共同控制，则该两个机构互为关联机构。

前款所称控制是指直接或者间接拥有机构百分之五十以上的股权和表决权。

第十五条　本办法所称金融账户包括存量账户和新开账户。

存量账户是指符合下列条件之一的账户，包括存量个人账户和存量机构账户：

（一）截至2017年6月30日由金融机构保有的、由个人或者机构持有的金融账户；

（二）2017年7月1日（含当日，下同）以后开立并同时符合下列条件的金融账户：

1. 账户持有人已在同一金融机构开立了本款第一项所述账户的；

2. 上述金融机构在确定账户加总余额时将本款第二项所述账户与本款第一项所述账户视为同一账户的；

3. 金融机构已经对本款第一项所述账户进行反洗钱客户身份识别的；

4. 账户开立时，账户持有人无须提供除本办法要求以外的其他信息的。

存量个人账户包括低净值账户和高净值账户，低净值账户是指截至2017年6月30日账户加总余额不超过相当于一百万美元（简称"一百万美元"，下同）的账户，高净值账户是指截至2017年6月30日账户加总余额超过一百万美元的账户。

新开账户是指2017年7月1日以后在金融机构开立的，除第二款第二项规定账户外，由个人或者机构持有的金融账户，包括新开个人账户和新开机构账户。

第十六条　本办法所称账户加总余额是指账户持有人在同一金融机构及其关联机构所持有的全部金融账户余额或者资产的价值之和。

金融机构需加总的账户限于通过计算机系统中客户号、纳税人识别号等关键数据项能够识别的所有金融账户。

联名账户的每一个账户持有人，在加总余额时应当计算该联名账户的全部余额。

在确定是否为高净值账户时，客户经理知道或者应当知道在其供职的金融机构内几个账户直接或者间接由同一个人拥有或者控制的，应当对这些账户进行加总。

前款所称客户经理是指由金融机构指定、与特定客户有直接联系，根据客户需求向客户介绍、推荐或者提供相关金融产品、服务或者提供其他协助的人员，但不包括符合前述条件，仅由于偶然性原因为客户提供上述服务的人员。

金融机构在计算账户加总余额时，账户币种为非美元的，应当按照计算日当日中国人民银行公布的外汇中间价折合为美元计算。折合美元时，可以根据原币种金额折算，也可以根据该金融机构记账本位币所记录的金额进行折算。

第十七条　本办法所称非居民标识是指金融机构用于检索判断存量个人账户持有人是否为非居民个人的有关要素，具体包括：

（一）账户持有人的境外身份证明；

（二）账户持有人的境外现居地址或者邮寄地址，包括邮政信箱；

（三）账户持有人的境外电话号码，且没有我国境内电话号码；

（四）存款账户以外的账户向境外账户定期转账的指令；

（五）账户代理人或者授权签字人的境外地址；

（六）境外的转交地址或者留交地址，并且是唯一地址。转交地址是指账户持有人要求将其相关信函寄给转交人的地址，转交人收到信函后再交给账户持有人。留交地址是指账户持有人要求将其相关信函暂时存放的地址。

第十八条　本办法所称证明材料是指：

（一）由政府出具的税收居民身份证明；

（二）由政府出具的含有个人姓名且通常用于身份识别的有效身份证明，或者由政府出具的含有机构名称以及主要办公地址或者注册成立地址等信息的官方文件。

第三章　个人账户尽职调查

第十九条　金融机构应当按照以下规定，对新开个人账户开展尽职调查：

（一）个人开立账户时，金融机构应当获取由账户持有人签署的税收居民身份声明文件（以下简称“声明文件”），识别账户持有人是否为非居民个人。金融机构通过本机构电子渠道接收个人账户开户申请时，应当要求账户持有人提供电子声明文件。声明文件应当作为开户资料的一部分，声明文件相关信息可并入开户申请书中。个人代理他人开立金融账户以及单位代理个人开立金融账户时，经账户持有人书面授权后可由代理人签署声明文件。

（二）金融机构应当根据开户资料（包括通过反洗钱客户身份识别程序收集的资料），对声明文件的合理性进行审核，主要确认填写信息是否与其他信息存在明显矛盾。金融机构认为声明文件存在不合理信息时,应当要求账户持有人提供有效声明文件或者进行解释。不提供有效声明文件或者合理解释的,不得开立账户。

(三)识别为非居民个人的,金融机构应当收集并记录报送所需信息。

(四)金融机构知道或者应当知道新开个人账户情况发生变化导致原有声明文件信息不准确或者不可靠的,应当要求账户持有人提供有效声明文件。账户持有人自被要求提供之日起九十日内未能提供声明文件的,金融机构应当将其账户视为非居民账户管理。

第二十条 金融机构应当于 2018 年 12 月 31 日前选择以下方式完成对存量个人低净值账户的尽职调查:

(一)对于在现有客户资料(包括通过反洗钱客户身份识别程序收集的资料,下同)中留有地址,且有证明材料证明是现居地址或者地址位于现居国家(地区)的账户持有人,可以根据账户持有人的地址确定是否为非居民个人。邮寄无法送达的,不得将客户资料所留地址视为现居地址。

(二)利用现有信息系统开展电子记录检索,识别账户是否存在任一非居民标识。

现有客户资料中没有现居地址信息的,或者账户情况发生变化导致现居地址证明材料不再准确的,金融机构应当采用前款第二项方式开展尽职调查。

第二十一条 金融机构应当在 2017 年 12 月 31 日前对存量个人高净值账户依次完成以下尽职调查程序:

(一)开展电子记录检索和纸质记录检索,识别账户是否存在任一非居民标识。应当检索的纸质记录包括过去五年中获取的、与账户有关的全部纸质资料。

金融机构利用现有信息系统可电子检索出全部非居民标识字段信息的,可以不开展纸质记录检索。

(二)询问客户经理其客户是否为非居民个人。

第二十二条 对于存量个人低净值账户,2017 年 6 月 30 日之后任一公历年度末账户加总余额超过一百万美元时,金融机构应当在次年 12 月 31 日前,按照本办法第二十一条规定程序完成对账户的尽职调查。

第二十三条 对发现存在非居民标识的存量个人账户,金融机构可以通过现有客户资料确认账户持有人为非居民个人的,应当收集并记录报送所需信息。无法确认的,应当要求账户持有人提供声明文件。声明为中国税收居民个人的,金融机构应当要求其提供相应证明材料;声明为非居民个人的,金融机构应当收集并记录报送所需信息。账户持有人自被要求提供之日起九十日内未能提供声明文件的,金融机构应当将其账户视为非居民账户管理。

对未发现存在非居民标识的存量个人账户,金融机构无须作进一步处理,但应当建立持续监控机制。当账户情况变化出现非居民标识时,应当执行前款规定程序。

第二十四条 对于现金价值保险合同或者年金合同,金融机构知道或者应当知道获得死亡保险金的受益人为非居民个人的,应当将其账户视为非居民账户管理。

第四章 机构账户尽职调查

第二十五条 金融机构应当按照以下规定,对新开机构账户开展尽职调查:

(一)机构开立账户时,金融机构应当获取由该机构授权人签署的声明文件,识别账户持有人是否为非居民企业和消极非金融机构。声明文件应当作为开户资料的一部分,声明文件相关信息可并入开户申请书中。

(二)金融机构应当根据开户资料(包括通过反洗钱客户身份识别程序收集的资料)或者公开信息对声明文件的合理性进行审核,主要确认填写信息是否与其他信息存在明显矛盾。金融机构认为声明文件存在不合理信息时,应当要求账户持有人提供有效声明文件或者进行解释。不提供有效声明文件或者合理解释的,不得开立账户。

(三)识别为非居民企业的,金融机构应当收集并记录报送所需信息。合伙企业等机构声明不具有税收居民身份的,金融机构可按照其实际管理机构所在地确定其税收居民国(地区)。

(四)识别为消极非金融机构的,金融机构应当依据反洗钱客户身份识别程序收集的资料识别其控制人,并且获取机构授权人或者控制人签署的声明文件,识别控制人是否为非居民个人。识别为有非居民控制人的消极非金融机构的,金融机构应当收集并记录消极非金融机构及其控制人相关信息。

账户持有人为非居民企业的,也应当进一步识别其是否同时为有非居民控制人的消极非金融机构。

(五)金融机构知道或者应当知道新开机构账户情况发生变化导致原有声明文件信息不准确或者不可靠的,应当要求机构授权人提供有效声明文件。机构授权人自被要求提供之日起九十日内未能提供声明文件的,金融机构应当将其账户视为非居民账户管理。

第二十六条 金融机构应当根据现有客户资料或者境外机构境内外汇账户标识,识别存量机构账户持有人是否为非居民企业。

除通过机构授权人签署的声明文件或者公开信息能确认为中国税收居民企业的外,上述信息表明该机构为非居民企业的,应当识别为非居民企业。

识别为非居民企业的,金融机构应当收集并记录报送所需信息。

第二十七条 金融机构应当识别存量机构账户持有人是否为消极非金融机构。通过现有客户资料或者公开信息确认不是消极非金融机构的,无须进一步处理。无法确认的,金融机构应当获取由机构授权人签署的声明文件。声明为消极非金融机构的,应当按照第二款规定进一步识别其控制人。无法获取声明文件的,金融机构应当将账户持有人视为消极非金融机构。

识别为消极非金融机构并且截至2017年6月30日账户加总余额超过一百万美元的,金融机构应当获取由机构控制人或者授权人签署的声明文件,识别控制人是否为非居民个人。无法获取声明文件的,金融机构应当针对控制人开展非居民标识检索,识别其是否为非居民个人。账户加总余额不超过一百万美元的,金融机构可以根据现有客户资料识别消极非金融机构控制人是否为非居民个人。根据现有客户资料无法识别的,金融机构可以不收集控制人相关信息。

识别为有非居民控制人的消极非金融机构的,金融机构应当收集并记录消极非金融机构及其控制人相关信息。

第二十八条 截至2017年6月30日账户加总余额超过二十五万美元的存量机构账户,金融机构应当在2018年12月31日前完成对账户的尽职调查。

截至2017年6月30日账户加总余额不超过二十五万美元的存量机构账户,金融机构无需开展尽职调查。但当之后任一公历年度末账户加总余额超过二十五万美元时,金融机构应当在次年12月31日前,按照本办法第二十六条和第二十七条规定完成对账户的尽职调查。

第五章 其他合规要求

第二十九条 金融机构可以根据自身业务需要,将新开账户的尽职调查程序适用于存量账户。

第三十条 金融机构委托其他机构向客户销售金融产品的,代销机构应当配合委托机构开展本办法所要求的尽职调查工作,并向委托机构提供本办法要求的信息。

第三十一条 金融机构可以委托第三方开展尽职调查,但相关责任仍应当由金融机构承担。基金、信托等属于投资机构的,可以分别由基金管理公司、信托公司作为第三方完成尽职调查相关工作。

第三十二条 金融机构应当建立账户持有人信息变化监控机制,包括要求账户持有人在本办法规定的相关信息变化之日起三十日内告知金融机构。金融机构在知道或者应当知道账户持有人相关信息发生变化之日起九十日内或者本年度12月31日前根据有关尽职调查程序重新识别账户持有人或者有关控制人是否为非居民。

第三十三条 对下列账户无须开展尽职调查:

(一)同时符合下列条件的退休金账户:

1. 受政府监管;

2. 享受税收优惠;

3. 向税务机关申报账户相关信息;

4. 达到规定的退休年龄等条件时才可取款;

5. 每年缴款不超过五万美元,或者终身缴款不超过一百万美元。

(二)同时符合下列条件的社会保障类账户:

1. 受政府监管;

2. 享受税收优惠;

3. 取款应当与账户设立的目的相关,包括医疗等;

4. 每年缴款不超过五万美元。

(三)同时符合下列条件的定期人寿保险合同:

1. 在合同存续期内或者在被保险人年满九十岁之前(以较短者为准),至少按年度支付保费,且保费不随时间递减;

2. 在不终止合同的情况下,任何人均无法获取保险价值;

3. 合同解除或者终止时,应付金额(不包括死亡抚恤金)在扣除合同存续期间相关支出后,不得超过为该合同累计支付的保费总额;

4. 合同不得通过有价方式转让。

(四)为下列事项而开立的账户:

1. 法院裁定或者判决;

2. 不动产或者动产的销售、交易或者租赁；

3. 不动产抵押贷款情况下，预留部分款项便于支付与不动产相关的税款或者保险；

4. 专为支付税款。

（五）同时符合下列条件的存款账户：

1. 因信用卡超额还款或者其他还款而形成，且超额款项不会立即返还账户持有人；

2. 禁止账户持有人超额还款五万美元以上，或者账户持有人超额还款五万美元以上的款项应当在六十日内返还账户持有人。

（六）上一公历年度余额不超过一千美元的休眠账户。休眠账户是满足下列条件之一的账户（不包括年金合同）：

1. 过去三个公历年度中，账户持有人未向金融机构发起任何与账户相关的交易；

2. 过去六个公历年度中，账户持有人未与金融机构沟通任何与账户相关的事宜；

3. 对于具有现金价值的保险合同，在过去六个公历年度中，账户持有人未与金融机构沟通任何与账户相关的事宜。

（七）由我国政府机关、事业单位、军队、武警部队、居民委员会、村民委员会、社区委员会、社会团体等单位持有的账户；由军人（武装警察）持军人（武装警察）身份证件开立的账户。

（八）政策性银行为执行政府决定开立的账户。

（九）保险公司之间的补偿再保险合同。

第三十四条　金融机构应当妥善保管本办法执行过程中收集的资料，保存期限为自报送期末起至少五年。相关资料可以以电子形式保存，但应当确保能够按照相关行业监督管理部门和国家税务总局的要求提供纸质版本。

第三十五条　金融机构应当汇总报送境内分支机构的下列非居民账户信息，并注明报送信息的金融机构名称、地址以及纳税人识别号：

（一）个人账户持有人的姓名、现居地址、税收居民国（地区）、居民国（地区）纳税人识别号、出生地、出生日期；机构账户持有人的名称、地址、税收居民国（地区）、居民国（地区）纳税人识别号；机构账户持有人是有非居民控制人的消极非金融机构的，还应当报送非居民控制人的姓名、现居地址、税收居民国（地区）、居民国（地区）纳税人识别号、出生地、出生日期。

（二）账号或者类似信息。

（三）公历年度末单个非居民账户的余额或者净值（包括具有现金价值的保险合同或者年金合同的现金价值或者退保价值）。账户在本年度内注销的，余额为零，同时应当注明账户已注销。

（四）存款账户，报送公历年度内收到或者计入该账户的利息总额。

（五）托管账户，报送公历年度内收到或者计入该账户的利息总额、股息总额以及其他因被托管资产而收到或者计入该账户的收入总额。报送信息的金融机构为代理人、中间人或者名义持有人的，报送因销售或者赎回金融资产而收到或者计入该托管账户的收入总额。

（六）其他账户，报送公历年度内收到或者计入该账户的收入总额，包括赎回款项的总额。

（七）国家税务总局要求报送的其他信息。

上述信息中涉及金额的，应当按原币种报送并且标注原币种名称。

对于存量账户，金融机构现有客户资料中没有居民国（地区）纳税人识别号、出生日期或者出生地信息的，无须报送上述信息。但是，金融机构应当在上述账户被认定为非居民账户的次年 12 月 31 日前，积极采取措施，获取上述信息。

非居民账户持有人无居民国（地区）纳税人识别号的，金融机构无须收集并报送纳税人识别号信息。

第三十六条　金融机构应当于 2017 年 12 月 31 日前登录国家税务总局网站办理注册登记，并且于每年 5 月 31 日前按要求报送第三十五条所述信息。

第六章　监 督 管 理

第三十七条　金融机构应当建立实施监控机制，按年度评估本办法执行情况，及时发现问题、进行整改，并于次年 6 月 30 日前向相关行业监督管理部门和国家税务总局书面报告。

第三十八条　金融机构有下列情形之一的，由国家税务总局责令其限期改正：

（一）未按照本办法规定开展尽职调查的；

（二）未按照本办法建立实施监控机制的；

（三）故意错报、漏报账户持有人信息的；

（四）帮助账户持有人隐藏真实信息或者伪造信息的；

（五）其他违反本办法规定的。

逾期不改正的，税务机关将记录相关纳税信用信息，并用于纳税信用评价。有关违规情形通报相关金融主管部门。

第三十九条 对于金融机构的严重违规行为，有关金融主管部门可以采取下列措施：

（一）责令金融机构停业整顿或者吊销其经营许可证；

（二）取消金融机构直接负责的董事、高级管理人员和其他直接责任人员的任职资格、禁止其从事有关金融行业的工作；

（三）责令金融机构对直接负责的董事、高级管理人员和其他直接责任人给予纪律处分。

第四十条 对于账户持有人的严重违规行为，有关金融主管部门依据相关法律、法规进行处罚，涉嫌犯罪的，移送司法机关进行处理。

第七章 附 则

第四十一条 本办法施行前我国与相关国家（地区）已经就非居民金融账户涉税信息尽职调查事项商签双边协定的，有关要求另行规定。

第四十二条 国家税务总局与有关金融主管部门建立涉税信息共享机制，保障国家税务总局及时获取本办法规定的信息。非居民金融账户涉税信息报送要求另行规定。

第四十三条 本办法所称“以上”“以下”均含本数，“不满”“超过”均不含本数。

第四十四条 本办法自 2017 年 7 月 1 日起施行。

附件：1. 个人税收居民身份声明文件（样表）

2. 机构税收居民身份声明文件（样表）

3. 控制人税收居民身份声明文件（样表）

附件1

个人税收居民身份声明文件(样表)

姓名:

本人声明:□ 1. 仅为中国税收居民　□ 2. 仅为非居民

□ 3. 既是中国税收居民又是其他国家(地区)税收居民

如在以上选项中勾选第2项或者第3项,请填写下列信息:

姓(英文或拼音):________;名(英文或拼音):____________

出生日期:

现居地址(中文):____(国家)____(省)____(市)________(境外地址可不填此项)

(英文或拼音):____(国家)____(省)____(市)________

出生地(中文):____(国家)____(省)____(市)________(境外地址可不填此项)

(英文或拼音):____(国家)____(省)____(市)________

税收居民国(地区)及纳税人识别号:

1.

2.(如有)

3.(如有)

如不能提供居民国(地区)纳税人识别号,请选择原因:

□ 居民国(地区)不发放纳税人识别号

□ 账户持有人未能取得纳税人识别号,如选此项,请解释具体原因:

本人确认上述信息的真实、准确和完整,且当这些信息发生变更时,将在30日内通知贵机构,否则本人承担由此造成的不利后果。

签名:　　　　　　　　　　　　　　　　日期:

签名人身份:□ 本人　　□ 代理人

说明:

1. 本表所称中国税收居民是指在中国境内有住所,或者无住所而在境内居住满一年的个人。在中国境内有住所是指因户籍、家庭、经济利益关系而在中国境内习惯性居住。在境内居住满一年,是指在一个纳税年度中在中国境内居住 365 日。临时离境的,不扣减日数。临时离境,是指在一个纳税年度中一次不超过 30 日或者多次累计不超过 90 日的离境。

2. 本表所称非居民是指中国税收居民以外的个人。其他国家(地区)税收居民身份认定规则及纳税人识别号相关信息请参见国家税务总局网站(http://www.chinatax.gov.cn/aeoi_index.html)。

3. 军人、武装警察无须填写此声明文件。

附件 2

机构税收居民身份声明文件(样表)

机构名称:

一、机构类别:

☐ 1. 消极非金融机构(如勾选此项,请同时填写控制人税收居民身份声明文件)

☐ 2. 其他非金融机构

二、机构税收居民身份:

☐ 1. 仅为中国税收居民(如勾选此项,请直接填写第五项内容)

☐ 2. 仅为非居民

☐ 3. 既是中国税收居民又是其他国家(地区)税收居民

三、机构基本信息

1. 机构名称(英文):

2. 机构地址(英文或拼音):______(国家)______(省)______(市)____________

3. 机构地址(中文):______(国家)______(省)______(市)________(境外地址可不填此项)

四、税收居民国(地区)及纳税人识别号:

1. ______

2.(如有)______

3.(如有)______

如果不能提供居民国(地区)纳税人识别号,请选择原因:

□ 居民国(地区)不发放纳税人识别号

□ 账户持有人未能取得纳税人识别号,如选此项,请解释具体原因:

五、本人确认上述信息的真实、准确和完整,且当这些信息发生变更时,将在30日内通知贵机构,否则本人承担由此造成的不利后果。

签名:　　　　　　　　　　　　　日期:

(签名人身份须为机构授权人)

说明:

1. 本表所称中国税收居民是指依法在中国境内成立,或者依照外国(地区)法律成立但实际管理机构在中国境内的企业和其他组织。

2. 本表所称非居民是指中国税收居民以外的企业(包括其他组织),但不包括政府机构、国际组织、中央银行、金融机构或者在证券市场上市交易的公司及其关联机构。前述证券市场是指被所在地政府认可和监管的证券市场。其他国家(地区)税收居民身份认定规则及纳税人识别号相关信息请参见国家税务总局网站(http://www.chinatax.gov.cn/aeoi_index.html)。

3. 金融机构包括存款机构、托管机构、投资机构、特定的保险机构及其分支机构。(1)存款机构指在日常经营活动中吸收存款的机构;(2)托管机构是指近三个会计年度总收入的20%以上来源于为客户持有金融资产的机构,机构成立不满三年的,按机构存续期间计算;(3)投资机构是指符合以下条件之一的机构:A. 近三个会计年度总收入的50%以上收入来源于为客户投资、运作金融资产的机构,机构成立不满三年的,按机构存续期间计算;B. 近三个会计年度总收入的50%以上收入来源于投资、再投资或者买卖金融资产,且由存款机构、托管机构、特定保险机构或者A项所述投资机构进行管理并作出投资决策的机构,机构成立不满三年的,按机构存续期间计算;C. 证券投资基金、私募投资基金等以投资、再投资或者买卖金融资产为目的而设立的投资实体;(4)特定的保险机构指开展有现金价值的保险或者年金业务的机构。本办法所称保险机构是指上一公历年度内,保险、再保险和年金合同的收入占总收入比重50%以上的机构,或者在上一公历年度末拥有的保险、再保险和年金合同的资产占总资产比重50%以上的机构。

4. 消极非金融机构是指:(1)上一公历年度内,股息、利息、租金、特许权使用费

（由贸易或者其他实质经营活动产生的租金和特许权使用费除外）以及据以产生前述收入的金融资产转让收入占总收入比重 50% 以上的非金融机构；（2）上一公历年度末拥有的可以产生上述收入的金融资产占总资产比重 50% 以上的非金融机构，可依据经审计的财务报表进行确认；（3）税收居民国（地区）不实施金融账户涉税信息自动交换标准的投资机构。实施金融账户涉税信息自动交换标准的国家（地区）名单请参见国家税务总局网站（http://www.chinatax.gov.cn/aeoi_index.html）。金融机构税收居民国（地区）的判断主要看其受哪个国家（地区）的管辖。在信托构成金融机构的情况下，主要由受托人的税收居民身份决定该金融机构的税收居民国（地区）。在金融机构（信托除外）不具有税收居民身份的情况下，可将其视为成立地、实际管理地或受管辖地的税收居民。公司、合伙企业、信托、基金均可以构成消极非金融机构。

5. 控制人是指对某一机构实施控制的个人。

公司的控制人按照以下规则依次判定：

（1）直接或者间接拥有超过 25% 公司股权或者表决权的个人；

（2）通过人事、财务等其他方式对公司进行控制的个人；

（3）公司的高级管理人员。

合伙企业的控制人是拥有超过 25% 合伙权益的个人；信托的控制人是指信托的委托人、受托人、受益人以及其他对信托实施最终有效控制的个人；基金的控制人是指拥有超过 25% 权益份额或者其他对基金进行控制的个人。

6. 政府机构、国际组织、中央银行、金融机构或者在证券市场上市交易的公司及其关联机构，以及事业单位、军队、武警部队、居委会、村委会、社区委员会、社会团体等单位无须填写此声明文件。

附件 3

控制人税收居民身份声明文件（样表）

姓名：

本人声明：□ 1. 仅为中国税收居民　□ 2. 仅为非居民

□ 3. 既是中国税收居民又是其他国家（地区）税收居民

如在以上选项中勾选第 2 项或第 3 项，请填写下列信息：

一、机构信息

所控制机构名称（英文）：

机构地址（英文或拼音）：______（国家）______（省）______（市）______

税收居民国（地区）及纳税人识别号：

二、控制人信息

姓（英文或拼音）：________；名（英文或拼音）：________

出生日期：

现居地址（中文）：______（国家）______（省）______（市）______（境外地址可不填此项）

（英文或拼音）：______（国家）______（省）______（市）______

出生地（中文）：______（国家）______（省）______（市）______（境外地址可不填此项）

（英文或拼音）：______（国家）______（省）______（市）______

税收居民国（地区）及纳税人识别号：

1.

2.（如有）

3.（如有）

如不能提供居民国（地区）纳税人识别号，请选择原因：

☐ 居民国（地区）不发放纳税人识别号

☐ 账户持有人未能取得纳税人识别号，如选此项，请解释具体原因：

三、本人确认上述信息的真实、准确和完整，且当这些信息发生变更时，将在30日内通知贵机构，否则本人承担由此造成的不利后果。

签名：　　　　　　　　　　　　　　日期：

签名人身份：☐ 本人　　☐ 机构授权人

备注：

上述声明文件均参考OECD声明样表制定，并结合我国业务实际进行了简化处理，仅选取了必填内容。此附件表格为参考表格，金融机构可在此基础上进行修改完善，制定符合自身业务需要的声明文件，或者与本机构其他业务文件进行整合。

《非居民金融账户涉税信息尽职调查管理办法》解读

为了履行金融账户涉税信息自动交换国际义务，规范金融机构对非居民金融账户涉税信息尽职调查行为，国家税务总局、财政部、中国人民银行、中国银行业监督管理委员会、中国证券监督管理委员会、中国保险监督管理委员会制定了《非居民金融账户涉税信息尽职调查管理办法》（以下简称《管理办法》）。现就《管理办法》有关内容解读如下：

一、《管理办法》出台的背景是什么？

受二十国集团（G20）委托，经济合作与发展组织（OECD）于 2014 年 7 月发布金融账户涉税信息自动交换标准（以下简称"标准"），获得当年 G20 布里斯班峰会的核准，为各国加强国际税收合作、打击跨境逃避税提供了强有力的信息工具。在 G20 的大力推动下，目前已有 100 个国家（地区）承诺实施"标准"。

经国务院批准，我国向 G20 承诺实施"标准"，首次对外交换信息的时间为 2018 年 9 月。2015 年 7 月，《多边税收征管互助公约》由十二届全国人大常委会第十五次会议批准，于 2016 年 2 月对我国生效，为我国实施"标准"奠定了多边法律基础。2015 年 12 月，国家税务总局签署了《金融账户涉税信息自动交换多边主管当局间协议》，为我国与其他国家（地区）间相互交换金融账户涉税信息提供了操作层面的依据。

本次发布的《管理办法》旨在将国际通用的"标准"转化成适应我国国情的具体要求，为我国实施"标准"提供法律依据和操作指引，既是我国积极推动"标准"实施的重要举措，也是我国履行国际承诺的具体体现。

二、"标准"的主要内容是什么？

"标准"由主管当局间协议和统一报告标准两部分内容组成。主管当局间协议是规范各国（地区）税务主管当局之间开展金融账户涉税信息自动交换的操作性文件。统一报告标准规定了金融机构识别、收集和报送非居民个人和机构账户信息的相关要求和程序。

根据"标准"开展金融账户涉税信息自动交换，首先由一国（地区）金融机构通过尽职调查程序识别另一国（地区）税收居民个人和企业在该金融机构开立的账户，按年向金融机构所在国（地区）主管部门报送账户持有人名称、纳税人识别号、地址、账号、账户余额或价值、利息、股息以及出售金融资产（不包括实物资产）的收入等信息，再由该国（地区）税务主管当局与账户持有人的居民国税务主管当局开展信息交换，最终为各国（地区）进行跨境税源监管提供信息支持。具体过程如下图所示：

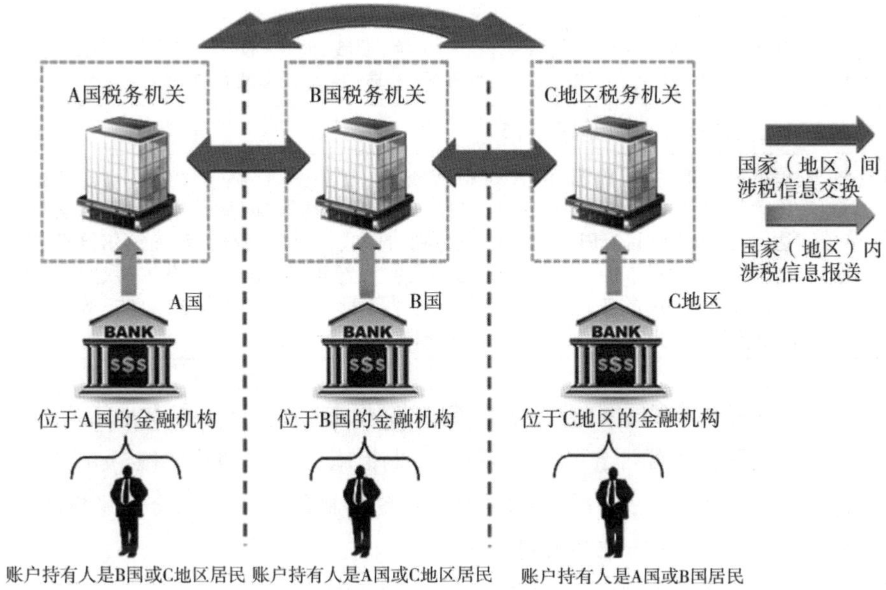

三、"标准"与美国的《海外账户税收合规法案》是什么关系？

2010年，美国颁布《海外账户税收合规法案》（FATCA），要求外国金融机构向美国国内收入局报告美国税收居民（包括美国公民、绿卡持有者）账户的信息，否则外国金融机构在接收来源于美国的特定收入时将被扣缴30%的惩罚性预提所得税。FATCA主要采用双边信息交换机制，即美国与其他国家（地区）根据双边政府间协定开展信息交换。

"标准"是以FATCA政府间协定为蓝本设计的多边信息交换机制，可以说是全球版的FATCA。"标准"与FATCA内容上大体相同，但是在细节上存在一些差异，包括报送对象、个人账户的尽职调查门槛、免予报送信息的金融机构类别、处罚措施等。《管理办法》旨在识别"标准"所要求的非居民账户，并不适用于FATCA所要求的美国税收居民账户。鉴于我国政府正与美国政府积极商谈有关FATCA政府间协定事宜，金融机构可以考虑在操作层面将"标准"与FATCA统筹，包括根据自身业务需求将二者的声明文件进行整合等。

四、有哪些国家(地区)已经承诺实施“标准”?

2017 年首次交换信息的国家(地区)共 50 个
安圭拉、阿根廷、比利时、百慕大、英属维尔京群岛、保加利亚、开曼群岛、哥伦比亚、克罗地亚、塞浦路斯、捷克、丹麦、爱沙尼亚、法罗群岛、芬兰、法国、德国、直布罗陀、希腊、格陵兰、根西岛、匈牙利、冰岛、印度、爱尔兰、马恩岛、意大利、泽西岛、韩国、拉脱维亚、列支敦士登、立陶宛、卢森堡、马耳他、墨西哥、蒙特塞拉特、荷兰、挪威、波兰、葡萄牙、罗马尼亚、圣马力诺、塞舌尔、斯洛伐克、斯洛文尼亚、南非、西班牙、瑞典、特克斯和凯科斯群岛、英国
2018 年首次交换信息的国家(地区)共 50 个
安道尔、安提瓜和巴布达、阿鲁巴、澳大利亚、奥地利、巴哈马、巴林、巴巴多斯、伯利兹、巴西、文莱达鲁萨兰国、加拿大、智利、中国、库克群岛、哥斯达黎加、库拉索岛、多米尼克、加纳、格林纳达、中国香港地区、印度尼西亚、以色列、日本、科威特、黎巴嫩、马绍尔群岛、中国澳门地区、马来西亚、毛里求斯、摩纳哥、瑙鲁、新西兰、纽埃、巴拿马、卡塔尔、俄罗斯、圣基茨和尼维斯、萨摩亚、圣卢西亚、圣文森特和格林纳丁斯、沙特阿拉伯、新加坡、圣马丁、瑞士、特立尼达和多巴哥、土耳其、阿拉伯联合酋长国、乌拉圭、瓦努阿图

预计未来将有更多国家(地区)承诺实施“标准”。对于一直不承诺实施“标准”的国家(地区),国际社会可能采取联合反制措施,促使其承诺实施“标准”,提高税收透明度。长远来看,“标准”在全球范围内的实施是大势所趋,金融账户涉税信息自动交换终将覆盖绝大部分国家(地区)。

五、我国将与哪些国家(地区)交换金融账户涉税信息?

已承诺实施“标准”的国家(地区)相互挑选信息交换伙伴,双方均有意向的则可建立伙伴关系。中国将与尽可能多的国家(地区)建立信息交换伙伴关系。相关情况见国家税务总局网站。

六、制定《管理办法》的原则是什么?

一是严格遵循国际标准。“标准”由 OECD 会同 G20 成员国制定,已成为税收透明度国际新标准。为了构建良好的国际税收征管秩序,避免各国(地区)具体实施水平参差不齐的情况,国际社会要求各国(地区)在国内法转化过程中严格遵循“标准”的规定,并且将对各国国内法制定和执行情况进行国际审议。因此,《管理办法》按照“标准”的主要内容制定,规定了我国境内金融机构识别非居民账户并收集相关信息的原则和程序,包括对基本定义的解释、个人账户与机构账户的尽职调查程序、金融机构需收集和报送的信息范围等。

二是充分考虑国内实际。考虑到《管理办法》的内容涉及金融机构的日常合规工作和金融机构客户的切身体验,《管理办法》数次通过金融主管部门广泛征求金融业界意见,并于 2016 年 10 月在国家税务总局网站上向社会公开征求意见。本着兼顾国际、国内两方面需求的原则,《管理办法》在“标准”允许范围内尽量考虑了国内各方诉求,从而减轻金融机构合规负担和对客户体验的影响。

七、《管理办法》对社会公众有何影响?

《管理办法》对社会公众影响较小,主要对在金融机构开立新账户的部分个人和机构有一定影响。从 2017 年 7 月 1 日起,个人和机构在金融机构新开立账户,包括在商业银行开立存款账户、在保险公司购买商业保险,需按照金融机构要求在开户申请书或额外的声明文件里声明其税收居民身份。由于在我国境内金融机构开立账户的个人和机构绝大部分为中国税收居民,填写声明文件时仅需勾选“中国税收居民”即可,开户体验影响不大。如果上述个人和机构前期已经开立了账户,2017 年 7 月 1 日之后在同一金融机构开立新账户时,大部分情况下无需进行税收居民身份声明,其税收居民身份由金融机构根据留存资料来确认。

对于 2017 年 7 月 1 日之前已经开立的账户,金融机构根据留存资料确认账户持有人的税收居民身份,极少数不能确认的需要个人和机构配合提供材料。

八、《管理办法》对哪些人影响较大?

《管理办法》主要对在中国境内开立账户的非居民或者有非居民控制人的消极非金融机构影响较大。这里所称非居民,是指中国税收居民以外的个人和企业(包括其他组织),但不包括政府机构、国际组织、中央银行、金融机构或者在所在地政府认可和监管的证券市场上市交易的公司及其关联机构。

非居民或者有非居民控制人的消极非金融机构在开立金融账户时,需要详细填写账户持有人或控制人的税收居民身份声明文件,包括姓名(名称)、现居地址、税收居民国(地区)、居民国(地区)纳税人识别号、出生地、出生日期等信息,并应确保信息真实、准确。

上述信息报送到相关部门后,由国家税务总局按照我国对外签订的协议交换给账户持有人居民国税务主管当局。

九、什么是消极非金融机构?

如果一家非金融机构取得的大部分收入是股息、利息、租金、特许权使用费等消极经营活动收入,则该机构属于消极非金融机构,例如设立在某避税地、仅持有子公司股权的中间控股公司。由于消极非金融机构容易被当作跨境逃避税的工具,金融机构需要识别出这些机构及其背后的实际控制人。如果消极非金融机构的控制人是非居民,金融机构则需要收集并报送控制人相关信息。

十、账户持有人为什么需要填写税收居民身份声明文件?

《管理办法》采用的是税收居民概念,与居住管理法规中的居民概念不同。税收居民身份认定标准比较复杂,无法通过普通的居民身份证件直接判定,因此需要开立账户的个人和机构自行声明其税收居民身份。开立账户的个人和机构应配合金融机构的尽职调查工作,真实、及时、准确、完整地填写税收居民身份声明文件,提供《管理办法》规定的相关材料,并承担因未遵守规定而引发的法律责任和风险。

十一、账户持有人如何判断自己的税收居民身份?

各国(地区)国内法有关税收居民身份的认定标准并不一致。对于个人而言,通常同时采用住所(居所)标准和停留时间标准,纳税人只要符合其中之一即可构成该国(地区)的税收居民;对于企业而言,通常采用注册地标准和管理机构所在地标准。

以我国为例。根据我国税法,中国税收居民个人是指在中国境内有住所,或者无住所而在境内居住满一年的个人(在中国境内有住所是指因户籍、家庭、经济利益关系而在中国境内习惯性居住);中国税收居民企业是指依法在中国境内成立,或者依照外国(地区)法律成立,但实际管理机构在中国境内的企业(包括其他组织)。

账户持有人要根据自身实际情况,结合相关国家(地区)税收居民身份认定规则,对自己的税收居民身份进行综合判断。国家税务总局网站将公布相关资料供金融机构和账户持有人参考(http://www. chinatax. gov. cn/aeoi_index. html)。账户持有人也可咨询专业税务顾问来判定自己的税收居民身份。

十二、中国税收居民个人的账户信息将被报送和交换吗?

账户持有人为中国税收居民个人的,金融机构不会收集和报送相关账户信息,也不会交换给其他国家(地区)。账户持有人同时构成中国税收居民和其他国家(地区)税收居民的,其中国境内的账户信息将会交换给相应税收居民国(地区)的税务当局,其境外的账户信息交换给国家税务总局。

十三、《管理办法》所称尽职调查是指什么?

《管理办法》所称尽职调查,并非一般意义上的调查,而是指金融机构按照规定的程序,了解账户持有人或者有关控制人的税收居民身份,识别非居民金融账户,收集并记录相关账户信息。一直以来,金融机构在相关主管部门的要求下,为了反洗钱目的已经开展了类似客户身份识别工作,为执行《管理办法》奠定了基础。

十四、哪些金融机构需要按照《管理办法》开展尽职调查？

《管理办法》所定义的金融机构与通常经济生活中理解的金融机构不一样。例如，某公司按照国民经济行业分类属于“金融业”，但并不一定属于《管理办法》所称金融机构。

依法在我国境内设立的存款机构、托管机构、投资机构和特定的保险机构等金融机构，需要按照《管理办法》的规定开展尽职调查。相关定义在《管理办法》中均有具体解释和列举。

金融资产管理公司、财务公司、金融租赁公司、汽车金融公司、消费金融公司、货币经纪公司、证券登记结算机构以及其他不符合条件的机构，不属于《管理办法》规定的金融机构，因此不需要开展尽职调查。

十五、哪些账户在《管理办法》规定的尽职调查范围之内？

从 2017 年 7 月 1 日起，我国境内金融机构将对存款账户、托管账户、投资机构的股权权益或债权权益以及具有现金价值的保险合同或年金合同开展尽职调查。这些账户不论金额大小，都应通过尽职调查识别账户持有人是否为非居民。

在实践中，某些金融账户被用来跨国逃避税的风险较低，因此，《管理办法》参照国际标准也规定了一些免予尽职调查的账户，例如符合条件的退休金账户、社会保障类账户、定期人寿保险合同、休眠账户以及其他符合条件的账户等。相关条件在《管理办法》中均有具体规定。

十六、所有类别账户的尽职调查程序一样吗？

《管理办法》将账户分为个人和机构两类账户，每类账户又分为新开账户和存量账户。不同类别账户的尽职调查要求和程序有所不同。简单来说，新开账户尽职调查要求相对严格，需要开户人提供其税收居民身份声明文件，金融机构根据开户资料进行合理性审核。存量账户尽职调查程序相对简易，金融机构主要依据留存资料进行检索。有条件的金融机构可以选择将新开账户尽职调查要求适用于存量账户。具体要求详见下表：

账户类别			描述	尽职调查程序	时间要求
个人	新开		2017.7.1 以后开立	声明文件 + 合理性审核	2017.7.1 开始
	存量	低净值	截至 2017.6.30 账户加总余额≤100 万美元	检索留存资料（电子）	2018.12.31 完成
		高净值	截至 2017.6.30 账户加总余额 > 100 万美元	检索留存资料（电子 + 纸质）+ 询问客户经理	2017.12.31 完成

续表

账户类别			描述	尽职调查程序	时间要求
机构	新开		2017.7.1 以后开立	声明文件 + 合理性审核	2017.7.1 开始
	存量	小额	截至 2017.6.30 账户加总余额≤25 万美元	无须处理	无
		其他	截至 2017.6.30 账户加总余额 > 25 万美元	检索留存资料 + 部分账户声明文件	2018.12.31 完成

十七、金融机构需要做好哪些执行准备工作?

为执行《管理办法》,金融机构应建立完整的非居民金融账户尽职调查管理制度,设计合理的业务流程和操作规范,并完成相关信息系统的开发和改造。金融机构还需加强对本机构相关岗位工作人员的培训,使其具备开展非居民金融账户尽职调查的意识和能力。此外,金融机构还可以通过印制宣传资料等形式对客户进行宣传,使其了解《管理办法》的相关背景,配合金融机构完成尽职调查工作。

需要注意的是,金融机构应于 2017 年 12 月 31 日前登录国家税务总局网站(http://www.chinatax.gov.cn/aeoi_index.html)办理注册登记,为下一步信息报送做好准备。

十八、金融机构可以委托其他机构履行尽职调查义务吗?

金融机构可以委托第三方履行尽职调查义务,但相关责任仍由金融机构承担。基金、信托等属于投资机构的,可以分别由基金管理公司、信托公司作为第三方完成尽职调查相关工作。金融机构委托其他机构向客户销售金融产品的,代销机构应当配合委托机构开展尽职调查,并向委托机构提供信息用于报送。为了保证实施效果,金融机构应当妥善保管尽职调查过程中收集的资料,保存期限至少五年。

十九、《管理办法》后续配套措施有哪些?

相关部门将制定配套的金融机构信息报送规定,明确报送渠道、格式和相关技术规范,以便于金融机构将通过尽职调查收集的信息报送给相关部门。

为方便金融机构和社会公众深入了解有关金融账户涉税信息自动交换的内容,国家税务总局网站上将开设专题网页(http://www.chinatax.gov.cn/aeoi_index.html),集中发布参考资料,包括各国税收居民身份认定规则、纳税人识别号编码规则、常见问题等,供金融机构和社会公众学习参考。

二十、客户隐私会泄露吗?

金融机构收集和报送非居民账户信息,不会造成客户信息泄露。一是《管理办法》规定金融机构应对客户信息严格保密。二是金融机构有义务向客户充分说明其需履行的信息收集和报送义务,不会在客户不知情的情况下收集账户信息。三是相关部门应按规定对客户信息进行保密。四是两国税务主管当局间通过经安全加密的统一传输系统开展信息交换。五是金融机构报送的客户信息原则上仅用于税收征管目的。

二十一、信息交换是否意味着增加纳税人的税收负担?

金融账户涉税信息自动交换是各国(地区)之间加强跨境税源管理的一种手段,不会增加纳税人本应履行的纳税义务。交换的信息是来源于境外的第三方信息,主要用于各国开展风险评估,并非直接用于征税。对评估列为高风险的纳税人,税务机关将有针对性地开展税务检查并采取相应后续管理措施。依法诚信申报纳税的纳税人无须担心因信息交换而增加税收负担。

二十二、对海外华侨华人有何影响?

在我国境内金融机构新开立账户的华侨华人,应在开户时向金融机构提供个人税收居民身份声明文件。已经在我国境内金融机构开立账户的华侨华人,如果该账户存在境外地址、电话等非居民标识,账户持有人需配合金融机构确认其是否为非居民。对于确认为非居民的华侨华人,金融机构将收集并报送账户信息,由国家税务总局交换给税收居民国税务主管当局;确认为中国税收居民的,相关账户信息将不会收集和交换。

在我国境外有金融账户的华侨华人,如果所在国(地区)也实施了"标准",华侨华人需配合当地金融机构确认其税收居民身份。确认为中国税收居民的华侨华人,所在国(地区)税务主管当局将向国家税务总局提供相关账户信息;确认为所在国(地区)税收居民的,相关账户信息将不会报回国内。

如果华侨华人所在国(地区)不实施"标准",其本人大部分情况下不会受到任何影响。但是,如果其本人是所在地某投资机构的控制人,那么该投资机构在实施"标准"的国家(地区)开立账户时,对方金融机构将收集控制人的信息,也就是其本人信息。

二十三、我国居民个人在境外开立账户有何注意事项?

在已承诺实施"标准"的国家(地区)设立的金融机构,都需要识别非居民账户,并向所在地税务当局报送账户相关信息。我国税收居民个人在这些国家(地区)开立金融账户时,需要提供税收居民身份信息,包括我国纳税人识别号。根据我国相关规定,对于以中国居民身份证为有效身份证明的个人,其纳税人识别号为其居民身份证号码。由于金融机构可能需要核验账户持有人相关证件,我国居民个人在境外开立账户请带好本人居民身份证。对于以外国护照等其他证件作为有效身份证明的个人，其纳税人识别号规则请参见国家税务总局网站（http://www.chinatax.gov.cn/aeoi_index.html）。

中国人民银行、国家税务总局、国家外汇管理局关于印发《银行业存款类金融机构非居民金融账户涉税信息尽职调查细则》的通知

（2017 年 12 月 8 日　银发〔2017〕278 号）

为贯彻落实《非居民金融账户涉税信息尽职调查管理办法》（国家税务总局、财政部、中国人民银行、中国银行业监督管理委员会、中国证券监督管理委员会、中国保险监督管理委员会公告 2017 年第 14 号公布），中国人民银行、国家税务总局、国家外汇管理局联合制定了《银行业存款类金融机构非居民金融账户涉税信息尽职调查细则》，现印发给你们，并就有关事项通知如下：

一、各银行业金融机构应当按照《非居民金融账户涉税信息尽职调查管理办法》和《银行业存款类金融机构非居民金融账户涉税信息尽职调查细则》规定建立健全非居民金融账户涉税信息尽职调查制度和业务流程，按要求开展非居民金融账户涉税信息尽职调查工作。

二、中国人民银行分支机构应当会同当地国家税务局、国家外汇管理局分支机构做好辖区内银行业金融机构的培训和督导工作，确保《非居民金融账户涉税信息尽职调查管理办法》和《银行业存款类金融机构非居民金融账户涉税信息尽职调查细则》有效实施。

三、国家开发银行，各政策性银行、国有商业银行、股份制商业银行，中国邮政储蓄银行应当按照《银行业存款类金融机构非居民金融账户涉税信息尽职调查细则》第三十七条要求将年度报告报送中国人民银行，并抄送国家税务总局和国家外汇管理局；其他银行业金融机构将年度报告报送法人所在地中国人民银行分支机构，并抄送当地国家税务局和国家外汇管理局分支机构。

请中国人民银行上海总部，各分行、营业管理部，各省会（首府）城市中心支行，深圳市中心支行将本通知转发至辖区内中国人民银行分支机构、城市商业银行、农村商业银行、城市信用社、农村信用社、农村合作银行、村镇银行和外资银行等。

附件：

银行业存款类金融机构非居民金融账户涉税信息尽职调查细则

第一章 总 则

第一条 为规范银行业存款类金融机构（以下简称银行）对非居民金融账户涉税信息的尽职调查行为，根据《非居民金融账户涉税信息尽职调查管理办法》（国家税务总局、财政部、中国人民银行、中国银行业监督管理委员会、中国证券监督管理委员会、中国保险监督管理委员会公告2017年第14号公布，以下简称《办法》），制定本细则。

第二条 依法在中华人民共和国境内设立的银行开展非居民金融账户涉税信息尽职调查工作，适用《办法》和本细则。

第三条 本细则所称银行是指在中华人民共和国境内依法设立的商业银行（含外资独资银行、中外合资银行、外国银行分行）、中国邮政储蓄银行、城市信用合作社、农村信用合作社等吸收公众存款的金融机构，以及国家开发银行、政策性银行。

第四条 设立法人机构的银行应以法人为单位、外国银行分行以管理行为单位开展非居民金融账户涉税信息尽职调查工作，收集、记录并按规定报送非居民金融账户涉税信息。

第五条 账户持有人应当配合银行的尽职调查工作，自证其税收居民身份，真实、及时、准确、完整地向银行提供《办法》规定的相关信息，并承担未遵守《办法》的相关责任和风险。

第六条 中国人民银行、国家税务总局和国家外汇管理局负责对银行非居民金融账户涉税信息尽职调查的监督管理。

第二章 基本定义

第七条 本细则所称金融账户，是指账户持有人因办理下列业务而开立的账户（含人民币账户和外币账户）：

（一）活期存款。

（二）定期存款。

(三)带有预存功能的信用卡业务。

(四)保证金业务。

(五)自营理财业务。

(六)账户贵金属业务。

(七)国债业务。

(八)金融衍生品业务。

(九)其他由银行发起、设立或管理的金融资产业务。

(十)《办法》规定的其他业务。

第八条　《办法》第八条所称金融资产管理公司,是指根据《金融资产管理公司条例》设立的金融资产管理公司。

第九条　实施金融账户涉税信息自动交换标准的税收居民国(地区),以国家税务总局网站最新公布的名单为准。

第十条　《办法》第十二条所称履行公共服务职能的机构,是指由政府机构、国际组织或者中央银行全资设立的履行公共服务职能的机构。

第十一条　《办法》第十二条所称非营利组织,是指符合中国税法规定并经财政、税务部门认定的具有免税资格的非营利组织。

第十二条　《办法》第十三条所称依次判定,是指根据前一规则已可判断出公司控制人的,无需再按后续规则进行判定。

《办法》第十三条所称间接拥有,是指通过一系列所有权或者控制手段对公司最终行使所有权或者控制权。

第十三条　《办法》第十五条所指金融机构保有的金融账户,是指未作销户处理的账户。

《办法》第十五条所称同一账户,是指同一账户持有人的账户。

账户持有人在 2017 年 6 月 30 日(含)前已撤销其在银行的全部账户,但在 2017 年 7 月 1 日(含)后在同一银行重新开立的金融账户,属于新开账户。

第十四条　银行金融账户加总余额计算及非居民金融账户信息报送范围,是银行能够通过计算机系统中客户号等关键数据项识别的、本细则第七条规定的所有金融账户,但本细则第三十三条规定的无需尽职调查的金融账户除外。

第十五条　《办法》第十八条所称证明材料,是指下列由中国政府部门出具的有效证明材料之一:

(一)税务部门向个人出具的《中国税收居民身份证明》(见附)。

(二)中华人民共和国居民身份证。

(三)外国人永久居留身份证。

(四)个人在中国境内居住满一年的证明材料,如护照记载的出入境记录等。

(五)其他有效证明材料。

第三章　个人账户尽职调查

第十六条　个人代理他人开立账户以及单位代理个人开立账户的,由账户持有人本人或经其书面授权的代理人签署税收居民身份声明文件(以下简称声明文件)。

无民事行为能力人或限制民事行为能力人开立账户的,由法定代理人或者人民法院、有关部门依法指定的人员代理签署声明文件。

中国境内军队、武警部队代理军人、武装警察开立账户的,可不提供声明文件。

第十七条　联名账户的账户持有人应分别签署声明文件。

第十八条　对于单位代理个人开立的只收不付的银行账户,银行应在开户时获取账户持有人的声明文件。

对于信用卡账户等激活前状态为不收不付的账户,银行应在激活前获取账户持有人的声明文件,银行认为声明文件存在不合理信息时,应当要求账户持有人提供有效声明文件或者进行解释。不提供有效声明文件或者合理解释的,不得为其激活。

第十九条　个人账户持有人声明文件填写信息与其他信息存在明显矛盾的情形包括:

(一)声明信息与现有账户开立及反洗钱程序收集的身份信息不符的。

(二)声明仅为中国税收居民,但账户持有人提供的国籍为外国,或者证件类型、现居住地址、电话为国外以及中国香港、澳门和台湾地区的。

(三)声明为非居民,但账户持有人提供的国籍、证件类型、现居住地址等所属国家(地区)与其声明的税收居民国(地区)不一致的。

(四)其他存在明显矛盾情形的。

第二十条　《办法》第二十一条所称依次完成,是指按顺序全部完成两种涉税信息尽职调查程序。

银行留存的账户持有人相关纸质记录中的非居民标识信息,已全部移入银行电子信息系统,并可进行电子检索的,可以不开展纸质记录检索。

第二十一条 已按照个人高净值账户的要求完成尽职调查的存量低净值账户，存续期间达到高净值账户标准的，银行无需按照《办法》第二十二条规定重新开展尽职调查。

第二十二条 银行按《办法》第十九条第四项和第二十三条规定要求个人账户持有人提供声明文件的，经账户持有人书面授权后可由代理人签署声明文件。银行应当核实账户持有人及其代理人的有效身份证件。

账户持有人自被要求提供声明文件之日起九十日内未能提供的，银行应当将其账户视为非居民账户管理，并按国籍等信息确定其税收居民国（地区）。账户原本属于非居民金融账户的，按国籍和原有声明文件等信息一并确定其税收居民国（地区）。

第四章 机构账户尽职调查

第二十三条 机构声明文件应由机构授权人签署，未与开户申请书合并的，还应加盖机构公章。机构授权人应为机构法定代表人（单位负责人）或其授权的经办人；授权经办人办理的，应出具合法的授权书。

境外机构确无机构公章的，其声明文件签章应为账户有权签字人的签章。

第二十四条 机构账户持有人声明文件填写信息与其他信息存在明显矛盾的情形包括：

（一）声明信息与现有账户开立及反洗钱程序收集的身份信息不符的。

（二）声明仅为中国税收居民，但机构注册地址或实际经营地址、电话为国外以及中国香港、澳门和台湾地区的。

（三）声明为非居民，但账户持有人注册地址或实际经营地址所属国家（地区）与其声明的税收居民国（地区）不一致的。

（四）投资机构声明不属于消极非金融机构，但其税收居民国（地区）不参与实施金融账户涉税信息自动交换标准的。

（五）其他存在明显矛盾情形的。

第二十五条 《办法》第二十五条所指合伙企业等机构的实际管理机构，是指对其生产经营、人员、账务、财产等实施实质性全面管理和控制的机构。具体判定标准参见国家税务总局有关实际管理机构的相关规定。

对声明不具有税收居民身份的合伙企业等机构，银行应要求其根据实际管理机构所在地信息，提供声明文件。

第二十六条　对需开展尽职调查的存量机构账户，银行应根据现有客户资料、公开信息等信息资料，识别账户持有人是否为非居民企业或者消极非金融机构。确认为中国税收居民且不属于消极非金融机构的，无需进一步处理；对其他情况，银行应当获取账户持有人的声明文件，并按照《办法》第二十六条、第二十七条规定处理。

第二十七条　银行按照《办法》第二十五条第五项和第二十六条规定要求机构账户持有人提供声明文件，但其自被要求提供之日起九十日内未能提供的，应当将其账户视为非居民账户管理，并按注册地址所在国（地区）等信息确定其税收居民国（地区），账户原本属于非居民账户的，按注册地址所在国（地区）和原有声明文件等信息一并确定其税收居民国（地区）。

银行按照《办法》第二十七条规定要求机构持有人提供声明文件，但其自被要求提供之日起九十日内未能提供的，应当将其视为消极非金融机构。

第二十八条　《办法》第二十六条所称境外机构境内外汇账户标识，是指“NRA”等标识。

第二十九条　已完成尽职调查的账户加总余额不超过相当于二十五万美元的存量机构账户，当加总余额超过相当于二十五万美元时，银行无需按照《办法》第二十八条规定重新开展尽职调查。

第五章　其他合规要求

第三十条　银行受其他金融机构委托销售基金等金融产品的，应当按照《办法》第三十条要求配合开展相关工作。

第三十一条　银行以账户持有人为单位开展非居民金融账户涉税信息尽职调查的，应在同一账户持有人在同一银行法人、外国银行分行在同一管理行开立的不同金融账户之间共享尽职调查结果。

对已完成涉税信息尽职调查的账户持有人再次申请开立金融账户，且其涉税信息未发生变更的，银行可不重复开展尽职调查。

第三十二条　账户持有人涉税信息发生变更的，应当在信息发生变更之日起三十日内告知银行。

银行发现账户持有人国籍、证件类型、电话、地址等信息变更且表明账户持有人税收居民身份可能变化的，应当重新获取账户持有人的声明文件。

第三十三条　对下列账户无需开展尽职调查：

（一）下列账户持有人开立的账户：

1. 境内外政府机构、国际组织、中央银行、金融机构或者在证券市场上市交易的公司及其关联机构，但不包括税收居民国（地区）不实施金融账户涉税信息自动交换标准的投资机构；

2. 中国境内事业单位、军队、武警部队、居委会、村委会、社区委员会、社会团体；

3. 由中国境内军队、武装警察部队签发证件的现役军人、武装警察。

（二）《办法》第三十三条第四项、第五项、第八项规定的账户。

（三）上一年度余额不超过相当于一千美元，在过去三个年度中账户持有人未向银行发起任何与账户相关的交易，且在过去六个年度中账户持有人未与银行沟通任何与账户相关事宜的账户。

（四）注册验资账户。

银行通过账户持有人现有资料无法判定账户符合前款规定，但账户持有人认为其符合规定的，账户持有人应当配合提供相关证明。

第三十四条 《办法》第三十三条第四项所指的账户是指仅为该项所列事项而开立的账户，该账户如可用于其他用途则需开展尽职调查。

《办法》第三十三条第四项所指的为不动产或者动产的销售、交易或者租赁而开立的账户，是指专为保证不动产或者动产的销售、交易或者租赁的交易双方履约而开设、仅用于该销售、交易或者租赁业务、不能用于其他用途的账户，但不包括保证金账户。

第三十五条 银行应按照《办法》第三十四条规定，完整留存对账户持有人非居民金融账户涉税信息尽职调查的相关资料和记录。

《办法》第三十四条所称纸质版本，包括相关资料原件、复印件、影印件、打印件等。

第三十六条 银行应按照《办法》要求于每年 5 月 31 日前向中国人民银行报送《办法》第三十五条规定的非居民金融账户信息。

第六章 监督管理

第三十七条 银行应按照《办法》第三十七条规定，于每年 6 月 30 日前向中国人民银行、国家税务总局、国家外汇管理局书面报告上一年度《办法》执行情况，报告内容应包含制度建设情况、业务流程、信息报送、问题建议等。

第三十八条 中国人民银行不定期对银行非居民金融账户涉税信息尽职调查

管理制度建设、工作开展、相关资料保存、信息报送等情况开展现场检查或非现场检查。

第三十九条　银行有《办法》第三十八条所列违规情形的，除按照《办法》进行处理外，由中国人民银行通报批评；情节严重的，按照《中华人民共和国中国人民银行法》《中华人民共和国反洗钱法》《中华人民共和国外汇管理条例》等有关规定进行处罚。

第四十条　对于账户持有人故意隐瞒、伪造税收居民身份欺骗银行开立账户等严重违规行为，中国人民银行依据相关法律、法规进行处罚；涉嫌犯罪的，移送司法机关依法处理。

第七章　附　　则

第四十一条　中国人民银行与国家税务总局建立非居民金融账户涉税信息共享机制，按规定向国家税务总局提供非居民金融账户信息。

第四十二条　本细则由中国人民银行、国家税务总局和国家外汇管理局负责解释、修改。

第四十三条　本细则自印发之日起施行。

附：

中国税收居民身份证明

(Certificate of Chinese Fiscal Resident)

日期(Date)：

编号(Catalogue Number)：

纳税人名称(Taxpayer's Name)：

纳税年度(Tax Year)：

缔约国(地区)Contracting state(region)：

为享受税收协定待遇的目的，经中国税务主管当局国家税务总局授权，兹证明上述纳税人是中国税收居民。(For the purpose of enjoying Double Taxation Agreement benefits, and authorized by the State Administration of Taxation(SAT), the Competent Authority of the People's Republic of China, this is to certify that the above-named taxpayer is a Chinese fiscal resident.)

签字(signature):__________

__________国家税务局/地方税务局(Director of ________ Office of SAT/Local Tax Bureau)

有关 CRS 实施的《常见问题》

(国家税务总局 2019 年 11 月 18 日)

1. 机构的定义

问:机构账户持有人、投资机构、关联机构等定义中的“机构”具体指什么?

答:上述定义中的“机构”是指除个人(即自然人)以外的任何法人或法律安排,如公司、合伙企业、信托或基金会等。

2. 金融资产的定义——场外交易衍生品

问:金融资产的定义是否包括场外交易衍生品?

答:金融资产的定义不区分场内交易或场外交易衍生品,因此包括场外交易衍生品。

3. 关联机构的定义——间接持股

问:为判断一个机构与另一机构之间是否存在关联关系,需要证明一个机构控制另一机构,或者两个机构受到共同控制。控制包括直接或间接拥有一个机构 50% 以上的表决权和股权。

在一个机构间接持有另一机构表决权和股权的情形下,所有权是否必须按比例计算?

例如,机构 A 持有机构 B51% 的表决权和 51% 的股权。机构 B 持有机构 C51% 的表决权和 51% 的股权。机构 A 与机构 C 是关联机构吗?按照比例原则,A 与 C 不是关联机构,因为表决权和股权的比例相乘后没有达到 50%,但实际上 A 却有效控制 C。

答:如果不同机构通过一个共同母公司下的一个或多个所有权链相连接,且共同母公司对其中至少一个机构直接持有超过 50% 的股票或其他股权权益,那么这些机构就被视为关联机构。所有权链应理解为由一个或多个机构持有另一机构超过 50% 的有表决权的股份,并持有另一机构超过 50% 的股权份额。

例如,上述案例中,机构A和机构C是“关联机构”,因为A拥有B超过50%的有表决权的股份,并拥有B超过50%的股权,且B拥有C超过50%的有表决权的股份,并拥有C超过50%的股权。因此,A与C通过所有权链相连接。尽管事实上A按比例仅拥有C26%的股权和表决权,两者之间仍然是关联机构。

4. 投资机构的定义——受专业管理

(1)问:在哪些情况下,一个机构将视为由存款机构、托管机构、特定的保险公司或投资机构所管理(即受专业管理)?

答:一个机构直接或通过服务提供商,代表另一机构开展某项活动或业务时,后者视为由前者管理。这些活动或业务包括:买卖货币市场工具;外汇交易;汇率、利率或指数工具;可转让证券;商品期货交易;单一及集合类资产管理,或代表他人对金融资产或资金进行投资或管理。此外,管理机构必须拥有对(全部或部分)被管理机构资产的自由裁量权。

例如,私人信托公司(PTC)承担信托的注册办事处或注册代理人的职能,或提供与信托的金融资产或资金无关的管理服务,但并不代表信托从事相关活动和业务,该信托不视为由私人信托公司所管理。

另外,将全部或部分资产投资共同基金、交易型开放式指数基金或相似投资工具的机构,不视为由上述投资工具所管理。

在上述两个例子中,为了判定信托和投资共同基金、交易型开放式指数基金或相似投资工具的机构是否属于投资机构,还需要进一步确认其是否由其他机构管理。

(2)问:“受专业管理”是否也指一个机构对另一机构的(全部或部分)资产在管理上拥有自由裁量权,而不是对另一机构本身进行管理?

答:“受专业管理”也涵盖一个机构对另一机构的(全部或部分)资产在管理上拥有自由裁量权,而不是对另一机构本身进行管理。

5. 投资机构的定义——主要经济活动测试

问:为确定一个机构是否满足投资机构定义所要求的“总收入50%测试”,是否允许适用非公历年度的会计期间最后一天作为三年测试的时间点,与托管机构的“总收入20%测试”一样?

答:在使用“总收入50%测试”来确定一个机构是否属于投资机构时,可以采用与托管机构相同的方法,将非公历年度的会计期间前一年度的最后一天作为三年测试的时间点。

6. 投资机构——投资机构的账户

问:当一个实体构成投资实体仅仅是因为它是投资经理或者投资顾问,此类投资实体的股权或者债权权益是否属于金融账户?

答:如果一个实体构成投资实体仅仅是因为它是投资经理或者投资顾问,即从事的业务是为了投资和管理客户存在其他金融机构(并非此投资机构)的金融资产而向客户提供投资建议并代表其行动,或者为客户管理证券投资并代表其行动,则该实体的股权或债权权益不视为金融账户。但是,如果股权或债权权益的设立是以规避信息报送为目的,那么该投资实体持有的股权或债权权益将被视为金融账户。

7. 投资机构——对不动产的间接投资

问:如果一个机构的总收入主要来源于对不动产的间接投资,那么该机构是否属于投资机构?

答:不动产不是金融资产,所以总收入主要来源于投资、再投资或买卖不动产的机构不属于投资机构(无论其是否由专业公司管理)。但是,如果一个机构在另一个直接拥有不动产的机构中持有权益,那么前者持有的这种权益就是一种金融资产,在确定该机构是否满足投资机构的定义时,来源于该权益的总收入也要被纳入考量。

8. 机构的身份——身份认定适用的规则

问:在确认机构的身份时,应适用哪个国家(地区)的规则?

答:关于某一机构是金融机构还是非金融机构,应依据该机构税收居民国(地区)的法律来确定。如果该机构的税收居民国(地区)没有实施金融账户涉税信息自动交换标准,因为没有其他可适用的规则,所以应依据机构账户所在地的法律来确认。

关于某一机构是积极非金融机构还是消极非金融机构,应依据机构账户所在地的法律来确认。但是,如果该机构的税收居民国(地区)已经实施金融账户涉税信息自动交换标准,那么机构账户所在地可以(在国内实施指南中)允许依据该机构税收居民国(地区)的法律来确认其是积极非金融机构还是消极非金融机构。

9. 机构的身份——具有双重税收居民身份的金融机构

问:如果一个金融机构(不包括信托)同时是两个国家(地区)的税收居民,而这两个国家(地区)均实施金融账户涉税信息自动交换标准,那么该金融机构应向哪个国家(地区)报送信息?

答:具有双重税收居民身份的金融机构(不包括信托),应按照本机构账户管理所在地规定履行尽职调查和信息报送义务。

10. 机构的身份——现金池业务

问:有一类机构将一个或多个主要从事经营活动的关联机构(非金融机构)的现金结余集中进行管理,且不向任何非关联机构提供现金池服务,此类机构在金融账户涉税信息自动交换标准中的身份是什么?

答:对于参与现金池业务的机构,有必要考虑该机构是金融机构(例如存款机构、投资机构)还是非金融机构。存款机构是指在日常经营活动中吸收存款的机构。仅代表一个或多个关联机构参与现金池活动的机构,不能等同于参与银行经营或相似业务,也不能因此被判定为存款机构。

即使该机构不是存款机构,当它满足投资机构的定义时,它仍有可能构成金融机构。只有该机构符合积极非金融机构的标准时,才不构成金融机构。

积极非金融机构包括主要与关联机构(非金融机构)或向关联机构(非金融机构)提供融资或对冲交易、且不向任何非关联机构提供融资或对冲服务的非金融机构,前提是关联机构所属集团主要从事金融机构业务之外的其他业务。由于现金池的运作主要是为关联机构降低外债并增加可用资金的流动性,现金池在"积极非金融机构"的定义中将被视为一种融资交易。因此,仅代表一个或多个关联机构(非金融机构)参与现金池业务、且不向任何非关联机构提供此类服务的机构,只要关联机构所属集团主要从事金融机构业务之外的业务,那么该机构应视为积极非金融机构。

11. 机构的身份——金融集团的控股公司或资金管理中心

问:在哪些情况下,金融集团的控股公司或资金管理中心应视为金融机构?

答:金融集团的控股公司或资金管理中心如果符合金融机构的定义,就具有金融机构的身份。因此,控股公司或资金管理中心是否应视为金融机构,取决于具体的事实和情况,尤其是看它是否参与了金融机构的特定活动或业务,即使参与这些活动或业务仅是代表关联机构或其股东而为。例如,一个机构代表其关联机构的金融集团参与外汇对冲以消除集团的外汇风险,如果该机构满足投资机构定义的其他条件,那么它就符合金融机构的定义。如果控股公司的运作方式是或声称是投资基金、私募股权基金、风险投资基金或类似的投资工具,并且投资者通过控股公司以股权或者债权的形式参与投资计划,那么该控股公司也将满足金融机构、特别是投资机构的定义。

12. 金融机构确认税收居民身份的义务

问:金融机构在确认新开账户持有人的税收居民身份时应履行何种义务?

答:金融机构并非必须向客户提供税务建议或法律分析以确认声明文件的合理性。对于新开账户,金融机构可以信赖账户持有人提供的声明文件,除非金融机构知道或应当知道声明文件信息不准确或不可靠(即合理性测试)。进行合理性测试应依据账户开户时收集的信息,包括通过 AML/KYC(反洗钱/了解你的客户)程序获取的证明材料。

此外,各国(地区)应为纳税人确认其税收居民身份提供协助,并向他们提供与税收居民身份相关的信息。OECD 已(在自动信息交换门户网站上)提供了各国(地区)税收居民身份认定规则供参考,国家税务总局网站也发布了这些规则的中文译稿。金融机构可以引导客户关注这些信息。

13. 声明文件——开户程序

问:对于新开个人和机构账户,金融机构必须按规定在开户时获取声明文件。那么,金融机构是否只有在收到有效声明文件后才能开户?

答:金融机构必须在开户时获取账户持有人的有效声明文件。不能提供有效声明文件的,不得开立账户。但是,如果账户持有人在开户时提供了声明文件,金融机构因后台流程导致未能在开户时完成对声明文件的审核,则应在 90 天内完成审核。无论何种情况下,金融机构都应当确保获取声明文件并及时进行审核,以便在账户开立后履行尽职调查和信息报送义务。

14. 声明文件——提问形式

问:声明文件中,关于税收居民身份的问题可以采用“是/否”的形式吗?

答:可以。声明文件可以采用“是/否”形式来记录账户持有人的税收居民身份信息,而不一定要采用填空形式。例如,在声明文件中可以先询问账户持有人开户所在地是否为其唯一税收居住地,如果回答“否”,可以再补充提问。

15. 声明文件——由第三方提供

问:声明文件可以由经授权的第三方提供吗?

答:如果账户持有人已通过授权委托书等方式表明另一方有权代表该账户持有人,并以该账户持有人的名义做出决定,那么另一方可以代表账户持有人提供声明文件。

16. 声明文件——信息变更

问：声明文件是否要求账户持有人在其身份信息发生变更后，应向金融机构提供最新信息？

答：声明文件要求账户持有人应在声明文件信息发生变更后的30日内，通知相关金融机构。该规定是为了降低金融机构合理性测试负担。按照合理性测试的要求，如果金融机构知道或应当知道声明文件信息不准确或不可靠，那么金融机构就不应信赖声明文件。

17. 声明文件——验证纳税人识别号

问：对于账户持有人在声明文件中提供的纳税人识别号，金融机构应在何时知道或应当知道该信息是不准确或不可靠的？

答：除非金融机构知道或应当知道声明文件不准确或不可靠，否则可以信赖账户持有人提供的声明文件。声明文件中提供的信息包括税收居民国（地区）纳税人识别号。税收居民国（地区）税务部门应向金融机构提供纳税人识别号的相关资料，例如纳税人识别号的编码规则和其他具体格式信息，以方便金融机构进行验证。OECD已（在自动信息交换门户网站上）提供了各国（地区）纳税人识别号信息，国家税务总局网站也发布了这些规则的中文译稿。

如果账户持有人在声明文件中没有提供纳税人识别号信息，而OECD自动信息交换门户网站上显示，账户持有人税收居民国（地区）向所有税收居民均发放纳税人识别号，那么金融机构就应当知道声明文件是不可靠或不准确的。金融机构不是必须要将纳税人识别号的格式与OECD自动信息交换门户网站上的信息进行比对验证，但是，为了提高信息收集质量、尽量减少因纳税人识别号不准确而产生的后续行政负担，金融机构可对纳税人识别号进行验证。金融机构也可以登录提供纳税人识别号检索模块的国内网站，进一步确认声明文件中纳税人识别号的准确性。

18. 新开机构账户——信赖公开信息

问：金融机构需获取相关声明文件，以确认新开机构账户持有人的税收居民国（地区）。如果声明文件显示账户持有人为非居民企业，则该账户将被认定为非居民账户，除非金融机构通过现有客户资料或公开信息，可以合理确认账户持有人不是非居民企业。

如果金融机构通过现有客户资料或者公开信息，可以确认新开机构账户持有人不是非居民企业，金融机构是否仍需从新开机构账户持有人处获取声明文件？

答:金融机构可以先确认新开机构账户持有人是否在金融账户涉税信息尽职调查范围内。如果不在(如金融机构或者上市公司),那么金融机构就无需获取该账户持有人的声明文件。

19. 公开信息

问:公开信息是指什么信息?

答:公开信息包括政府机关发布或公开的信息(如工商管理部门公开的企业登记信息)、证券市场上披露的信息以及其他可公开访问的机构分类信息。

20. 新开账户程序适用于存量账户

问:各国(地区)可以将新开账户的尽职调查程序适用于存量账户,当金融机构已经按照新开账户尽职调查程序获取了声明文件后,是否还需要询问客户经理?

答:新开账户尽职调查程序并不要求履行询问客户经理程序,但是如果客户经理被指定管理该存量账户,那么他以及他所在的金融机构就应当知道声明文件信息是否不准确或者不可靠。在这种情况下,金融机构就不应信赖声明文件信息。金融机构应当知道声明文件信息不准确或者不可靠,是指对于声明文件中的相关事实或陈述,根据金融机构和客户经理已经了解的信息,任何处于金融机构立场上的、合理谨慎的人都会提出质疑的情况。

21. 存量账户持有人开立的新账户

问:金融机构可以将存量账户持有人开立的新账户视为存量账户,但前提是账户持有人在开户时无须提供声明文件所要求的新的、补充的或修改后的信息。怎样理解这一要求?

答:金融机构可以将存量账户持有人开立的新账户视为存量账户,但前提条件之一是账户持有人在开户时无须提供声明文件信息以外的新的、补充的或修改后的客户信息。这个条件应包括,账户持有人为开立账户,按照法律、监管、合同、运营或其他方面的要求,向金融机构提供新的、补充的或修改后的客户信息的任何情形。设置这个条件的考虑是上述情形为金融机构提供了在开户过程中获取声明文件以及新的、补充的或修改后客户信息的机会。

22. AML/KYC 程序与金融账户涉税信息尽职调查程序

问:AML/KYC 程序对金融账户涉税信息尽职调查程序有何影响?

答:AML/KYC 程序是指金融机构按照反洗钱或类似规定开展的客户身份识别程序。金融机构在对新开账户进行尽职调查时,应采用与 FATF2012 年 2 月通过的建议(《2012 年建议》)一致的 AML/KYC 程序。

当一国(地区)开始实施 FATF《2012 年建议》后,金融机构需要收集并保存通过 AML/KYC 程序获取的额外信息,并将这些信息用于识别和确认账户持有人以及控制人的税收居民身份。

如果额外信息与账户持有人提供的声明文件信息不一致,则表明账户持有人情况发生了变化,金融机构就应当知道声明文件信息不准确或不可靠。

23. 依据 AML/KYC 程序识别控制人

问:金融机构应依据通过 AML/KYC 程序收集的信息来确认新开机构账户持有人的控制人。这里的 AML/KYC 程序是否应与 FATF《2012 年建议》中的第 10 条和第 25 条保持一致?

答:金融机构的 AML/KYC 程序应与 FATF《2012 年建议》的规定保持一致,包括:将信托的委托人视为信托控制人,以及将基金会创始人视为基金会的控制人等。

24. 依据 AML/KYC 程序识别控制人

问:对于账户加总余额或价值不超过 100 万美元的存量机构账户,如果金融机构只留存了控制人姓名信息而没有其他信息(AML/KYC 程序未要求收集其他信息),那么相关尽职调查和信息报送的要求是什么?

答:对于账户加总余额或价值不超过 100 万美元的存量机构账户,金融机构可以依据为监管或维护客户关系目的(包括 AML/KYC 程序)而收集和记录的信息,以确认控制人是否为非居民个人。如果金融机构没有留存或未被要求留存任何有关控制人税收居民身份的信息,那么金融机构将无法记录控制人的居住地信息,也不需要将其作为控制人进行信息报送。

25. 居住地址测试——人工审核证明材料

问:金融机构是否需要对账户进行人工审核,以确认现有证明材料上的居住地址?

答:不要求通过纸质检索来人工审核证明材料。通常来说,居住地址测试的一项要求是,居住地址应根据证明材料确定。如果金融机构已保存了证明材料的标记,或已有相关政策和程序可确保现居地址与证明材料上的地址相同,那么就满足了居住地址测试对证明资料的要求。

26. 居住地址测试——两个居住地址

问:在使用居住地址测试时,是否有可能发生一个账户持有人被认定拥有两个居住地址的情况?

答:在符合居住地址测试所有条件的前提下,居住地址测试有可能会出现两个居住地址。例如,对于 B 国居民在 A 国的一个银行账户,如果该 B 国居民一半的工作和生活时间在 B 国,另一半时间在 C 国,那么该银行可能有两个符合条件的地址。在这种情况下,金融机构可以要求账户持有人提供声明文件,也可以将账户信息报送给居住地址涉及的所有国家(地区)。

27. 消极非金融机构——消极收入

(1)问:如果一个机构的消极收入占总收入比重少于 50%,而且拥有产生消极收入的资产占总资产比重少于 50%,那么该机构是积极非金融机构。如果在相关期限内,虽然资产能够产生消极收入,却未实际产生任何收入,那么应如何处理呢?

答:判断一项资产是否为产生消极收入而持有,不要求在相关期限内实际产生了消极收入。相反,该资产必须属于产生或能够产生消极收入的类型。例如,现金应当视为产生了消极收入或为产生消极收入(利息)而被持有的,即便它实际上并未产生这种收入。

(2)问:金融账户涉税信息自动交换标准对消极收入没有作出定义,但提供了通常被视为消极收入的项目清单,同时明确,消极收入可以"参照各管辖区的特定规则"来认定。如何理解这句话?

答:各管辖区对消极收入的定义应与金融账户涉税信息自动交换标准提供的项目清单在实质上保持一致。各管辖区可以在各自的规则中界定与国内法一致的消极收入清单(例如,类似利息的收入)。

28. 消极非金融机构——识别控制人

问:如果消极非金融机构与控制人之间有多层所有权结构,例如中间存在一家金融机构,那么报送信息的金融机构是否可以不识别控制人的信息?

答:所有权链条上的中间层机构的性质与是否应履行尽职调查义务无关,报送信息的金融机构仍应识别和报送控制人信息。

29. 合伙企业——识别控制人

问:如果合伙企业不存在拥有超过 25% 合伙权益的自然人,如何识别该合伙企业的控制人?

答:拥有超过 25% 合伙权益的自然人是判定合伙企业控制人的基本方法。不存在拥有超过 25% 合伙权益的自然人的,金融机构可以参照公司控制人标准判定合伙企业的控制人。采取上述措施仍无法判定合伙企业控制人的,金融机构至少应当将合伙企业的普通合伙人或者合伙事务执行人判定为控制人。

30. 账户持有人的信息

问:对于没有姓和名的个人客户,金融机构应如何报送其信息?

答:根据 CRS 数据报送规范,完整的数据项应包括"姓"和"名"两个数据项。如果某个人客户的法律姓名是一个单名,那么应在"名"对应的数据项下填"NFN"("没有名"),而在"姓"对应的数据项下填账户持有人的单名。

31. 收集纳税人识别号信息

问:税收居民国(地区)没有向非居民账户持有人发放纳税人识别号的,金融机构无须收集并报送纳税人识别号信息。对于那些无须取得也没有取得税收居民国(地区)纳税人识别号,但可以申请取得此号的非居民账户持有人,金融机构是否应要求其取得并提供纳税人识别号信息?

答:不要求。

32. 需报送的余额或价值

问:当金融机构不经常确定股权权益的余额或价值时(例如金融机构没有常规地重新计算股权权益的余额或价值并告知客户),需报送的余额或价值是什么?

答:股权权益的余额或价值是金融机构为了最频繁确定价值而计算的价值。这个价值取决于特定事实,例如,在某些情况下,如果金融机构没有因其他原因重新计算账户余额或价值,那么这个价值可以是购买时的权益价值。

33. 加总与豁免账户

问:在加总账户时,是否包括豁免账户?

答:不包括。加总规则指的是金融账户的加总,而金融账户的定义中特别排除了豁免账户。

34. 托管账户的信息报送

问:金融机构应报送因销售或者赎回金融资产而收到或计入托管账户的收入总额。那么,与托管账户相关、但不直接付到托管账户的此类收入是否也需报送?

答:是的。金融机构应报送因销售或者赎回金融资产而收到或计入托管账户的收入总额,包括这些收入收到或计入该账户的情形,以及与该账户相关的收入或者计提。

如果金融资产由托管账户持有,任何因销售或赎回该金融资产取得的收入以及收入总额,都应由保有此托管账户的托管机构进行报送,无论该笔金额是收到或计入哪个账户。

35. 委托第三方提供服务

问:金融机构委托第三方服务提供商开展尽职调查和信息报送,有何限制性规定?

答:金融机构可以委托服务提供商履行尽职调查和信息报送义务。服务提供商可以与金融机构位于不同国家(地区),也不一定需要获得所在国(地区)批准才能提供服务。但是,金融机构应当符合国内法相关要求,并始终承担尽职调查和信息报送责任(即服务提供商的行为将归咎于委托方金融机构)。金融机构和服务提供商应保存尽职调查和信息报送程序的相关记录和证据。

36. 证明材料

问:金融机构是否应保存在尽职调查程序中收集的证明材料的纸质版本?

答:金融机构可以选择保存证明材料的纸质版本,但并非强制要求。金融机构可以保存证明材料的原件、核证副本或复印件,或者已经审查的材料类型标记、审查的日期以及材料识别号(如有,例如护照号码)等电子版材料,但是必须确保能够按照相关行业监督管理部门和国家税务总局的要求提供纸质版本。

37. 信托——任意受益人取得的间断性收益分配

问:对于属于金融机构的信托,其受益权应视为由全部或部分信托的委托人或受益人持有。因此,对于可能从信托取得任意分配的受益人,只有当其在公历年度内或信息报送期间内实际取得信托分配的收益时,才能视其为信托受益人。如果信托的某个任意受益人在某年取得了信托分配的收益,但是次年却未取得,那么在未取得收益的当年,是否应视为账户注销?

答:只要受益人没有被永久性地排除在信托分配范围之外,未分配收益就不能构成账户注销。

38. 信托——控制人的信息报送

问:信托的委托人是机构时,金融机构应识别委托人的控制人并报送其信息。那么,金融机构是仅在信托设立信托当年履行尽职调查义务,还是应在之后的每年均履行尽职调查义务?

答:识别信托委托人的控制人并报送其信息,不仅仅是信托设立当年应完成的工作,之后每年均应完成此项工作。

39. 信托——账户在本年度内注销的信息报送

问:信托在本年度内注销的以下两种情形应如何报送信息:(1)信托本身属于金融机构;(2)信托属于消极非金融机构,在金融机构开立账户。

答:在上述两种情况下,均应注明账户已注销并报送账户持有人取得的收入总额信息。

40. 信托——监察人

问:信托如果是金融机构,信托监察人是否应作为账户持有人,或者当信托监察人履行实际控制职责时应作为账户持有人?

答:不论信托监察人是否对信托实施有效控制,都应作为账户持有人处理。

41. 信托——信托类集合投资工具和信托类养老金的"穿透"要求

问:对于在不实施金融账户涉税信息自动交换标准的国家(地区)内成立的、被广泛持有且受监管的信托类集合投资工具和信托类养老金,当其开立新账户时,金融机构应使用"穿透"规则来确认其控制人。那么,金融机构是否需要超越按照FATF《2012 年建议》(第 10 条和第 25 条)规定的 KML/KYC 程序所收集和保存的信息范围?

答:不需要。

42. 被广泛持有的集合投资工具(CIV)的股权价值确定

问:某些属于金融机构且采用信托形式的被广泛持有的集合投资工具(CIV),具有公开发行的 CIV 的特征,例如,受托人(基金经理)和受益人(投资人)是非关联方;CIV 的权益是份额化的;CIV 定期更新份额持有者的注册信息;某些已注册的份额持有者为托管机构,代表投资者持有 CIV 份额;份额是可自由转让的金融工具。此类 CIV 是否应将已注册的份额持有者视为账户持有人处理?

答:在上述情形下,已注册的份额持有者应作为 CIV 股权权益的账户持有人处理(除非份额持有者是代他人持有账户)。份额持有者为托管机构时,应由份额持有者自己负责报送其保有的非居民托管账户的 CIV 股权权益的信息。

注:如有问题,可发邮件至 crs@ chinatax. gov. cn,国家税务总局将不定期更新"常见问题"。

附录二

FATCA 和 CRS 常见术语中英文对照

英文术语（按照英文字母顺序排列）	中文翻译参考
Account Aggregation	账户加总
Account Balance or Value	账户余额或价值
Account Holder	账户持有人
Active Non – financial Entity	积极非金融机构
Active Non – financial Foreign Entity	积极非金融外国机构
Automatic Exchange of Information（AEOI）	信息自动交换
Anti – Money Laundering	反洗钱
Annuity Contract	年金合同
Beneficial Owner	受益所有人
Broad Participation Retirement Fund	广泛参与的退休基金
Broker	经纪人、代理人
Cash Value	现金价值
Cash Value Insurance Contract	具有现金价值的保险合同
Central Bank	中央银行
Central Securities Depository	中央证券存管机构
Certified Deemed – compliant FFI	经认证的视同合规外国金融机构
Investment Advisors and Investment Managers	投资顾问或者投资经理
Non – registering Local Bank	非注册的本地银行
Sponsored Closely Held Investment Vehicle	受保荐的封闭性投资工具
Chapter 3	美国税法第三章
Chapter 4	美国税法第四章

续表

英文术语(按照英文字母顺序排列)	中文翻译参考
Chapter 4 Status	美国税法第四章身份(FATCA 身份)
Clearing Organization	清算组织
Common Reporting Standard (CRS)	统一报告标准
Competent Authority	主管当局
Competent Authority Agreement (CAA)	主管当局间协议
Closed Account	关闭账户、销户
Controlling Persons	实际控制人
Crown Dependencies and Overseas Territories (CDOT)	英国皇冠属地和海外领地
Curing Procedure	修复程序
Currency Translation	货币换算
Custodial Account	托管账户
Custodial Institution	托管机构
Debt Interest	债权权益
Deemed – compliant FFI	视同合规外国金融机构
Depositary Account	存款账户
Depositary Institution	存款机构
Direct Reporting NFFE	直接申报的非金融外国机构
Documentary Evidence	证明文件
Dormant Account	休眠账户
Double Taxation Treaty (DTT)	双边税收协定
Due Diligence	尽职调查
Electronic Record Search	电子记录检索
Employer Identification Number (EIN)	雇主识别号码
Entity	机构、实体
Entity Account	机构账户
Entity Wholly Owned by Exempt Beneficial Owner	由豁免受益所有人完全拥有的投资机构
Equity Interest	股权权益

续表

英文术语(按照英文字母顺序排列)	中文翻译参考
Escrow Account	共管账户
European Saving Directive（EUSD）	欧洲储蓄指令
Excepted Inter – affiliate FFI	免受扣缴的关联企业间的外国金融机构
Excepted NFFE	免受扣缴的非金融外国机构
Excepted nonfinancial entity in liquidation or bankruptcy	免受扣缴的清算或破产中的非金融机构
Excepted nonfinancial start – up company	免受扣缴的新创公司
Excepted territory NFFE	免受扣缴的美国领地的非金融外国机构
Excluded Account	豁免账户
Execution – Only Broker	仅执行指令的代理人
Exempt Beneficial Owner	豁免受益所有人
Exempt Collective Investment Vehicle	豁免集合投机工具
Exempt retirement plans	豁免退休计划
Expanded Affiliated Group	扩充附属集团
Financial Action Task Force（FATF）	反洗钱金融行动特别工作组
Fixed Determinable Annual Periodical Income	固定或可确定的年度或定期收入
Foreign Financial Institution（FFI）	外国金融机构
FFI Agreement	外国金融机构协议
Financial Account	金融账户
Financial Assets	金融资产
Financial Institution（FI）	金融机构
Flow – through Entity	穿透实体或机构
Foreign Account Tax Compliance Act（FATCA）	外国税收合规法案
Foreign Entity	外国机构
Foreign Passthru Payment	外国转手付款
Foreign Payee	外国收款人
Global Intermediary Identification Number（GIIN）	全球中介识别号

续表

英文术语(按照英文字母顺序排列)	中文翻译参考
Governmental Entity	政府机构
Gross Proceeds	总收入
Group Annuity Contract	团体年金合同
Group Insurance Contract	团体保险合同
Holding Companies	控股公司
High Value Account	高价值账户
Inter – governmental Agreement (IGA)	政府间协议
Indicia	标识
Individual Account	个人账户
Insurance Company	保险公司
Insurance Contract	保险合同
Intermediary	中介
Intermediary Withholding Certificate	预提所得税中介证明
International Organization	国际组织
Investment Entity	投资机构
Investment – linked Annuity Contract	与投资关联的年金合同
Investment – linked Insurance Contract	与投资关联的保险合同
Internal Revenue Service (IRS)	美国国税局、国内收入局
IRS FFI List	美国国税局外国金融机构名单
Joint Account	联名账户
Know Your Client(KYC)	了解你的客户
Lead FI	首要金融机构
Life Annuity Contract	人寿年金合同
Life Insurance Contract	人寿保险合同
Limited Branch	受限的分支机构
Limited FFI	受限的外国金融机构
Local Foreign Financial Institution	本地外国金融机构
Lower Value Account	低价值账户

续表

英文术语(按照英文字母顺序排列)	中文翻译参考
Member FI	成员金融机构
Model 1 IGA	政府间协议模式一
Model 2 IGA	政府间协议模式二
Norrow Participating Retirement Fund	少数参与的退休基金
New Account	新增账户
New Entity Account	新增机构账户
New Individual Account	新增个人账户
Non – financial Entity (NFE)	非金融机构
Non – financial Foreign Entity (NFFE)	非金融外国机构
Non – financial Group	非金融集团
Nonparticipating FFI	非参与外国金融机构
Nonparticipating Jurisdiction	非参与国家或地区
Non – profit FI	非盈利金融机构
Nonreporting Financial Institution	无须申报的金融机构
Nonreporting IGA FFI	无须申报的外国金融机构
Organization for Economic Co – operation and Development (OECD)	经济合作与发展组织
Non Qualified Intermediary (NQI)	非合格中介
Owner – documented FFI	已提供控制人信息的外国金融机构
Paper Record Search	纸质文档检索
Participating FFI	参与外国金融机构
Participating Jurisdiction	参与国家或地区
Partnership	合伙
Passive NFE	消极非金融机构
Passive NFFE	消极非金融外国机构
Payee	收款人
Payor	付款人
Pension Fund	养老基金

续表

英文术语(按照英文字母顺序排列)	中文翻译参考
Personal Investment Companies	个人投资公司
Preexisting Account	存量账户
Preexisting Entity Account	存量机构账户
Preexisting Individual Account	存量个人账户
Prima Facie FFI	表面合规的外国金融机构
Professionally Managed	受到专业管理
Publicly Traded NFFE or NFFE Affiliate of a Publicly Traded Corporation	上市的非金融外国机构或上市公司的非金融机构外国
Qualified Intermediary (QI)	合格中介
QI Agreement	合格中介协议
Qualified Credit Card Issuer	注册合格的信用卡发卡机构
Recalcitrant Account	不配合账户
Registered Deemed – compliant FFI	注册的视同合规外国金融机构
Regularly Traded	经常性交易
Related Entity	关联机构
Relationship Manager	客户经理
Reportable Account	需申报账户
Reportable Jurisdiction	需申报国家或地区
Reportable Jurisdiction Person	需申报国家或地区居民
Reportable Payment	需申报收入(或付款)
Reportable Persons	需申报人
Reporting FI	申报金融机构
Reporting Model 1 FFI	模式一下的申报外国金融机构
Reporting Model 2 FFI	模式二下的申报外国金融机构
Residence Address	居住地址
Reasonableness Check	合理性审核
Restricted Distributor	受限的销售机构
Restricted Fund	受限基金

续表

英文术语(按照英文字母顺序排列)	中文翻译参考
Self – certification	自我声明
Service Provider	服务提供商
Single FI	单一金融机构
Specified Insurance Company	特定保险公司
Specified US Person	特定美国人
Sponsored Direct Reporting NFFE	受保荐的直接申报外国非金融机构
Sponsored FFI	受保荐的金融机构
Sponsored Entity	受保荐机构
Standardized Industry Code	行业统一代码
Substantial US Owner	重要美国所有人
Tax Information Exchange Agreement (TIEA)	税收情报交换协议
Tax Identification Number (TIN)	纳税人识别号码
Treasury Company	财务公司
Trust	信托
Trustee Documented Trust	由受托人申报的信托
US Account	美国账户
Withhodable Payment	需预提所得税的付款
Withholding Agent	预提所得税代理人
Withholding Certificate	预提所得税证明
Withholding Foreign Partnership (WP)	预提所得税外国合伙
Withholding Foreign Trust (WT)	预提所得税外国信托

免责声明

本书中所有的案例均属作者虚构，仅为探讨FATCA和CRS下账户信息披露相关法律规则之目的而设计，作者不保证其数据和逻辑上的准确性和真实性。

FATCA和CRS下的相关法规细则十分复杂，且可参考的中文文献有限，本书中对于一些英文专业名词的翻译仅为作者为本书之目的而做，不代表任何机构或其他个人的观点和立场，且不保证相关翻译的法律有效性。读者若有需要，建议参考相关国家本地的具体法律规定原文。本书中所有的法律分析和解读，除特殊说明外，均是基于美国财政部和美国国税局发布的有关FATCA法律法规以及经合组织发布的系列有关CRS的指导性文件，并以此角度来讨论FATCA和CRS的合规事宜，如无特殊说明，不代表任何具体某一个国家或地区的做法。

本书中作者对于相关法律和税务问题的分析及讨论不构成任何专业法律意见或者税收筹划建议，请勿以本书中的虚构案例作为投资参考。因此造成的损失，作者不承担任何法律责任。

如读者对本书有任何问题或者反馈意见，请发送邮件到 shuiwutouming@gmail.com，或者通过微信公众号“科林的税言碎语”（公众号ID：taxtransparency）与作者取得联系。